중국사상이 유럽문화에 끼친 영향

—근대 유럽의 중국문화 열풍

중국사상이 유럽문화에 끼친 영향

—근대 유럽의 중국문화 열풍

초판 1쇄 인쇄 2019년 1월 20일
초판 1쇄 발행 2019년 1월 25일

지은이 / 주겸지朱謙之
옮긴이 / 전홍석
인 쇄 / 북토리

펴낸곳 / 도서출판 동과서
서울시 영등포구 국회대로 53길 23, 태성빌딩 4층
등록번호 / 제22 - 405호

D.K.S. Publishing Co.
23, Gukhoe-daero 53-gil, Yeongdeungpo-gu,
Seoul, 07229 Rep. of KOREA

전화 / (02)333-7533
팩스 / (02)6280-2353

값 27,000원

ISBN 978-89-6525-134-7 (93150)

중국사상이 유럽문화에 끼친 영향

근대 유럽의 중국문화 열풍

주겸지朱謙之 지음 · 전홍석 옮김

동과서

| 역자 서문 |

이 책의 원서인 『중국사상이 유럽문화에 끼친 영향(中國思想對於歐洲文化之影響)』은 1940년 상무인서관商務印書館에서 출판한 것으로 중외관계사中外關係史의 매우 중요한 저작이며 동서 철학 교류에 관한 중국 학계의 대표적인 저작이다. 역자는 1998년 2학기 석사 과정 때 처음으로 도원道原 유승국柳承國 교수님으로부터 이 책에 관해 소개받고 그 독특한 연구 주제에 흥미를 느끼게 되었다. 그러면서 자연스럽게 주겸지라는 인물에 관심을 갖게 되었고 그의 폭넓은 학문 세계와 방대한 저서를 차차 알게 되어 놀라움을 감추지 못했다. 당시 역자는 한국 동양학의 현대화를 고민하면서 현재 우리의 모습과 의식은 어떻게 형성되었는가에 관한 의문들을 한창 동서의 철학 교류사에서 찾고 있는 중이었다. 그런 역자에게 우리나라와 비교적 비슷한 근현대사를 걸어온 서세동점기의 중국과 그 속에서 철학적 탐색으로 한평생을 살다간 중국인 학자 주겸지의 철학사상은 많은 깨달음을 안겨주었다.

특히 그의 수많은 저작 중에서 평생의 역저라 할 수 있는 이 책에 대해 특별한 관심을 가지고 읽다 보니 어느덧 제본된 책이 빽빽한 메모로 가득 차게 되었다. 재차 읽으려고 책을 펴들었을 때는 이미 나의 메모로 너무 번잡스러워서 쉽게 알아볼 수가 없을 정도였다. 그래서 컴퓨터로 하나하나 찾은 자료들을 정리해 입력하던 도중 처음 의도와는 달리 한 권의 번역서로 내놓아야겠다는 결심을 하게 되었다. 1년 반 동안 주경야독으로 거의 매일 밤을 새가며 이 일에 몰두하다 보니 심신이 힘들고 지치기도 하였다. 하지만 누군가는 이 책을 번역하여 한국에 소개해야 한다는 사명감으로 미력이나마 최선을 다하지 않을 수가 없었다.

이 책의 전체적인 집필 체계와 구성 방식을 파악하기 위해서는 먼저 문화의 유형과 작용에 대한 주겸지 선생의 독특한 견해를 이해해야 한다. 그는 일찍이 『문화철학』이라는 저서에서 "미래의 철학은 마땅히 문화사의 철학, 다시 말해서 문화 철학이 될 것이다"라고 예견하면서 세계 역사 속에서 문화가 갖는 의미의 중요성을 명확하게 제기하였다. 그가 제시한 '문화 전쟁'의 사상은 매우 중요한 미래에 대한 통찰력을 보여주는 것이다. 특히 미래 세계의 충돌은 각종 문명의 충돌이 될 것이라고 말한 미국 학자 헌팅턴의 선구를 이룬다는 점에서 우리는 주겸지 선생의 문화 철학에 더욱 주목할 필요가 있다.

주겸지는 문화의 근본 유형은 종교, 철학, 과학, 예술 등 네 가지로 나눌 수 있다고 생각했다. 세계의 문화적 체계는 종교형에 속하거나 철학형 혹은 과학형에 속한다. 예컨대 문화적 유형으로 볼 때 인도 문화는 종교 문화이고 중국 문화는 철학 문화이며 서양 문화는 과학 문화라는 것이다. 이것을 서양과 중국에 국한해 정리해보면 다음과 같다.(朱謙之, 『문화철학』, 제8장~제9장 참조)

① 문화의 유형: 서양 문화는 과학 문화이며 중국 문화는 철학 문화이다.

문화사적 입장에서 볼 때 서양의 역사는 사실상 과학 문화의 발전사라 할 수 있고 중국의 역사는 철학 문화의 발전사라 할 수 있다.

② 문화의 구조: 서양 문화 속에도 역시 종교, 철학, 예술이 있다. 하지만 모두 과학 문화를 중심으로 하여 '과학적 종교,' '과학적 철학,' '과학적 예술'을 형성한다. 마찬가지로 중국 문화에도 종교, 과학, 예술이 있다. 그러나 모두 철학 문화가 중심이 되어 '철학적 종교,' '철학적 과학,' '철학적 예술'을 형성한다.

③ 문화의 발전: 인류 문화사의 발전 단계는 크게 '종교 → 철학 → 과학 → 예술'로 구분할 수 있다. 이 가운데 서양 문화는 세 번째 시기인 '과학 시대'를 대표하며 중국 문화는 두 번째 시기인 '철학 시대'를 대표한다.

④ 문화의 접촉: 서양 문화사에 있어서의 '철학 시대'는 실제로 중국 철학 문화의 영향을 받았다고 할 수 있으며 중국 문화사에 있어서의 '과학 시대'는 사실상 서양 과학 문화의 영향을 받았다고 할 수 있다.

이상에서 보듯이 서양 문화는 본질적으로 과학 문화이지만 19세기 이전까지 두 시기를 거친다. 첫 번째는 중세의 종교 문화 시대이며 두 번째는 18세기의 철학 문화 시대이다. 그리고 19세기에 와서야 과학 문화 시대로 진입하게 된다. 주겸지 선생은 서양의 종교 문화, 철학 문화는 서양 문화 자체의 산물이 아니라고 말한다. 즉 서양 문화사의 '종교 시대'에 해당하는 중세의 종교 문화는 사실 인도 종교 문화의 영향으로 이루어진 것이며 서양 문화사의 '철학 시대'에 해당하는 18세기 유럽의 계몽 운동은 중국 철학 문화의 영향을 받은 것이라고 하였다. 중국이 서양 문화의 영향을 받아 과학 시대로 접어든 것처럼 중국 철학 역시 18세기 서양에 영향을 미쳤으며 그 결과 서양의 철학 문화 시대가 열렸다는 것이다.

이와 같은 그의 문화 철학을 바탕으로 다시 이 책의 내용을 살펴보도록 하자. 책은 크게 두 부분으로 나뉜다.

제1부에서는 유럽 문예부흥과 중국 문명, 그리고 18세기 중국·유럽의 문화적 접촉을 설명하였고 제2부에서는 본격적으로 중국 철학이 유럽 문화에 끼친 영향을 논하고 있다. 그는 이 책에서 중국과 유럽의 문화 접촉을 세 시기로 구분한다.

첫째는 물질적 접촉 시대로서 중국의 물질문명이 7·8세기 아라비아인을 거쳐 유럽으로 전파되는 것을 시작으로 13세기 몽고가 유럽을 정복할 당시 그들이 전파한 중국 문명은 물질적 접촉의 극점을 이루게 된다. 특히 중국의 4대 발명품이 유럽 문예부흥의 물질적 기초로 작용하였다고 설명한다. 종이·인쇄술은 교육 개혁의 기초가 되었고 화약은 봉건 제도를 타파하는 민중 자위군 창립의 기초가 되었으며 나침반은 지리상 대발견의 기초가 되었다는 것이다.

둘째는 미술적 접촉 시대로서 문예부흥이 한창이던 16세기 이후 중국으로부터 유럽으로 수입된 물품들은 '미술적 물질,' 즉 자기·칠기·사직품·풍경화 등이 주류를 이루었으며 그것이 로코코 운동에 영향을 주었다는 것이다. 또한 중국식 건축 양식이 유럽에 들어가 18세기 '중국 원림園林 운동'으로 승화되었다고 하였다.

셋째는 철학적 접촉 시대로서 18세기에 예수회 선교사가 유럽에 소개한 공자의 학설과 1645년부터 1742년까지 100년에 걸쳐 이루어진 '전례 논쟁'은 유럽의 일반 지식 계층이 중국 사상 연구에 관심을 갖도록 만드는 하나의 계기가 되었다고 하였다.

특히 주겸지는 세 번째 시기에 주목하고 있다. 그것이 18세기 유럽 계몽 운동의 정신적 기초가 되었다고 보기 때문이다. 그는 18세기 유럽을 철학 시대, 곧 이성 시대로 규정하고 거기에는 그리스와 중국이라는 두 가지 근원이 있다고 보았다. 그리고 그 가운데서도 특히 중국의 영향이 그리스의 영향보다 더 컸다고 단언한다. 이에 대한 자세한 근거와 설명들은 본문의 내용을 통해 확인하기 바라며 여기서는 주겸지의 다음과 같은 짧은 설명을 인용하는 것으로 설명을 마치기로 한다.

> 종교적 견지에서 볼 때 철학은 단지 일종의 이단일 뿐이다. 하지만 철학적 견지에서 본다면 이와 같은 이단적 이학理學이 도리어 철학의 조상이 되는 것이다. 18세기 유럽의 사상계는 이미 종교에 반대하고 철학을 주장하는 시대였으므로 비종교적인 중국 철학이 열렬하게 환영받고 제창된 것은 당연한 일이었다. 게다가 백 년에 걸친 전례 논쟁은 곧 중국 철학이 유럽으로 전해질 수 있었던 절호의 기회였다. 로마 교황에 의해 무신론적이고 유물론적인 것으로 간주된 '중국 철학'은 불행하게도 예수회 선교사를 매개로 유럽에 전해졌다. 그러나 이 이단적 학설이 유럽에 전해짐에 따라 유럽 사상계가 일대 자극을 받을 수 있었던 것은 실로 다행한 일이었다. 이것은 그야말로 유럽 사상계에 있어서 '반기독교,' '반신학,' '반종교'의 이론적 기초가 되어 마침내 유럽의 철학 시대를 형성하기에 이른 것이다.

이 주겸지의 책은 2003년에 『중국이 만든 유럽의 근대』(청계출판사)라는 한국어 번역서명으로, 그리고 2010년에 개정판으로 출판된 바 있다. 출판 당시 동학서전東學西傳을 밝히는 국내 최초의 학술서라는 점에서 이 분야 연구에 광범위한 반향을 일으켰다. 그 뒤 시간이 많이 흘러 절판되었음에도 불구하고 이 책에 대한 독자들의 관심과 수요는 계속 이어졌다. 그러던 중 도서출판 동과서 황병기 박사님의 교정 작업을 거쳐서 본래의 원서 제목을 회복해 이렇게 시중에 다시 소개하게 되었다. 시장의 어려운 여건 속에서도 깊은 혜안으로 재출판을 적극 추진해 결실을 맺게 해준 동과서 제위께 거듭 감사의 마음을 전한다.

2018년 11월 20일

역자 전홍석 識

목 차

역자 서문 / 5

제1부 동서 문명 접촉의 서곡

제1장 유럽의 문예부흥과 중국 문명 19

1. 문예부흥의 물질적 기초 19
2. 문예부흥기의 중국에 대한 인식 27
   1) 선교사 / 28
   2) 상인 / 33
   3) 외교 사절 / 36
   4) 여행가 / 36
   5) 기술자 및 기타 / 36
3. 마르코 폴로 『동방견문록』의 영향 37
   1) 지리상의 대발견 / 38
   2) 미적·물질적 생활의 소망 / 43
   3) 자유로운 연구정신 / 51
4. 문예부흥기의 중국적인 요소들 54
   1) 회 화 / 54
   2) 문 학 / 55
   3) 과 학 / 58

제2장 18세기 중국과 유럽의 문화적 접촉 61
1. 문화 접촉의 세 시기 61
1) 물질적 접촉 시대 / 63
2) 미술적 접촉 시대 / 69
3) 사상적 접촉 시대 / 77
2. 예수회 90
1) 예수회 소사小史 / 91
2) 예수회원의 동점東漸 경위 / 94
3. 서학동점西學東漸 초기 107
1) 천문학 / 109
2) 수 학 / 110
3) 지리학 / 112
4) 물리학 / 113
5) 기상학 / 113
6) 생리학 / 113
7) 어문학 / 114
8) 철 학 / 114

제2부 중국 사상과 유럽의 근대 문화

제3장 예수회원의 송유 이학에 대한 반향 119
1. 전례 문제와 예수회원의 태도 119
1) 이른바 '전례 문제' / 120
2) 예수회원의 태도 / 121
3) 강희제와 로마사절 관계 문서 / 126

2. 예수회원의 공교관孔教觀 136
1) 공자교와 기독교의 일치설 / 136
2) 육경六經 상제上帝와 천즉언주재설天卽言主宰說 / 139
3. 반이학反理學의 대표적 인물과 그 저작 143
1) 마테오 리치의 『천주실의』 / 143
2) 롱고바르디의 『영혼도체설』 / 151
3) 알레니의 『만물진원』과 『삼산논학기』 / 154
4) 불리오의 『부득이변』 / 157
5) 아담 샬의 『주제군징』 / 160
6) 마틴 마르티니의 『진주영성리증』 / 162
7) 루벨리의 『진복직지』 / 164
8) 노엘의 『인죄지중』 / 166
9) 샤르므의 『성리진전』 / 170
4. 반이학이 중국에 끼친 영향 181
1) 긍정적 영향 / 181
2) 부정적 영향 / 187

제4장 계몽운동과 중국 문화 205
1. 이른바 '이성 시대' 206
1) 반종교적 철학 정신 / 207
2) 그리스인가 중국인가 / 212
3) 송유 이학의 유럽 전입에 따른 영향 / 220
2. 계몽운동의 선구 데카르트 228
1) 데카르트의 중국 문화에 대한 태도 / 229
2) 데카르트 학파의 중국철학관 / 233
3) 말브랑슈의 '리理'와 '신神'의 동이론 / 241

3. 라이프니츠와 송유 이학의 관계 249
1) 라이프니츠의 중국 문화관 / 253
2) 라이프니츠의 송유 리기관理氣觀 / 278
3) 라이프니츠의 영향 / 287

제5장 중국 철학과 프랑스혁명 297
1. 철학과 대혁명 298
1) 대혁명의 역사관 / 298
2) 철학의 기치를 내세운 혁명가 / 304
3) 대혁명의 철학적 기초 / 309
2. 백과전서파와 중국 사상의 관계 313
1) 이른바 '백과전서파' / 313
2) 백과전서파와 중국 사상의 접촉 / 314
3) 백과전서파의 중국 문화관 / 317
3. 중농학파重農學派 352
1) 중농학파의 중국철학적 기초 / 353
2) 유럽의 공자, 케네 / 356
3) 튀르고 / 363
4) 여론餘論 / 371

제6장 중국 철학과 독일 혁명 373
1. 독일 고전철학의 혁명적 성격 373
1) 정신 혁명의 의의 / 373
2) 정신 혁명과 정치 혁명 / 377
3) 정신 혁명의 각 방면 / 381

2. 고전철학과 중국 문화 386
1) 고전철학의 대표 인물 / 386
2) 헤겔의 중국론 / 389
3. 쇼펜하우어의 중국 문화관 393
1) 『자연의 의지』에 나타난 중국 문화 / 393
2) 유교, 불교, 도교에 대한 평가 / 395
3) 쇼펜하우어가 주자 철학에서 받은 영향 / 396
4) 결 론 / 397

주 석 / 399
참고문헌 / 441
찾아보기 / 451

【일러두기】

① 이 책은 원래 중국에서 두 가지 판본으로 출판되었다. 하나는 1940년 商務印書館에서 출판한 『中國思想對於歐洲文化之影響』(1989년 上海書店에서 『民國叢書』, 第一編, 5哲學·宗教類에 影印)이고, 다른 하나는 마르크스·레닌 사상을 지도 이념으로 하여 원래 책을 보완수정한 『中國哲學對歐洲的影響』으로 1985년 福建人民出版社, 1999년 河北人民出版社에서 각각 출판되었다. 역자는 마르크스·레닌 사상으로 다소 교조화된 후자의 책에 비해 전자가 그의 독특한 학문관을 보다 잘 표현하고 있다고 판단하여 1940년 商務印書館에서 출판한 『中國思想對於歐洲文化之影響』을 저본으로 삼아 번역하였다. 단지, 오타로 보이거나 불확실하다고 생각되는 부분은 후자를 참고해서 고치거나 보충하였다.

② 본문에 인용된 마테오 리치의 『天主實義』 번역문은 宋榮培·任金子·張貞蘭·鄭仁在·趙珖·崔韶子가 번역한 『천주실의』(서울대학교출판부, 2000)에 따랐고, 몽테스키외의 『법의 정신』 번역문은 權美英이 번역한 『법의 정신』(一信書籍出版社, 1991)에 따랐음을 밝힌다.

③ 본문에 등장하는 인명, 지명, 서명의 한자와 외래어는 처음 등장하는 곳에서만 밝혀 두었고, 그 뒤로는 한글 발음으로만 표기하였다. 따라서 본문에 등장하는 인명, 서명, 지명의 한자나 외래어를 찾고 싶을 경우 「찾아보기」를 이용하기 바란다.

제1부
동서 문명 접촉의 서곡

중국 사상이 유럽 문화에 끼친 영향은 사실 1645년부터 1742년에 이르기까지 천주교도가 논쟁했던 전례典禮 문제, 그리고 예수회원의 송유宋儒 이학理學에 대한 태도가 핵심을 이룬다. 그러나 이러한 사실을 밝히고자 한다면 무엇보다도 우선 중국 문화가 서방으로 전파된 역사에 대해 주의를 기울여야 할 것이다. 내가 생각하기엔 13세기 몽고가 유럽을 정복할 당시 그들이 전파한 중국 문명이 사실상 유럽 문예부흥의 물질적 기초를 이룬 것으로 보인다. 또한 16세기 이래 예수회 선교사가 중국에 와서 교리를 전도하는 과정에서 소개된 중국 문화는 18세기 유럽 계몽운동의 정신적 기초가 되었다. 이 둘은 모두 설명하지 않을 수 없는 중요성을 가지므로 두 장으로 나누어 서술하기로 하겠다.

제1장
유럽의 문예부흥과 중국 문명

1. 문예부흥의 물질적 기초

문예부흥이란 무엇인가? 페이터(Walter Pater)는 『르네상스』(The Renaissance) 첫머리에서 다음과 같이 말하고 있다. "사실 문예부흥은 12세기 말을 기준으로 그 분계선을 이룬다. 그것은 고전적 부흥 운동만을 가리키는 것이 아니라 실은 서방 문화의 전반적 각성인 것이다."[1] 시먼즈(John Symonds)는 『이탈리아의 르네상스』(Renaissance in Italy)에서 이 각성이란 바로 유럽 국민의 중세 문화에 대한 일종의 반발임을 보다 명백하게 지적하고 있다.[2] 이러한 형태의 반反중세문화적 신운동은 이탈리아, 영국, 프랑스, 게르만 등 여러 나라에 그 영향력이 확산되었다. 그러나 이들과 중국 사상의 관계를 보면 이 시대는 역사가들이 말한 것처럼 그리스 정신의 복고였으며 중국 정신과는 아직 밀접한 관계가 없었다. 13세기에 로마 교황과 팽팽히 맞섰던 프리드리히 2세(Friedrich II)는 그리스 정신의 대표였으며 18세기의 개명 전제군주로서 중국 정신을 대표하는 인물인 프로이센의 프리드리히 2세(Friedrich II, 1740~1786)와는 서로 혼동하지 말아야 한다. 문예부흥은 고대 그리스의 학문을 부흥시킨다는 기치를 내걸었으며 인문학자들이 대표한 것은 '희랍광希臘狂'이었지 18세기 학자들과 같은 '중국광中國狂'은 아니었다. 또한 그들의 직접적인 정신적 지도자는 그리스의 아리스토텔레스(Aristotle, B. C. 384~322)였지 중국의 공자孔子가 아니었다. 비록 그렇다 하더라도 문예부흥은 진실로 유럽 정신문화의 새로운 탄생이라 하지 않을 수 없으며 실제로 이 정신 속에는 중국 문화의 물질적 기초가 내재되어 있다는 것 역시 부정할 수 없다. 중국 문화는 일찍이 18세기 유럽에 있어서 정신적 기초가 되었듯이 13세기에서 16세기까지 이룩된 문예부흥에 대해서는 물질적 기초를 제공하였다. 문예부흥은 고대 그리스 로마의 세계관을 정신적 기초로 삼는 동시에 실은 중국의 주요 발명들을 수용하여 그 물질적 기초로 삼았다.

우리는 서방문화동점사西方文化東漸史의 연구를 통해 알렉산더(Alexander)가 그리스 문화를 동방 각국에 널리 퍼뜨렸다는 사실을 잘 알고 있다. 하지만 영국의 역사학자 웰스(H. G. Wells)는 그와 반대의 사실을 전하고 있다. 즉 13세기 몽고가 유럽을 정복할 당시 몽고가 중국 문화를 전파하였는데 이는 알렉산더의 그리스 문화 전파와 하등 다를 게 없다는 입장이다.[3] 프랑스의 동양학자 아벨 레뮈자(Abel Rémusat)는 원대元代에 세계가 크게 통하고 동서 문명이 접촉해 발생한 영향에 대해 극히 상세하고 빠짐없이 기술하고 있는데 그는 몽고인이 전한 동양 문화를 다음 여섯 가지 항으로 제시하고 있다.[4] ① 나침반 ② 화약 ③ 초폐鈔幣 ④ 희도지패戲賭紙牌 ⑤ 활자판 인쇄술 ⑥ 주판. 13세기 원元의 바투(拔都)가 서쪽으로 유럽을 정복하자[5] 동서 민족 문화가 접촉 혼합되어 그 영향이 심대했다. 그야말로 원대의 판도는 유럽·아시아가 섞여 하나가 되다시피 하였고 역참驛站과 해운의 발달로 동서 문화 교통이 극도로 편리하게 되었다. 이로 인하여 무수한 혁신적 생각과 혁명적 사물이 유럽으로 흘러 들어갔다. 웰스가 말한 것처럼 우리들은 보통 몽고인의 전쟁과 대량 학살만을 기억할 뿐이지 그들의 학술적 호기심에는 관심을 갖지 않는다. 그러나 단지 몽고 민족의 지식 전파와 방법만을 가지고 말한다면 사실상 세계적으로 매우 커다란 영향력을 행사하였다.[6] 원대의 중국 물질문명이 유럽인의 생활에 끼친 영향은 그야말로 심대했다. 예컨대, 1563년에 인도 약용 식물론의 저자 가르시아 다 오르타(Garcia da Orta)는 어떤 사람이 "중국 황제는 야만 군주다"라고 말하는 것을 듣고서 "물질적 측면에서는 중국이 세계 어떤 나라보다도 더욱 앞서 있다"[7]고 변호하기도 하였다.

중국 문명이 유럽 문예부흥에 물질적 기초를 제공한 것에 대해서는 중국의 4대 발명을 우선적으로 꼽지 않을 수 없다. 카터(T. F. Carter)는 『중국 인쇄술의 발명과 서구 전파』(*The Invention of Printing in China and its Spread Westward*)의 서론에서 일찍이 4대 발명을 거론하고 있는데 바로 제지, 인쇄술, 화약, 나침반의 발명이다. 이들은 모두 유럽의 문예부흥 시대에 매우 중대한 영향을 미쳤으며 중국인으로 하여금 매우 중요한 지위를 차지하도록 하였다.[8] 웰스는 『역사대강』(*Outline of History*)에서 역시 이 대발명의 전파에 관한 공로를 마르코 폴로(Marco Polo, 1254~1324)에게 돌리고 있다.[9] 이제 다음과 같이 나누어서 서술해 보도록 하겠다.

제지

문예부흥은 인류의 지식 용량을 제고·확대시켰으며 여기에 가장 중요한 역할을 한 것은 당연히 인쇄의 재료인 종이였다. 그런데 이 제지법은 실은 중국인에 의해 발명되었다. 그러한 사실은 『후한서後漢書·채륜전蔡倫傳』에 보이며[10] 시기적으로는 A. D. 105년의 일이었다. 그 이전에도 이미 견사 조각으로 제작된 종이가 있었는데 이로 비추어보면 매우 일찍부터 종이가 발명되었음을 알 수 있다.[11] 일찍이 콜럼비아 대학의 중국 문화 교수인 하르트(F. Hirth)와 칼그렌(B. Karlgren) 등은 중국 종이와 유럽 문명의 관계에 대해 특히 주목하였다.[12] 또한 독일의 야곱(Georg Jocob)은 「동양의 서양 문화에 대한 영향」(論東方對於西方文化之影響)에서 다음과 같이 말하고 있다. "그리스 로마인들은 이제까지 종이의 발명을 생각해 내지 못했다. 우리들은 지금까지 중국인 채륜의 지혜에 의지해 현재 이와 같은 편리를 누리고 있는 것이다." 이어서 제지술이 유럽에 유입되는 일단의 소사小史를 기술하였다.[13] 이것과 카터가 저술한 『중국 인쇄술의 발명과 서구 전파』의 내용을 비교·검토해 보면 곧바로 종이의 발견이 문예부흥과 밀접한 관계를 맺고 있음을 쉽게 간파할 수 있다.[14] 이 점에 관해서 웰스는 『역사대강』 제34장 4절 「어떻게 종이가 인간의 마음을 해방시켰는가」(How Paper Liberated the Human Mind)에서 매우 극명하게 밝혀 주고 있다. 그는 유럽 문예부흥은 순전히 중국에서 전해진 종이에 힘입은 바 크다는 점을 말하고 싶었던 것이다.[15]

인쇄술

인쇄술과 제지술은 모두 문예부흥기 종교개혁 및 민중 교육의 기초가 되었다. 중국 인쇄술의 유럽 전파에 대해 많은 사람들은 그 공을 마르코 폴로에게 돌린다. 이탈리아에서 전해지는 말에 의하면 마르코 폴로가 일찍이 중국으로부터 조판雕板을 가지고 베니스(Venice)에 도착하여 그 기술을 14세기의 카스탈디(Pamphilio Castaldi of Feltre)에게 전해 글자를 새김으로써 이름이 났다고 한다. 하지만 웰스의 『역사대강』과 카터의 『중국 인쇄술의 발명과 서구 전파』에서는 모두 이러한 전설이 확실치 않다고 했으며 다만 유럽 인쇄술의 발원지는 중국이라는 점만은 사실이라고 밝히고 있다.

중국 조판 인쇄는 10세기에 매우 큰 발전이 있었는데 돈황燉煌의 새로운 발견지가 그 좋은 예라 하겠다. 원나라 사람들이 서방을 정벌할 당시에는 중국 인쇄술이 이미 최고의 정점에 달한 상태였다.[16] 그리고 몽고 군대가 거친 지역이 모두 유럽에서 초기에 조판 인쇄를 채용한 지역과 서로 가까웠다는 점에서 볼 때 전혀 영향이 없었다고는 할 수 없을 듯하다.[17] 그러나 이러한 영향에도 불구하고 그 자세한 정황은 살필 수 없는 실정이다. 단지 몽고사蒙古史 속에서 군데군데 흔적을 찾아볼 수 있을 뿐이다.[18] 1550년 역사학자 요비우스(Paulus Jovius)는 일찍이 중국 인쇄술은 아마도 러시아를 거쳐 유럽에 전해졌을 것이라 하였다.[19]

야곱 교수는 더욱이 활판 인쇄술에 대해 언급하면서 "활판 인쇄 역시 1041년에서 1049년 사이 중국 필승畢昇에 의해 발명되어 다시 고려·일본으로 전해졌다. 우리들은 비록 활판 인쇄가 어떻게 유럽에 전해졌는지 명확하게 말할 수는 없지만 최근 동아시아에서 활판 인쇄 서적이 발견되고 있으니 아마도 구텐베르크(Guttenburg)보다 훨씬 이전의 것으로 보인다"[20]고 하였다. 비록 펠리오(Pelliot)가 돈황燉煌 천불동千佛洞에서 발견한 위구르(畏吾兒) 활자가 한자漢字와 동일하지는 않지만 활판 인쇄술이 이미 중국에서 발명되어 있었고 활판 인쇄는 당시 중앙아시아에서 매우 유행하였다. 이런 점으로 비추어 볼 때 문예부흥 초기에 이것이 유럽으로 전입되었을 가능성은 충분하다. 활판 인쇄가 나타난 이후부터 유럽인들은 비로소 값싼 서적을 얻을 수 있었고 문예부흥의 씨앗 역시 우후죽순처럼 왕성하게 일어났다.

화약

화약이 문예부흥에 이바지한 공헌은 봉건 사회의 보루를 소멸시켰다는 점에 있다. 또한 이로 인하여 봉건 제도를 뿌리 뽑고 민중 자위군의 기초를 건립하였다. 그런데, 이 화약 역시 중국의 발명품이며 서쪽으로 유럽에 전해진 것이다. 최초에는 폭죽의 용도로 사용되었으나[21] 송宋에 이르러 군사 작전에 이용되었다. 1161~1162년 송宋과 금金의 전쟁, 1232년 금金과 원元의 전쟁에 모두 이 화약이 사용되었다. 1218년 칭기즈칸(Chingiz Khan, 1155?~1227)이 카슈가르(Kashgar), 보하라(Bokhara), 사마르칸트(Samarkand) 등 여러 성城을 함락시킬 때도 중국인에게 전해 받은 화포를 갖추고 있었다. 아마도 성을 공격하거나 수비하는 데 사용한 것으로 여겨진다.[22]

야곱 교수는 화약과 유럽 문화의 관계에 대해 다음과 같이 언급하였다. "중국 화약은 실제로 유럽 신식 전쟁의 기초를 다지는 데 중요한 역할을 하였다. 고대 그리스와 중세기에는 폭약이 사용된 적이 없었다. … 마르쿠스(Marcus Graecus)는 화약의 제조에 관해 한 장의 메모를 남겨 놓았는데 윗면에 확실히 초석硝石, 석탄石炭, 유황硫黃이라 기록하고 있다. 이전에는 모두들 마르쿠스를 9세기의 인물로 오인해 많은 오해를 초래하였다. 현재 우리들은 그가 1250년에 이 글을 썼으며 더욱이 아라비아인의 영향을 받았다는 사실도 정확하게 알게 되었다. 또한 어떤 사람들은 화약이 슈바르츠(Berthold Schwartz)가 1454년에 발명한 것으로 알고 있으나 이것 역시 착오이다. 화약 속에 들어가는 가장 중요한 성분 중의 하나가 바로 초석인데 이것은 최초에 중국에서 발명된 것이다. 그렇지만 12세기 중엽이 되어서야 비로소 이 사실이 일반인들에게 알려졌다. 중국인에 관해서는 1232년 변경汴京, 즉 현재 하남河南 개봉開封에서 용감하게 몽고의 정벌과 침략에 저항했던 상황이 중국사서 상에 정식 공포한 공문서로 기재되어 있다. 바로 여기서 우리들은 폭약을 사용하여 적을 폭격했다는 사실을 맨 처음 발견할 수 있다. 12세기 당시 아라비아인 역시 중국을 통해 화약을 알게 되었다. 그래서 그들은 화약을 '중국의 눈(雪)'이라 불렀으며 화기火器를 '중국의 화살'이라 하였다. 아라비아에서 1275~1295년 사이에 나온 화기를 해설한 책을 보면 초석은 이미 화약의 가장 기본적인 성분이었음을 알 수 있다. 그리고 이 책에는 또한 어뢰魚雷가 맨 처음으로 묘사되기도 하였다. 파리의 필사본에는 동방 최고의 대포 형상이 그려져 있고 옥스퍼드 대학 도서관에 소장된 필사본에도 하나의 삽화가 담겨 있다. 우리들이 사용하는 폭약의 선구는 당연히 쇠뇌의 화살이라 해야 할 것이다. 쇠뇌의 화살은 중국에서 기원전 12세기에 이미 발명되었다. 그러나 유럽에서는 기원 후 4세기가 되어서야 비로소 만들어졌다."[23]

카터의 말에 의하면 유럽 학자 중에서 가장 먼저 화약에 대해 언급한 사람은 베이컨(Roger Bacon)으로 미루어볼 수 있다고 한다. 베이컨은 13세기 인물로 화약의 존재를 알고 있었다. 그가 아라비아 이야기책을 통해서 그것을 알았는지, 혹은 중앙아시아의 여행가 뤼브뤼키(Rubruquis)로부터 간접적으로 얻어듣고서 알았는지 그 자세한 사항은 지금 살필 수가 없다.[24] 그러나 중요한 점은 유럽인은 중국의 전래를 통해 화약을 사용할 줄 알게 되었다는 역사적 사실이다.

나침반

나침반 역시 몽고인을 통해 유럽으로 전해진 것이다. 나침반은 중국에서 매우 일찍부터 발명되었으니 왕충王充의 『논형論衡·시응是應』을 보면 "지남침(司南)의 자루를 땅에 놓으면 균형을 맞춰 남쪽을 가리킨다"고 하였다. 이 말이야말로 곧 후한 초 나침반이 발명되었다는 확증이 아닐 수 없다. 그러나 일반적으로 학자들은 중국 및 세계 서적에서 맨 처음 나침반에 관해 언급하고 있는 것은 11세기 심괄沈括의 『몽계필담夢溪筆談』과 주욱朱彧의 『평주가담萍洲可談』이라 추정하고 있다. 대개 11세기 말~12세기 초에 이미 사용된 것으로 보인다. 유럽 문헌으로는 곧 12세기 말~13세기 초에 이르러서 아라비아 방면에서 나침반에 관한 기사가 나타나고 있는데 적어도 13세기 초기에는 사용된 것으로 생각된다.[25] 나침반은 사실 중국에서 발명되어 서쪽으로 유럽에 전파된 것이다. 야곱 교수는 나침반이 유럽 문화에 끼친 영향에 관해 다음과 같이 언급하고 있다. "나침반은 중국인의 가장 중요한 발명 가운데 하나이다. 그것은 우리의 시야를 확장시켜 주었을 뿐만 아니라 우리를 세계주의로 이끌어 주었다. 우리의 근대적 세계관의 형성은 완전히 이방異邦의 정신문화가 깊이 침투함에 의지해 있다. 나침반이 발명된 뒤에야 비로소 우리들은 이러한 경지에 이를 수 있었다고 할 것이다. 그리스 로마의 항해는 다만 연해에 한정되었을 뿐이다. 작은 바다에 불과한 지중해 주위의 토지 점거가 인문주의자들에게는 곧 세계 제국으로 여겨졌을 정도이니 말이다."[26] 이것은 유럽인을 비꼬아서 하는 말이 아니다. 실제로 그리스 로마 시대에도 자석은 알려져 있었다. 다만 방향 지정의 능력을 몰랐을 뿐이다. 그러나 중국에서는 콜럼버스(Christopher Columbus, 1446?~1506) 훨씬 이전에 이미 자석의 방향에 대해 인지하고 있었다. 카터에 의하면 유럽인은 매우 일찍부터 자석에 관해 언급했는데 1190년에 프로뱅(Guyot de Provins)이 지은 시에도 나타나 있다고 한다. 또한 비트리(Cardinal de Vitry)는 자침 계열이 인도에서 전래된 것으로 여겼지만 사실은 중국인이 가장 먼저 발명한 것을 아라비아인

이 항해에 사용함으로써 유럽에 전입되었다고 말하고 있다.[27]

그러나 근래의 연구 결과에 의하면 항해용 나침반은 11세기 말기에 중국에서 이미 논의되고 있음을 밝혀주고 있다.[28] 항해용 나침반은 중국에서 발명되었으며 유럽의 14·15 두 세기의 항해, 즉 문예부흥 시기 지리상의 대발견 등은 모두 나침반에 크게 힘입은 것이 사실이다.[29]

지금까지의 논의를 통해서 우리는 문예부흥의 물질적 기초에 대해 어느 정도 이해할 수 있었다. 즉 제지·인쇄술은 교육 개혁의 기초가 되었다. 화약은 봉건 제도를 타파하고 민중 자위군을 창립하는 기초가 되었으며 나침반은 지리상 대발견의 기초가 되었다. 이상을 총괄해 볼 때 문예부흥의 물질적 기초가 완전히 중국의 주요 발견에 의지하고 있음이 쉽게 간파되지 않는가? 콩트(Auguste Comte)는 『실증철학강의』(*Cours de philosophie positive*)에서 일찍이 3대 발명의 역사를 통해 근대 진화의 제1시기를 설명하였다. 또한 이들 발명에 대한 공로를 동방 아시아의 모 민족에게 돌렸다.[30] 웰스는 중국이 발명한 나침반, 종이가 정신적, 물질적 및 사회적으로 유럽에 끼친 영향에 관해서 더욱 명확하게 지적하고 있다.[31] 문예부흥 시대에 설령 중국이 중대한 정신적 공헌은 하지 못했다고 할지라도 지금까지 서술한 내용을 토대로 볼 때 중국의 유럽에 대한 물질적 공헌은 이미 한 시대의 획을 긋는 역사적 사실임에 틀림없다고 하겠다.

2. 문예부흥기의 중국에 대한 인식

그렇다면 문예부흥기에 유럽인이 중국을 어떻게 인식했는지에 대해 살펴보도록 하자. 13세기 몽고인 발흥 시대에 그들의 힘을 빌려 동서양대 문명, 즉 중국계(중국, 고려, 일본, 베트남)와 그리스 로마계(현재 歐美 각국)는 처음으로 접촉을 실행하였다. 프랑스의 동양학자인 아벨 레뮈자는 당시의 상황에 대해 설명하고 있는데 무명의 상인, 선교사 및 군대 수행원 외에도 유명 인물들이 그의 기록에 나타난다. 그리고 역사상 뜻하지 않게 유럽인이 경제적 이익이나 혹은 호기심 때문에 빈번히 동방을 찾는 자의 수를 헤아리자면 얼마나 많은지 짐작할 수도 없다.[32] 특히 동로마, 서로마, 게르만 그리고 프랑스의 여행가, 상인, 선교사 혹은 대사大使의 임무를 맡고서 몽고의 칸(大汗) 도성을 방문한 인물들, 바로 이들이 지은 여행기 또는 통신 문건은 당시 동서 교류의 역사를 연구하는 데 많은 도움을 제공한다. 뿐만 아니라 이를 통해서 당시 중국에 대한 유럽의 인식도 함께 엿볼 수 있다.

1) 선교사[33]

당시 유럽의 국왕과 교황은 열의를 가지고 몽고와 연락을 시도하였다. 그 중 한 인물이 로마 교황 이노센트 4세(Innocent IV)이고 또 프랑스 국왕 루이 9세(Louis IX)이다. 이들은 선교사사절을 화림和林(카라코룸) 혹은 북경北京에 파견하였는데 다음과 같은 몇 가지 목적을 성취하기 위한 것이었다. 첫째는 몽고인이 유럽 내에서 살육을 할 수 없도록 하기 위해서였고, 둘째는 몽고인을 교화하여 기독교로 개종시키기 위해서였다.[34] 그리고 셋째는 몽고의 힘을 빌려 터키인을 제압함으로써 성지를 되찾고자 한 것이다.

당시 외교사절로 동방에 간 인물들을 들자면 플라노 카르피니(Plano Carpini), 뤼브뤼키(Rubruquis), 몬테 코르비노(Jean de Monte Corvino),

마리놀리(John de Marigolli) 등이 있다. 프란체스코회는 중세기 서방 4대 여행가 중의 한 사람인 오도리크(Frier Odoric)를 파견해 중국에 다녀오도록 하였는데 그 역시 종교적 열정 외에 다른 것이 아니었다. 이와 같은 몽고와 기독교의 선교적 결합은 결국 실망스럽게 끝나고 말았지만 중국과 서양의 문화적 교류에 있어서 많은 새로운 자료들을 제공하는 결과를 가져왔다.

플라노 카르피니(Plano Carpini)

1249년 카르피니는 교황의 명을 받들고 몽고에 파견되었다.[35] 그가 지은 여행기[36] 제9장에는 다음과 같은 거란에 관한 정보가 있다. "거란인(契丹人)이 비록 이교도들이기는 하지만 스스로 문자가 있고 신앙이 있다. 아울러 영혼 불멸의 설을 믿지만 단지 우리들과 다른 것은 세례가 없다는 점이다. 성경과 기독교도에 대해 자못 존경할 줄을 알며 사람됨이 선행을 즐겨하고 남에게 베풀기를 좋아한다. 또한 온화하고 예의가 바르다. 수염이 없어 그 면모는 몽고인과 대략 비슷하고 그들만의 특수한 언어가 있다. 공예에 정밀하여 그 기교가 세계에서 일찍이 찾아보기 힘들 정도이다. 땅이 풍요로워 일체의 생활에 필요한 물건들이 생산되는데 오곡과 술, 금, 은, 실 등이다."[37]

뤼브뤼키(Rubruquis)

1253년 프랑스 국왕의 명을 받들고 몽고에 파견되었다. 그가 지은 여행기[38] 1장에 거란에 관해 기술하고 있다. "이는 곧 고대 '세레스의 땅'(Land of the Seres, BC 1세기경부터 그리스인·로마인이 중국인을 부른 명칭)으로 여겨지며 생산된 비단의 아름다움이 세상에 비할 바 없이 뛰어났다. 나라 가운데 한 도시가 있는데 성벽은 은으로 되어 있고 성첩城堞은 금으로 이루어져 있다. 백성은 각종 수예에 뛰어나 그 기술을 대대로 전수한다. 의술은 더욱 훌륭했다. 그리고 지폐가 통용되었으며 그 위에는 몽고 칸의 옥새가 찍혀 있었다. 글자를 쓸 때는 털로 만든 붓을 사용하는데 화공이 쓰는 붓과 대체로 흡사하다. 문자는 항상 여러 글자를 합해서 한 글자를 만든다.[39]

몬테 코르비노(Jean de Monte Corvino)

1289년 교황의 명을 받들고 중국에 가서 전교 활동을 전개하였다. 그는 일찍이 서방의 친구에게 세 통의 편지를 써서 극동의 상황을 알렸다.[40] 그 중에서도 특히 1305년 한팔리汗八里(Cambalec, 北京)에서 보낸 편지에는 거란에서의 전교와 경성京城에서의 교당 건축 및 세례 받는 일 등을 전하고 있다. 마지막 부분에서는 칸이 지배하는 토지의 광대함, 인구의 번성, 그리고 풍족한 재정은 온 천하에 비할 바가 없다고 극찬했다. 이듬해 다시 한 통의 편지가 한 선교사에 의해 로마로 전해졌다. 이 편지는 한팔리 성의 거대함, 칸이 관할하는 국경의 광대함을 언급했다. 아울러 경성 안 이교異教 각 종파에 대해 자세하게 설명하고 있는데 그들의 극기의 엄격성은 라틴 승려보다도 더 지나친 감이 있다고 언급했다.[41]

안드레아(Andrew of Perugia)

1307년 안드레아와 주교 등 6인은 교황의 명을 받들어 거란으로 향했다. 1326년 천주泉州에서 보낸 한 통의 편지에는 동방의 상황이 서술되어 있다. 이 편지와 몬테 코르비노의 두 통의 편지는 모두 현재 파리 국립 도서관에 소장되어 있다.[42] 편지의 내용 중에는 한팔리 및 자동성剌桐城(Zation, 泉州)의 번영과 성대함을 진술하고 있다. 그리고 그 부국 강병, 토지의 광대함, 많은 인구, 성읍의 번다함은 그야말로 언어 문자로 모두 형언할 수 없을 정도라고 하였다. 뿐만 아니라 이 대제국 안에서는 어떤 나라의 백성이든지 자유롭게 거주 및 전교傳教할 수 있다고 말했다.[43]

오도리크(Frier Odoric)

오도리크는 원元 시대 동방 전교사상 가장 저명한 인물로 1314년 전교 여행을 시작하였다. 그가 북경에 있을 때 세례를 주고 신도로 만든 사람만 해도 2만여 명을 헤아린다. 그 가운데는 유명 인사가 다수였고 모두 요직에 있었다. 그리고 명을 받은 후 서방으로 돌아갈 때는 산서山西, 섬서陝西, 사천四川 각 성을 여행하고 티벳(西藏)에 이르렀다.[44]

그가 지은 여행기는 각 나라에 모두 번역본이 있고 한역漢譯 제목은 『진복화덕리전眞福和德理傳』이다.[45] 이 글에서 기술하고 있는 내용 가운데 부녀자들의 전족纏足, 부귀한 사람들이 손톱을 기르는 풍속 등은 모두 마르코 폴로의 여행기 속에는 없는 것들이다.[46] 그는 북경에 있을 당시 자신의 체험에 대해서 다음과 같이 설명하고 있다. "하루는 황상께서 상도上都를 경유하여 수도로 돌아오신다기에 그 귀환일을 알아보았다. 그래서 본 주교는 회우會友 몇 명을 데리고 2백 리 밖으로 마중을 나가게 되었다. … 이때 황상께서 높이 십자가를 들고 있는 우리의 모습을 보시고서 길 왼쪽에서 공손하게 맞이해 주시며 관을 벗으셨다. 그 관 위에 장식된 진주를 보니 세상에 보기 드문 보배로 범인으로서는 감히 그 값을 짐작하기가 어려웠다."[47]

마리뇰리(John de Marignolli)

1339년 교황의 명을 받들어 32명과 함께 중국을 답방하였다. 1342년 한팔리에 도착하여 34년을 거주한 다음, 비로소 남하해 자동항剌桐港(泉州)에 다다랐다. 『보헤미아 연대기』에 삽입된 그가 지은 「동방견문기東方見聞記」는 후인이 정리를 가해 제목을 『교황전사소급승약한마려낙리봉사동방록教皇專使小級僧約翰馬黎諾里奉使東方錄』[48]이라 했다. 이 글은 중국과 인도에 대해 매우 자세하게 설명하고 있다.

타타르(Tatar)의 대칸大汗을 묘사하면서 국위國威가 미치는 곳이 거의 동방 세계의 반이라고 했다. "부국강병과 성읍의 번다함 그리고 그의 경내권에 있는 각 민족의 수효는 그야말로 듣는 사람으로 하여금 깜짝 놀라게 할 정도이다."[49] "만자국蠻子國(Manzi)을 경유할 때 그 휘황찬란한 세계를 목격한 자는 문자 필묵이 얼마나 형편없는 형용 수단인가를 절감하며 눈요기에 여념이 없을 것이다."[50] "만자국이 통할하는 대도시만도 3만이나 되며 촌락은 그 수를 헤아리기가 어렵다. 그리고 그 강토의 광대함은 사람의 눈을 의심하게 만들 정도이다. 물산이 풍부하고 과실의 경우는 라틴 제국에 없는 것들도 많았다. 화려하고 번화스럽기로는 항주杭州(Campasy)가 가장 유명한데, 특히 건축물의 웅장한 모습은 고금을 통해 그와 비교할 바가 없다. 옛사람들은 일찍이 말하기를, 이 성에는 1만 개의 조각처럼 아름다운 돌다리가 있다고 했는데 처음에는 그다지 믿지 않았으나 지금은 모두 하나하나 실증되고 있다. 또한 자동성은 큰 무역항으로 물질적으로 풍성하고 백성들의 살림도 윤택해 그야말로 태평성대의 모습을 볼 수 있다."[51]

마리놀리의 당시 사절은 국서 전달 외에 전마戰馬·미주美酒의 헌상 등 교황의 선물을 전달하는 차원에서도 이루어진 것으로 보인다. 그 중 전마를 헌납한 일은 『원사元史』에 기록되어 있을 뿐만 아니라 사가私家의 기록에도 나타나고 문인이 이를 두고 시를 짓기도 하였다.[52]

2) 상인

원대에는 선교사뿐만 아니라 상인 역시 화림和林, 한팔리汗八里(元 大都)의 각 지역으로 모여들었다. 플라노 카르피니(Plano Carpini)가 중국을 방문할 당시 브레슬라우(Breslau, 독일 동쪽의 큰 성), 폴란드 및 오스트리아의 상인들이 동행하였다. 러시아를 경유해서 귀국할 때도 제네바(Genoese), 피사(Pisans), 베네치아(Venetians) 상인과 동행했다. 그러나 이러한 상인들은 모두 이름이 알려지지 않은 사람들이며 유명 상인을 들자면 다음과 같다.

니콜로 폴로(Nicolo Polo)

베니스시의 상인 니콜로 폴로와 마테오 폴로(Matteo Polo) 두 형제는 1260년(宋 理宗 景定 元年, 元世祖 中統 元年)에 흑해로 가서 장사를 시작하기로 결정하고 진귀한 보물을 구매하였다. 콘스탄티노플에서 출발하여 바닷길을 따라 손다크(Sondak)에 이르렀다. 다시 말을 타고 여러 날을 이동하여 타타르(Tatar)의 군주 주소駐所에 도착해 거기서 1년을 체류한 후 사막을 건너 보하라에 도착했다. 처음에는 북행을 하다가 다시 동북으로 향하였다. 그리고 다시 말머리를 돌려 한 달 후 비로소 쿠빌라이 칸이 있는 곳까지 다다랐다. 그들은 가는 도중에 적지 않은 기이한 사물들과 마주쳤고 칸을 만난 후에는 매우 우대를 받았다. 칸은 기독교와 로마 교황에 대해 물은 다음에 서로 사절을 파견하여 우호 관계를 맺기를 원했다. 그래서 기독 교의를 잘 알고 있을뿐더러 칠예七藝에 능통한 현자 백 명을 교황이 파견해 줄 것을 청했다. 이들이라면 기독교의 우월함을 충분히 증명하여 칸과 그의 백성들을 기독교도로 개종시킬 수 있을 것이라고 생각하였다. 이 외에도 예루살렘에 가서 구세주 묘지의 등유燈油를 가지고 오도록 했다. 이 두 사람은 1269년 아크르(Acre)에 도착했는데 예전의 교황은 이미 죽었고 새로운 교황은 아직 선출되지 않은 상태였다. 때문에 복명復命하고 돌아가면 너무 늦을까 염려되어 고민 끝에 니콜로의 아들 마르코(Marco)를 데리고 가서 칸을 알현하도록 하였다. 마르코 폴로는 이후 중국, 특히 원조元朝에서 총용寵用되었다. 그가 지은 마르코 폴로의 여행기는 중국 사정을 매우 자세하게 다루고 있기로 유명하다.[53)]

페골로티(Francis Balducci Pegolotti)

플로렌스의 상인 페골로티는 1340년 『제국기諸國記』를 저술하였다. 이 책은 뒷날 『통상지남通商指南』으로 개명되었다. 책 전체에 걸쳐 동으로는 중국, 서로는 영국에 이르기까지 각 지역에 대해 이러쿵저러쿵 비판을 가했다. 유럽인이 중국에서 장사를 할 때 필수적으로 알아야 할 지식, 즉 도로·수출 상품·금융 제도·도량형 제도·세금 제도부터 지폐 문제에 이르기까지 하나하나 모두 언급하고 있다. 그러나 그는 일찍이 직접 거란을 방문한 적이 없다는 주장이 있으므로 고증이 필요하다.[54)]

니콜로 콘티(Nicolo Conti)

베니스의 상인 니콜로 콘티는 1438년 6백여 명의 상인을 따라 동방을 여행해 인도와 동양 각지에 이르렀다. 찬술된 여행기는 브라치오리니(Poggio Bracciolini)가 라틴어로 쓴 것이다. 그는 일찍부터 중국의 광동廣東·복건福建 등을 여행하였으며 그가 말한 '남발태南勃台'(Nemptai)는 곧 고증학자들에게 복주福州의 '남태南台'로 인식되고 있다.[55)] 그가 이 성城과 수도인 한팔리, 서아시아에 대해서 말한 내용에 의하면 두 성의 가옥과 궁전의 건축 양식 및 장식품의 진열은 모두 이탈리아와 같고 백성들은 온화하고 예의바르며 지혜가 있다고 하였다. 그리고 그 부유함은 다른 어떤 나라도 이에 미치지 못할 것이라고 하였다. 또 거란 상인들은 모두 극히 부유해 그들이 쓰는 선박은 유럽 여러 나라에 비해 더 크다고 하였다. 그는 유럽인을 프랑크인(Franks)이라 부르면서 다음과 같이 말한다. "다른 나라 세인들은 모두 맹인이며, 프랑크인은 애꾸눈에 불과하다. 그러나 저들이야말로 온전한 눈을 가진 자들이다."[56]

3) 외교 사절

곤살레스 데 클라비호(Ruy Gonzalez de Clavijo)

원元나라 시대에 이탈리아인, 프랑스인, 플란더즈인(Flemings)은 모두 대사 자격으로 몽고의 대칸 도성에 파견되었다. 니콜로 폴로와 마테오 폴로 두 사람의 경우도 부하라(Bukhara)를 경유할 때 우연히 페르시아 대왕이 중국 쿠빌라이(忽必烈) 대칸 조정에 파견한 대사를 만난 적이 있었다.[57] 또한 뤼브뤼키가 동방에 전교를 구실로 삼아 외교 사절로 가기는 하였지만 실제로는 정치적인 사명을 받들기도 하였다. 지금 논하고 있는 스페인 대사 곤살레스 데 클라비호도 그 한 예로 볼 수 있다.

곤살레스 데 클라비호는 1403년(明 成祖 永樂 元年) 사마르칸트에 도착하여 이 성에서 2년 동안 머물며 『동방봉사기東方奉使記』를 지었다. 여기서 그는 거란국 황제 주사한朱四汗(Chuyscan)을 언급하며 차가타이 한국 사람들은 그를 저황제猪皇帝라 칭한다고 하였다. 그는 사마르칸트 성에서 중국으로 운송되어 오는 많은 물품들을 목격하였다. 비단은 매우 미려했으며 사향麝香은 세계 어디에도 찾아보기 힘든 것이었다. 홍옥紅玉, 다이아몬드, 진주, 대황大黃 등 무릇 사마르칸트에 있는 중국 화물들은 그야말로 유명하고 귀한 것들이어서 사람이 모두 소중하게 여기는 물건들이었다. 그는 중국인이 세계에서 가장 정교한 공인이라며 스스로 경탄해 마지않았다. 세계 민족 가운데 저 종족만이 두 눈을 온전히 가졌다 할 수 있으며 프랑스인은 애꾸눈에 불과하다. 그리고 무어인(Moor, 아라비아인)은 모두 맹인인 것이다. 이 때문에 저들이 세계에서 가장 우수한 종족이라 할 수 있다고 했다.58)

4) 여행가

실트베르거(Johann Schiltberger)

원대에 많은 유럽인들은 호기심에 사로잡혀 동방! 동방으로 향해 왔다. 이 여행가들은 귀국 후에도 항상 교당 및 각지의 왕후 궁중에서 사람들에게 환영을 받으며 동방의 많은 진기한 이야기와 기이한 사건에 대해 강연을 하였다. 중세기 서양의 4대 여행가로 불리는 마르코 폴로, 오도리크, 이븐 바투타(Ibn Batuta), 니콜로 콘티는 모두 몸소 중국을 체험함으로써 불후의 명저인 여행기를 남겼다. 명나라 초기, 독일 여행가 실트베르거 역시 일찍이 중앙아시아 차가타이 한국을 방문하여 티무르 군대에 복무하면서 한 편의 여행기를 지었다. 여기서도 또한 중국의 정황을 대략 살필 수 있다.59)

5) 기술자 및 기타

마르코 폴로의 『여행기』 권2 제70장에는 게르만 기술자에 대한 설명이 등장한다. 예컨대 양양襄陽을 공격해 함락시킬 때 일찍이 노포弩砲의 제작을 도왔으며 북경에서는 러시아의 인쇄 기술자, 파리의 장신구 가공 기술자, 기타 유럽인을 직접 보았다고 진술하고 있다. 그리고 음악에 능했던 로버트(Robert)는 동아시아를 자유롭게 유람한 후 파리 부근 샤르뜨르(Chartres)의 대교당에서 세상을 마쳤다고 하였다. 그러나 이러한 사람들은 모두 저술을 남기지 않아 세상에 전하는 내용이 없기 때문에 그다지 중요한 인물로 취급받지 못한다.

3. 마르코 폴로 『동방견문록』의 영향

13세기 초 몽고인 발흥 시대부터 14~15세기 원말元末 명초明初에 이르기까지 유럽에서도 특히 이탈리아의 선교사, 상인, 외교 사절, 여행가, 기술자들이 끊임없이 동양을 방문하였다. 그리하여 중국(특히 거란) 문화에 대한 인식은 이미 유럽인의 이목을 일신시켜 중세 문화의 적지 않은 문제점들을 환기시키는 계기가 되었다. 그 가운데서도 무엇보다도 중국의 물질문명에 대해 매우 친절한 내용과 명료한 도형을 갖추고 있는 위대한 저작이 있는데, 바로 베니스의 상인 니콜로 폴로의 아들이 지은 『마르코 폴로의 동방견문록』(*The Travels of Marco Polo*)이다. 이 책은 14~15세기 한때 크게 유행하여 지식층이라면 누구를 막론하고 한 권씩은 다 가지고 있을 정도였다. 웰스는 『역사대강』에서 "『마르코 폴로의 동방견문록』은 13세기 세계를 개척한 하나의 위대한 역사책이다. 이것은 우리들에게 많은 상상력을 제공할 뿐만 아니라 모든 편년사가 갖는 역할을 넘어서고 있다. 아메리카 대륙의 발견 역시 여기서 직접적인 영향을 받은 것이다"라고 했다.[60] 또한 이 여행기에 서술된 이야기가 베니스인, 더 나아가 전 유럽인을 감동시켜 유럽인의 시야가 크게 일신되었다고 말하고 있다. 유럽의 문단 특히 15세기의 전기傳奇 소설은 이에 영향 받은 바 크며, 예컨대 여행기 속에 서술된 기이한 인명이나 거란, 한팔리와 같은 지명들은 항상 인용될 정도라 했다.[61] 이러한 정황으로 미루어볼 때 이 책이야말로 문예부흥 시기 여러 분야에서 중대한 영향을 끼쳤음을 쉽게 알 수 있다.

마르코 폴로는 중국에 18년 동안 머물면서 명을 받들어 외교 사절로 미얀마르(Myanmar)에 갔는가 하면 그 뒤에는 또 명을 받아 인도 각 나라를 방문하였다. 아울러 양주揚州 장관으로 3년을 지냈고 추밀부사樞密副使로 수 년 동안 있었다. 원나라 사람을 도와 강남을 평정하고 일본을 정벌했다. 또한 일찍이 간신 아합마阿合馬의 죄상을 적발한 일이 있었는데, 이 일은 『동방견문록』 권2 제23장 「원사세조본기元史世祖本紀」 및 「간신아합마전姦臣阿合馬傳」에 자세하게 보인다. 그가 지은 여행기는 근대인의 세밀하고 정확한 연구 결과와 비견할 만하다. 내용들이 모두 사실과 긴밀하게 연결되어 있어 일반적인 여행기와는 차원이 다르다. 이것은 말 그대로 소중한 역사적 사료인 것이다. 예컨대 메이스필드(John Masefield)와 같은 이는 "그는 유럽인의 견지에서 아시아를 창조했다"[62]고 하였다. 이렇듯 그는 실제로 문예부흥기 유럽인들이 더욱더 참되고 모범적인 문명 세계를 창조할 수 있도록 도움을 주었다. 문예부흥기에 끼친 그의 공헌을 논하자면 다음 세 가지 측면에서 살펴볼 수 있을 것이다.

1) 지리상의 대발견

스페인과 포르투갈에서 문예부흥은 지리상의 대발견이라는 특별한 형태로 꽃을 피우고 열매를 맺었다. 그리고 마르코 폴로의 여행기는 이 대발견을 촉진시키는 하나의 중요한 원동력으로 작용했다. 이것은 콜럼버스가 아메리카 대륙을 발견하는 과정을 조금만 주의 깊게 살펴본다면 쉽게 알 수 있는 사실이다. 『동방견문록』은 개인의 역사를 서술하고 있는 「서언」 부분을 제외하고 모두 4권으로 나눌 수 있다. 권1은 아르메니아에서 중국 원나라 칸 조정에 이르기까지의 여정 속에서 보고들은 일을 기록했다. 권2에서는 칸 및 그 도성·궁정·정부, 그리고 사신으로 운남雲南·미얀마 및 복주福州·천주泉州에 간 노정이 기록되어 있다. 바로 이 부분에 거란국 사정이 잘 드러나 있어 사람들이 가장 흥미를 느끼는 대목이다. 권3은 일본군도·남인도와 인도양 연안 및 각 성들에 대해서 기록했다. 마르코 폴로는 전 아시아 대륙을 횡단한 최초의 인물이었기 때문에 그의 말들은 수많은 항해가와 탐험가의 관심을 끌기에 충분했다. 그리하여 그들로 하여금 동쪽 여행을 결심하고 거란국(Cathay) 탐험에 나서도록 이끌었다. 이를 나열하면 다음과 같다.[63)]

① 1492년 이탈리아 항해가 콜럼버스(Christopher Columbus, 1446?~1506)는 마르코 폴로의 『동방견문록』에 고무되어 동쪽 탐험을 결의하여 결과적으로 아메리카 대륙을 발견하는 대성과를 거두었다. 여기에 대한 기사는 웰스의 『역사대강』 제34장 제8절에 대략 언급되어 있다.

② 1497년 포르투갈 항해가 가마(Gama, Vasco da, 1469~1524)는 마르코 폴로 여행기의 영향을 받아 최초에 거란국을 탐험하고자 했으나 결과적으로 희망봉을 돌아 인도에 이르는 항로를 발견하였다.

③ 1496년 영국인 카보토(John, or Giovanni Caboto, 1451~1498)는 거란국을 탐험하려고 떠났는데, 이는 영국으로부터 대서양 서북쪽으로 항해하여 캐나다 해안에 도달하는 최초의 일이 되었다.

④ 1558~1559년 동안, 영국 탐험가 젠킨슨(Anthony Jenkinson)과 존슨(Johnson) 두 형제는 거란을 찾아가기 위한 경로로 러시아 육로를 출발하여 동쪽으로 향하여 보하라(Bokhara) 성에 도달했다. 이 두 사람의 기록에 의하면 보하라 사람들은 당시에 여전히 중국을 거란이라 칭했고 북경을 한팔리라 했다.

⑤ 1602년 포르투갈 사람인 베네딕트 고에스(Benedict Goës, 1561~1605) 역시 거란을 방문하고자 아그라(Agra)에서부터 북쪽으로 향했는데, 길을 따라 경유한 곳곳이 『베네딕트 고에스의 방거란기訪契丹記』[64]에 자세히 나타나 있다. 그러나 불행하게도 중국 변경에 속하는 숙주肅州에서 사망하고 말았다. 묘명墓銘에서는 그를 애도하여 "거란을 탐방하고자 하여 마침내 천당을 얻었다"고 하였다.

그렇지만 누가 뭐래도 마르코 폴로 여행기의 최대 공적은 콜럼버스를 독려해 아메리카 대륙을 발견하도록 했다는 데 있을 것이다. 콜럼버스의 지리상 대발견은 그야말로 이전의 역사적 흐름을 완전히 변모시키는 하나의 계기가 되었다. 그런데 이와 같은 항해의 동기는 그가 스스로 명백히 밝혔듯이 마르코 폴로의 여행기 속에 나오는 칸의 나라(大汗國)를 탐험하기 위해서였다. 현재 스페인 세빌랴(Seville) 시의 콜럼버스 도서관에 소장된 해군 제독 콜럼버스 유물 중엔 마르코 폴로의 여행기 한 권이 라틴어 번역본으로 아직도 남아 있다. 한 가지 주목되는 점은 그가 이 책을 독파한 다음 여백에 세세한 주해를 달고 있다는 사실이다.[65] 이런 정황으로 보아 그가 이 책을 얼마나 열심히 연구했는지, 또한 그에게 얼마나 큰 영향을 미쳤는지 쉽게 짐작할 수 있다.

당시 이탈리아의 학자 토스카넬리(Toscanelli dal Pozzo, Paolo, 1397~1482)가 콜럼버스에게 보낸 두 통의 서신과 콜럼버스 여행기의 서문을 검토해 보면 이 사실을 더욱 명백하게 알 수 있다.[66] 토스카넬리의 첫 번째 편지 중에서 거란국의 상황에 대해 언급한 부분이 나오는데 그는 다음과 같은 몇 가지 점을 지적하고 있다. 예를 들어 자동성 한 지역만 보더라도 무수한 상인들과 거래되는 물품의 양이 이미 전 세계의 총량을 초과한다. 매년 백 척이나 되는 대형 선박들이 다른 종류의 향료는 전혀 싣지 않고 순전히 후추만을 실어 들여올 정도이다. 이 나라야말로 물자가 풍성하기 그지없고 백성의 생활 또한 윤택하다. 그들이 통괄하고 있는 성城·읍邑·군郡·국國만 하더라도 이루 헤아릴 수도 없을 정도이며 이것들은 모두 칸(大汗, Great Kan)의 소유에 속한다. 칸이란 라틴어로 곧 대황제(Rex Regun)를 뜻하고 수도는 거란성(Katay)에 있다고 하였다.

또한 거란의 사신들과 주고받은 대화 내용과 그 나라의 지리에 관한 내용 등을 기술하고 있다. 그의 설명에 따르면 하안河岸에는 도시 2백여 곳이 있다. 각 성에는 모두 대리석으로 만든 다리가 있는데 다리 어귀를 석주石柱로 장식했다. 한편 그 나라 사람들은 기독교도를 지극히 우대했으므로 라틴인은 돌아다니는 데 불편함이 없었다. 금, 은, 진주, 보석, 향료가 도처에 널려 있어 쉽게 부자가 될 수 있음은 물론, 그 나라의 학자, 철학자, 천문가 등과 지식을 교환함으로써 그들의 국가 통치 능력과 정교한 전쟁 방법을 배울 수 있었다고 했다.[67]

이 일단의 정보가 비록 사신의 입에서 얻은 것이기는 하지만 실제로 많은 부분은 마르코 폴로의 여행기에서 입수한 것이다. 콜럼버스 여행기 서문을 들여다보면 이른바 "인도국의 칸(大汗, Gran Can)은 왕 중의 왕이다(king of king)"라는 말이 나오는데, 이는 마르코 폴로 여행기의 영향임을 알 수 있는 명백한 부분이다. 중세기 유럽 여행가들이 인도를 말할 때는 대부분 그 가운데 중국이 포함되어 있었다. 때문에 콜럼버스가 아메리카 대륙을 발견할 당시 그는 자신이 거란의 변방에 도착한 것으로 믿고 있었다. 중미中美 부근에 도달했던 제4차 항해 때는 이미 거란을 발견한 것으로 여겼다.[68] 이것은 콜럼버스의 항해 목적이 신대륙의 발견이 아니라 구대륙 거란의 고국古國 탐방이었음을 증명하는 것이 아닐 수 없다. 마르코 폴로의 여행기 속에 등장하는 '거란(Cathay)'이라는 이름은 유럽에서 15세기 말 콜럼버스의 아메리카 대륙 발견을 이끌었으며 16세기 영국·프랑스 인으로 하여금 수차 항해를 통해 거란에 이르는 지름길을 찾아 나서게 만들었다.

롤리(Walter Raleigh) 교수는 『영국의 16세기 항해업』이라는 책에서 다음과 같이 말하고 있다.

> 거란을 탐험하는 일은 확실히 모험 세계 최고의 화두였으며 수백 년 동안 항해업의 의지요 영혼 그 자체였다. 무릇 세계를 뒤흔들 수 있는 위업은 몽상과 환상에서 오는 것이다. 옛적 '철인석哲人石'을 찾아 나선 것이 후세 화학의 기초가 되었고 현대 항해학·지리학은 당시 거란의 탐험에서 발원되었다.[69]

'거란'은 그야말로 문예부흥 시대 스페인, 포르투갈, 영국, 프랑스 각 나라에 있어서 하나의 국민적 꿈이자 유토피아 그 자체였다. 이전 유럽인들은 거란이 곧 중국임을 몰랐다. 이 때문에 지도 제작자들은 대부분 중국과 거란을 두 나라로 나누어 거란을 중국 북쪽에 위치시키곤 했다. 그런데 1602년 포르투갈인 베네딕트 고에스가 마르코 폴로 여행기를 참조하며 거란을 여행함으로써 거란이 곧 중국이며 한팔리가 곧 북경이라는 사실이 비로소 밝혀졌다. 이를 계기로 마르코 폴로가 기술한 거란의 기사가 완전히 실증된 셈이 되었다.

2) 미적·물질적 생활의 소망

마르코 폴로 여행기의 두 번째 영향은 유럽인들의 미적·물질적 생활에 대한 열망을 불러일으켰다는 점이다. 문예부흥 전의 중세 문화는 정신적·금욕적이고 천국과 신神 중심이었다. 이에 반해 문예부흥은 인간적·본능적이고 현세와 자연 중심이었다. 물론 이런 종류의 미적·물질적 생활 경향은 다분히 그리스적 문화의 영향이라 할 수 있지만, 그 외에도 마르코 폴로 여행기의 영향에 의해 더욱 강화되었다고 할 수 있다. 그리스의 영향은 단지 일종의 복고 정신에 불과했다. 그러나 마르코 폴로의 여행기 속에 등장하는 '거란'은 유럽인들에게 거대한 꿈의 황금국이라는 이상을 제공했다. 마르코 폴로의 여행기는 휘황찬란한 중국 문명을 다음과 같이 언급하고 있다.

풍족한 재정

권2 제1장에서 쿠빌라이 칸의 병력과 토지, 재산은 다른 사람을 훨씬 능가하며 그 강성함은 세계에서 비할 바가 없으니 유사 이래 일찍이 이런 유래가 없다고 기술했다.[70] 제10장에는 칸이 귀족을 소집하여 알현 받는 의식을, 제11장에는 해마다 전국적 규모로 열리는 칸의 만세일萬世日 경축 행사를, 제12장에서는 설날의 백색절白色節과 이날 바치는 예물의 수량과 목록을, 그리고 제16장에는 큰 명절날 비단옷(錦袍)을 받는 1만 2천 남작男爵들을 각각 서술하고 있다. 이상 각 장은 모두 엄청난 칸의 재력을 묘사한 부분으로 보통 사람은 믿기 어려울 정도이다.[71] 제78장에는 칸이 수도 및 그 관할 지역으로부터 매년 거두어들이는 80 토만스(tomans)의 염세鹽稅 외에도 기타 수입이 210토만스 혹은 6,080만 더컷(ducat)[72]에 달한다고 설명했다. 만자성蠻子省 지역에서도 이와 동일하게 거액의 수입을 올린다고 했다.[73]

인구의 번성

마르코 폴로는 귀국 후에 항상 중국의 면적과 인구에 대해 언급하였다. 그는 인구를 더컷(ducat) 단위로 말하면서 걸핏하면 곧 수백만이라고 하였다. 이 때문인지 그의 별명이 '백만군百萬君'(H Milione)[74]으로 불리기도 하였다. 여행기의 내용 중에서도 인구에 대한 기사가 나온다. 그 가운데 권2 제22장에 등장하는 한팔리汗八里의 인구와 무수한 가옥의 수는 참으로 상상을 초월할 정도이다.[75] 제77장은 경사京師 대도시의 인구를 기술하고 있다. 여기에서 160토만스(tomans) 개의 부뚜막에 관한 기록이 보이는데 하나의 부뚜막이 곧 한 가정을 뜻한다면 1토만스가 1만에 해당하므로 전 도시는 대략 160만 가구 정도가 될 것으로 추정된다.[76]

쾌적한 생활

권2 제76장에는 경사 대도시 백성의 쾌적한 생활에 대해 기술하고 있다. 예컨대 "이 도시 주민들은 남자나 여자 할 것 없이 모두 용모가 빼어나고 거동이 아름답다. 대다수 사람들은 그 지역에서 생산되거나 상인이 다른 성省으로부터 들여온 대량의 비단 덕택에 항상 비단옷을 입고 있다"고 하였다. 또한 공장 가운데 부유한 수공업자의 아내에 대해 "그들은 매우 아름답다. 그들이 걸치고 있는 비단옷과 값비싼 진주 보석 등의 장신구는 사람의 상상을 초월한다"고 하였다. "이 지역 주민들은 일이나 장사가 끝나면 자신의 아내·애인과 함께 아름답게 장식한 놀잇배나 마차 속에서 여가 시간을 보낼 생각뿐이며 다른 고민이 없다."[77] 뿐만 아니라 매년 조회 때가 되면 "비단에 황금과 보석으로 치장한 장신구의 화려함이 상상을 뛰어넘는다"[78]고 하였다.

발전된 정치

권2 제31장은 칸이 빈민들에게 즐거운 마음으로 자선 사업을 행하는 내용을 서술했고 제32장은 조정의 구제를 요구하는 많은 사람들에 관해 서술했다. 제37장은 칸이 각 성의 기근과 가축의 죽음을 구제한다는 내용의 기사를 싣고 있다. 이를 총괄하자면, "그의 모든 생각은 실로 어떻게 하면 그가 통치하는 백성들을 도울 수 있을까 하는 중요한 목표에 있었다. 이로써 백성들은 자기 힘으로 생활할 수 있었을 뿐만 아니라 그들의 산업을 증진시켜 나갈 수 있었다."[79]

기름진 땅

여행기 속에서 그가 거친 곳, 가령 백하白河, 탁주涿州, 태원太原, 사천四川, 대리大理, 남경南京, 보응寶應, 태주泰州, 진강鎭江, 호주湖州, 항주杭州, 복주福州, 천주泉州, 광주廣州 등은 모두 농산물 혹은 음식물이 풍부하다고 기록하였다.[80] 권2 제20장에서는 "그들의 음식물은 생산량이 매우 풍부하며, … 그들의 토지는 모두 밭 갈고 씨 뿌릴 수 있어 한 곳도 황폐한 곳이 없다. 각종 가축도 매우 번식한 상태이다. … 이러한 모든 사실을 고려할 때 그 엄청난 인구를 유지하며 풍부한 갖가지의 음식물을 마련할 수 있는 이유를 충분히 짐작할 수 있다"[81]고 하였다.

공업의 발달

권2 제22장에는 한팔리 성의 성황에 대해 다음과 같이 기술하였다. "무릇 세계 각처에서 가장 희귀하고 가치 있는 물건은 모두 이 성으로 모인다. 인도의 상품인 보석, 진주, 약재, 향료 등이 그 예가 될 것이다. 또한 거란의 각 성과 기타 제국의 각 성의 모든 값비싼 물건 역시 여기로 운송된다. … 마차와 말을 이용하여 생사生絲를 싣고 이곳에 이르는 것을 보면 하루에 일천 번 이상이다. 비단을 비롯해 각종 사직물이 극히 대량으로 제조되고 있음을 알 수 있다."[82)]

제76장에서는 항주에 관해 기술하고 있다. "각 거리의 무수한 점포 외에도 열 개나 되는 큰 시장이 있다. … 각 시장은 일주일에 3일 정도 열리는데 4~5만 명의 인파가 모여들어 장차 얻고 싶은 물품을 시장에서 공급받는다." "후추를 예로 들자면 매일 시장에 보내지는 후추만도 43포나 되었고 매 포의 무게는 대략 243파운드에 달한다." "이 곳에서 경영되고 있는 수공업 가운데 12종은 다른 것들에 비해 품질이 뛰어난 것으로 간주된다. … 각각의 수공업마다 1천 개의 공장이 있으며 매 공장에는 10~15 혹은 20명의 공인이 일할 수 있다. 그리고 몇몇 공장들은 40명의 공인이 일할 수 있는 곳도 있다."[83)] "또한 각 도시의 제조업은 성도부成都府를 예로 보건대 특히 아름다운 천, 즉 크레이프(crape)와 박사薄紗를 방직할 수 있다."[84)]

편리한 교통

권2 제28장은 한팔리의 큰 도로에 설치한 역참과 보행 파발꾼, 그리고 경비 지불 방법에 대해 소개하였다. "한팔리로부터 시작한 많은 도로는 각 성에 이른다. 각 대로는 시가지의 위치에 따라 대략 25~30 마일 사이에 역·여관을 건설해 손님을 맞이한다. 이것이 곧 역 또는 체신국인 것이다. 이것은 미려한 대형 건축물로서 여기에는 비단으로 커튼과 문발을 할 정도로 꽤 화려하게 장식한 관저가 있는데 고관과 귀인이 사용하도록 제공된다. … 각각의 참에는 항상 양마良馬 400필이 준비되어 있어 칸의 편지가 왕래할 때 이용한다. 산이 많은 현은 큰 도로와의 거리가 매우 멀고 촌락도 없으며 각 시가지 사이의 거리 또한 매우 멀리 떨어져 있다. 황제 폐하께서는 그런 지역에도 마찬가지로 비슷한 양식의 건물을 세워 각종 필수품을 공급하게 하였고 아울러 말을 준비시켜 평소대로 공급하게 하였다. … 그 결과 제정帝廷의 특사를 오게 한다거나 각 성과 각 왕국의 흠차欽差를 내왕하는 데 매우 편리하게 되었다. … 이것은 참으로 기발한 제도일 뿐만 아니라 운용에 있어서도 효과가 탁월하여 거의 말로 표현하기 힘들 정도이다."[85] 다시 수로水路 교통에 관해서 말해 보자. 권2 제64장에 의하면 황하 부근의 선창에는 박전함泊戰艦 15,000척이 있는데, 각각의 배에는 선원을 제외하고도 15필의 말과 20명의 사람을 태울 수 있다고 했다.[86] 그가 한때 신기新基(Sin-gui, 九江)성에서 보았던 선박만 해도 15,000척에 달한다. 그리고 연강沿江의 기타 시가지에 있는 선박의 수량은 그 이상이다.[87]

지폐의 유통

지폐는 중국인에 의해 발명된 것이다. 유럽은 1715년이 되어서야 파리에서 발행되기 시작했다. 이것만 보더라도 중국 문명이 유럽보다 한 차원 높았음을 알 수 있다. 마르코 폴로의 여행기 권2 제24장은 칸이 발행한 지폐의 한 종류와 그것이 전 영역에 걸쳐서 통행하고 있음을 기록하고 있다. "한팔리 성 안에는 칸의 조폐창이 있다. … 지폐 제조는 마치 순금 혹은 순은화를 제조하는 것처럼 그 일이 신중하게 다루어진다. 이 때문에 특별히 임명된 많은 관원들이 매 지폐마다 서명을 하고 날인을 한다. … 이러한 지폐가 대량으로 제조되어 칸의 영역에 있는 각 지역에서 두루 유통된다. 감히 생명의 위험을 무릅쓰고 지폐로 지불하는 것을 거절하는 사람은 거의 찾아볼 수가 없다. 그의 모든 백성들은 이 지폐를 기꺼이 받아들이며 결코 주저하거나 의심하는 일이 없었다. 어느 곳을 가든지 이 지폐를 사용해 그들이 영업을 하는 데 필요한 진주, 보석, 금, 은 등의 상품을 쉽게 구매할 수 있었기 때문이다. 한 마디로 말해 이 지폐만 있으면 어떤 종류의 물건이라도 얻을 수 있다. … 이로 보아 칸의 경제에 대한 명령권이 확실히 세계 어떤 군주보다도 더욱 광대했음을 알 수 있다.[88] 지폐의 유통 지역을 예로 들자면 반잡부潘雜府(Pazan-fu, 河間府),[89] 신기마조新基馬條(Singui-matu, 臨清州),[90] 신기辛基(Cingui),[91] 보기保基(Pau-ghin, 寶應州),[92] 더 나아가서는 멀리 흠제기欽提基(Chintigui, 貴州)에까지 이른다. 칸의 지폐 외에 다른 종류의 화폐는 사용되지 않는다."[93]

석탄의 사용

중국은 매우 일찍부터 석탄을 사용했다. 『한서漢書·지리지地理志』에 "예장군豫章郡은 돌을 캐내 연소시켜 땔감으로 사용하였다"고 했으니 이것이 좋은 예라 할 것이다. 여행기 권2 제30장에는 거란이 흑석을 채굴하여 연료로 삼았다는 기사가 소개되어 있다. "이 지역의 성省에서는 흑석이 발견되어 산중으로부터 채굴되었다. 이 돌은 산맥 가운데 매장되어 있었는데 화염의 강도가 목재보다 더 좋다. 하룻밤 정도는 거뜬하게 지낼 수 있으며 날이 밝아도 여전히 처음과 같이 타고 있을 정도이다. 이 돌들은 먼저 작은 돌조각을 가지고 연소시키지 않으면 결코 불이 붙지 않는다. 그러나 일단 불이 붙기만 하면 그 화력은 걷잡을 수가 없다. 이 나라에 목재가 부족한 것은 아니지만 주거 인구가 매우 많고 화로 역시 곳곳에 있어서 끊임없이 불을 지피지 않을 수 없으며, 목욕 또한 자주 하는 편이라 목재로는 땔감을 다 공급할 수가 없었다. … 그러나 이와 같은 돌들은 대량으로 얻을 수가 있고 가격 면에서도 매우 저렴했다."[94] 그 당시만 해도 유럽은 아직 불타는 석탄에 대한 지식이 없었다!

화려한 건축

『동방견문록』은 중국의 건축 즉 궁전, 도시, 교량에 대해 매우 자세하게 설명하고 있다. 이것은 문예부흥기에 있어서 매우 크고도 신선한 자극임에 틀림없다. 권1 제61장에서는 칸이 도성에 지을 아름다운 궁전의 건축 계획에 대해 다음과 같이 기술했다. "이 곳에 궁전을 짓되 대리석과 기타 아름다운 돌로 연결하여 조성할 것이다. 가옥 안은 모두 금으로 도금하며 벽은 갖가지 인물, 수목, 화초로 수놓을 것이다. 사람들은 그 정교한 설계와 건축의 우아하고 아름다움에 찬탄해 마지않을 것이다."[95]

권2 제10장은 한팔리 성 부근의 웅장하고 화려한 궁전을 다음과 같이 적고 있다. "칸의 황궁은 그 광대함이 예전에 미쳐 들어보지도 못한 바이다. 이 황궁은 북성으로부터 뻗어 남성까지 펼쳐져 있다. … 주위에는 대리석 담이 에워싸여 있는데 대략적인 너비가 두 걸음 정도 되어 보인다. 담 바깥쪽은 아름답고 화려한 난간과 기둥이 있어 사람들이 이곳을 걷지 않을 수 없도록 만든다. 무릇 대전과 방의 각 모퉁이는 모두 각종 조각품과 도금된 용龍으로 꾸며져 있으며 각종 조수鳥獸 도형, 전사 도형, 전쟁 그림이 있다. 지붕 안쪽에는 금과 청옥이 휘황찬란하게 장식되어 있어 눈에 보이는 것이 모두 그림 같다." "대전은 매우 넓어서 6,000명이 모여 식사를 해도 공간에 여유가 있고 가옥도 남아 돌 정도이다. 참으로 볼만한 광경이라 하지 않을 수 없다. 이 궁전은 그야말로 웅장하고 아름다움 그 자체이며 풍족하다. 배치 또한 정교해서 사람의 상상력이 이보다는 더 뛰어날 수는 없을 듯하다. 지붕의 기와는 홍紅·황黃·녹綠·남藍 등 각종 색으로 장식했고 위에는 유약칠을 해서 광택 찬란하여 마치 수정과도 같다."[96]

권2 제41장에서는 간삼부성墾參府城 근처에 망갈라이(Mangalay) 왕궁이 있다고 기록했다. "궁전은 매우 웅장하고 아름답다. 안팎으로 많은 연못과 개울이 흐르고 있다. 특히 아름답고 화려한 공원 하나가 자리 잡고 있는데 많은 종류의 동물과 새들을 기르고 있어서 사람들에게 즐거움을 제공한다. 공원 중앙에 바로 이 널찍한 왕궁이 세워져 있다. 그 단정함과 미려함이 이보다 더한 곳은 없을 것이다. 궁중에는 대리석으로 만들어진 많은 궁전과 방이 있는데 벽에는 그림이 그려져 있고 매우 아름다운 하늘색으로 꾸며져 있다."[97]

권2 제76장에서는 웅장하고 화려한 경사성京師城(杭州)은 더욱 근사하다고 묘사되어 있다. "웅장하고 화려한 경사성은 '천성天城'이라고도 불린다. 이 성의 장엄함은 세계의 모든 도시 가운데 으뜸일 것이다. 여기에는 절경이 많아서 이곳에 사는 주민들은 자신이 마치 천당에 살고 있는 것처럼 착각할 정도다." "그들의 주택 및 건축은 화려할 뿐만 아니라 기둥과 대들보는 채화로 장식되었다. 그들은 이런 종류의 장식을 매우 좋아한 나머지 회화와 화려한 건축을 위해 돈을 소비한다. 참으로 가관이 아닐 수 없다."

그는 또한 서호西湖 주변에 세워진 넓고도 아름다운 주택들을 묘사하고 있다. 호수 가운데에는 많은 유람선과 아름답게 장식한 놀잇배들이 떠 있어[98] 이보다도 아름다운 곳은 더 이상 없을 것이라 하였다. 그리고 제91장에서는 대도大都의 새로운 성에 대해 "그 설계의 정밀함과 치밀함은 말로 다 형언할 수 없다"[99]고 하였다. 또한 여행기 곳곳에서 각지의 교량橋梁에 관해 서술하고 있다. 예컨대 "다리는 대리석 혹은 아름다운 돌로 이루어져 있으며 다리 위에는 석주가 있고 주두柱枓에 돌

사자가 있다. 이 다리야말로 극도의 정밀한 조각품으로 세계 어느 것보다도 아름답고 화려하다"[100]고 하였다.

지금까지 열거한 10가지 이외에도 여행기는 또한 이 나라의 법률과 제도가 어떠한 종교에 대해서도 반대하지 않는다고 기록하고 있다. 일반 백성들은 도덕 정신, 즉 부모에게 효순하고 평화와 충후한 태도를 지녔다고 했다.[101] "무릇 같은 시내에 사는 남녀들은 단지 이웃 관계에 지나지 않는데도 마치 같은 가족처럼 친밀하게 지낸다."[102] 이러한 내용들을 그가 태어난 유럽의 중세 문명과 비교해 볼 때 분명 자극제가 아닐 수 없었다. 유럽인들이 보기에 기독교도가 저주해 마지않는 만악萬惡의 세속적이고 물질적인 지상의 생활 속에서 중국인들은 도리어 미선美善한 광명의 지상 '천당'을 용출시키고 있으니 말이다.

3) 자유로운 연구정신

마르코 폴로의 『동방견문록』이 문예부흥기에 미친 세 번째 공헌은 자유로운 연구정신을 환기시켰다는 점에 있다. 웰스는 『역사대강』에서 세상 사람들의 일반적인 견해에 대해 다음과 같이 언급하고 있다. "사람들은 항상 중국의 4대 발명품인 제지, 인쇄술, 화약, 나침반이 서방 유럽으로 전해지게 된 것은 모두 마르코 폴로 덕분이라 생각한다. 그리하여 마르코 폴로는 결국 세상에 널리 전하는 이 새로운 사건의 장본인이 되고 말았다. 그러나 실제로 이 4대 발명을 세상에 널리 퍼지게 만든 사람이 마르코 폴로인지 아닌지는 아직 증명할 길이 없다."[103] 특기할 것은 마르코 폴로의 책에는 비록 중국의 제지술과 지폐가 언급되고 있지만[104] 인쇄술에 대해서는 언급되어 있지 않다는 사실이다. 그래서 카터는 당시 중국의 조판雕板을 유럽으로 가지고 간 사람은 틀림없이 무명의 여행가이지 마르코 폴로 본인은 아닐 것이라 하였다. 아무튼 마르코 폴로가 일찍이 4대 발명을 유럽에 전했다는 설에 설령 우리가 동의하지 않는다고 하더라도, 그의 여행기가 문예부흥기에 일반 지식 계층의 호기심과 자유로운 연구정신을 불러일으켰다는 사실만은 의심의 여지가 없다고 하겠다.

사실 자유로운 연구정신이야말로 문예부흥기의 최대 산물이 아닐 수 없다. 이러한 연구정신이 발현된 다음에야 비로소 갖가지 발명이 존재할 수 있었다. 일본 신조사新潮社가 편찬한 『근대사상』이란 책은 다름 아닌 문예부흥기의 자유로운 연구정신의 중요성에 대해 논급한 것이다. "인쇄술의 발명은 지식의 보급을 도왔으며 나침반의 발명은 항해의 발전을 촉진시켰다. 화약과 기타 무기의 발명은 전술에 영향을 미친 나머지 봉건제국의 소멸을 초래하였다. 또한 생리학과 해부학의 발명은 사람들로 하여금 인류 생활의 기초를 알게 하였다." 실제로 이 몇 종류의 발명은 문예부흥기의 문화 차용이 마르코 폴로가 중국에서 돌아온 것과 밀접한 관계가 있음을 잘 말해 준다고 하겠다.

1926년 마뉴엘 콤로프(Manuel Komroff)가 마르코 폴로의 『동방견문록』을 편찬개정하면서 지은 「서언」을 보면 그가 자유로운 관찰과 연구정신이 얼마나 풍부한 인물이었는지 잘 알 수 있다.105)

> 그는 첫 번째 단계의 여행에서 크고 작은 새에 관한 20가지의 중요한 고증을 하고 있다. 그리고 책 전반에 걸쳐 동물, 수목과 각종 형태의 식물에 대해 풍부하고도 상세한 묘사를 하고 있을 뿐만 아니라 각종 과일과 종자에까지 설명이 미치고 있다. 이 같은 예리한 관찰들은 그의 자연 애호정신을 조금도 의심할 수 없게 만든다. 그가 가지고 돌아온 물건들을 보면 이를 충분히 증명해주고도 남는다. 가령 어느 지방에서는 얼룩소의 털을

> 얻었고 또 다른 지방에서는 사향노루의 두족을 구해 돌아왔다. 이밖에도 다목의 종자, 사고야자나무(Sago tree)의 전분으로 만든 떡을 가지고 돌아온 사실 등이 언급되어 있다. 그는 이와 같은 물건 등에 흥미를 나타냈지만 이 모든 것은 여타의 생활 측면이 아닌 바로 자연에 관한 것임에 주목할 필요가 있다.

그는 매 순간마다 주어진 모든 연구 기회를 결코 놓치지 않으려고 노력했다. 그의 책 속에는 이름 모를 몇 종류의 새의 꼬리털 길이, 혹은 칸의 송골매 다리에 감긴 은권銀圈까지도 상세하게 묘사되어 있다. 여기서 그치지 않고 그는 자기 나라에서는 볼 수 없는 동물, 기괴한 풍속, 기묘한 경치 등 수많은 것들에 대해 묘사를 가했다. 이렇듯 호기심이 풍부한 이 사람이야말로 바로 문예부흥의 훌륭한 본보기라 하지 않을 수 없다. 웰스는 "『동방견문록』에 서술된 각 분야의 정보들은 유럽인들에게 처음에는 놀라움과 의구심 그 자체였다. 그러나 곧바로 그들은 많은 상상력에 이끌렸다"[106]고 했다. 결국 그것은 자연스럽게 연구정신을 폭발시키는 하나의 거대한 동기로 작용했던 것이다.

하지만 마르코 폴로는 결국 하나의 상인이자 그 아들이었다. 백만장자를 꿈꾸던 마르코 폴로에게 궁극적인 관심의 대상은 결국 경제적인 부유함이었고 공상업의 물질적 생활이었다. 콤로프의 말을 참고하면, "마르코 폴로의 상인으로서의 진면목은 그의 모든 기록 속에서 뚜렷이 나타난다. 그의 자연을 애호하는 마음은 부차적인 것이며 유희의 열정 역시 그 다음에 지나지 않는다."[107] 그는 분명 상인이었음에 틀림없다. 때문에 그의 여행기 속에 기록된 중국 문명 역시 물질적인 생활 위주로 구성되어 있으며, 그가 문예부흥기에 끼친 영향 또한 중국의 물질문명, 곧 물질적인 생활 측면으로 제한될 수밖에 없었다. 앞서 문예부흥 시대에 일찍이 중국이 유럽에 미친 영향은 다름 아닌 물질적 기초였다고 했는데 마르코 폴로는 사실 이와 같은 물질적 기초를 유럽에 전파한 가장 중요한 인물이었다.

4. 문예부흥기의 중국적인 요소들

마르코 폴로의 『동방견문록』은 문예부흥기의 유럽 세계에 물질적인 영향을 미쳤음은 물론 유럽의 문학계·과학계 등에 풍부한 중국적 요소를 공급했다. 『동방견문록』 속에 서술된 인명이나 거란의 한팔리와 같은 지명들은 당시 주요 작가들의 작품 속에서 심심치 않게 발견되고 있다. 이밖에 회화, 미술, 공예 분야도 역시 중국의 영향을 받은 것이 확실하다. 가령 16세기 이탈리아 플로렌스의 어떤 예술가들은 중국의 도자기를 모방하고 있다. 예를 들어 흰 바탕 위에 짙은 남빛의 화문花紋을 그려 넣는 방식[108]이 그 좋은 예이다. 이제 문예부흥기의 중국적 요소에 대해 논해 보기로 하자.

1) 회화

레오나르도 다 빈치(Leonardo da Vinci, 1452~1519)

레오나르도 다 빈치는 문예부흥기의 시대정신을 대표할 만한 다재다능한 사람으로서 조각가이자 시인·과학자이기도 했다. 무기와 전술에 관한 그의 연구는 당시 유럽으로 전입된 중국 화약의 영향을 상당 부분 받고 있는 것이 분명하다. 그의 일생에 불후의 명화로 손꼽히는 모나리자는 그의 부인의 아름다움을 표현한 것으로 이를 완성하기 위해 5년이라는 긴 시간을 투자했다고 한다. 그러나 여기서 가장 주목되는 것은 이 그림의 배경이 바로 중국풍 산수라는 점이다. 이러한 사실은 서양 미술계에서도 매우 특이한 경우로 중국의 영향을 받은 것으로 여겨진다. 『동방학보』에 실린 뮌스터버그(O. Muensterberg)의 「레오나르도 다 빈치와 중국산수화」(*Leonardo da Vinci und die Chinesische Landsehaftsm*) 일편, 그리고 해크니(Hackney)가 지은 『중국 회화의 길잡이』(*Guide-posts to Chinese Painting*)라는 작품 속에는 서양 미술이 중국에게서 받은 영향이라는 주제가 다루어지고 있다. 또한 정수린鄭壽麟이 쓴 『중서 문화의 관계』(39~42쪽) 등은 모두 이러한 사항을 논급한 것이다.

2) 문학

문예부흥 시대 이탈리아 각 도시의 산문가, 시인, 소설가들은 그 지리적 위치로 인해 동방의 이국적인 정서를 가장 쉽게 받아들일 수 있었다. 그리고 방언 문학을 제창한 영국인 역시 생기 충만한 동방 이야기를 그들의 문학적 소재로 삼았다. 이들을 열거해 보면 다음과 같다.

맨더빌(Mandeville)

1357년 영국 산문의 비조인 존(John the Beard)은 맨더빌이라는 이름에 의탁해 『동방견문록』을 지었다.[109] 이전 사람들은 이 책을 여행기로 여겼으나 현대에 와서 고증한 결과 단지 허구적인 소설에 지나지 않았음이 밝혀졌다. 이 책은 대대로 전해지면서 영문학 가운데 최초의 산문 저작이 되었다. 출간 이후 다양한 사람들에 의해 여러 지역에서 전사轉寫되었으며 후에 각종 라틴어와 이탈리아어 번역본이 나올 정도로 거의 모든 지식 계층에 보급되었다. 유포 지역의 광범위함으로 볼 때 마르코 폴로의 『동방견문록』과 우열을 가릴 수 없을 정도였다.

이 책에서 서술하고 있는 몽고와 거란에 관한 지식들이 대부분 오도리크의 여행기를 참고한 것임에도 불구하고 유럽 문학 안에서는 사실상 중국 문화를 예찬하는 선구적인 저작으로 평가받고 있다. 그는 중국 문화를 지나치게 치켜세운 나머지 정치, 경제, 예절, 풍속 등 각 분야에 있어서 칸은 유럽 어느 나라보다도 한 차원 높은 수준이라고 평가하였다.[110)]

보카치오(Boccaccio, Giovanni, 1313~1375)

보카치오는 이탈리아 산문의 시조로 일컬어진다. 그가 지은 근세 최초의 소설 『데카메론』(*Decameron*)[111)]은 유럽의 문예계에 실로 지대한 영향을 미쳤다. 이 책은 단테(Dante)의 『신곡神曲』과 함께 '인곡人曲'이라 불린 정도로 칭송된다. 그 내용은 대체로 중세기의 불합리한 사상에 초점을 맞추어 진지하게 저항한 것이다. 그 가운데 제10일 세 번째 이야기 속에는 '거란'에서 그 소재를 채택해 거란국의 귀족 중 하나인 나탄(Nathan)이 얼마나 도량이 넓고 큰지를 설명하고 있다. "동방뿐만 아니라 심지어 서방 각지에 이르기까지 그의 큰 이름이 널리 전한다." 나탄은 또한 미트리다네스(Mitridanes)를 위해서라면 자신의 생명을 희생해서라도 그를 기쁘게 해 주었다고 묘사했다.[112)] 이 이야기는 단지 문인의 호기심의 표현에 불과할 수도 있으며 그의 작품 속에는 극동의 고국古國을 미화하고 있으므로 여기에 큰 의미를 부여할 수는 없을 것이다. 하지만 중국적인 소재가 문예부흥기의 대표적 작가에게 끼친 영향만큼은 증명되고 있는 것이다.

보이아르도(Boiardo, Matteo Maria, 1441~1494)

보이아르도는 문예부흥 시기의 가장 뛰어난 궁정 시인이었다. 그의 『사랑하는 오를란도』(*Orlando Innamorato*)라는 시 작품은 순수 문학의 명작으로 손꼽힌다. 이것은 프랑크 국왕 샤를마뉴(Charlemagne)의 열두 장군 가운데 가장 유명한 청년 영웅 롤랑(Roland)을 소재로 삼은 것이다. 그가 유럽에는 자신과 걸맞은 배우자가 없음을 깨닫고 거란 여자를 그리워하다가 우연찮게도 거란의 공주 안젤리카(Angelica)를 만나게 된다는 내용이다.[113] 이 시는 1494년 당시 비록 완결되지는 못했지만 중세기의 기사騎士를 매우 생동감 있게 묘사함으로써 15세기에 상당한 영향을 미쳤다.

아리오스토(Ariosto, Ludovico, 1474~1533)

아리오스토는 문예부흥의 절정기를 대표하는 인물이다. 그의 걸작인 『광란의 오를란도』(*Orlando Furioso*)는 보이아르도의 『사랑하는 오를란도』의 후속편으로 지어진 것이다. 그것은 기독교 기사의 낭만적인 생활을 그린 최초의 명작으로서 그는 이 시를 짓기 위해 무려 7년이라는 시간을 소비했다. 물론 발행 이후에 널리 보급되었다. 그는 첫머리에서 이 시의 주제를 다음과 같이 설명했다. "내가 이 시에서 노래한 것은 귀부인과 무사이고 무기와 사랑에 관한 것이며 좋은 벗과 용감한 전적이다." 문학사가들은 이 작품이 그야말로 문예부흥기의 인생관을 완벽하게 묘사했다고 평가한다. 이 작품 속에서 가장 중요하게 다루어지는 소재는 오를란도와 안젤리카의 사랑이며 그와 관련된 갖가지 숨은 일화들이다. 이 시에 등장하는 여주인공 안젤리카는 바로 거란의 공주이다. 안젤리카가 다른 사람을 사랑하게 되자 그의 애인이었던 오를란도가 실의에 빠진 나머지 미쳐버렸다는 몇 구절은 사람들을 매우 감동시키는 대목이다. 그 이후 그녀는 유럽에 대해 혐오감을 갖고 싫어하게 되지만 그의 두 번째 남편 메다로(Medaro) 역시 스페인으로부터 배를 타고 중국으로 온 사람이었다.[114] 아리오스토는 이 작품을 통해 그야 말로 최고의 유명세를 탔다. 영국의 대시인 셰익스피어(Shakespeare) 역시 그에게서 매우 깊은 영향을 받은 것으로 알려져 있다.

3) 과학

베이컨(Bacon, Roger)

수트힐(W. E. Soothill)이 저술한 『중국과 서양』(*China and the West*),[115] 그리고 로버츠(F. M. Roberts)의 작품인 『서양인의 중국 여행』(*Western Traveller to China*)[116]은 모두 13세기 베이컨과 중국의 관계를 다루고 있다. 문예부흥기의 과학자 베이컨은 근세 과학의 선봉으로 평가된다. 그의 명저 『대서大書』(*Opus Majus*)는 곧 뤼브뤼키가 동방을 여행하면서 적은 메모들과 깊은 연관이 있다. 카터는 일찍이 다음과 같이 말했다. "유럽의 저작가 가운데 가장 먼저 화약에 대해 언급한 사람은 베이컨으로 추정된다. 그는 13세기 인물로서 화약의 존재를 알았다. 그가 이 사실을 알게 된 배경은 아라비아의 이야기책 내지는 중앙아시아 여행가 뤼브뤼키를 통해 간접적으로 접했을 것으로 판단되지만 그다지 신빙성은 없다."[117] 그렇지만 베이컨이 뤼브뤼키를 직접 만난 적이 있고 그의 책 속에 중국을 소재로 하는 내용이 기술되어 있다는 것은 분명한 사실이다.

이상의 내용을 토대로 각 절의 역사적 사실을 총괄해 보면 우리는 곧 하나의 커다란 결론에 도달하게 된다. 그것은 바로 문예부흥 이면에는 정신적인 기초 외에도 실제로 물질적인 기초가 존재했다는 사실이다. 문예부흥이 고대 그리스의 사조를 그 정신적 기초로 삼았다면 중국의 주요 발명은 그 물질적인 기초가 되었다. 13세기 이래로 선교사, 상인, 외교 사절, 여행가 등 수많은 유럽인들이 끊임없이 동방을 여행함으로써 유럽인들에게 중국은 점차 친밀하고 분명한 존재로 다가왔던 것이다. 특히 마르코 폴로의 『동방견문록』은 문예부흥기에 실로 커다란 영향을 미쳤다. 예를 들어 지리상의 대발견, 심미적·물질적 생활의 소망, 자유로운 연구정신은 모두 유럽 중세기의 수많은 미몽을 일깨워 주었다. 다시 한 번 말하지만 유럽의 문예부흥은 이 책에서 그야말로 중대한 영향을 받았던 것이다. 또한 문예부흥기의 대표적인 작가들의 작품 속에는 중국적인 소재들이 중요한 요소로 등장하고 있으며 중국인이 매우 이상화되어 나타난다. 냉정히 말해 문예부흥은 18세기 계몽운동과는 상당한 차이를 보인다. 계몽운동에서는 중국이 완전한 차원에서 정신적 기초를 이루고 있으며 이런 면에서 중국이 우선이고 그리스는 그 뒤라 할 것이다. 이에 반해 문예부흥은 그리스를 그 정신적 기초로 삼았기 때문에 그리스가 우선이고 중국은 그 다음이라 할 수 있다. 그러나 정신은 물질을 벗어나서 존재할 수 없기 때문에 중국이 문예부흥에 끼친 물질적 기초는 이미 역사서 이면에서 대서특필 감으로 확고하게 그 자리를 차지하고 있다고 하겠다.

제2장
18세기 중국과 유럽의 문화적 접촉

1. 문화 접촉의 세 시기

문화사를 연구하기 위해서는 먼저 문화에는 '독립'과 '전파'의 두 현상이 내재해 있음을 알아야 한다. 중국 문화는 종교 분야에서 인도의 영향을 받았다. 그리고 과학 분야에서는 서양의 영향을 받았다. 서양 문화는 원래 과학 문화였지만 그 스스로 역시 일단의 길고도 복잡한 역사를 걸어왔다. 서양 문화는 19세기 이전에 사실상 두 시기를 거친다. 첫 번째는 중세기의 종교 문화 시대이며 두 번째는 18세기의 철학 문화 시대이다. 19세기에 이르러서야 비로소 과학 문화 시대로 접어들었던 것이다. 때문에 엄격하게 말해서 서양화가 곧 과학화이고 근대적 문화인 것은, 중국화中國化가 곧 철학적 문화이고 인도화印度化가 곧 종교적 문화인 것과 같은 맥락이다.

인류의 지식 발전 단계에 따라 말하자면 서양에서도 과학 시기 이전에 하나의 철학 시기가 있고 철학 시기 이전에는 하나의 종교 시기가 있다. 그러나 서양에는 본래 '과학'이라는 그 자체의 문화적 특징이 면면히 흐르고 있다. 따라서 서양의 종교는 본질적으로 볼 때 여전히 '과학적 종교 문화'에 다름 아니며, 서양의 철학 역시 본질상 즉 그 문화의 독립적인 발전상에서 말한다면 여전히 '과학적 철학 문화'인 것이다. 그러므로 이른바 종교 문화, 철학 문화는 서양 문화의 원래 산물이 아니었다. 서양 중세기의 종교 문화는 사실 인도 종교 문화의 영향에서 이루어진 것이며, 마찬가지로 서양의 18세기 철학 문화 역시 중국 철학 문화의 영향을 받은 것이 사실이다. 서양 문화와 인도 문화의 접촉에 관해서는 여기서 다룰 문제가 아니기 때문에 차치하기로 한다. 단지 중국에 국한해서 논해 보자면 중국 문화는 서양의 영향을 받은 관계로 중국의 과학 문화 시대가 형성된 것이 사실이다. 그러나 중국 특유의 철학 역시 18세기 서양에 영향을 미쳤다. 그로 인해 서양의 철학 문화 시대가 열린 것이다. 이것은 결코 중국 문화를 선전하기 위해 꾸며낸 말이 아니며 역사적 사실에 근거를 두고 하는 말이다.

우리는 이미 유럽의 문예부흥 시대가 중국의 주요 발명을 받아들여 그 물질적 기초로 삼았음을 살펴보았다. 이와 마찬가지로 18세기의 유럽은 중국의 철학 문화가 그 정신적 기초가 되었음을 우리는 더욱 인지해야만 한다. 라이히바인(Reichwein)이 말한 것처럼 중국 사상이 18세기 유럽에 미친 영향은 그야말로 "공자가 이 세기의 수호신"이라고 할 만큼 지대했던 것이다. 다시 말해 18세기의 유럽은 중국 철학 문화의 세례를 받은 시대라 해도 과언이 아니다.

그러나 이보다 더 긴 안목으로 보면 이 같은 철학적 접촉 이전의 물질적 접촉 시대와 미술적 접촉 시대로 거슬러 올라가야 할 것이다. 물질적 접촉은 비록 중국의 4대 발명이 유럽에 유입되는 문예부흥 시기에 와서 뚜렷하게 드러난다고 하겠지만 그 기원은 기원 전 중국과 고대 그리스에까지 거슬러 올라간다. 문예부흥 시기, 즉 16세기 이후 중국에서 유럽으로 수입된 물품들은 대부분은 도자기, 칠기, 사직품絲織品과 같은 미술적 공예품들이 주종을 이룬다. 그리고 이것을 기점으로 하여 결국 미술적 접촉 시대로 진입하게 된다. 또한 18세기에 이르러서는 예수회 선교사가 공자의 학설을 유럽에 소개하기 시작한다. 특히 당시의 선교사들 사이에서 발생했던 전례典禮 논쟁은 유럽의 일반적인 지식인 계층이 중국 사상 연구에 한바탕 관심을 갖게 만드는 계기가 되었다. 이로 인해 다시 철학사상의 접촉 시대로 접어들었던 것이다.

1) 물질적 접촉 시대

중국과 고대 그리스·로마

중서 교통의 시작은 곧 중서 물질문화의 접촉을 알리는 하나의 신호탄이라고 할 수 있다. 따라서 고대 중국과 서방의 교통에 관한 자료들을 먼저 살펴보도록 하자. 인도에서 가장 오래된 책인 『마노법전摩奴法典』과 『마가파라다대사시摩訶婆羅多大史詩』를 보면 그 속에 이미 '지나支那'(China)라는 명칭이 등장한다. 그리스 고서에도 역시 '지나'라는 명칭이 나오는데 '세레스'(Seres, B. C. 1세기경부터 그리스인·로마인이 중국을 부른 명칭)를 동방 비단 생산자의 나라로 여기고 있다. 고대 중국 문헌, 즉 『목천자전穆天子傳』, 『죽서기년竹書紀年』, 『일주서逸周書』에는 모두 동서 교통을 알리는 좋은 증거가 담겨 있다. 비록 그 내용을 모두 믿을 수는 없다 하더라도 고대에 이미 중국과 그리스 사이에 물질적 접촉이 있었다는 사실만은 부정할 수 없을 듯하다.

영국의 한학자 자일즈(H. A. Giles)가 저술한 『중국과 중국인』(*China and Chinese*) 제4장에서는 중국의 문물·풍습과 고대 그리스의 관계를 20여 항목으로 간략하게 서술하고 있다. 물질적 측면에서 그 요점을 간추려 보면 다음과 같다.[1)]

① 중국의 건축물은 문이 항상 남쪽으로 나 있으며 방은 남녀 사이를 서로 칸막이했다. 문짝은 대부분 두 개여서 문을 열 때는 밀고 나가는 방식이다. 그런데 그리스의 주택 양식도 역시 이와 같다.

② 중국의 연극 공연은 새벽부터 밤늦게까지 쉬지 않고 이루어지며 연극 무대는 항상 노천의 광장에 세워졌다. 그리스 역시 그러했다. 희곡에는 '곡曲'과 '백白'이 있다. 연극배우는 가면을 쓴다든지 혹은 얼굴에 분장을 한다. 이 또한 그리스와 동일한 점이다. 더욱이 연극 무대에 신상神像을 설치하는 풍속이 있는데 이 또한 중국과 유럽이 일치하고 있어 특히 주목을 끈다.

③ 중국의 '주사위 놀이'는 2세기 전후로 서방에서 전래된 것이다.

④ 고대 중국은 호루壺漏를 사용해 시간을 기록했는데 고대 그리스에서도 일찍이 사용한 적이 있다. 상황이 완전히 일치했는가는 명확하지 않다.

⑤ 중국 올리브의 원산지는 그리스라 한다. 전파 시기는 대략 기원전 2세기 곧 서한西漢 시대로 보고 있다.

⑥ 중국의 밤나무와 포도 재배는 장건張騫이 서역에 사신으로 간 후부터 시작되었다. 장건은 일찍이 파촉巴蜀 등지에서 머물렀는데 그곳은 이미 서방과 교류가 이루어지던 곳이었으며 밤나무와 포도의 과실이 이곳에서 중국으로 반입되었다. 이후 중국은 처음으로 포도주를 빚게 되었는데 이것은 진한秦漢 이전에는 없었던 일이다.

⑦ 옛날 중국의 구리거울은 항상 각종 꽃과 새들로 장식되어 있었는데

그리스의 경우도 이와 유사했다.

⑧ 중국의 석류나 무우 등은 모두 고대 소아시아 여러 나라에서 전래된 것들이다.

물론 포도 등의 물질적 접촉에 관해서는 논의가 분분하다. 가령 대다수 학자들은 '포도'가 그리스의 'Bótpus'의 음역이라고 여기는 반면에 이것이 확실하지 않다고 생각하는 학자들도 있다.[2] 근래의 학자 라우퍼(B. Laufer)와 로스토프쩨프(M. Rostovtzeff) 등은 선진先秦 및 양한兩漢의 문화 가운데 서양에서 전래된 요소 혹은 서양과 비슷한 요소로 갑옷과 투구, 청동기 무늬, 순장 같은 풍속 등을 제시하면서 동서의 물질적 접촉이 시기적으로 매우 앞섰음을 단언하였다.

대개 기원 전·후로 약 2세기 즈음 로마인을 매개로 하여 동서 교류가 시작된 것으로 여겨진다. 당시의 물질적 접촉에서 가장 중요한 것은 실은 비단이었다. 다시 말해 로마는 중국 비단의 큰 소비지였던 것이다. 시인의 노래나 역사가의 기술에 등장하는 이 세레스국은 곧 '사국絲國'(Land of Silk)을 의미한다. 당시 로마인이 중국 비단을 좋아하는 정도가 마치 오늘날의 중국인이 양복을 입고 외제 물건을 좋아하는 것과 같아서 지극히 사치하는 풍조가 만연하였다. 그리하여 로마 제국은 결국 멸망하고 말았다.[3] 기원 후 5·6세기에는 아직 로마인이 직접적으로는 동방과 무역을 할 수 없는 상태였다. 당시는 이란(Iran) 민족이 동서의 교통 노선을 거의 독점하다시피 했고, 8세기부터 문예부흥 시대에 이르기까지는 다시 아라비아(Arabia)인이 이를 대신하였다. 이런 이유로 이후 동서의 물질적 접촉은 어쩔 수 없이 이란 민족과 아라비아인이 매개가 되었던 것이다.

중국과 이란 문명

여기서 '이란'이란 현대의 페르시아, 발루치스탄, 아프카니스탄, 보헤미아, 카피리스탄 등 여러 지역을 포괄하는 말이다. 파르티아(Parthia, 安息) 시대에는 전前·후한後漢과 교통이 빈번하여 불교가 중국에 전파되었다.[4] 페르시아 시대에는 중국의 북위北魏로부터 수당隋唐에 이르기까지 교역을 하였는데 통상 사절이 빈번히 왕래하였다. 이 사실은 『위서魏書』, 『신구당서新舊唐書』, 두우杜佑의 『통전通典』에 모두 기재되어 있다. 또한 페르시아인들은 경교景教, 요교祆教(배화교), 마니교 등 각종 종교를 중국에 전파했다. 물질적 접촉에서만 보더라도 당나라 사람이 기록한 페르시아국의 광석 및 동식물은 그 종류가 매우 많다. 예를 들면 다음 표와 같다.[5]

광석	密陀僧, 珊瑚, 爐甘石, 綠鹽, 鐃沙, 石硫黃, 礬石, 琥珀, 刺 避者達, 昔刺尼, 古木蘭, 肋把避, 肋木刺, 撒卜泥, 鴉鶻 馬思艮底, 你藍, 屋樸你藍, 貓睛, 赤水石, 你捨卜的, 乞里馬泥
식물	胡黃連, 縮砂蔤, 蓽茇, 蒟醬, 補骨脂, 茉莉, 靑黛, 螺子黛 蒔蘿(小茴香), 草豉, 巴旦杏, 阿月渾子, 阿勒勃(波斯皂莢) 葡萄, 橄欖, 石蜜, 無花果, 波斯棗, 乳香, 香生齊, 沒藥, 沒樹 婆舟阝娑樹, 磐砮穡, 耶悉茗, 安息香, 龍腦香, 紫金非, 蘆薈 無食子, 阿魏, 訶黎勒, 婆羅得, 烏木, 柯樹, 蘇合香, 靑木香
동물	駝鳥

이상은 모두 페르시아에서 중국으로 전입된 것들이지만 중국의 물품 역시 페르시아로 전해졌다. 미국의 학자 라우퍼는 『고대 이란 문명사에 대한 중국인의 공헌』(*Sino-Iranica, Chinese Contributions to the History of Civilization in Ancient Iran, Chicago*, 1919)에서 따로 한 장을 할애하여 이 내용을 전문적으로 다루고 있다. 그 대표적인 물품들을

예로 들면 아래의 표와 같다.

광석	縞瑪瑙, 鬼睾丸, 白銅, 火硝, 磁土
식물	邛竹杖, 桃, 杏, 肉桂, 生薑, 黃連, 大黃, 無患子, 菴摩勒 蜀葵, 玫瑰, 檀香, 樺茶, 土茯苓, 桑樹, 黍秫
동물	蚕絲

라우퍼는 또한 페르시아 언어 속에 나타나 있는 중국 문자를 예로 들고 있다. 가령 'Pāizah'는 패자牌子, 'taiwan'은 대왕大王, 'taihu'는 태후太后, 'furen'은 부인夫人의 역음譯音이라 하면서 이는 대개 원대元代에 페르시아로 유입된 것들이라 하였다. 라우퍼는 이 책을 통해 중국의 물질 문명이 페르시아로 전입됨으로써 유럽 각 국으로 퍼져나가게 되었다는 점을 증명하고자 하였다.

중국과 아라비아 문명

8세기 이후에는 아라비아인이 동방 무역의 대권을 장악함으로써 중국 물질문화의 유럽에 대한 공헌이 더욱 확대될 수 있었다. '대식大食'제국 시대에는 일찍이 중국의 각종 광석과 동식물이 전입되었다. 『신당서新唐書·대식전大食傳』, 『구당서舊唐書·대식전大食傳』, 『제번지諸番志』, 『유양잡조속집酉陽雜俎續集』, 『본초강목本草綱目』에 기록된 내용을 정리하면 다음 표와 같다.[6)]

광석	馬腦, 無名異, 琉璃, 火油
식물	石榴, 人木, 阿芙蓉(鴉片), 薰陸香(乳香), 騏驎竭, 蘇合香, 無食子 訶黎勒, 金顏香, 梔子花, 薔薇水, 丁香, 阿魏, 蘆薈, 押不廬
동물	馬, 駝鳥, 木尾羊, 胡羊, 木乃伊, 珊瑚樹, 珠子, 象牙 海狗腎, 龍涎

중국의 물질문화는 아라비아에 전입됨으로써 유럽에 전해질 수 있었다. 『슐라이만의 동유기東遊記』(*Voyage Du Marchand Asabe Sulayman Par Sulayman*)에 의하면 여기에는 자기瓷器와 도기陶器, 그리고 생사生絲와 숙사熟絲 등의 직물이 있다고 했다. 또한 대량으로 생산되는 물품 가운데 국왕이 이익을 독점하고 있는, 일종의 풀잎을 말려 놓은 '차茶'(Sah)라는 것이 있는데 뜨거운 물에 우려내어 먹는다고 했다.[7] 어떤 이는 "차 잎이 인류를 교류하게 만들었고 문명을 변화시켰다"고 말하지만 중국에서 전래된 몇 가지 발명품의 중요성에 비한다면 아무것도 아니다. 아라비아학 연구자 야곱(Geory Jacob)은 「동방의 서방 문화에 대한 영향」에서 일찍이 서방 문화 이면에 대단히 중요하게 자리 잡고 있는 이러한 물품들은 모두 아라비아인을 매개로 유럽에 전입된 것임을 확실히 증명하였다.[8] 프랑스의 생시몽(Saint-Simon)과 콩트(Comte) 역시 아라비아인이 동방 문화를 전파한 공헌에 대하여 지적한 적이 있다.[9] 세뇨보스(Seignobos)는 『중고·근대 문화사』 제8장 「서방의 동방 문화」에서 이를 더욱 명백하게 밝히고 있다. "아라비아인은 동방 세계의 모든 발명과 지식을 집대성했다. … 서방 세계가 야만 상태에서 돌아와 다시 문명화할 수 있었던 것은 모두 아라비아인으로부터 받은 혜택 덕분이다." 중국의 물질문명은 7·8세기 아라비아인을 거쳐 본격적으로 유럽에 전파되기 시작해서 13세기 몽고가 유럽을 정복할 당시 극점에 도달했다. 그러나 허드슨(Hudson)이 『유럽과 중국』(*Europe and China, a survey of their relations from the earliest times to 1800*) 제9장에서 갈파한 "16세기 이전 중국과 유럽의 상호 영향은 결코 직접적인 것이 아니었다"라는 말도 여전히 유효하다 하겠다.[10]

2) 미술적 접촉 시대

로코코(Rococo) 운동

16세기의 동서 교류는 이미 물질적 접촉으로부터 일변하여 미술적 접촉에 접어들었다. 이러한 '미술적 물질' 접촉의 결과는 점차 무르익어 마침내 17세기와 18세기 사이 독일·프랑스 각 나라에서 유행했던 '로코코 운동'과 18세기 유럽의 '중국 원림園林 운동'으로 승화되기에 이른다. 이 두 종류의 예술적 해방은 모두 중국 문화의 직접적인 영향을 받은 것이다. 그 가운데서도 특히 '미술적 물질' 즉 자기瓷器·칠기漆器·사직품絲織品·풍경화, 그리고 중국식 건축 등이 유럽에 유입된 영향인 것이다.

16세기 이전 중국과 유럽의 물질적 접촉이 페르시아인과 아라비아인을 통하여 이루어졌다면 16세기 이후의 미술적 접촉은 포르투갈인의 공헌이었다. 16세기 초 포르투갈인이 동인도東印度를 침략해서 1557년 중국의 마카오(澳門)를 조차租借해 극동 무역을 시작한 이래로 중국의 국산품, 즉 생사·새틴(satin, 緞子)·비단자수(錦繡)·도자기·칠기를 비롯한 미술 공예품들이 포르투갈 시장으로 들어왔다. 더욱이 이것이 영국, 프랑스, 독일 각 나라에 수입되자 서구 인사들의 중국 미술에 대한 관심이 적잖게 일었다. 흥미 있는 사실은 동서양의 미술 접촉에 있어서 서양 쪽이 적극적으로 중국 미술의 영향을 받아들이려 했으며 중국은 그다지 서양 미술의 영향을 받지 않았다는 사실이다. 아래에서는 라이히바인의 『중국과 유럽』 제3장·제6장, 그리고 허드슨의 『유럽과 중국』 제9장에 근거하여 그 내용을 간략히 소개하고자 한다.[11)]

① 자기

라이히바인은 다음과 같은 점을 우리에게 분명히 알리고 있다. 중국 문화가 로코코 운동에 미친 영향은 문장 측면에 있지 않고 중국의 깨지기 쉬운 자기와 각종 견직물의 화려하고 아름다운 빛깔에 있었다. 이러한 빛깔은 유럽의 18세기 사회의 쾌락적 인생관을 암시하는 것이라 하겠다.[12)] 당시 유럽인은 중국의 자기와 비단에 매우 경도되어 있었다. 자기는 원래 중국이 유럽에 준 예물이었는데 유럽인들은 그것을 통해 자연스럽게 중국 회화의 모델을 간파할 수 있었다.[13)] 17세기 당시만 하더라도 자기는 매우 신기한 물품에 속했으며 몇몇 큰 궁정에서만 가지고 있을 뿐이었다. 그러나 18세기 초에 이르러서는 성공한 부잣집의 필수품이 되다시피 했다. 특히 차를 마실 때 자기를 사용하지 않으면 유행에 뒤떨어지는 것으로 취급되었다. 그래서 당시 유럽의 상류층 사람이라면 누구든지 중국 자기를 소장하지 않은 이가 없을 정도였다. 왕궁 가운데 특별히 신설된 '중국실中國室'에는 중국식 자기와 인물, 병, 항아리 등이 장식품으로 진열되었다. 심지어 영국의 문호인 워턴(William Wotton, 1666~1722)이 『모험잡지』에 풍자의 글을 지어 이때의 풍조를 비웃을 정도였다. 하지만 당시, 즉 1710년 이후의 유럽은 이른바 '자기 로코코 예술'(Porcelain-Rococo)이 발생한 바로 그 시기에 해당한다. 중국 자기를 선망한 나머지 독일 마이센(Meissen) 지방에서 모조 작업이 시작되었던 것이다. 상류 사회가 이처럼 자기에 열광하자 그런 풍조가 자연스럽게 사회 전반으로 확대되어 크게 유행하게 되었다.

② 칠기

1345년 아라비아인 이븐 바투타의 말에 의하면 칠기는 "페르시아와 인도에서 많은 양이 수입되었다"고 했다. 하지만 유럽에서는 17세기까지도 칠기가 보기 드문 물건에 속했다. 예컨대 1689년에 칠을 한 중국 가구는 황가의 개장開獎 물품(황실 하사품)으로 사용되었을 정도로 진귀했음을 볼 수 있다.

17세기 말 프랑스인은 중국의 칠기를 모방하여 직접 제작하기 시작했다. 예를 들어 마틴 집안(Martin family)의 형제 네 사람은 모두 중국의 풍격과 모양을 모방하여 칠기를 제작한 것으로 유명하다. 그리하여 칠기는 곧 집집마다 필수품이 되었던 것이다. 흥미로운 점은 유럽의 칠기가 집안의 가구뿐만 아니라 중국식 가마(Sedan-chairs)에도 응용되었다는 사실이다. 가마는 주지하다시피 본래 중국 문화였는데 17세기 초 유럽인에 의해 처음 모방되기 시작하였다. 당시 유럽 귀족은 이러한 가마를 통해 그들의 신분을 높일 수 있다고 생각했다. 때문에 로코코 예술 전성시대에 이러한 가마 문화는 유럽의 극히 외진 곳까지 유행하였다. 가마의 색깔과 가마 타는 규칙도 중국을 표준으로 삼았다.[14] 가마 외에 가구, 차, 지팡이 역시 중국풍의 제품이 아닌 것이 없었다. 1763년 발랑스 시는 칠기 공장을 설립하여 코담배 통을 생산한 것으로 유명하다.[15]

③ 비단

중국 비단의 유럽 전입은 비록 이른 시기에 이루어지기는 하였지만 수량이 극히 적었기 때문에 6세기 전에는 그 가치가 황금과도 같았다. 후에 양잠養蠶·제사製絲의 방법이 서쪽으로 전해졌으나 여전히 중국의 생사生絲나 숙사熟絲 직물은 수입되지 않았다. 17세기에 이르러서야 동서 교통의 발달에 발맞춰 대량으로 유럽에 수입되기 시작하였다. 그래서 한때 물건이 많아지고 자연히 값도 저렴하게 되었다. 특히 비단 꽃무늬 양식은 매우 특색이 있었다. 프랑스의 파리가 바로 당시 사직품絲織品 유행의 중심지였다. 파리의 생사 상인들은 꽃무늬 염색 등 중국 기술을 모조하여 100배 이상의 이익을 남기기도 하였다. 당시 사람들이 중국 염색을 워낙 좋아하기도 했고 동방으로부터 치자나무와 같은 일류 염료를 수입하기도 했기 때문이다. 또한 자수품과 면직품棉織品 역시 중국에서 들여왔다. 용도가 극히 넓어서 오버코트를 만드는 데 쓰인다든지 물건을 거는 데 사용되었다. 그리고 더욱 현대적인 것은 장막과 벽지의 용도로 충당되었다.[16] 가장 관심을 끄는 것은 이른바 침회針繪(needle painting)인데 그 자수의 꽃은 채색 벨베트로 짜거나 혹은 가는 금金·은사銀絲를 뒤섞었다. 그 빛깔이 매우 아름다워 유럽인이 가장 즐겨 사용하였다. 이와 같은 비단자수(錦繡)는 마침내 고블랭직(Gobelin) 화전花氈의 자리를 대신하게 되었다.

한 가지 덧붙이자면 현재 유럽 주택에서 쓰이는 각종 꽃무늬 채색 양식의 벽지를 들 수 있다. 이 벽지는 중국에서 4세기에 이미 발명되었으며 16세기 네덜란드인에 의해서, 그리고 17세기 초에는 영국인에 의해서 유럽으로 전해졌다. 머지않아서 프랑스·영국 두 나라는 중국 양식을 모방하여 이른바 '중영합벽中英合璧' 혹은 '중법합벽中法合璧'이라는 벽지를 제작하기에 이르렀다.[17]

④ 풍경화

이상의 미술 공예품이 유럽에 전입될 때 이 미술 공예품에 표현된 회화 역시 함께 전입되었다. 특히 자기와 비단, 자연의 풍경을 담은 그림이나 정교하게 꾸며진 무늬는 모두 유럽 화가들에게 큰 영향을 주었다. 문예부흥 시대 레오나르도 다 빈치의 명화 속 배경이 중국식 산수화라는 것은 설명할 필요도 없다. 로코코 시대에 국한해서 말한다면 라이히바인의 책에 등장하는 풍경화가 와토(Watteau, Jean-Antoine, 1684~1721)가 사실상 중국 화법의 영향을 받은 첫 번째 인물이다.[18] 그의 명작 '원항遠航'은 언뜻 보기만 해도 중국 송대의 풍경화와 비슷하다는 것을 쉽게 알 수 있다.[19] 또한 일찍이 프랑스 왕은 중국화를 옷장에 그려 넣기도 하였다.[20] 이 밖에도 중국 화법의 영향을 받은 화가로는 라뮈에트(La Muette) 등 비교적 많은 숫자이다.[21] 그 가운데서도 커즌(John Robert Cozen)이 가장 유명한데 그의 산수화는 사실 수채 화법을 응용한 것이다. 중국의 붓과 묵수를 이용해 윤곽을 나타냈는데 이 기술은 그와 같은 계열에 속하는 크리스톨(Joshua Christall)과 리버세지(Henry Liverssedge)가 제창한 수채화에 영향을 받은 것이다. 인상파의 선구자인 터너(Turner) 역시 중국의 영향을 받았음이 분명하다.[22]

중국 원림 운동

17세기 말만 하더라도 유럽인은 중국의 건축 문화에 대해 매우 어두운 형편이었다. 그러던 것이 18세기 초에 이르러서는 중국으로부터 상당한 영향을 받게 되었다. 예를 들어 로코코 건축물 가운데 불탑佛塔·양정涼亭의 단장은 중국을 모방한 것이다. 독일의 필니츠(Pillnitz) 궁전은 특히나 중국식 지붕을 모방한 유럽 건축물의 좋은 실례가 된다. 이 밖에도 독일 포츠담 부근 및 네덜란드, 프랑스, 스위스 각 지역에는 모두 중국식 건축물이 있다. 예컨대 종루, 석교, 석가산石假山, 문과 창, 그리고 내부 장식 역시 모두 중국의 영향을 크게 받은 흔적이 아직도 남아 있다. 그러나 가장 주목을 끄는 것은 18세기 중엽 이후 유럽이 중국식 원림의 영향을 받았다는 점이다. 이 문제와 관련하여 라이히바인은 별도로 장章을 마련해서 자세히 기술하고 있는데, '중국과 유럽, 18세기의 지적·예술적 접촉'이라는 제목의 제6장 '주정시대主情時代'가 곧 그것이다. 진수이陳受頤 역시 「18세기 유럽의 중국 원림」이라는 한 편의 글이 있다. 이에 관한 논의를 간단히 설명하면 다음과 같다.[23]

허드슨에 의하면 중국 원림 운동은 로코코 운동 말기의 중요한 특징이다.[24] 1747년이 되어서야 비로소 유럽 인사들은 중국의 원림을 독점 설명한 선교사 아띠레(Attiret)의 「북경北京 부근의 황실 정원」을 읽을 수 있었다. 이 기사는 중국 원림의 특징을 힘써 주장했는데, 가령 예술을 통해 자연을 모방하고 정원의 변화가 무궁해 눈과 마음을 더욱 즐겁게 한다는 내용이었다. 그는 원명원圓明園을 예로 들어 중국 원림이 사실 유럽보다 훨씬 훌륭하며 최소한 유럽보다 수준이 낮은 것은 아니라고 했다. 이 서신이 발표된 지 불과 10년 만에 영국의 원예전문가 체임버스(William Chambers, 1726~1796)는 중국 원예를 힘써 주창하기에 이르렀다. 그는 중국을 두 번 방문했다. 처음은 스위스 동인도공사에서 복무했을 때의 일이고 두 번째는 중국에서 학문을 탐구할 때의 일이다.

그는 이를 바탕으로 1772년 『동방원림론』(*Dissertation on Oriental Gardening*)을 저술하였다. 이 글을 통해 그는 한편으로 중국 원림의 아름다움을 열렬히 선전하는가 하면, 다른 한편으로 지나치게 누추하고 소박한 천연 원림을 통렬히 비판하기도 했다. 그는 중국 원예사를 힘써 찬미한 나머지 중국 원예사는 식물학자이자 화가이며 철학자라고 했다. 그는 또한 직접 영국의 원림을 개조하는 사업에 참여하였다. 가장 유명한 것으로 영국 태자의 상비孀妃 오가스타(Augusta)의 부탁으로 큐 식물원(Garden at Kew)[25]을 개조했는데 이것이 유럽에서 만들어진 첫 번째 중국식 화원인 셈이다. 이 화원은 당시의 모범적인 원림으로 평가되었으며 프랑스인은 이를 '중국·영국식 원림'이라 불렀다. 그 안에 설치된 가산假山, 폭포, 산책로, 숲은 모두 중국적 방법에 의한 것이었다. 가장 관심을 끄는 것은 9층 보탑寶塔으로 마치 야경野景과도 같은 여백의 배치는 곳곳에서 중국의 영향을 쉽게 느낄 수 있다. 이 정원이 조성된 이후 이러한 '중국·영국식 원림'은 프랑스·독일·네덜란드 등 여러 나라에서 모방되었다. 프랑스에서도 이른바 '중국·영국·프랑스식 원림'이

한때 유행하여 건축사 카뮈(Le Camus), 벨랑거(Belanger), 오귀스텡(Jean Augustin), 르나르크(Renarc) 등은 모두 중국 원림을 모방하여 자연의 미를 돋보이게 했다.

독일에서는 조금 늦은 18세기 말에 와서야 중국식 원림이 보편적인 영향을 미치게 되었다. 1773년 독일은 처음으로 원예사 세켈(F. L. Sekell)을 영국에 유학차 파견하여 중국 원림과 건축 방법을 전문적으로 연구하게 하였다. 같은 해에 이론적 측면에서 중국 원림의 미학을 다룬 운처(Ludwig Unzer)의 『중국원림론』(*Über die Chinesischon Gärten*)이 완성되었다. 실제적인 건축물 가운데 가장 주목할 만한 것은 카셀(Landgrave of Kassel) 백작이 빌헬름쉐이(Wilhelmshöhe)에 세운 중국촌이다. 이름이 '목란촌木蘭村'(Moulang)이라 하는데 마을 옆 작은 시내를 호강葫江(Hu-Kiang)이라 했으며 건물의 시설 계획도 모두 중국에 따른 것이었다. 심지어 우유를 짜는 여자 역시 아프리카 흑인 여자 대신 중국 여자를 고용할 정도였으니 중국 모방이 그야말로 극단적인 상태에 이르렀음을 알 수 있다.

루이 14세 시대 프랑스인의 중국적 취미

지금까지는 자기, 칠기, 비단, 풍경화, 중국 원림을 예로 들어 미술적 접촉을 설명하였다. 이제 다시 후등말웅後藤末雄이 지은 「프랑스와 중국의 미술적 접촉」[26]과 거기서 인용된 코르디에(Cordier, Henri, 1849~1925)의 『18세기 중국과 프랑스』(*La Chine en France au XVIII Siècle*, 1910) 및 스탄케빗치(Stankevitch)의 『루이 14세 시대 프랑스인의 중국적 취미』에 서술된 내용을 바탕으로 17세기에서 18세기 초에 이르기까지의 중국과 프랑스의 미술적 접촉 상황을 종합해 보고자 한다. 17세기 초 포르투갈 상인이 중국 예술품을 유럽에 수입한 이래 프랑스의 역대 군주는 모두 중국 미술을 애호했으며 궁전에 매우 많은 미술품을 수집해 왔다. 1685년 사이암(Siam, 泰國)과 프랑스 사이에 외교 조약이 체결됨에 따라 사이암 국왕은 재상 폴콘(Constantine Phaulkon)과 함께 프랑스의 전권대신 샤몽(Chaumont)에게 부탁해 극동 미술품을 루이 14세 및 그 왕족에게 바쳤다. 이 헌상품은 사실 사이암 왕실의 12가지 보물 중에서 선택된 것들이었다. 특히 중국의 예술품, 즉 비단, 자수, 자기, 칠기, 회화 병풍 등은 가장 중요하게 취급되었다. 루이 14세는 이러한 헌상품에 대해 큰 만족감을 표했고 그 일부를 왕족과 총신에게 하사하였다. 이에 왕족과 총신 역시도 중국 미술의 찬미자로 변함으로써 '중국산 잡화'(Chinoiseries)의 열렬한 수집가가 되었다. 베르사이유 왕궁뿐만 아니라 각 처의 이궁離宮에도 중국 미술의 진열실이 설치되었는데 그 안에는 없는 것이 없었다.

전하는 말에 의하면 루이 14세가 베르사이유 정원에 건설한 누대는 중국 선교사 마틴 마르티니(Martin Martini, 衛匡國)가 서술한 『중국 신도新圖』에 의거해 동경東京의 한 탑을 모방한 것이라 한다. 그 후 중국과 사이암 사이에 외교 조약이 체결되어 프랑스 동인도공사의 상선이 드디어 사이암에 정박할 수 있게 되었다. 그리하여 사이암 시장의 모든 중국 예술품이 프랑스로 수입되기 시작했던 것이다. 계속해서 중국 주재 프랑스 선교사 부베(Joachim Bouvet, 白晋, 1656~1730)의 제창으로 파리에 중국무역공사가 설립되었다. 이 공사는 1697년과 1701년에 앙피트리테(L'Amphitrite) 상선을 중국에 보내 중국 상품을 프랑스로 수입해 갔다. 이 때문에 프랑스의 공예계가 큰 타격을 입게 되자 정부는 국민의 요청에 따라 중국과의 통상을 금지시키고 말았다. 이것만 보더라도 그 영향이 얼마나 컸는지 쉽게 짐작할 수 있다.

이렇듯 중국적 취미가 프랑스 상류 사회에서 유행하자 프랑스의 공예 미술가들은 경제적 이익을 위해 중국 미술품을 모방하기 시작했고 심지어 위조품까지 만들어 이익을 꾀하기도 했다. 1700년 중국 미술 상인이 파리에서 상품 전시회를 열자 한때 귀족 부호들이 쇄도하기도 했다. 더욱 특기할 만한 것은 바로 이 중국적 취미의 유행이 프랑스의 풍속에 영향을 미쳤다는 점이다.

부베의 『중국현상지中國現狀誌』(*L'Etat présant de la Chine en figures, Paris,* 1697)에는 중국의 옷차림이 소개되어 있다. 그는 극히 긍정적인 어조로 황실 귀족 사이에 중국 의복이 유행한다고 했다. 1667년의 한 축제 중에는 루이 14세가 직접 중국인 분장을 함으로써 참석한 사람들을 놀라게 만들었다. 또한 1699년 부르고뉴(Bourgogne) 공작 부인은 당시 프랑스로 돌아온 선교사 곰드(Louis le Comte, 李明)를 불러 중국 복장을 입고 무도회에 참가해 그날 밤 관중들로부터 큰 갈채를 받았다. 이듬해 왕의 동생이 베르사이유 궁에서 무도회를 열었는데 중국식 음식으로 손님을 초대하여 잔치를 베풀었다. 그리고 마드리에드(Madried) 궁에서는 가장무도회가 개최될 때 여흥으로 '중국 국왕'(Roi de la Chine)이라는 연극이 공연되었다. 게다가 18세기의 첫 번째 새해 첫날에는 프랑스 궁정에서 중국식 경축 전례가 거행되었다.[27] 이처럼 중국적 취미가 프랑스인의 기호를 지배하였으므로 사상적 측면에서도 역시 중국 사상의 영향을 받게 되는 것은 당연한 이치라 하겠다.

3) 사상적 접촉 시대

이제 우리의 관심사를 미술적 접촉 시대에서 사상적 접촉 시대로 돌릴 때이다. 다시 말해 16세기 중국과 유럽의 문화적 접촉으로부터 18세기 중국과 유럽의 문화적 접촉으로까지 논의를 확장한다는 말이다. 당시 중국과 유럽의 물질적·미술적 접촉은 사실상 두 지역 사이의 통상에 큰 영향을 받고 있었다. 그러나 문화의 사상적 접촉의 경우는 교통 이외에도 종교적 전파와 저술에 크게 의지하고 있었다. 특히 종교적 전파의 결과로 인해 비로소 서방의 과학 문화가 중국에 전입될 수 있었고, 또한 중국의 철학 문화가 서방으로 전입될 수 있었다. 이 때문에 '예수회 선교사'의 동래東來 전교傳敎는 중국·유럽의 사상적 접촉에 있어서 사실상 가장 중요한 핵심을 이루며, 항해 사업의 발전은 당연히 동래 전교의 전제 조건이었다. 그러므로 우리는 그 순서에 따라서 중국·유럽 사상 접촉 시대의 대표 저작을 다음 세 단계로 나누어 설명할 수 있다.

초기 선교사여행가의 저작[28)]

동인도 항로와 미주 대륙이 발견된 이래로 유럽의 시선은 극동과 신대륙에 집중되었으며 각 나라는 식민 정책에 한창 열을 올렸다. 이로 인해 유럽 학계는 세계의 지리 연구에 큰 관심을 갖게 되었으며 성경의 기록 및 동방 각 국과 신대륙의 문물 제도에 대한 연구열은 그야말로 일세를 풍미했다. 더욱이 유럽 열강들이 통상 준비를 시작하면서 수많은 인재들이 각 지역에 파견되어 실제적인 조사에 착수할 기회를 얻었다. 이에 중국을 내방하여 중국에 관해 연구·고찰한 다음 그 결과를 발표하는 선교사 및 세계 여행가가 나타나기 시작했던 것이다.

초기 선교사·여행가의 저작 가운데 유명한 것들을 들면 아래와 같다.

① Mendoza, *Historia del gran Regno de la China*, Roma, 1585.

② Semedo, *Imperio de la China*, Madrid, 1642.

③ Martini, *Novus Atlass Sinensis*, Amsterdam, 1655.

④ Martini, *Sincae Historia decas prima*, Munuch, 1658.

⑤ Couplet: *Intorcetta etc, Confucius Sinarum philosophus*, Paris, 1687.

또한 중국 실정을 기록한 프랑스의 세계적인 여행가들의 주요 여행기를 들면 다음과 같다.

① Pyrard de Laval, *Voyage*, Paris, 1615.

② Feynes: *Voyage fait par terre depuis paris jusques à la Chine*, Paris, 1636.

③ Thévenot: *Relations de divers voyages curieux*, 4vol, Paris, 1663~1672.

중국에 온 선교사들은 그곳에 잠시 머물면서 중국의 문물 제도를 고찰하였다. 초기 여행가들은 인도 고아(Goa) 혹은 중국 마카오(Macao)를 지나칠 당시 외관을 통해 중국 문화를 이해하거나 또는 현지 선교사로부터 중국에 관한 정보를 얻을 수 있을 뿐이었다. 당시만 해도 선교사가 북경에 머물 수 있는 경우는 매우 드문 일이었다. 그러나 선교사는 물론 여행가조차도 중국 문화, 즉 그 완비된 정치 제도에 대해 극찬하는 일은 매우 빈번하였다.

감찰관은 어진 관리에게 포상할 권리를 가진다. 관리에 대한 상벌은 매우 엄격했다. 아마도 이것이 중국이 세계에서 가장 좋은 통치 제도를 가졌다는 평가를 받는 이유일 것이다.[29)]

중국은 철인哲人 정치를 행하기 때문에 학자들이 행정권과 관직을 장악해 왔다. 관직을 수여할 때는 항상 다수의 학자들을 소집하여 공당公堂에서 공개적으로 토론을 거친다. 그리고 가장 현명한 답안을 제출한 자를 선발하여 요직을 하사한다. 중국 사정을 기록한 역사가들의 말에 의하면 중국인은 세계에서 가장 정치 규칙을 잘 엄수하는 국민이라고 한다. 국왕은 최고의 힘을 가진 지도자로서 국가의 모든 활동을 관장한다. 중국을 무단통치라기보다는 이상적인 문치주의文治主義라고 일컫는 이유가 바로 여기에 있다. 청년들이 대학에 입학하기 위해서는 반드시 경쟁을 거쳐야 한다. 그들이 대학에서 주로 하는 일은 후일 관직에 나아갔을 때 반드시 알아야 할 국법과 민정을 연구 토론하는 것이다. 그렇기 때문에 중국 대학은 세상에서 둘도 없는 영예를 차지해 왔던 것이다.[30]

예수회 선교사의 보고서

1685년 루이 14세는 프랑스 예수회 선교사를 북경으로 파견하였다. 그 목적은 프랑스 동방 정책의 발전을 꾀하는 데 있었다. 그밖에 예수회 선교사로 하여금 중국의 문물제도를 고찰하게 함으로써 프랑스의 학술 연구에 일조하자는 목적도 있었다. 그 전에 재상 콜베르트(Collbert, 1619~1683)는 세계 지리를 개정할 계획으로 학사원 석학들을 유럽과 극동 각 국으로 파견하였다. 그러나 극동 지역은 외국인을 심하게 배척하였으므로 파견된 학자들은 그 실제적인 관측 작업을 계속할 도리가 없었다. 때문에 이번 예수회 선교사들의 파견은 종교적 전파 외에도 중국의 지리와 문물 제도, 공예 미술 등을 연구하고자 하는 목적이 있었다. 그러므로 파견을 위해 선발된 예수회 선교사들은 모두 최고의 엘리트였다. 그들을 선발했던 정부측 실력자와 성직회 장로들은 그들이 의무적으로 중국에 대한 연구 보고서를 작성하도록 하였다. 사실 예수회 선교사의 동래에는 중국에서의 종교 전교와 학술 연구라는 두 가지 큰 사명이 부과되어 있었다. 그들이 얻은 정보들, 예컨대 중국의 기후와 문화, 경제활동 상황, 그리고 기타 문물 제도 등에 관한 연구 내용은 보고서나 혹은 단행본 형태로 파리에서 연이어 발행되었다. 그 가운데 중요한 책을 들면 다음과 같다.

① 곰드의 『중국현상신지中國現狀新誌』(*Nouveax mémoires sur l'etat présent de la Chine*, A Paris, 1696, 2vol, in 12.)

이 책은 2권으로 나누어져 있다. 중국 전도에 관한 일종의 보고서로서 제1권은 8통의 편지를 모은 것이고 제2권은 5통의 편지를 모은 것이다. 루이 14세에게 바치는 축사에서는 강희 황제를 매우 찬미했으며 공자를 극동의 제일가는 성현으로 그리고 있다. 제1권 일곱 번째 편지는 중국인의 언어, 국민성, 서적, 도덕 등에 관해 설명하고 있다. 여덟 번째 편지에서는 중국인의 지능을 화제로 삼고 있으며 과학, 예술, 경제 제품 등 각 분야에 걸쳐 논의가 이루어지고 있다. 제2권 첫 번째 편지는 중국의 정치와 정부를, 두 번째 편지는 중국 고대 및 근대 종교를 논하고 있다. 이 책은 중국 정치를 찬미하며 고대 정치 사상 중 좀처럼 보기 드문 것으로 인식했을 뿐만 아니라 중국의 정치 제도를 일종의 민주 정치로 여겼다. 또한 종교를 논하면서 유럽의 미개 시대에 비한다면 중국은 곧 참된 하느님의 존재를 인지했고 찬란한 문화를 보유했다고 하였다. 이 책은 널리 보급되어 여러 차례 중판重版되었으며 다양한 나라의 언어로 번역되었다. 그러던 중 전례 논쟁 당시 중국을 비호했다는 혐의로 마침내 발행이 금지되는 운명을 당하고 말았다. 이 사건 역시 책의 가치를 역설적으로 보여주는 대목이라 하겠다.[31]

② 부베, 『중국현상지中國現狀誌』(*L'Etat présant de la Chine en figures, A Paris*, 1697, 1 vol, in fol.)

이 책은 중국 문무 관리 및 귀부인의 복식 제도를 주로 다루고 있다. 부르고뉴 공작과 그의 부인에게 바치는 헌사 중에는 극동 풍속을 열렬히 찬미함은 물론 한韓·만滿 복장의 우아함을 추켜세운 나머지 프랑스인에게 이를 채용할 것을 권장했다. 책머리의 부록인 「중국의 정치 관념」(*L'ideé du gouvernement de la Chine*)에서는 중국의 정치 제도에 대해서 대략적으로나마 소개하고 있다.[32]

③ 부베, 『중국황제전中國皇帝傳』(*Histoire de l'Empereur de la Chine, A la Haye*, 1699, in-12.)

이 책은 루이 14세에게 헌정한 것이다. 저자는 강희제의 근신近臣 자격으로 그의 품격과 사람됨을 논하고 있다. 동서 두 군주 모두가 학술을 애호하고 기독교를 옹호하는 면에서 서로 비슷하다고 했다. 강희제는 이 책에서 철인 정치의 이상적인 군주로 평가되어 유럽 정치에 막대한 영향을 끼쳤다. 책 가운데서 거론되는 그의 인물평을 한번 보자. "총괄컨대 그의 인격은 위대한 영웅으로서의 모든 자질을 갖추었으며, 종래 지상 군주의 가장 완전한 귀감이라 할 만하다." "이 군주는 현재 44세로 즉위 36년이다. 군주로서의 인격과 권위에 있어서만큼은 그와 필적할 만한 인물이 없을 듯하다. 그의 웅대한 풍채와 균형 잡힌 체격은 그의 훌륭한 인격에 조금도 모자라지 않는다. 그 정신적 능력은 더욱이 육체를 초월해 있다. 그는 매우 우아한 성품과 활발한 정신력을 갖추고 있으며 관찰력과 기억력이 뛰어나다. 그 고결한 식견과 견고한 의지 등 이 모든 면이야말로 고상하고도 위대한 제왕으로서 그의 진면목을 여실히 보여주고 있다. 또한 그의 공정함과 정의로움은 만백성의 찬미의 대상이 되기에 충분했다. 백성을 지극히 사랑할뿐더러 이성에 충실하여 정욕을 절제할 줄 알았다. 공사다망한 와중에도 과학과 예술을 아끼는 열정은 식을 줄을 모르는지라, 어떠한 사람이든 그에게 경복하지 않는 이가 없다." 그리고 강희의 무공을 서술한 다음에 중국은 문화적 식견을 군주가 갖추어야 할 덕목 가운데 하나로 여긴다고 역설했다. 이를테면 강희제는 능히 『논어』를 암송할 수 있고 친히 경서 및 역사서와 사전의 편찬에 참여할 정도이다. 더구나 서양 과학에 대한 그의 각별한 애정은 단순한 관심의 수준에서 벗어나 연구적 차원에 이르러 있다. 그는 가정과 황족의 교육을 감독함은 물론 스스로 모범을 보였다. 최후에 가서 황제는 중국 고대 철학과 기독교가 서로 일치한다는 믿음을 가졌다고 언급했다.[33)]

④ 『야소회사서간집耶蘇會士書簡集』(*Recueil des Lettres édifiantes et Curieuses*, A. Paris, 1703~1776, 34vol.)

이 저서는 1703년부터 1776년까지 파리에서 지속적으로 출판되었다. 원명은 『신앙과 호기심을 만족시키는 서신』이다. 앞 8권은 중국전도회의 서기書記이자 회계를 맡았던 르 고비앙(Le P. Le Gobien, 哥俾恩) 신부가 편찬한 것이며 8권 이하는 뒤 알드(Le P. du Halde)가 편찬한 것이다. 두 사람은 중국을 방문한 적은 없지만 『야소회사서간집』의 책머리에 서문과 절요節要를 첨가했다. 이 책은 순전히 서간 형식을 띠고 있으며, 중국의 정치 제도, 풍속, 습관, 역사, 지리, 철학, 경제 상황 등 현지에서 수집한 정보들을 상세하게 보고하고 있다. 이 내용들은 중국의 책들에 의거하거나 혹은 실지 조사를 통해서 습득한 것이다. 보고자 자체가 모두 우수한 학자였고 태도 또한 성실하였으므로 이 책이야말로 중국 문화의 백과전서라 해도 손색이 없을 것이다. 뿐만 아니라, 유럽 지식 계층의 신앙과 호기심을 충족시키기에 충분했으므로 그 영향력이 실로 막대했다.

볼테르(Voltaire, 1694~1778)와 돌바하(Baron d'Holbach, 1723~1789) 및 종교적 반대자에 이르기까지 많은 사람들이 이 책으로부터 큰 도움을 받았다. 그 중에서도 특히 선교사들이 중국 유교(孔教)에 관해 토론한 16통의 편지는 유럽에 미친 영향력이 우리의 상상을 초월한다.[34]

⑤ 뒤 알드, 『중화제국전지中華帝國全誌』(*Description géographique, historique, chronologique, politique et physique de l'Empire de la Chine et de la Tartarie Chinoise*, Paris, 1735, 4 vol. in-folio.)

이 책은 표제가 '중화 제국과 만주·몽고의 지리, 역사, 연대, 정치, 체질 등에 관한 기술'로 명명되어 있다. 모두 4권으로 매우 많은 분량이며 27명의 선교사가 보고한 것을 중국 백과전서로 편찬한 것이다. 이 책 속에는 부베 등이 측량한 중국 지도가 포함되어 있는가 하면, 공자와 강희제의 초상, 북경 관상대觀象臺, 그리고 기타 10여 폭의 강판화가 들어 있다. 이듬해인 1736년에 곧 재판이 간행되었고 1738년에는 『중국통사』(*The general history of China*)라는 제목으로 영역본이 나왔다. 제1권은 중국 각 성省의 지리를 기록했으며 아울러 하夏부터 청淸에 이르기까지 23왕조의 중요한 역사적 사건들을 다루고 있다. 제2권은 정치, 경제를 비롯해 중국의 경서와 교육을 자세히 논했으며 제3권은 종교, 도덕, 의약, 박물 등을 서술했다. 제4권은 만주·몽고에 대해 기술했으며 티베트·조선에까지 그 연구가 미치고 있다. 이 책은 극동 최고라 할 수 있는 문명국들의 소식을 유럽에 있는 그대로 생생하게 전해 주고 있기 때문에 그 영향력이 실로 막대했다. 볼테르, 몽테스키외, 돌바하, 케네(François Quesnay, 1649~1774) 등 그야말로 한 시대를 풍미했던 학자들도 중국 문제에 관해서 만큼은 모두 이 서적의 내용을 취했다.[35)]

⑥ 『북경야소회사연구기요北京耶蘇會士硏究紀要』(*Mémoires Concernent l'historire les arts, les sciences, les maeurs, les usages etc, par les missionnarres de Pékin*, A Paris, 1776~1814. 16vol, in 4.)

이 책은 『야소회사서간집』을 계승해서 지어진 것이지만 표현 양식에 있어서는 양자가 다르다. 『서간집』은 그야말로 편지 형식으로 기술되어 있지만 이 책은 본격적인 연구 논문 체재로 이루어져 있다. 제1권에서는 이 책을 발행하게 된 동기가 밝혀져 있다. 첫째는 중국 주재 예수회 선교사의 학술 통신을 발표하는 것이고 둘째는 중국인의 중국 연구 내용을 발표하는 것이었다. 그러므로 제1권에는 당시 프랑스에서 머물다가 귀국한 고류사高類思(Louis Ka Kao)의 「중국고대론」 1편이 수록되어 있다. 모두 16권으로 이루어져 있으며 1776년부터 1814년에 이르기까지 매년 혹은 격년으로 1책씩 발행되었다. 중국 성현의 교의, 문자 언어, 시가, 중국의 풍속 습관, 정치 제도, 중국·유럽의 초기 교류 등에 관한 예수회 선교사들의 연구 성과도 논문으로 실려 있다.

그 중에서도 특히 가치 있는 것으로는 프랑스 예수회 선교사 아미옷(Jean Joseph Amiot)이 지은 제6권 『중국음악고』(1870)와 제12권 『공자전孔子傳』(1785), 거빌(Antoine Gaubil)이 지은 제15~16권 『대당사강大唐史綱』(1791~1814), 마일라(Joseph-Anne-Marie Moyriac de Mailla)가 지은

제13권 『중화통사中華通史』(1773~1785), 레지스(Jean Baptiste Regis, 雷孝思)가 지은 『역경』, 『서경』의 라틴어 번역이 유명하다.[36)]

위에서 열거한 예수회 선교사들은 모두 일급 종교인들이었다. 게다가 이들은 대부분 프랑스 학술회에서 자랑하는 뛰어난 학자들이었다. 그들은 중국에 수년 동안 머무르면서 중국의 언어 문자에 정통하였다. 읽고 쓸 수 있음은 물론 중국 고서를 능히 독파할 수 있었다. 이 때문에 중국 문화를 연구하는 것이 중국에 있는 선교사들의 특권처럼 여겨질 정도였다. 그들은 수많은 전문 서적을 저술하고 번역했다. 이런 점에서 초기 여행가들의 주마간산적 여행기와는 차원이 확연히 달랐다. 그들이 보고한 정보가 지나칠 정도로 과장되어 있다는 문제점이 없지는 않지만 도리어 이 때문에 유럽의 일반적인 지식인 계층에서 참신한 관심을 불러일으키는 결과를 가져왔던 것이다.

이와 같은 프랑스 예수회 선교사들의 중국 연구 결과는 프랑스에서뿐만 아니라 유럽 전역에서 동일한 환대를 받았다. 가령 『중화제국전지』는 1735년 프랑스 파리에서 출판되었는데 그 다음해에 곧바로 재판에 들어갔다. 1738~1741년 사이 영역본이 나왔으며 1747~1749년 사이에 독역본이 나왔다. 그리고 1774~1777년 사이 러시아어 번역본이 나왔다. 또한 곰드의 『중국현상신지』(1696)는 매우 짧은 기간에 7판까지 나왔고 유럽 여러 나라의 언어로 번역되었다. 『야소회사서간집』은 1703년 발행된 이래 두 종이 나왔고 1780년 이후에는 개정판이 발행되었다. 파리판 이외에도 리옹판이 더 있으며 1808~1809년에는 선집選集이 발행되었다. 사실상 이런 종류의 중국 문화에 관한 연구 서적은 그 종류가 매우 많았다.

공자 학설의 소개[37)]

공자 학설의 유럽 전파만을 가지고 말한다면 예수회 선교사의 서신에서 보이는 것 외에도 수많은 전문 저작이 있다. 뿐더러 초기 선교사의 저작에도 나타나 있는 내용이 많은데 이것은 매우 일찍부터 출판된 것으로 보인다. 이를 열거해 보면 다음과 같다.

① 코스타(Ignatius da Costa), 『대학大學』(*Sapeintia Sinica*, Kien-Cham Kian-Si, 1662 in-4.)

이 책은 1662년 목판으로 강서성江西省 건창부建昌府에서 출판되었다. 「서언」과 「공자전」이 덧붙여져 있다.

② 인토르체타(Prospero Intorcetta, 殷鐸澤), 『중용中庸』(Sinarum Scientia Politico-moralis.)

이 책은 1672년 파리본이 있다. 책 끝에 불어와 라틴어로 「공자전」이 첨부되어 있다.

③ 예수회 선교사, 『중국의 철학자 공자』(Confucius Sinarum Philosophus, Sive *Scientia Sciensis latineexposita*, paris, 1686~1687, in-fol.)

이 책은 루이 14세의 칙령을 받들어 선교사 4명이 라틴어로 번역한 것이다. 『대학』, 『중용』, 『논어』가 포괄되어 있으며 부록으로 「중국철학해설」, 「중국연대기」 등이 수록되어 있다. 주요 역자로는 코플레(Coupler)를 들 수 있는데 그는 코스타의 『대학』 번역본의 영향을 적지 않게 받은 것으로 보인다. 이 책이 출판된 다음에야 비로소 유럽 학자들이 중국에 관심을 기울였고 공자를 천하의 스승으로 존경하게 되었다. 라이히바인이 말하고 있듯이 "18세기가 되어서야 학계에서는 비로소 중국, 공자, 정치도덕이라는 세 가지 서로 다른 명사가 함께 관련을 맺을 수 있었다."[38] 그리하여 공자 또한 사람들로부터 도덕과 정치 철학상 가장 넓고 큰 학자, 예언가로 존경받기에 이른 것이다.

④ 노엘(Le P. Français Noël, 衛方濟), 『중화제국경전中華帝國經典』(Sinensis i*mpesi Libri classlci Sex*, Prague, 1711, in 12.)

이 책은 중국의 사서四書와 『효경孝敬』, 『소학小學』을 라틴어로 번역한 것이다. 당시 중국 경전들이 점차 완비된 형태로 번역되어 나오고 있음을 알 수 있다. 서문에는 「중국 입법자의 도덕·정치·철학의 고찰」 1편이 실려 있고, 본문은 8장으로 구성되어 중국의 도덕 및 정치 철학의 기원과 성질, 그리고 그 실시 방법, 정부의 조직, 중국인의 성격과 정치 도덕의 관계, 국력과 도덕의 관계, 중국인의 평화와 행복에 대한 이상을 서술하고 있다. 그리고 마지막으로는 정권 안정과 정치 도덕의 관계를 언급하고 있다. 역자 자신의 이해를 위주로 하면서도 중국의 고주古註를 참조해 충실히 번역했다. 라이프니츠(Leibniz, Gottfried Wilhelm von, 1646~1716)와 볼프(Christian Wolff, 1679~1754)는 중국과 관련된 지식에 관한 한 이 책에서 많은 영향을 받았다. 이 책은 일찍이 중국 철학을 찬미했다는 이유로 한동안 로마 교황에 의해 발행이 금지되는 수난을 받기도 했다.[39]

이 밖에도 비스델루(Mgr. Claude de Visdelou, 劉應)는 『역경易經』에 대한 주석서를 펴냈고 레지스는 『역경』을 라틴어로 번역하였다. 프레마르(Joseph Henri Marie de Prémare, 馬若瑟)는 『역경』, 『중용』, 『성리』, 『장자』, 『노자』, 『회남자』 속에서 기독교의 교리를 발견하고자 했다. 마일라는 『통감강목通鑑綱目』을 번역하여 중국의 도덕 관념을 소개하였으며 거빌은 『서경書經』을 프랑스어로 번역하였다. 『북경야소회사연구기요』 제1편에는 작자 미상의 『대학』, 『중용』 번역본이 있으며 제12권에는 아미옷의 『공자전』이 있다.[40]

지금까지 열거한 내용을 보면 공자 학설의 소개는 전적으로 예수회 선교사에 의해 이루어졌음을 알 수 있다. 그래서 18세기 중농학파重農學派의 창립자 케네는 『중국전제정치론』에서 연구 자료의 곤란함을 언급하면서, "선교사의 회고록에 의거하지 않고서는 다른 방법이 없다"고 했다. 여기서 선교사란 곧 예수회 선교사를 가리킨다. 또한 라이히바인은 『중국과 유럽』에서 "이 같은 서적에 의하면 가장 먼저 중국의 지식을 우리에게 제공한 이들은 바로 예수회 선교사이다"[41]라고 했다. 이것은 조금도 잘못된 말이 아니다.

하지만 여기서 우리가 주의해야 할 사항은 당시 예수회 선교사가 중국을 바라보는 관점은 기본적으로 종교적인 것이었다는 사실이다. 종교적으로 중국은 우상 숭배의 나라로 간주되었기 때문에 중국의 철학과 문화를 감히 공개적으로 찬미하지 못했다. 그들은 중국 철학과 문화를 선양할 충분한 자유와 권리를 가지고 있지 못했다. 그들이 중국 철학을 지나치게 선양하게 되면 자신의 신앙을 스스로 부정했다는 낙인이 찍히고 만다. 그래서 당시 학자들이 공교孔教를 논할 때는 이교異教 철학을 다룰 때처럼 부득불 조국의 기독교 정신과 그 엄격한 검열 제도를 의식하지 않을 수가 없었던 것이다. 이처럼 의심의 눈초리를 피하기 위해 스스로 근신한 탓인지 중국의 철학과 문화를 소개하는 서적 가운데 몇몇은 익명 혹은 무명 형식으로 발표된 사례가 발견되기도

한다.[42)]

⑤ 작자 미상, 『중국 철학자, 공자의 도덕 교육을 논하는 서찰』(Lettre sur *la morale deConfucius, philosophe des Chinois*, paris, 1688.)
⑥ 작자 미상, 『중국의 철학자, 공자의 도덕』(La morale de Confucius, p*hilosophe des Chinois*, Amsterdam, 1688.)
⑦ M. D. S., 『중국의 정치·도덕 개론』(*Idée générale du gouvernement et de la morale de Chinois*, paris, 1729.)

이러한 저작들은 비록 공자 철학을 이해하는 데 극히 간단·애매하고 심지어 천박한 면까지 느껴지지만, 중국의 철학과 문화가 유럽으로 전해지는 과정을 감안한다면 그 공적이 당연히 인정되어야 할 것이다. 다시 말해 공자의 사상은 예수회의 적극적인 소개와 제창으로 인해 유럽의 일반적인 지식인 계층의 관심을 불러일으켰고 유럽의 이른바 '철학 시대'를 형성하기에 이른 것이다.

2. 예수회(Société des Jesuits)

이제 예수회와 그들의 극동 전교 사업에 대해 서술하려고 한다. 이것은 곧 기독교사에 있어서 이른바 '반개혁 운동'(Counter Reformation)과 연관되어 있으며, '16세기부터 18세기까지 중국 문호를 두드린 선교사'의 역사라고 한마디로 표현할 수 있다. 당시 중국과 유럽의 문화적 접촉은 사실상 선교의 범위를 벗어나지 못했으며 예수회원의 반개혁 운동과 매우 밀접한 관계를 가지고 있었다. 명말 청초 시기에 천주교 포교를 위해 중국에 온 선교사, 이를테면 마테오 리치(Matteo Ricci, 利瑪竇)나 아담 샬(Johann Adam Schall von Bell 湯若望) 등은 바로 반개혁 운동에 감화되어 외국 선교의 뜻을 세웠던 것이다.[43)]

1) 예수회 소사小史

예수회의 성립

예수회는 독일의 신교新敎 운동이 이미 로마교 세력의 속박에서 벗어나고 로마의 교회 분열이 매우 극심한 때에 성립되었다. 정통교로 일컬어지던 프랑스조차도 1516년에 '철회령'이 내려졌으며, 또한 영국은 1538년 헨리 8세(Henry VIII)가 교황과의 대립을 선포하였다. 이러한 교회 대분열의 시기에 로마에서는 몇 개의 새로운 종교 단체가 조직되어 반개혁 운동을 펼치게 되었다. 이 반개혁 운동의 근본적 문제는 바로 루터파와 타협하느냐 아니면 분열하느냐에 따라 결정되는 것이었다. 그 중에서도 특히 로욜라(Ignatius de Loyola)라는 종교 천재가 등장하여 예수회를 창립했는데 그 명성이 루터에 버금갔다. 이것은 새로운 방법의 개혁 교회 운동에 맞서서 시기적절하게 탄생되었다고 할 수 있다.

예수회의 발기인 이그나티우스 데 로욜라(Ignatius de Loyola)[44)]

로욜라는 스페인 귀족으로서 처음에는 조정에서 직무를 담당해 매우 총애를 받았다. 그러다가 공명심에 불타 군대에 지원하여 입대하였다. 28세 되던 해에 중상을 입고 평생을 절름발이로 살아야 할 운명을 맞이하게 되었다. 군 복무를 그만두고 병상에 누워 상처를 치료했는데, 시간이 지나도 병이 나아지지 않자 마음이 심란하여 가족에게 소일거리로 읽을 만한 소설을 구해달라고 요청했다. 당시 집에는 그러한 소설책이 없었기 때문에 예수의 언행과 성인들의 행실을 담은 서적을 읽도록 보내 주었다. 처음에는 난해해 읽기가 어려웠고 내용도 무미건조했지만 읽으면 읽을수록 맛을 느껴 잠시도 손에서 놓지 못했다. 그 이후 심경에 큰 변화가 생겨서 드디어 집을 떠나 은거하면서 예수의 고행을 본받기로 결심하였다. 다리의 상처가 완쾌되자마자 신부 앞에 달려가서 일생의 죄과를 고해하고 산중에 은거해 수행에 몰두하였다.

하루하루 이어지는 각고의 기도를 통하여 깨달음을 얻게 되어 저명한 『영신수련』(*Spiritual Exercises*)이라는 책을 썼으며 이 책을 가지고 그의 문도를 가르쳤다. 수도 파리에서 각 나라의 명사들과 사귀었으며 특별히 9명의 동지를 얻었다. 그 중 사비에르, 파베르 등과 함께 '삼절三絶의 소망,' 즉 절의絶意·절재絶財·절색絶色을 결의하였다.

1540년 로욜라는 그의 아홉 문도와 함께 로마에 가서 교황을 배알하고 교황의 명령에 절대 복종할 것을 다음과 같이 맹세했다. "호교護教를 마음에 새기고 숭배와 공경을 가슴에 담아 진실로 유지諭旨를 받들 것입니다. 지역의 멀고 가까움을 분별하지 않고, 사람이 문명이든 야만이든 가리지 않으며, 만리 장정이라도 잠시도 주저하지 않을 것이니, 지혜의 거울이 이 마음 이 뜻에 미칠 것입니다." "소회小會는 교황의 심복으로서 성회聖會의 캠프가 되어 문명이든 야만이든 가리지 않음은 물론 멀고 가까움을 분별하지 않고 동서남북 어디든지 그 지휘를 받들 것입니다." 로욜라는 이로 인해 예수회의 창립인으로 봉해졌으며 반개혁 운동의 선봉에 서게 되었던 것이다.[45)]

예수회의 동래전교東來傳教 배경

영국·독일 각 나라가 로마교에서 이탈한 이후 유럽 구교의 세력은 급격히 감소해 외부를 향해 그 발전을 꾀하지 않을 수 없었다. 교황과 교회에 대해 순수하게 충성을 다하는 예수회원이 당시 로마교의 외부 선교 발전의 대본영을 이루었음은 당연한 결과라고 하겠다. 그들의 부단한 선교와 노력에 힘입어 로마 교황은 확실히 신교新教의 확장을 적지 않게 저지할 수 있었고 천주교 선교사의 새로운 출로를 타개할 수 있었다.

예수회원의 선교에 있어서 그 동래 배경은 두 가지 측면에서 살펴볼 수 있다. 첫째, 내적인 원인 즉 종교 그 자체에서 관찰한다면 이미 앞에서 서술한 바와 같이 로마 교회의 분열로 인해 외부 선교 발전을 꾀하지 않을 수 없는 상황이었다. 예수회가 성립될 당시 그 종지는 본래 십자군 정신을 계승하는 데 있었다. 그들의 희망은 "지역의 멀고 가까움을 분별하지 않고, 사람이 문명이든 야만이든 가리지 않고, 만리 장정이라도 잠시도 주저하지 않을 것입니다"라는 말에서도 알 수 있듯이 곧 외부로 나가 선교하는 데 있었다. 이런 까닭에 1534년 4월 1일 로욜라와 그의 문도가 몽마르트 성당에서 발원할 당시 예루살렘 성지를 참배하고자 했던 것이다. 하지만 애석하게도 그로부터 5년 후 성지로 가는 길이 막히고 말았다. 그래서 그들은 인도印度 혹은 다른 적당한 곳에 가서 선교 활동을 할 수 있도록 자신들을 파견해 달라고 요청하였다.[46] 둘째, 외적 원인 즉 경제 교통 상에서 그 배경을 살필 수 있다. 당시는 항해 사업이 발달한 관계로 이미 선교 동래를 위한 밝은 앞길이 열려 있었다. 번국량樊國樑의 『연경개교략燕京開教略』(중편, 2쪽)에는 일찍이 이 사실이 언급되어 있다. "명나라 효종孝宗 홍치弘治 연간, 성교회 제15세 말, 포르투갈인과 네덜란드인이 마르코 폴로가 말한 중국을 방문하고자 했다. 그들은 아프리카의 희망봉을 우회하여 동쪽으로 항해해 해안에 정박하였다. 원나라가 멸망하자 육로는 이미 서북으로 막

혔고 명나라가 발흥함에 따라 해로가 다시 동남으로 통하였다. 서양에서 중국으로 가는 길은 전대에 비해 백배나 쉬웠다. 때문에 선교사들이 상선을 타고 중국에 와서 선교하는 일이 계속해서 이어졌다."

2) 예수회원의 동점東漸 경위

천주교가 중국에 전해진 역사는 사비에르가 중국에 왔던 것으로부터 프랑스 견사회遣使會가 중국 교무를 접수해 처리할 때까지 크게 세 시기로 나누어볼 수 있다.[47]

첫째는 1514년부터 1581년에 이르는 선교 실패 시기이다. 이 시기 선교사의 운명은 잇따라 중국 해변에 이르렀던 포르투갈 사람이나 스페인 사람의 운명과 크게 다르지 않았다. 복음의 사자들은 한발자국도 광주廣州를 넘을 수가 없었기 때문에 상황이 매우 암담한 형편이었다.

둘째는 1581년부터 1723년에 이르는 선교 승리 시기이다. 당시 일단의 이탈리아 선교사들이 포르투갈 상인들과의 관계를 정리함으로써 처음으로 중국 내륙에 진입할 수 있게 되었다. 그들의 집회 장소는 때로 관청의 특별한 대우를 받기도 했고 때로는 민중의 대중적 분노를 불러일으키기도 하였다. 또한 그 과정에서 심각한 '전례 문제'를 일으키기도 하였다. 당시 내외적으로 커다란 반향을 일으켰던 '전례 문제'는 중국 천주교의 특징을 단적으로 보여주는 좋은 자료가 되고 있다.[48]

셋째는 1723년부터 1785년에 이르는 선교 쇠락의 시기이다. 예수회가 중국 선교를 하는 과정에서 여러 차례 핍박을 받았다는 것은 주지의 사실이다. 1773년 교황 클레멘스 14세는 예수회를 해체하라는 교서를 발표하였고 1785년에 이르러서는 프랑스 견사회에 의해 중국에서의 예수회 전교 사업이 정리됨으로써 그 막은 내리고 말았다.

첫째 시기에 활동했던 선교사들로는 프란시스 사비에르(Francis Xavier), 발리냐노(Alessandro Valignano), 루기에리(Michael Ruggieri)가 대표적이고, 둘째 시기는 마테오 리치, 아담 샬, 베르비스트(Ferdinandus Verbiest, 南懷仁) 및 프랑스 선교사 가빌롱(J. F. Gerbillon, 張誠), 부베 등이 대표적인 인물이다. 그리고 셋째 시기는 카스틸리오네(Castiglione Guseppe, 郎世寧), 브누아(Michel Benoit, 蔣友仁)가 대표적인 인물이다.

프란시스 사비에르(Francis Xavier)[49]

프란시스 사비에르는 나바르(Navarre, 프랑스 남서부에서 스페인 북부에 걸쳐 있던 옛 왕국) 사람으로 예수회 발기인 중 한 사람이다. 1541년 예수회의 첫 동양 선교사로 뽑혀 파견되었다. 1542년 인도에 도착한 후 오래지 않아 곧 일본 선교에 나섰고 1552년 다시 일본에 갔다. 일본에 있을 당시 명석한 중국인을 많이 만났으며, 중국의 넓은 땅과 수많은 백성이 모두 일본을 능가한다는 말을 듣고서 중국 전도 계획에 더욱 열의를 가졌다. 당시 일본인의 심리는 중국을 상국上國으로 여겨 모든 면에서 중국을 모방하고자 했다. 사비에르는 일본 백성을 신도로 만들기 위해서는 무엇보다도 먼저 중국을 선교하지 않으면 안 된다고 느꼈던 것이다. 결국 그 해 11월 중국에서 온 포르투갈 상선을 타고서 10여 일 항해 끝에 상천上川섬에 도착할 수 있었다.[50] 당시는 외국인의 입국을 금지하는 중국의 정책이 매우 엄격할 때였다. 조빙朝聘이 아니고서는 입국이 불가능했으며, 만일 불법으로 입국을 감행할 경우 사지에 떨어진 것과 진배없었다. 그래서 사비에르도 비록 상천에 도착하기는 하였지만 중국 내지로는 들어갈 수가 없었다. 게다가 몹시 가난하여 포르투갈 상인으로부터 원조를 받아 겨우 생활을 이어가는 정도였다. 섬에 도착한 후 포르투갈인의 오두막집에 기거하면서 2·3개월 동안 모든 노력을 기울여 보았지만 중국으로 들어갈 수 있는 기회는 결국 찾지 못했다. 그는 1552년 12월 병에 걸려 세상을 뜨고 말았다. 그러나 이와 같은 그의 열정은 예수회 선교사들을 고무시켰을 뿐만 아니라 그의 소문을 들은 기타 각 종파의 선교사들에게도 여러 가지 중국 선교의 방법을 생각하도록 이끌었다.

발리냐노(Alessandro Valignano)와 루기에리(Michael Ruggieri)

사비에르가 세상을 떠난 후에도 예수회원의 중국 전교 사업은 부단히 이루어졌다. 하지만 선교사들 중 중국어를 할 수 있거나 중국 문자를 쓸 수 있는 인물은 단 한 사람도 없었다. 그러다 보니 중국에 대한 구체적인 인식을 가질 수 없었던 것은 당연한 이치였다. 게다가 이들 선교사 중에는 무력을 이용해 중국 조정이 국내 전교를 허락하도록 강요해야 한다고 주장하기도 하였다. 리베라(P. Ribera)의 경우가 그 좋은 예라 하겠다. 그들은 전교 사업을 일종의 공개적인 식민지 정복 사업으로 여겼기 때문에 결국 크게 실패하지 않을 수 없었던 것이다.[51)]

그런데 1574년 발리냐노가 동래하여 전교할 당시는 이미 포르투갈인이 마카오를 점령하고 있던 상황이었다. 그는 곧 이러한 새로운 국면을 이용해 1575년 선교사 대회를 열어 중대한 사안을 의결했다. 그 핵심 내용은 중국에 들어와 전교할 때 그 이전에 겪었던 시행착오를 절대 피하자는 것이었다. 이를 위해서 첫째, 중국어를 배우며, 둘째, 중국 의복을 입고 중국 음식을 먹는 등의 중국 풍속을 따르자는 것이었다. 이로써 예수회 선교사들은 자연스럽게 중국 문화와의 접촉 기회를 가질 수 있게 되었다.

루기에리는 발리냐노의 뒤를 이어 중국에서 10년 동안 선교 활동을 펼쳤다. 그는 성격이 온화하고 자상하며 인내심이 강하였다. 중국어와 중국 문자를 유창하게 구사할 수 있었으므로 만나는 사람마다 현지어로 교리를 설명하며 포교하였다. 그가 천주교의 교리를 설명하기 위해 지은 『천주실록天主實錄』이 세상에 널리 전해졌다. 때마침 포르투갈 상인이 새로 중국 지방관의 허가를 얻어 매년 봄·가을 두 차례에 걸쳐 광주성廣州城 아래서 무역을 하던 차였다. 루기에리는 이 기회를 이용해 1년에 두 차례씩 광주를 방문했으며 마침내 광동廣東의 관리에게 접근해 천주교 개척의 출로를 열었다. 그는 총독에게 글을 올려 황제의 백성이 되기를 원한다는 뜻을 전했고 승도僧徒 복장으로 갈아입는 일조차 꺼리지 않았다. 이러한 각고의 노력 끝에 마침내 그는 광동의 수부首府인 조경肇慶에서의 거주권을 획득할 수 있었다. 그러나 무엇보다도 그의 가장 기념비적인 행적을 꼽는다면 1583년 마테오 리치를 중국으로 불러들인 일일 것이다.[52]

마테오 리치(Matteo Ricci, 利瑪竇)

마테오 리치는 자字가 서태西泰이고 이탈리아 사람이다. 그는 19세 때(1571) 로마에서 예수회에 가입했고 수련 중에 인도로 파견되었다. 1578년 고아에 도착, 4년 후에 중국에 보내졌다. 먼저 마카오에 도착한 후 1583년 광동을 경유해 조경부肇慶府로 이주했다. 처음에는 불교 승려 복을 걸치고 중국의 언어·문자를 배웠지만 내지로 깊게 들어가 전교하기 위해 다시 유학자의 복장으로 갈아입었다. 1589년 소주韶州로 거주지를 옮겼고 1590년에는 처음으로 남경南京에 갔다. 다시 강서江西 남창南昌으로 돌아와 같은 해에 남창에서 예배당을 설립했다. 최초로 북경을 방문한 것은 1598년의 일이다. 그러나 거주가 허락되지 않아 다시 남경으로 돌아올 수밖에 없었다.

1600년 그는 두 번째 북상할 기회를 맞이했다. 황제에게 바칠 예물을 가지고 판토하(Didacus de Pantoja, 龐迪我) 등 8인과 함께 예부禮部의 안내로 경사京師에 도착해 황제를 알현했다. 진상한 공물들, 예컨대 자명종, 지여도地輿圖, 서금西琴 등은 모두 중국에서는 볼 수 없는 것들이었다. 황제는 그를 크게 치하했으며 상빈上賓으로 예우해 주었다. 경사에 거주하다가 1610년 5월 북경에서 병으로 세상을 떠났다. 그의 평생 행적은 알레니(Giulio Aleni, 艾儒略)의 『태서리선생행적泰西利先生行蹟』, 조셉 시아오(Joseph Siao, 蕭若瑟)의 『천주교전입중국고天主教傳入中國考』(권3, 108~149쪽), 번국량의 『연경개교략』(중편, 5~14쪽), 그리고 중촌구차랑中村久次郎의 『이마두전利瑪竇傳』 등에 자세히 보인다.[53]

마테오 리치는 매우 학식 있는 예수회 선교사 가운데 한 사람이었다. 로마에서 수도 생활을 할 때 신학 외에도 각종 과학, 천문, 지리, 역산曆算 기하의 학을 연구하였다. 그는 원래 로마의 유명한 수학자 겸 천문학자인 클라비우스(Clavius, 1537~1612)의 뛰어난 제자였다. 클라비우스는 1582년 그레고리 13세(Gregory XIII)가 달력과 역법을 바꾸는 데 도움을 주기도 하였다. 그는 저서가 매우 많아 명말 천주교 선교사들이 가져온 것이 아직도 북평북당도서관北平北堂圖書館에 소장되어 있다.[54] 마테오 리치는 중국에 온 후로 중국 문학에도 큰 관심을 가져 조예가 매우 깊었다. 사서四書·오경五經을 숙독할 수 있었고 고유古儒·금유今儒를 비롯한 불교와 도교의 학설까지 모두 융회 관통할 정도였다. 게다가 중국 경전을 근거로 들어 천주교의 교리를 훌륭히 증명해낼 수 있었다. 특히 그의 선교 활동에 힘을 실어준 것은 바로 중국에서는 전에 볼 수 없었던 시간을 알리는 자명종, 해시계, 그리고 중국 문자로 되어 있는 세계전도 등이라 할 수 있다. 그는 이것을 통해 중국인에게 중서 문화의 차이를 일깨우는가 하면, 한편으로는 그 자신이 시계 제조는 물론 지도 제작에도 정통한 과학자임을 드러내 보였다.

그는 새로운 지도를 그리면서 중국을 중국인의 비위에 맞게 정 중앙에 위치시켰다. 제기製器·관상觀象을 말하고 해시계를 시험할 때도 모두 중국 고법古法과 완전히 부합되게 하였다. 이러한 일들은 당연히 중국인의 관심을 끌기에 충분했고 그가 중국 사대부 계층에 접근하는 것을 더욱 쉽게 만들었다. 그 때의 학자들은 모두 그와 교제하기를 원했다. 친분을 쌓기 위해 오는 이들도 있었고 산학算學·격물格物을 배우기 위해 오는 이들도 있었다. 마테오 리치는 손짓 몸짓을 해가면서 기회가 있을 때마다 천주교의 교의를 들어 입교를 유도했다. 4~5년 후에는 새로 신도가 된 자만도 2백여 명에 달했다. 특히 높은 관리들 가운데 영세를 받은 인물로는 이지조李之藻, 서광계徐光啓, 구여기瞿汝夔 등이 있다.(李之藻의 세례명은 '良,' 徐光啓는 '保祿,' 瞿汝夔는 '依納爵'이다) 그는 당시 매우 덕망이 높았던 왕응린王應麟, 섭향고葉向高, 축세록祝世祿 등과 친분을 쌓았고 그들이 다른 선교사들과 교제하게 하였으니, 이것은 예수회원의 동래東來 전교에 있어 하나의 커다란 성공이 아닐 수 없었다.

아담 샬(Johann Adam Schall, 湯若望)

예수회 선교사 마테오 리치 이후 가장 명성을 누렸던 이들로는 여섯 명의 선교사가 있다. ① 로(Giacomo Rho, 羅雅各): 이탈리아 사람, ② 판토하: 스페인 사람, ③ 롱고바르디(Nicolaus Longobardi, 龍華民, 1559~1654): 이탈리아 사람, ④ 테렌츠(Joannes Terrenz, 鄧玉函): 스위스 사람(출생지 독일), ⑤ 우르시스(Sabbathino de Ursis, 熊三拔): 이탈리아 사람, ⑥ 아담 샬. 특히 아담샬은 독일 사람으로 천문에 정통했다. 아담 샬과 베르비스트는 명나라 숭정崇禎(1628~1643), 청나라 순제順帝(1644~1661), 강희康熙(1662~1722) 시기에 일찍이 흠천감欽天監 감정監正에 임명되는 등 역대 왕조에 걸쳐 두터운 신임을 받았다. 황백록黃伯祿이 편찬한 『정교봉포正教奉褒』에 자세히 보이므로 여기서는 낱낱이 서술하지 않기로 하겠다. 요컨대 천주교 박해 시기를 제외하고는 1837년까지 이 흠천감 감정의 직책은 줄곧 예수회 선교사에게 맡겨졌던 것이다.

아담 샬은 1622년 중국에 왔으며 숭정 3년에 황제의 부름을 받아 입경했다. 로와 함께 수력국修曆局의 직무를 담당하면서 기구를 제조하고 산술을 추단 연역함은 물론 사서四書를 번역했다. 숭정 5년에는 『역서曆書』 30권을 바쳤고 7년에는 다시 61권을 바쳤다. 아울러 해시계, 별시계, 망원경 등 각종 기구를 제작했다. 숭정 8년에는 『칠정행도력七政行度曆』을 올렸고 9년에는 이천경李天經과 함께 남북 양경兩京의 항성 출몰을 추정했으며 북경의 북극 고도를 측정하였다. 숭정崇禎의 『서양신법산서西洋新法算書』 100권을 책임 편집했다. 13년에는 명을 받들어 전포戰袍 만드는 것을 감독해 공을 세웠다. 15년에 다시 양포를 주조했고 그 제작법을 병장국兵仗局에 전수하였다. 또한 '무간대장군無間大將軍' 5백 위의 제조를 감독하였다. 초욱焦勗에게 구술하여 『화공게요火攻揭要』를 저술하게 했는데 각종 화기의 제조법과 그 운용이 서술되어 있다. 이건태李建泰를 따라 청나라 군대를 토벌하라는 명을 받아 출정했다가 건태와 함께 청나라에 투항했다.

청에 들어간 후에도 순치제順治帝의 총애를 크게 받아 흠천감 인신印信을 전문 관장했다. 젊은 황제는 샬이 사는 곳으로 불시에 행차하기를 좋아했고 그를 만주어로 '친애하는 신부'라는 뜻의 '마법瑪法'(Mafa)이라고 칭했다. 순치 10년에는 '통미교사通微教師'라는 호가 내려졌고, 14년에는 임금이 친필로 제작한 당액 '통미가경通微佳境'이 하사되었으며 천주당 비기碑記가 제작되었다. 당시 흠천감의 결원 70여 명을 모두 샬이 골라 천거한 일이 있었는데 이 때문에 시기하는 자가 많았다.

순치 사후 조정의 신하들이 샬의 죄상을 무고하게 꾸며내어 몇 차례나 죽을 고비를 넘겼다. 이것이 바로 『청사淸史』에 등장하는 유명한 회교回教 역학자曆學者 양광선楊光先과 예수회원 사이의 다툼이다. 회교도 치력 3백여 년 동안 그 착오가 백출했던 탓에 양광선은 관직에서 밀려났고, 이 때문에 그는 아담 샬과 각 성省에 있는 서양 선교사들을 무고하기에 이른 것이다. 그런데 개인적으로 사교邪教를 전파했다는 것과 반역을 음모했다는 죄목으로 샬이 이미 능지처참형 선고를 받은 상황에서, 갑자기 북경에서 큰 지진이 일어나 황궁에 크나큰 불이 붙는 참화가 발생하였다. 이 일로 인해 그는 사면을 받았지만 이조백李祖白 등 중국인 다섯 사람은 결국 처형되고 말았다. 이듬해 샬은 병으로 세상을 떠났다. 사후에도 신원되지 않다가 수년 뒤에 강희제에 의해 작위가 추서되어 그의 모든 칭호와 원래 관직이 회복되었다.55)

베르비스트(Ferdinandus Verbiest, 南懷仁)

베르비스트는 1659년(順治 16년) 쿠플레(Phillippe Couplet, 柏應理), 인토르체타, 루벨리(Jean Andre Lubelli, 陸安德) 등과 함께 중국에 왔다. 처음에는 섬서성陝西省에서 전도하였으나, 순치 17년에 황제의 부름을 받고 경사에 들어와 역법 찬수 사업에 참여했다. 아담 샬이 세상을 떠나자 그가 곧 교무를 이어받아 처리했다. 이때는 양광선이 흠천감 감정을 다시 맡고 있던 상황이었다. 베르비스트는 양광선이 천주교를 사교邪教로 무고한 그릇된 행위에 대해 똑똑히 밝힘은 물론 어전에서 양광선 역법의 착오를 지적하였다. 이에 강희제는 그의 의견을 받아들여 서양 역법을 다시 채용했고 그를 감부監副로 삼았다. 강희 13년에는 아담 샬의 전례에 따라 감정監正으로 승진시켰다. 흠천감에서 관상 기구를 만들라는 황제의 명을 받들어 특수 황동으로 열수경위구列宿經緯球, 교식의交食儀, 전반의轉盤儀, 상한의象限儀, 기한의紀限儀, 혼천의渾天儀 등 모두 여섯 종의 기구를 제작했다. 오삼계吳三桂의 반란 때는 황제의 명을 받고 서양 대포를 만들어 효과를 보았다. 19년에는 또한 크고 작은 신무포神武砲 320문을 제작하여 노구교蘆溝橋에서 시험 발사하여 크게 격찬을 받았다. 21년 4월에 우시랑右侍郎 직책을 맡았다. 8월에는 성경盛京을 방문하게 되었는데 천문 기구를 가져가 그 지역의 고도를 측량하여 성경추산표盛京推算表를 제작하였다. 당시 천주교는 중국 선교 활동의 근거지를 아직 확고하게 다져놓지 못한 상태였다. 정부나 민간에는 아직도 시기하는 자들이 많아 베르비스트가 조정에 봉직하면서도 생각대로 파고들 틈을 보지 못했던 것이다. 때문에 역법을 정비하고 대포를 제작하는 것이 비록 예수회원의 본래 목적은 아니었지만, 오히려 천주교에 힘을 실어주는 든든한 보호막이 되어 주었다. 이는 가히 주목할 만한 점이 아닐 수 없다.[56)]

가빌롱(J. F. Gerbillon, 張誠)과 부베(Joachim Bouvet, 白晉)

1688년 베르비스트가 북경에서 별세하자 학식 있는 몇 명의 프랑스 예수회원이 그의 직무를 대신했다. 당시 프랑스의 왕 루이 14세는 자신의 세력을 넓혀 포르투갈에 대항하는 것은 물론, 프랑스의 중국 연구를 진흥시키고 자국의 번영을 도모하자는 견지에서 특별히 프랑스의 예수회원 가운데 일류급 선교사를 선발해 중국에 파견했다. 이에 따라 1688년(康熙 27년) 2월 정식으로 파견된 다섯 명의 예수회 선교사들이 마침내 천문 관측기구를 가지고 북경에 도착하게 되었다. 이 선교사들의 이름은 다음과 같다.

① 곰드(Le Comte, 李明)

② 폰타네이(Jean Fontaney, 洪若翰)

③ 부베(Joachim Bouvet, 白晉)
④ 가빌롱(J. F. Gerbillon, 張誠)
⑤ 비스델루(Visdelou, 劉應)

『연경개교략』에서는 이를 다음과 같이 서술하고 있다. "베르비스트가 세상을 떠나기 전에 일찍이 다섯 신부의 경력을 임금께 아뢰었던 까닭에 모두 내지로 들어올 수 있었고 들어오는 데 장애가 없었다. 그러나 다섯 신부가 북경에 도달하기 직전 그는 이미 별세하고 말았으므로 그와 함께 손을 잡고 인사를 나누지 못한 것이 그들에게는 못내 아쉬웠다. 당시 황제는 서학을 매우 좋아하고 있었으므로, 이 다섯 신부를 직접 접견하고서 명을 내려 가빌롱과 부베는 북경 조정에서 일하게 하고 나머지는 중국 각 성에서 포교하게 하였다. 가빌롱과 부베 두 사람은 북경 관저에서 만주어와 중국어를 공부해 막히는 데가 없었다." 처음에 강희제는 아담 샬과 베르비스트에게 산학(수학)을 연구하도록 했는데, 이제 이 두 선교사에게 그것을 이어받게 한 것이다. 연구의 편의를 위해서 먼저 만주어를 공부하게 한 다음 진강進講하도록 했다. 두 선교사는 본래 기회를 보아 천주교를 전도하고자 했으므로 황제의 가정교사 역할을 충실히 하면서 틈틈이 복음을 전하였다. 그들은 우선 유클리드(Euclid) 및 아르키메데스(Archimedes)의 초급 기하학과 응용기하학을 만주어로 번역하여 매일 아침부터 저녁까지 쉬지 않고 부지런히 진강하였다. 강희는 서학에 매우 심취하여 선교사로부터 측량학, 정역학靜力學, 천문학, 수학, 의학, 해부학 등 많은 학문들을 배우려고 애썼다. 뿐만 아니라 궁중에 실험실을 설립해 화학, 약학을 연구하도록 하였다. 1693년(강희 31년) 한번은 해부학을 한창 연구하던 차에 강희가 갑자기 말라리아를 앓게 되었다. 가빌롱과 부베는 그들이 가져온

키니네(quinine)를 황제에게 올렸다. 황제의 건강은 곧 회복되었고, 황제는 크게 기뻐한 나머지 선교사에 대해 더욱 좋은 감정을 가지게 되었다. 이에 천주교에 대한 그의 관심 역시 점차 깊어져 천주교와 유교가 크게 보아서는 서로 다르지 않다고까지 생각했다. 그러나 황제의 궁극적인 관심사는 단지 서양의 과학 문화에 불과했다. 1697년(康熙 36년) 부베는 박학한 선교사들을 초빙해 중국에 데려오라는 명을 받고 사신으로 프랑스에 파견되었다. 그리하여 1699년(康熙 38년) 3월 예수회원 18명을 모집하여 중국에 돌아왔다. 그 가운데 과학 문화의 차원에서 중국에 가장 큰 공헌을 한 인물로는 다음 세 선교사를 들 수 있다.

① 프레마르(Le P. Prémare, 馬若瑟)
② 레지스(Le P. Régis, 雷孝思)
③ 파레닌(Le P. Parennin, 巴多明)

파레닌은 궁중에 10여 년 동안 머물면서 만주어로 여러 가지 서양 명저들을 번역하였다. 아마도 해부학에 있어서만큼은 그의 학문적 공헌이 가장 클 것이다. 또한 레지스는 중국 각 성의 실제 측량 편제와 중국 전도 초고 편제에 참여했다. 이들의 과학 문화에 대한 공헌은 청나라 황제의 큰 환영을 받았으며 그들이 중국 전교상 매우 유리한 위치를 차지하도록 만들었다.[57]

카스틸리오네(Castiglione Guseppe, 郎世寧)와 브누아(Michel Benoit, 蔣友仁)

1723년(雍正 元年)부터 1773년까지는 예수회 전교의 쇠락 시기라 할 수 있다. 옹정제는 천주교를 극심하게 탄압하는 정책을 폈기 때문에 각 성省에 있는 천주교당은 모조리 해체되어 헐리거나 창고 혹은 서원으로 개수되었다. 당시 청 태조 누르하치(Nurhachi)의 4세손이었던 친왕 소노蘇努는 전 가족이 모두 예수회 신도가 되었으므로 천주교를 비호하고 나섰다. 이 때문에 전 가족이 검거되어 그 자손 중 15세 이상된 자는 모두 참형에 처해졌다.[58] 이처럼 혹심한 탄압을 받았던 터라 천주교는 당연히 발전할 여지가 없었다.

그러나 건륭乾隆 시대가 되자 다소 관용적인 정책이 전개되었다. 일반 백성들은 여전히 천주교를 신봉할 수는 없었지만 예수회원은 역법의 연구 차원에서 계속 임용되었다. 당시 선교사 가운데 이탈리아 사람인 카스틸리오네가 있었는데 그림을 잘 그려 특히 신임을 받았다. "카스틸리오네는 1698년에 태어났다. 그는 항상 조정에 있으면서 궁전을 여러 가지 빛깔로 장식했는데 황제의 뜻에 잘 맞았다. 후에는 서양 기법을 버리고 중국의 화법을 터득했다. 그는 유명한 사람들의 초상화를 여러 폭 그렸으며 틈틈이 그린 산수화와 인물화가 수없이 많았다. '낭세녕郎世寧'의 이름이 씌어 있는 삽선箑扇이나 화축畵軸 등은 그 값이 천금이나 되었으며 지금도 그 가치가 여전하다. 예수회원들은 황제가 그를 신임하는 것을 알고서 특별히 그 이점을 이용해 상소를 올렸다. 황상이 상소문을 훑어보고서 성교聖敎의 금지 명령을 거둬들이지는 않았지만 선교사의 주사奏事를 이미 윤허하는 것만 보아도 성교를 아끼는 뜻이 있었음을 짐작할 수 있다."[59] 또한 예수회 선교사 중 브누아라는 프랑스인이 있다. 건륭乾隆 황제는 그에게 원명원圓明園에서 분수를 만들게 하여 유람을 즐겼다. 또한 조정에 있는 선교사에게 『대청통일지도大淸統一地圖』와 『강역연혁도疆域沿革圖』를 다듬어 도책圖冊으로 그리라고 명하였다. 이에 따라 브누아는 동판 140편을 조각해 매 편에 백 장씩 인쇄하여 표구함으로써 한 세트를 만들었다. 이처럼 당시 예수회 선교사들은 조정을 위해 억척스레 봉사함으로써 선교의 기회에 다가가

려고 하였다.

마테오 리치, 아담 샬, 베르비스트, 가빌롱, 부베, 카스틸리오네, 브누아와 같이 조정에서 일한 예수회원들이 겉으로는 성공한 것처럼 보일지 모르지만 사실상 그들은 소기의 목적을 이루지 못하였다. 아담 샬은 순치順治를 개교시키기 위해 날마다 은밀하게 복음을 들려주며 백방으로 노력했다. 하지만 황제는 "친애하는 신부여! 그대의 행동은 짐이 이해할 수 없다. 그대는 수도승이 되어 짐이 권하는 일을 하려 하지 않는다. 짐이 만약 그대에게 강제로 짐을 따르라고 강요한다면 그대는 따르겠는가? 짐의 마음 역시 그대와 같다"[60]고 하였다. 아담 샬은 결국 뾰족한 수가 없었다. 강희제는 선교사를 중요하게 생각했지만, "천주교도는 중국 전례의 뜻에 밝지 못하므로 이적의 나라에서나 행할 만하다. 그러므로 마땅히 엄금해야 한다"[61]는 생각을 끝까지 견지했다.

옹정제는 전교 활동을 금지하는 태도를 취하였다. 교황이 일찍이 옹정제가 제위에 오르는 일을 축하하기 위해 두 명의 선교사를 파견한 적이 있었는데 그는 선교사들에게 말하기를, "천하의 각 종교는 모두 선善을 권장하는 것을 근본을 삼는다. 하지만 종교의 지극한 선에 있어서는 유학儒學만한 것이 없다"[62]고 했다. 이상은 청초淸初의 각 황제들이 예수회원의 교의에 대해 어떠한 태도를 취했는지를 보여주는 대목이라 하겠다. 이처럼 예수회 선교사들은 선교 차원에서 그다지 성공을 거두지 못했다. 더군다나 전례 문제로 인해 1773년 교황 클레멘스 14세(Clement XIV)에 의해 해산되고 말았지만 그들이 중국에 유럽의 과학 방법을 전해준 공헌만큼은 쉽게 간과할 수 없다. 예수회에 속하는 선교사들은 본래 유럽의 종교인 가운데 가장 학식 있는 사람들이었다. 그들이 중국에 온 것은 선교를 목적으로 했기 때문에 인격상으로 보나 학식상으로 보나 그들은 모두 일류급 인물들이었다. 그들은 유럽의 신

홍 과학, 즉 천문天文·역수曆數에서 물리·화학에 이르기까지 모두 전문적인 지식을 갖추고 있었다. 특히 프랑스에서 파견한 예수회 선교사들은 프랑스에 새로 설립된 과학원(Académie des Sciences)과 밀접한 관계를 가지고 있었다. 그러므로 예수회 선교 기간 가운데 둘째 시기부터는 유럽의 우수한 역학曆學 지식을 이용해 일식을 예언함은 물론 역법 제정에도 참여했다. 먼저 학문적 차원에서 명말明末·청초清初 여러 제왕의 신임을 얻은 다음에 다시 종교적 차원에서 선교 활동을 펼치려 했던 것이다. 나아가 셋째 시기에는 회화, 건축, 그리고 제도술의 재능을 통해 마침내 서양 과학 문화의 수입 시대를 열게 되었다. 그러나 종교적 문화는 도리어 위축되었으며 그다지 큰 영향을 주지 못했다.

3. 서학동점西學東漸 초기

예수회원의 최대 희망은 종교 문화를 중국에 전하는 것이었다. 하지만 결국은 서양의 '과학 문화'를 전하는 결과를 가져왔다. 한때 중국 조야朝野의 사대부들은 은근히 그들과 결탁하기도 하고 심지어 믿음을 갖고 세례를 받기도 하였지만, 처음에는 역시 그들의 '과학 문화'를 흡수하려는 뜻에서 시작한 것이었다. 도엽군산稻葉君山은 『청조전사清朝全史』에서 명말明末의 천주교도가 천주교를 신봉하게 된 원인은 서양인의 탁월한 과학 사상에 감복해서였지 절대로 그들의 종교를 신앙해서가 아니라고 했다. 양계초梁啓超의 『근삼백년학술사近三百年學術史』에서도 역시 서광계의 무리는 서양의 과학을 연구하고자 했기 때문에 천주교를 신앙했다고 했다.

그런데 최근의 인물인 진수이는 여기에 독특한 이견을 제기해 주목을 끈다.[63] 서광계, 이지조의 봉교奉教는 결코 과학을 연구하기 위해 스스로 신도가 된 것이 아니라는 것이다. 그가 실례를 든 것을 보면 다음과 같다. "섬서陝西 왕징王徵의 부친은 과학자였다. 스스로 능히 목우木牛를 만들어 운수를 편리하게 했다. 그는 그의 부친보다 더욱 뛰어났다. 집안 곳곳에 작은 구멍들을 뚫어 놓았는데 잔치를 열거나 장례를 치를 때 그가 대청에서 말하면 각 가옥에 있는 사람들이 모두 들을 수 있었다. 이것은 바로 무선 전신의 발명이 아니겠는가? 그가 집에서 기독교를 신봉한 것은 결코 과학 때문이 아니었다."

실제로 명말 청초의 중국 신도 중 하류 계층에서 이루어진 천주교 신봉은 대부분 경제적 압박 때문에 이루어진 것이었다. 안문휘晏文輝의 상소에 이른바 "궁핍한 자를 구제한다는 구실로 사람들을 불러 모으고 입교한 자에게만 은銀을 주었다"[64]는 말이 있다. 『성조파사집聖朝破邪集』에 금전으로 인심을 산다는 말이 적지 않게 등장하는 것을 보면 이것이 결코 근거 없는 말은 아닌 듯하다. 명말 청초 시기는 한창 백성이 궁핍해지고 국가 재정이 파탄에 이른 때인지라 가난한 백성들은 쉽게 마음이 동했을 것이다. 그러나 상류의 사대부 계층은 확실히 역법·산학 등 과학적 문화 때문에 마음이 움직였을 것으로 보인다. 양광선은 『부득이不得已』에서 "마테오 리치가 중국에 들어온 이래 그 도당들은 모두 역법에 기탁해 은밀하게 천주의 교를 중국에 행하였다"고 말했는데 이것은 진실로 사실이다. 그러나 이 때문에 서학西學이 중국에 수입되었으므로 이것은 예수회 선교사들의 큰 공헌이 아닐 수 없다.

예수회원이 한문으로 저작했거나 번역한 과학서는 적지 않다. 여기서 그 중요한 것들을 들어보면 다음과 같다.[65]

1) 천문학

■ 마테오 리치 : ①『건곤체의乾坤體義』 3권(萬曆 33년 北京刻本, 『四庫全書』에 수록). ②『경천해經天該』(『藝海珠塵』 竹集 및 『傳經堂叢書』本). ③『혼개통헌도설渾蓋通憲圖說』 2권(萬曆 35년 北京刻本, 『守山閣叢書』本. 李之藻의 이름이 쓰임).

■ 아담 샬 : ①『숭정역서崇禎曆書』(北平故宮博物院圖書館 소장, 明崇禎刊本 103권, 附 『八線表』는 온전하지 못함. 順治年에 이 책을 편찬함에 따라 『新法曆書』 100권으로 개명해 『四庫全書』에 수록, 國立北平圖書館 소장). ②『혼천의설渾天儀說』 5권(파리국립도서관 소장). ③『고금교식고古今交食考』 1권(1633년 北京刻本). ④『서양측일역西洋測日曆』 1권. ⑤『성도星圖』. ⑥『교식역지交食曆指』 7권. ⑦『교식표交食表』 8권. ⑧『측천약설測天約說』 2권. ⑨『역법서전曆法西傳』 1권(『崇禎曆書』提要, 『圖書集成·曆象彙編·曆法典』, 권77~78). ⑩『신법역인新法曆引』 1권(上同). ⑪『학역소변學曆小辯』 1권. ⑫『항성표恆星表』 5권. ⑬『항성역지恆星曆指』 4권. ⑭『항성출몰恆星出沒』 2권. ⑮『신역효혹新曆曉惑』 1권(『昭代叢書』 庚集 제10책). ⑯『신법표이新法表異』 2권(『昭代叢書』 壬集 제15책). ⑰『민역보주해혹民曆補注解惑』 1권(南懷仁, 北京刻本).

■ 베르비스트 : ①『측험기략測驗紀略』 1권. ②『의상지儀象志』 14권. ③『의상도儀象圖』 2권. ④『강희영년역법康熙永年曆法』 32권(日本 宮內省 소장). ⑤『험기설驗氣說』. ⑥『적도남북성도赤道南北聖圖』 ⑦『간평규총성도簡平規總星圖』. ⑧『역법부득이변曆法不得已辯』 1권(파리국립도서관 소장). ⑨『망점변妄占辯』(粵東大原堂重梓本, 파리국립도서관 소장). ⑩『망택변妄擇辯』(파리국립도서관 소장). ⑪『망추길흉변妄推吉凶辯』(파리국립도서관 소장). ⑫『희조정안熙朝定案』 3권(파리국

립도서관 소장).

■ 테렌츠 : ①『측천약설測天約說』 1권(崇禎 4년 처음 崇禎曆書 안에 進呈). ② 황적거도표黃赤距度表』 1권. ③『정구승도표正球升度表』. ④『혼개통헌도설渾蓋通憲圖說』 3권(李之藻 北京刻本).

■ 우르시스 : ①『표도설表度說』 1권(『천학초함天學初函』本). ②『간평의설簡平儀說』 1권(1611년 北京刻本, 『指海』本 또한 『守山閣叢書』 제57).

■ 디아즈(Emmanuel Diaz, 陽瑪諾) : 『천문략天問略』 1권(1615년 北京刻本, 또한 『藝海珠塵』 및 『天學初函』本).

■ 로 : ①『월이표月離表』 4권. ②『월이역지月離曆指』 4권. ③『일전표日躔表』 2권. ④『일전역지日躔曆指』 1권. ⑤『일전고서야각분日躔考晝夜刻分』. ⑥『오위표五緯表』 11권. ⑦『오위역지五緯曆指』 9권(이상은 『崇禎曆書』에 수록).

■ 불리오(Ludovico Luigi Buglio, 利類思) : 『서력년월西曆年月』 1권.

2) 수학

기하학

■ 마테오 리치 : ①『기하원본幾何原本』 6권(유클리드 저, 이 번역은 클라비우스가 편집한 前 6권의 역문임. 1605년 北京刻本, 또한 『海山仙館叢書』, 『天學初函』, 『指海』 및 『叢書集成初編』本이 있음. 後 5권은 咸豐 7년 偉烈亞力과 李善蘭이 공역한 것으로 前 6권과 시간상 250년의 차이가 남). ②『환용교의圜容較義』 1권(마테오 리치 口譯, 李之藻 기록. 1614년 北京刻本, 또한 『海山仙館叢書』, 『天學初函』, 『守山閣叢書』 및 『叢書集成初編』本이 있음). ③『측량법의測量法義』(『海山仙館叢書』에 수록. 徐光啓의 이름이 쓰임. 또한 『天學初函』, 『指海』 및 『叢書集成初編』

本이 있음).

■ 로 : 『측량전의測量全義』 10권(崇禎 4년 두 번째로 『崇禎曆書』 안에 進呈).

■ 알레니 : 『기하요법幾何要法』 4권(1631년 刻本).

■ 부베·가빌롱 : 『기하원본幾何原本』(『數理精蘊』 속에 있으며, 파레디즈(Paredies)의 『實用幾何學』의 譯本은 마테오 리치가 번역한 책과 다름).

삼각三角

■ 마테오 리치 : 『구고의勾股義』(『海山仙館叢書』, 『天學初函』, 『指海』 중에 수록. 徐光啓의 이름이 쓰임).

■ 테렌츠 : 『대측大測』 2권(崇禎 4년 처음 『崇禎曆書』 안에 進呈).

■ 아담 샬 : 공역, 『각도팔선표各圖八線表』 6권(파리국립도서관 소장).

산술算術

■ 마테오 리치 : 『동문산지전편同文算指前編』 2권, 『통편通編』 8권, 『별편別編』 1권(李之藻와 공역. 『前編』, 『通編』은 1614년 北京刻本. 故宮博物院圖書館 및 浙江圖書館藏明刻本, 『海山仙館叢書』, 『天學初函』, 『叢書集成初編』本이 있음. 『別編』 1권은 抄錄이 있으며 파리국립도서관 소장).

■ 아담 샬 : 『주산지籌算指』 1권(『西洋新法曆書』 속에 있음).

■ 로 : ① 『주산籌算』 1권(『西洋新法曆書』 속에 있음). ② 『비례규해比例規解』 1권.

3) 지리학

■ 마테오 리치 : ① 『산해여지전도山海輿地全圖』(明萬曆 『方輿勝紀』本). ② 『곤여만국전도坤輿萬國全圖』(禹貢學會珂羅板精印本 18장으로 나뉨).

■ 판토하 : 『해외여도전설海外輿圖全說』 2권(『職方外記』에 序가 있고 말하는 바에 의하면, "그 그림이 아직 새겨지기도 전에, 京 안에는 글을 써서 전하는 자가 있었다"라 했음. 『澹生堂書目』에 이 책이 들어 있음).

■ 알레니 : 『직방외기職方外紀』 6권(1623년 杭州刻本, 또한 『守山閣叢書』 제39와 『天學初函』 『墨海金壺』, 『邊防輿地叢書』 各本).

■ 불리오 : 『서방요기西方要紀』(『昭代叢書』, 『學海類編』本).

■ 베르비스트 : ① 『곤여전도坤輿全圖』(上海徐家匯藏書樓, 南滿鐵路會社, 大連圖書館東洋文庫에 모두 이 그림이 소장되어 있으며, 최근 天津工商學院에 飜刻本이 있음). ② 『곤여도설坤輿圖說』 2권(일명 『坤輿圖誌』, 『指海』 本 및 『泰東書局』 影印本이 있음). ③ 『곤여외기坤輿外紀』, 『역사기여譯史紀餘』 각 1권(『說鈴』 제8책, 『龍威秘書』 권52·68·69). ④ 『서방기요西方紀要』 1권(『昭代叢書』 甲集 제3책).

■ 브누아 : ① 『증보곤여전도增補坤輿全圖』. ② 『지구도설地球圖說』 1권(『文選樓叢書』本).

■ 부베·페트루스(Petrus Jartroud, 杜德美)·레지스 등 : ① 『강희황여전람도康熙皇輿全覽圖』(原圖의 일부분은 일찍이 뒤 알르가 편찬한 『中華帝國全誌』 제1권에 포함되어 간행된 적이 있음). ② 『건륭내부동판지도乾隆內府銅板地圖』.

4) 물리학

■ 롱고바르디 : 『지진해地震解』 1권(1624년 및 1679년 北京刻本).

■ 아담 샬 : 『원경설遠鏡說』(『藝海珠塵』 제57책, 또한 『海山仙館叢書』本).

■ 베르비스트 : 『광향이험리추光向異驗理推』.

■ 우르시스 : 『태서수법泰西水法』 6권(1612년 北京刻本, 1640년 徐光啓의 『農政全書』 중에 合刊).

■ 테렌츠 : 『기기도설奇器圖說』 3권(테렌츠가 口授, 王徵이 譯繪, 明 天啓 七年本, 또한 같은 해에 『遠西奇器圖說錄最』 6책, 『守山閣叢書』 제66·67이 간행됨).

■ 아담 샬 : 『화공설요火攻挈要』 3권(아담 샬이 傳授, 焦勗이 서술, 일명 『則克錄』, 『海山仙館叢書』本).

■ 베르비스트 : 『신위도설神威圖說』.

5) 기상학

■ 바뇨니(P. Alphonse Vagnoni, 高一志) : 『공제격치空際格致』 2권.

6) 생리학

■ 테렌츠 : 『인신설개人身說概』 2권(舊鈔本題 『泰西人身說概』).

■ 로 : 『인신도설人身圖說』 2권.

■ 베르비스트 : 『목사도설目司圖說』.

7) 어문학

■ 마테오 리치 : 『서자기적西字奇跡』(1605년 北京刻本, 또한 程氏 『墨苑』本, 『寶顔堂祕笈』 및 『說郛』本).

■ 트리고우(Nicholaus Trigault, 金尼閣) : 『서유이목자西儒耳目資』 3권(明 天啓 6年, 關中涇陽張問達原刻本, 上海東方圖書館, 日本東洋文庫, 또한 皇家圖

書館, 敎皇圖書館, 파리도서관에 殘本이 있으며, 현재 國立北平圖書館翻刻本이 있음).

- 세메도(P. Alvare de Semedo, 魯德照) : 『자고字考』.
- 쿠플레 : 『문자고文字考』.
- 헤르트리트(Christianus Herdtricht, 恩理格) : 『문자고文字考』.

8) 철학

- 알레니 : 『서학범西學凡』(1631년 杭州刻本, 『天學初函』 理編에 수록).
- 푸르타도(P. François Furtado, 傅汎際) : 『명리탐名理探』 10권(李之藻와 공역, 아리스토텔레스 『論理學』은 1631년 杭州刻本, 1931년 土山 灣重刻本, 또한 輔仁大學影印陳垣藏鈔本이 있음).
- 베르비스트 : 『이변지인계理辨之引啓』.
- 푸르타도 : 『환유전寰有詮』 6권(李之藻와 공역, 아리스토텔레스 『宇宙學』은 明刊本이 있음).
- 베르비스트 : 『진품궁리학進品窮理學』.
- 삼비아시(Franciscus Sambiasi, 畢方濟) : ① 『영언려작靈言蠡勺』(1624년 上海 혹은 嘉定刻本, 『天學初函』本, 또한 1921年 北京公記印書館重印本). ② 『비록휘답斐錄彙答』(『四庫提要』 권125에 보임, 현재는 失傳).

이 중에서도 특히 철학서인 알레니의 『서학범』에서는 'Philosophia'를 ① Logica(논리학), ② Physica(물리학), ③ Metaphysica(형이상학), ④ Mathe- matica(수학), ⑤ Ethica(윤리학)로 다시 나눈 것을 볼 수 있다. 당시의 이른바 '철학' 속에는 여전히 과학이 포괄되어 있었던 것이다. 이렇듯 16·17세기의 과학은 역시 '철학적 과학'에 불과하였다. 그리고 예술적 측면에서 거론된 마테오 리치의 『서금팔곡西琴八曲』, 페레이라(Thomas Pereira, 徐日昇)의 『율려정의律呂正義』 후편後編은 음악에 속하는 것들이다. 정씨程氏의 『묵원墨苑』 속에 새겨진 마테오 리치가 가져온 성모 마리아상과 카스틸리오네의 『화정전집畵幀全集』[66]은 모두 회화에 속하는 것들이다. 그러나 종교적 의미를 담고 있는 마리아상이 유럽의 예술을 대표할 수는 없다 하겠다. 예술이라 부를 만한 것은 페레이라의 『악률樂律』, 카스틸리오네의 『화법畵法』으로서 이것은 '과학적 예술 문화'라 부르지 않을 수 없다.

이상 열거한 내용을 정리해 보면 당시 서방에서 온 예수회 선교사들은 유럽의 과학적 문화에 대해 그들이 알고 있는 지식을 최대한 소개하고 있음을 알 수 있다. 이를테면 천문학·수학·지리학·물리학·기상학·생리학·어문학·철학 등 없는 것이 없을 정도이며, 그것들이 중국 문화에 끼친 영향은 더 말할 필요도 없다. 이런 사실로부터 우리는 하나의 결론에 도달할 수 있다. 곧 명말·청초의 중서 문화 접촉에서 중국이 받아들인 것은 예수회의 '종교 문화'가 아니라, 예수회 선교사들이 종교적 방편으로 가져온 '과학 문화'였다는 사실이다.

또한 이와 동일선상에서 18세기 중국 문화가 유럽에 끼친 영향 역시도 예수회 선교사들이 가져와 교의에 억지로 갖다 붙인 이른바 '천학天學'이 아니라, 그들에 의해서 전해졌고 또한 유해하다고 인식되었던 바로 '이학理學'이었다는 점에 주목할 필요가 있다. 이것은 곧 중국 본위의 '철학적 문화'로서 이 철학적 문화에 의해 유럽은 비로소 문화사적으로 '철학의 시대'가 형성된 것이다.

제2부
중국 사상과 유럽의 근대 문화

18세기 유럽 사상계의 중국에 대한 관심은 전례 문제에 관한 논쟁이 중심을 이루었으며, 중국 철학을 받아들이는 쪽이나 거부하는 쪽이나 할 것 없이 모두 송유 이학이 그 대상이 되었다. 한편에서는 중국 철학을 유물론·무신론으로 인식해 공격을 가하는가 하면, 다른 한편에서는 중국 철학을 유물론·무신론이라는 입장에서 환영했다. 어떤 이들은 중국 철학의 이성설理性說을 이단으로 여겼으며, 또한 어떤 이들은 이 이성설을 옹호하여 중국 철학을 곡해하기도 했다. 전자의 예로는 프랑스 말브랑슈(Malebranche, Nicolas de, 1638~1715)의 중국 철학 비판을 들 수 있고 후자의 예로는 독일의 라이프니츠의 중국 철학 옹호를 들 수 있다. 말브랑슈의 비판은 프랑스 백과전서파의 무신론적·유물론적 철학에 영향을 주었으며 라이프니츠의 옹호는 독일 관념론의 고전 철학을 형성시켰다. 그리고 전자는 프랑스의 정치 혁명에, 후자는 독일의 정신 혁명에 영향을 미쳤다.

제3장
예수회원의 송유 이학에 대한 반향

1. 전례 문제와 예수회원의 태도

예수회 선교사에 의한 중국 선교 사업은 앞에서도 서술한 것처럼 중국에서 이루어진 전교의 전부였다. 천주교의 기타 각 회는 필리핀 군도를 통해 내륙으로 들어가고자 했으나 모두 실패하고 말았다. 그러던 중 1631년에 도미니크회(Dominicans) 선교사가 중국에 들어왔고 1633년에는 프란시스코회(Franciscans) 선교사가 그 뒤를 이었다. 선교사들의 수가 점차 증가함에 따라 업무상 마찰이 발생하기도 하고, 혹은 국적이 같지 않다는 이유로 서로의 감정이 극단적인 상태까지 치닫는 경우가 자주 발생하였다. 급기야 1634년부터 1635년까지는 예수회 선교사와 기타 회 선교사 사이에 전례상의 문제로 심각한 의견 충돌을 빚게 되었다. 비非 예수회 선교사들은 일치단결하여 예수회를 지탄하였으며 예수회 내부에서도 역시 견해가 엇갈려 분열의 조짐까지 보였다.

1) 이른바 '전례 문제'(Question des Rites)

번국량은 『연경개교략』에서 이른바 전례 문제에 대해 매우 적절하게 설명하고 있다.[1)]

> 마테오 리치가 중국에 천주교를 전파한 이래 중국의 의문절례儀文節禮는 줄곧 올바른 교리를 전하는 데 커다란 장애 요소임에 틀림이 없었다. 그러나 새로 신도가 되는 자가 갑작스레 모든 것을 단절하기는 어려운 상황이었다. 선교사들은 처음 한두 번은 너그럽게 받아들일 수 있었으며 이러한 의례가 모두 다 이단이라고는 생각하지 않았다. 그후 선교사들이 중국에 찾아오는 일이 나날이 증가하게 되자 비로소 전례 논쟁이 불붙기 시작하였다.

전례 논쟁의 주요 토론 내용은 다음과 같다.

① 조상을 공경하는 예(敬祖之禮)

> 중국 사람들은 사택에서나 공적으로나 선조를 받들지 않는 이가 없다. 그래서 사당과 가묘를 짓고 그 안에 공대供臺를 설하여 대臺 위에 많은 위패를 모신다. 위패는 '선조모공지신위先祖某之神位'라 쓴다. 매번 기일忌日에 만나거나 혹은 봄가을 두 계절에 걸쳐 선조에게 제사를 올린다. 족장은 일족 전체를 이끌며 며칠 전부터 희생犧牲을 준비한다. 돼지 또는 양을 가지고 전날 저녁 시생試牲을 하는데 희생의 귀에 술을 부어 머리를 흔들면 그것이 흠향의 제물로 선택된다. 다음 날 집안 친족들이 모두 모여 위패 앞에서 머리를 조아려 절을 하며 희생을 죽인다. 그리고 술을 모혈毛血 속에 방울방울 떨어뜨려 희생과 함께 헌상한다. 그 외에도 과일과 폐백류를 바친다. 또한

묘문廟門 앞에서 금은 지전紙錢을 불태워 효성과 정성을 나타낸다.

② 공자를 제사하는 예(祭孔之禮)

중국인은 공자를 가장 숭배하기 때문에 부府, 주州, 현縣, 진鎭 곳곳에다 문묘를 세웠다. 묘 안에는 공자의 좌상을 빚기도 하고 목패木牌를 세우기도 하는데 패 위에 쓰기를 '선사공부자지신위先師孔夫子之神位'라 했다. 봄, 가을로 두 번 나누어 해당 지역의 관부官府에서는 하급 관리나 관직에 있는 사람들을 거느리고 공자에게 제사를 올린다. 역시 가축을 준비하는 등 선조에게 제사를 지내는 것과 전혀 다르지 않다.

③ 하늘에 제사하는 예(祭天之禮)

'상제上帝' 두 글자와 '천天' 자는 만물의 변화를 주재하는 존재를 지칭한다.

이 세 논쟁의 초점은 첫째, 선조의 위패에 대한 제사가 종교적 의식인가 아닌가, 둘째, 공묘孔廟에 대한 제사가 단지 공경과 예의에만 그치는 것인가 아니면 이단이라는 종교적 의미까지 함유하고 있는 것인가, 셋째, '상제' 두 글자와 '천' 자가 천지 만물을 움직이는 진재眞宰로 불리는 것이 합당한가의 여부이다.

2) 예수회원의 태도

도미니크회와 프란시스코회의 태도

예수회 선교사와 기타 회 선교사의 전례 문제에 관한 태도는 근본적으로 결코 화합될 수가 없었다. 『연경개교략』2)에는 다음과 같이 기록하고 있다.

> 도미니크회 선교사와 예수회 선교사는 로마 전신덕부傳信德部에 일단의 의견을 봉정하였다. 생각은 서로 일치하지 않았으나 서술의 정황은 모두 이단에 빠지지 않았다. 그래서 전신덕부는 이들이 올린 의견에 따라서 각각의 지부에 고지해 주었다. 예수회 선교사에 대한 답변은 순치順治 2년(1645년)에 비준되었고 도미니크회 선교사에 대한 답변은 순치 13년(1656년)에 역시 교황의 비준을 얻었다. 또한 강희 8년(1669년)에 재차 두 가지 입장이 모두 실행 가능하다고 확정하였으나, 그 의례의 사정邪正에 대해서는 결론을 내리지 않았기 때문에 논쟁의 불씨가 여전히 남아있는 상태였다.

로마 교황은 전례 문제가 처음 논쟁될 당시만 하더라도 중재적 태도를 취하고 있었음을 알 수 있다. 그러나 훗날 두 단체는 각각 극단적인 태도로 치달았으며, 자신의 입장만을 고집해 싸움을 계속함으로써 수습할 수 없는 지경에 이르게 되었다. 도미니크회 선교사와 예수회 선교사는 사상적인 측면에서 본래부터 차이가 있었다. 예수회 선교사는 대부분 학자가 많았으므로 과학을 제창하였다. 그러나 도미니크회는 과학에 반대하는 입장이었다. 이 점은 1625년 갈릴레이(Galilei)에게 보여준 그들의 태도만 보아도 쉽게 알 수 있다. 게다가 도미니크회 선교사는 중국에 온 지 얼마 되지 않았기 때문에 아직 중국 문자를 잘 알지 못하는 상태였다. 그러므로 중국의 고유문화에 대해 예수회와 다른 태도를 취할 수밖에 없는 것은 당연한 일이기도 하였다.

그렇지만 누가 뭐라 해도 분열의 가장 큰 원인은 국적이 같지 않았다는 점에 있었다. 도미니크회가 스페인을 대표한다면 예수회는 이탈리아를 대표했다. 이처럼 명확한 국적의 차이로 인해 이 논쟁은 더욱 가중되어 갔다. 복건福建에 머물고 있던 도미니크회 선교사들은 예수회 선교사들이 장천인漳泉人에게 우상 숭배를 배천拜天이라 하여 허용한 것은 유럽인을 기만하는 짓이라고 비난하였다. 도미니크회 선교사들은 스페인에서 파견한 사람들이라 자국의 이해관계와 밀접한 관련을 맺고 있었다. 때문에 그들이 일방적인 생각에 치우쳐 있었음은 당연한 일이었다. 앙투안 드 생트 마리(le P. Antonine de Saint-Marrie, 栗安當)가 1701년에 발표한 『중국 전교 사업의 몇 가지 중요한 점에 관한 평론』(*Traité sur quelques points importants de la mission de la Chine*, Paris)을 보면 도미니크회의 이와 같은 태도를 여실히 볼 수 있다.

예수회원의 태도

예수회 선교사들의 태도 역시 두 파로 나눌 수 있다.

① 찬성파: 『천주교전입중국고』에서는 다음과 같이 기록하였다. "중국에서 공자와 망인을 공경하는 예란 무릎을 꿇고 엎드려 절하며 제수를 바치는 것 내지는 위패를 세우는 것 등을 가리킨다. 마테오 리치 당시부터 신부들은 각자 자신의 설만을 고수해 거기에 집착했다. 예컨대 롱고바르디 등은 이러한 중국의 예를 이단으로 규정하고 철저하게 금지시켜야 한다고 했다. 이에 반해서 마테오 리치 등은 공자를 숭배하는 것은 그의 사람됨이 세상의 사표가 되기 때문에 공경하는 것일 뿐이라고 했다. 그리고 선조를 공경해 목패木牌를 세우는 일은 사람의 자식으로서 효성과 사모의 정성을 나타내는 데 불과하고, 집안의 안녕과 행복을 위해 기도하거나 선조의 영혼이 목패에 깃들어 있다고 생각하는 것이 아니라고 하였다. 그 예법은 용인할 만한 것이니 미주알고주알 깊이 따질 필요가 없다는 것이다."[3)]

『연경개교략』에서는, "마테오 리치를 필두고 하여 중국의 예를 곡해하는 자들은 중국의 예란 원래 의문儀文의 예와 관련된 것이지 신을 제사하는 예를 말하는 것이 아니므로 받아들여도 무방하다고 말한다"고 하였으며, 또한 "강희 38년(1699년) 예수회 선교사 그리말디(Grimaldi, Filippo Maria, 閔明我, 1639~1712), 페레이라, 토마스(Antoine Thomas, 安多), 가빌롱 등은 황상皇上에게 아뢰어 중국 의례의 참뜻을 훈시해 줄 것을 청하였다. 황상은 그리말디 등이 올린 상소를 보고 매우 환영하여 다른 사람이 다시는 반박하지 못하게 하였다"고 기록하고 있다.[4] 이로 보아 이들이 마테오 리치의 설을 지지하는 인물들임을 알 수 있다.[5] 또한 교황이 칙서를 통해 금지령을 내렸을 때도 예수회 선교사측은 논쟁에 더욱 힘을 쏟아 몇 번이고 로마 교황에게 글을 올림으로써 현명하게 살펴 결정해 줄 것을 촉구하였다. 뿐만 아니라 마틴 마르티니(Martin Martini, 衛匡國)를 유럽에 파견하여 교황을 알현하도록 조치하기도 하였다. 마틴 마르티니는 물론 찬성파에 속하는 인물이다. 『연경개교략』에서는 1723년 이후 14년 동안의 일에 대해 "반역의 무리들은 교황의 금지령이 아직 신덕信德으로 정해지지 않음을 단서로 삼아 여전히 금지된 전례를 행하여 그 집요함이 전과 다름이 없었다"[6]고 말했는데, 이 파의 세력이 무시할 수 없는 것이었음을 알 수 있다.

② 반대파: 예수회 내부에서 마테오 리치는 비록 중국 전례를 곡해하기는 했지만 그것을 허용할 수 있다고 생각하였다. 그러나 "롱고바르디의 의견은 마테오 리치와 달랐다. 중국 전례 속에는 이단적인 요소가 많으므로 현지의 신도들에게 그것을 허용해서는 안 된다고 말하고 있다. 일본 예수회의 한 선교사가 일찍이 롱고바르디에게 편지를 보낸 적이 있었는데 일본의 선교사들은 모두 신도들이 국가 전례를 남용하는 것을 허락하지 않는다고 하였다. 이에 롱고바르디는 곧 전례의 뜻

을 상세히 검토하여 이단적인 조목이 발견되자 즉시 중국 신자들에게 이를 엄금시켰다. 말하자면 천주天主를 천天이나 상제上帝로 칭하는 일을 불허했던 것이다."[7]

롱고바르디는 바로 마테오 리치에게서 유명遺命을 받은 후임이었으나, 그의 중국 전교에 대한 근본 정책은 마테오 리치와는 사뭇 달랐다. 그는 중국 경전을 매우 오래도록 연구했음에도 불구하고 여전히 기독교에 대한 감정을 잊을 수가 없어 공자와는 근본적으로 다르다고 규정하였다. 그는 스페인어로 『중국 종교에 관한 몇 가지 의문』이라는 책을 저술하였는데, 여기서 그는 중국의 경전 주석과 제유諸儒의 견해에 근거하여 공가孔家의 학설은 추호도 의심할 것 없이 유물론적이고 무신론적이라고 결론내렸다. 또한 중국의 전례 관습은 오로지 우상을 숭배하는 것일 뿐이며 기독교의 신성적神聖的 성질과는 다르기 때문에 절대 금지시켜야 한다고 했다.

이밖에도 대표적인 반대자로는 스페인 사람 판토하가 있다. 『연경개교략』은 이렇게 언급하고 있다. "판토하에 따르면 공자를 제사지내는 예는 사실 신을 모시는 예와 관련된 것이며 선조를 제사지내는 예는 역시 이단의 조목에 속한다. 다만 천天과 상제上帝 두 글자의 경우는 결코 천지조화 및 주재라는 뜻이 없다. 중국인이 공경하는 천은 창망한 천에 불과하니 천지를 움직이는 주재와는 아무런 관계가 없는 것이다. 때문에 신자들이 그 의례를 행하지 못하도록 금지해야 한다. 그렇지 않으면 성도의 순후함에 큰 해를 끼치게 될 것이다."[8] "1628년 예수회 선교사들은 일찍이 두 당黨 중에서 각각 사물에 정통해 두루 통하는 사람들을 선택해 한 곳에 집결시켰다. 그런 다음, 천지 만물을 조화하는 진주眞主에 대한 명칭을 함께 정하기로 했다. 토론이 한 달 정도 지속되었으나 타협을 보지 못하고 헤어졌다. 기타 회의 선교사들은 모두 판토하를 옳다고 여겼다."[9)]

마테오 리치 등이 견지했던 중국 신앙에 대한 관용적인 태도는 같은 파 내부는 물론 천주교 각 종파와의 싸움을 야기시켰으며 도미니크회의 맹렬한 반대에 부딪쳤던 것이다. 결과적으로 로마 교황과 강희 황제가 아니고서는 이 중대한 공안公案을 아무도 해결할 길이 없게 되었다.

3) 강희제와 로마사절 관계 문서

교황의 금지령

1645년 9월 12일 로마 교황 이노첸시오 10세(Innocentius X)는 전례 문제에 대한 일대 교령을 하달하였다. 즉 관용적인 태도를 금지하며 만약 이를 위반한다거나 거역하는 자는 파문율破門律로 다스린다는 것이었다. 그러나 예수회 선교사들은 이를 달갑게 여기지 않았음은 물론 수긍하려 들지 않았다. 그래서 즉시 마르티니를 특파하여 교황을 알현케 했다. 1656년 3월 23일에는 다시 교황 알렉산더 7세의 교령으로 예수회의 전교 정책을 묵인하였다. 그렇지만 논쟁은 여전히 그치지 않았다. 1693년 3월 26일 복건성 주교 매그로(Charles Maigrot)는 중국 전례와 관련된 지침을 자의적으로 발표하였다. 그 지침 속의 내용은 신도로서 공자 경배 등 제례諸禮를 습관적으로 행하는 것을 엄금하고, 또한 천天을 물신物神으로 간주하여 떠받들지 못하게 하는 것이었다. 이렇듯 공개적으로 중국 전례를 반대하는 태도는 마테오 리치 등의 중국 전교 방식이 실제로 교리에 위배되는 혐의가 있음을 공인하는 것이나 다름없었다. 이렇게 되자 예수회 선교사와 도미니크회 선교사는 서로 화합할 수가 없었다. 각기 파벌을 만들어 교황에게 자신의 입장을 지지해 줄 것을 호소하였으며 로마 당국도 각각의 의견이 매우 분분하여 감히 결정을 못 내렸던 것이다.

1704년에 이르러서야 로마는 이단부를 검열하여 지침을 분명하게 반포하였다. 한 마디로 중국의 예는 사실상 이단에 속한다는 것이다. 교황 클레멘스 11세가 그 지침을 비준하였고, 안티옥의 대주교인 투르농(Charles Thomas Maillard de Tournon)을 교무흠사敎務欽使로 삼아 중국에 파견하여 황제와 우호 관계를 맺고 교황의 유지를 선포하도록 하였다. 사신은 강희 44년 10월 북경에 도착하여 11월 16일 조정에 나아가 황제를 배알하였다. 강희는 예의를 갖추어 그를 환대했다. 이 일은 『정교봉포』의 '교황의 사신 투르농이 북경에 이르러 환대의 은혜를 입다'는 대목에 자세히 보인다.[10] 그러나 강희는 투르농이 온 뜻을 결국 감지하기에 이른다. 황제를 배알하는 것 외에도 중국에서 공자와 망인을 공경하는 예를 이단으로 금절하며 이러한 풍습의 전염을 막고자 한 그의 저의를 알아차린 것이다. 강희는 불끈 진노하여, "선교사들은 자신들의 의견과 합치되지 않는 중국의 예법에 대해 교황과 함께 신중히 상의하는 것이 옳을 것이니 삼가 중국 조정을 어지럽히지 말라"[11]고 명령하였다. 그리하여 두 번째 만났을 때는 매그로 주교가 사람들의 전례를 금지한 것에 대해 면박하였다. 또한 세 번째 만났을 때는 교황의 유지와 상반되는 사신의 유지를 특별히 여러 도道에 하달하여 불쾌한 뜻을 내보였다. 결국에는 축객령逐客令을 내려 투르농을 북경에서 축출해 남하시켰으며 관리를 파견해 호송하고 은밀히 감시하였다.

투르농이 남경南京에 도착했을 때는 바야흐로 새해를 맞이하는 시기였기 때문에 잠시 그곳에 머물게 되었다. 그는 동래東來한 처음 뜻을 상기해 교황의 유지를 선포하기 위해서는 이때가 가장 적기라고 여겼다. 그리고 마침내 남경 천주당에서 자신의 이름으로 교황의 입장을 공포하기에 이른다. 대체로 황제의 신학적 견해를 배척하는 내용으로 각 성省의 선교사로 하여금 모두 교황의 명령에 따르고 어기지 말게끔 했다. 바야흐로 1707년 2월의 일이었다. 강희제는 그의 항명에 크게 노하여 칙령을 내려 마카오로 추방해 버렸다. 마카오 총독에게 그를 관리토록 했던 것이다. 포르투갈은 원래부터 동양 포교의 권리를 독단적으로 행사하였다. 그러나 투르농은 포르투갈의 소개를 거치지 않고 직접 중국에 들어왔기 때문에 그가 교황의 흠차라는 사실을 인정하지 않았다. 그래서 그를 프란시스코회 수도원에 가두고 외출을 허락하지 않았다. 그의 수행원이었던 매그로 주교 등 4~5인도 일찍이 수감·금압당했고 1710년 투르농은 옥중에서 병사하고 말았다.

당시 북경의 예수회 선교사들은 투르농이 매그로의 말만 따르고 다른 선교사의 말에는 귀를 기울이지 않는 것에 불만을 품고 있던 상황이었다. 그래서 그들은 다시 로마 교황에게 글을 올려 잠시 성명을 철회하고 재차 조사해 줄 것을 요청하였다. 중국 교무의 관할 권리는 인도 고아 총주교에게 있으므로, 교황의 유지가 비록 선포되기는 했지만 이는 아직 선포되지 않은 것과 같다는 것이다. 이에 교황 클레멘스 11세는 중국 주교가 성명을 철회해 줄 것을 간청하는 상소를 받아들고서 주요 인사와 학자들을 소집하였다. 그런데 새롭게 고찰 연구한 결과 유감스럽게도 깊이 연구를 하면 할수록 더욱더 그 이단적인 색채가 드러나 보였다. 그래서 1715년 거듭 유지를 내려 엄하게 금절시켰던 것이다. 5년 후, 다시 메짜바르바(Mezzabarba) 주교를 중국에 파견하여 교무 순찰 겸 사신으로 중국 황제를 배알하게 하였다.

사신은 강희 59년 11월 북경에 도착했는데 황제는 대신을 보내 그를 영접하고 극진하게 대우하였다. 연거푸 열 한 차례나 소견하였고 두 차례나 연회를 베풀었다. 황제는 친히 금으로 된 술잔을 들어 술을 권하였고, 또한 어복御服인 담비털로 만든 도포를 하사하여 숨김없이 직언할 것을 당부하였다. 메짜바르바는 이때를 기회 삼아 중국의 신도들이 공자를 공경하는 의식 내지 조상을 제사하는 의식과 관련해 모두 교황의 유지에 따를 수 있도록 허락해 줄 것을 간청하였다.

또한 교황의 유지를 번역하여 어람御覽으로 올렸는데 그 원문을 보면 다음과 같다.

> 교왕(강희제는 教皇을 教王으로 부르도록 했다) 클레멘스 11세는 영원 대대로 부끄럼 없는 진실을 삼가 전하는 바이다. 본인이 교왕에 오른 그 날부터 오늘에 이르기까지 수많은 일을 처리해 왔지만 많은 서양인들이 현재 중국에서 일으키고 있는 상호 논쟁만큼은 내게 있어서 가장 급선무가 아닐 수 없다. 중국에 있는 뭇 서양인이 중국의 몇몇 글자와 몇 건의 의례를 보고서 어떤 이는 이것을 이단이라 하고, 또 어떤 이는 이단과는 상관없는 일이라고 주장한다. 이 전례 논쟁 때문에 그들은 내게 서신을 보내 서로를 비판하며 나 자신이 나서서 이 문제를 결단해 줄 것을 촉구하고 있다. 이처럼 내가 이 문제에 대한 가부를 결정하게 된 것은 저 많은 서양인들의 한결같은 요청 때문이다. 이 일은 교왕 이노첸시오 10세 때부터 처리되기 시작한 사안으로, 불행히도 그 분이 세상을 떠나 내가 부득이 처리하지 않을 수 없게 된 것이다. 나는 양측에서 올린 언사를 세세하게 살핀 후에 천주 강생 1704년 11월 20일 모든 가부·취사를 이미 결정하였으니, 이를 글로 옮기자면 다음과 같다.
>
> ① 서양에서는 '천지만물의 주'(天地萬物之主)를 Dieu(頭斯)라는 글자로 나타낸다. 그러나 이 글자는 중국에서 관용어가 되지 못하였고, 중국에 있는 서양인이나 천주교에 입교한 사람들은 모두 천주天主라는 두 글자에 더 익숙해 있으며 쓰인 지도 퍽 오래된 것으로 알고 있다. 이제부터는 전면적으로 천天과 상제上帝의 어휘 사용을 불허하며 '천지만물의 주'라는 칭호만을

허락하는 바이다. 가령 경천敬天 두 글자의 편액을 만약 아직 걸지 않았다면 이제 걸 필요가 없고 이미 걸어 놓은 것은 떼어내도록 명한다.

② 봄·가을에 걸쳐 올리는 공자의 제사와 조상의 제사의 경우 무릇 입교한 사람은 주제자와 조제자의 일을 행해서는 아니 된다. 그리고 입교한 사람이 이러한 곳에 서는 것 또한 이단과 같기 때문에 이를 금한다.

③ 무릇 천주교에 들어 온 관원, 진사, 거인擧人(明淸에 鄕試에 합격한 사람), 생원 등이 매월 초 1일·15일에 공자 사당에 들어가서 예를 행하는 것을 불허한다. 새로 부임하는 관리, 새로 진사·거인·생원이 된 이들도 역시 공자 사당에 가서 예를 행해서는 아니 된다.

④ 모든 천주교인은 사당에 들어가서 행하는 일체의 의례를 불허한다.

⑤ 모든 천주교인은 집에서나 무덤에서 혹은 조문하는 자리에서 모두 예를 행하는 것을 금한다. 본 교와 다른 교의 사람이 서로 만날 때도 역시 이러한 예를 행하는 것을 금하니 이것 역시 이단의 일이기 때문이다. 천주교에 다시 들어온 사람이 혹 말하기를, "나는 결코 이단의 일을 행한 적이 없다. 나는 단지 조상에 보답하려는 뜻에서 그런 것이지 복을 구한다거나 화를 면하고자 하는 것이 아니다"라고 하더라도 역시 받아들일 수 없다.

⑥ 무릇 다른 교의 사람이 이 의례를 행함에 천주교인이 만약 이를 문제 삼아 시비가 생길 것 같으면 부득불 옆에 서서 하도록 지켜만 본다.

⑦ 무릇 중국의 법도에서는 영위신주靈位神主 등의 말이 기록된 위패를 집에 두고 그 위에 영혼이 있다고 생각하나, 이러한 일련의 행위를 금한다. 굳이 위패를 세우고자 한다면 단지 망인亡人의 이름만을 쓰도록 한다. 이렇게 위패 방법을 고친다면 별다른 이단적 행위가 없을 경우 집에 둘 수 있다. 다만 위패 옆에 '천주교효경부모지도리天主教孝敬父母之道理'라고 적어야 한다.

이상으로 나는 중국 전례에 대한 가부를 결정하는 바이다. 그리고 그 외 다른 의례는 결코 이단이 아니며 이단과는 조금도 관계가 없는 것으로 판단된다. 예컨대 '집을 가지런히 하고 나라를 다스리는 도'(齊家治國之道)는 참으로 준행遵行할 만한 것이다. 행할 수 있는 의례와 행할 수 없는 의례의 구체적인 내용은 모두 교왕의 사신이 그 가부를 결정한다. 만약 교왕의 사신이 중국에 없다면 주사主事·주교主教의 직책을 맡은 자가 이를 결정한다. 천주교와 서로 반대되지 않는 것은 행하도록 허락하며 서로 반대되는 것은 모두 결단코 금하는 바이다.

천주 강생 1719년 9월 25일.[12]

강희의 답변

전례 논쟁에 있어서 로마 교황의 금령이 천주교 기타 각 회의 입장을 대표하는 것이라면, 강희의 주비硃批와 조서詔書는 예수회 선교사의 입장을 대표하는 것이라 할 수 있다. 강희와 로마사절 관계 문서 중에는 적지 않은 유지가 발견되는데 모두 중국 전례를 비호하는 것으로 시작되고 있다.

사례 ①: 중국에서 위패를 세우고 제사를 올리는 일련의 일은 결코 다른 뜻이 있어서가 아니다. 다만 그 부모를 그리워하는 뜻에 불과하며, 그 이름을 위패에 기록함으로써 잊지 않고자 할 뿐이지 그 위패 위에 영혼을 깃들게 하는 이치는 없다. 여러분들이 부모의 초상화를 간직하면서 그 뜻을 잊지 않고자 하는 마음과 같은 것이다. 그런데 초상화를 그리게 하면 화공의 솜씨가 서툴러 자칫 잘못될 경우가 생기므로 이를 걱정한 나머지 그 이름을 써서 착오가 없게 하고자 한 것과 같은 이치이다. '경천敬天'이라는 글자 역시 천天이 곧 천주天主를 말하는 것이 아니며 아무리 눈을 들어 하늘을 보아도 천주를 볼 수는 없다. 천주가 창조한 만물은 매우 많기도 하며, 그 크고도 위에 존재하는 것으로는 하늘(天)만한 것이 없기 때문에 하늘을 바라보며 안으로 그 공경하는 마음을 품고자 하는 것이다.[13)]

사례 ②: 하늘(天)을 곧 물질(物)로 여기면 하늘을 공경할 수 없다. 예컨대 위로 사은을 표할 때 반드시 황제 폐하陛下라는 말로 일컫는다. 또한 어좌御座를 지나칠 때도 허리를 굽히고 걸음으로써 공경함을 일으킨다. 이 모든 것이 임금을 공경하는 마음으로 어디서나 다 그렇다. 만약에 폐하陛下를 '계단 아래'(階下)로 여기고 계단은 장인이 만든 것이라 하여 무례하게 대한다면 옳겠는가? 중국에서의 경천이란 바로 이런 의미이다. 가당치도 않게 반드시 '천주天主'라는 이름만을 고집한다면 종교를 빙자해 중국 경천敬天의 뜻을 심히 어긋나게 하는 것이다. 여러 서양인들이 수도를 통해 의도하는 바는, 영혼이 천주에 귀의한다고 생각하기 때문에 일생동안 고통을 지속하여 영원한 영혼을 얻는 것이다. 중국에서 신주를 받드는 것은 곧 사람의 자식으로서 부모의 보살핌에 보답하고자 함이다. 갓 태어난 조류의 새끼도 그 어미가 죽으면 역시 며칠 동안 울부짖으며 그 어미를 찾는다고 한다. 하물며 만물의 영장인 사람이야 그 마음이 정성스러우면 자연히 밖으로 드러나지 않겠는가! 그대 수도인들도 부모에게 변이 생긴다면 역시 스스로 애통해 마지않을 것이다. 만약 방치해 두고 상관하지 않는다면 이는 미물만도 못한 것이니, 어찌 그 경중을 논하겠는가? 또한 중국에서 공자를 공경하는 이유는 무엇이겠는가? 성인이 오상五常·백행百行의 대도와 군신·부자의 대륜으로써 그 가르침을 만세에 드리우니, 사람마다 제각기 이를 행동 가치의 표준으로 삼게 되었다. 이것이 바로 공자가 지성선사至聖先師로서 존경받는 이유인 것이다. 서양에도 역시 성인이 있을 것이다. 그 행위를 가히 본받을 만하므로 존경하는 것이 아니겠는가.[14] (강희 59년 11월 18일 조칙)

사례 ③: 짐이 서양의 글자를 모르므로 서양의 일을 다 논할 수는 없다. 다만 마테오 리치 같은 이가 중국에서 전교한 이래 어떤 것들은 그대들의 종교와 합치되지 않는 곳이 있었던 것으로 안다. … 그대들은 조목조목 이를 한차례 상주上奏하였다. 메짜바르바의 상주문에 따르면, 마테오 리치의 중국 전교에 있어서 천주교의 교리와 합치되지 않는 부분은 곧 위패를 모시는 것과 하늘을 상제로 칭하는 일이다. 메짜바르바 조칙에서 말한 것처럼 위패를 받드는 일은 원래 공자로부터 시작된 것이 아니다. 이것은 모두 후인이 그를 존경하는 뜻에서 하는 것이니 결코 이단의 설이 아니다. 하늘을 상제로 부르는 것은 곧 짐을 만세·황상으로 일컫는 것과 같은 것으로, 비록 칭호가 다르다 하더라도 임금을 공경하는 마음은 동일한 것이다. 세상이 시작되어 지금에 이르기까지 7600여 년에 불과하며 아직 만년이 되지 않았다 해서 짐을 만세로 부르지 않는다면 옳은 일인가.[15] (강희 59년 12월 17일 조칙)

청제淸帝의 신학에 대한 견해는 로마 교황과 근본적으로 충돌하고 있었다. 때문에 황제는 메짜바르바가 올린 교황 금령을 보고 벌컥 진노하지 않을 수 없었던 것이다. 강희 59년 12월 21일 다음과 같이 주비하고 있다.

이 포고를 보니 서양인들은 소인小人임을 알 수 있다. 그런 그들이 어떻게 중국의 대리大理를 말할 수 있겠는가? 하물며 서양인들 가운데는 한 사람도 『한서漢書』에 통하는 자가 없으니 설왕설래하며 논의하는 것 자체가 가소롭기 짝이 없다. 지금 신하의 고시告示를 본 결과 승려나 도사의 이단 소교小教와 결국은 서로 다를 바가 없으니 이보다 난잡한 언설은 없을 것이다. 지금부터 서양인은 중국에서 종교를 행하지 말라. 마땅히 금지시키는 것이 옳은 일이니, 이는 많은 불상사를 피하기 위해서이다.[16)]

강희는 교황의 금령이 단지 이적의 나라에서나 통용될 수 있는 것으로 생각했다. 중국의 성현 대도에 대해서는 일자무식인 서양인이 어떻게 그 시비를 망령되게 판단할 수 있겠는가! 서양의 종교는 불교나 도교의 이단과 다를 바가 없으니 마땅히 엄격하게 근절해야 할 것으로 여겼다. 메짜바르바는 황제의 뜻을 살폈으나 돌이키기 어려움을 깨달았다. 이에 금례禁禮 중 중대하지 않은 것만을 한두 개 솎아내고는 선교사가 봉행할 수 있도록 허락해 줄 것을 황상께 다시 주청했다. 1721년 황제의 말이 북경에서 남으로 마카오까지 전해진 뒤에도 그는 유고諭告를 발표해 중국 선교사에게 통보했다. 즉, 교황 클레멘스 11세의 유지는 마땅히 지켜져야 하며 여전히 유효하다는 것이다. 메짜바르바가 떠난 뒤에도 선교사들은 자신들의 의견을 고집하며 팽팽히 맞섰다.

논쟁이 더욱 심해지자 1742년 교황 베네딕트 14세는 급기야 결정적인 칙서를 반포하기에 이른다. 금례의 조목은 입교자의 첫째 요건이며 이를 위반하는 자는 엄벌에 처한다는 것이었다. 이 칙서는 이른바 중국 전례 논쟁에 종지부를 찍었으나, 동시에 중국에서 지금껏 행해 왔던 전교 사업 역시 철저하게 금지 당하는 결과를 초래했다. 한때 각 성에 세워졌던 크고 작은 성당들은 모두 폐쇄되고 말았다.

옹정제雍正帝의 칙서가 널리 공포됨에 따라 백련·천주는 같은 계열에 속하며 그들의 말은 모두 황당하고 근거 없는 것으로 여겨졌다. 건륭 때 이르러서는 사적으로 선교에 관여한 자는 부部에서 극형으로 심의

되어 처벌당했다. 이후 인간적으로 용서할 만할 경우는 비록 유지로 석방하기도 했으나, 이 같은 청 조정의 선교에 대한 박해는 향후 천주교 발전에 지대한 저해 요소가 되었다. 그리하여 120여 년 뒤에는 천주교 활동이 거의 절멸되었으니, 비록 교황의 유지가 성공적으로 실행되기는 했지만 이에 대응하는 강희의 주비 역시 거의 완벽하게 주효했다고 말할 수 있다.

논쟁의 영향

지금까지 기술한 전례 문제에 관한 논쟁은, 1645년 이노첸시오 10세 때부터 1742년 베네딕트 14세의 교령에 이르기까지 무려 100년에 가까운 장구한 시간에 걸쳐 전개된 것이다. 이러한 긴 시간의 논쟁은 유럽 인사들에게 중국 고대 신앙과 기독교 신학의 동이同異 문제에 주의를 기울이게 만들었다. 또한 이 문제에 대한 해답의 차이는 유럽에서 적지 않은 논쟁을 야기시켰다. 유럽의 지식 계층, 즉 종교가, 사상가, 정치가, 경제가 할 것 없이 모두가 중국 문제 연구에 관심을 집중하게 했던 것이다. 코르디에가 『중국학도서목록』(*Bibliotheca Sinica*)에서 열거한 이 문제와 관련된 서적은 모두 262종이나 되며, 아직 출판되지 않은 일기나 문서만 하더라도 수백 종에 이른다(Cordier, *Bibliotheca Sinica*, Vol. II, 869 ~926쪽; Vol. IV, 3125~3126쪽; Vol. V, 3580~3600쪽 참조, 그 중 영문 저작은 단지 3종뿐이다).

특히 주목할 만한 점은 당시 종교인 측에서는 예수회 선교사를 제외한 모든 이들이 공자와 기독교의 차이에 주목한 반면, 사상가들은 기독교와 같지 않은 공자를 그들 계몽운동의 대기치로 삼았다는 사실이다. 종교인 측에서는 예수회에 대해 공격적인 태도를 취하고 있지만, 철학자 측에서는 독일의 라이프니츠, 프랑스의 볼테르를 필두로 예수회의 주장을 항상 변호하는 입장을 취했다. 백년에 걸친 중국 전례 논쟁은 사실 중국 사상이 유럽으로 수입되는 좋은 기회가 되어주었다. 로마 교황이 이단으로 치부한 공자는 불행하게도 예수회의 번역으로 인해 결국 유럽에 소개되었다. 이 이단의 학설이 다행히 전해진 까닭에 유럽 사상계는 하나의 커다란 자극을 받을 수 있었고, 또한 반 기독교·반 신학·반 종교의 철학적 기초가 이루어져 유럽의 '철학 시대'가 형성되었던 것이다.

2. 예수회원의 공교관孔敎觀

이단의 공자는 유럽에서 로마 교황과 도미니크회 선교사 등에 의해 극단적으로 배척을 당했으며, 중국 예수회 선교사 중에서도 중국 전례에 불만을 가진 일파가 있었다. 이를테면 롱고바르디와 판토하 등이 여기에 속했다. 그렇지만 예수회의 십중팔구는 대체적으로 천주교와 중국 철학을 상호 조화시킬 것을 주장하였다. 때문에 예수회 선교사의 공교관은 당시 유럽의 종교계에 부정적인 영향을 주기도 하였지만 일반 사상계에 있어서는 오히려 매우 긍정적인 영향을 끼쳤다. 먼저 그들이 주장한 공자교와 기독교의 일치설을 살펴보도록 하자.

1) 공자교와 기독교의 일치설

엄격하게 말해서 예수회는 결코 정통파 기독교에 속하는 것이 아니다. 예수회의 발기인으로 저명한 로욜라는 반 종교개혁 시대의 영수로서 비록 루터에 반대하는 입장이기는 하였지만, 그가 보여준 종교적 괴리는 사실 루터에 비해 더욱 심했다. "루터의 모든 행동은 성경에 근거하고 있으나 로욜라는 자신의 내적인 깨달음에 근거를 두고 있다." "예수회 교도는 어떠한 종파의 승려 및 수사와도 같지 않으며 지금도 이것은 마찬가지이다. 그들은 자신만의 특수한 복장이나 특별한 회지會址도 갖지 않았을 뿐만 아니라 종교상의 특별한 책임의식도 없었다. 또한 금식과 기타 불합리한 고행도 폐지하였다."[17] 이 종파는 원래 종교개혁 시대의 '반 개혁 운동'으로 시작되었다. 천주교인 스스로가 자발적으로 천주교 자체의 정돈과 개혁을 꾀한 것이기 때문에 이 파의 교의는 당연히 신구 정통파 기독교도와 사뭇 달랐다. 이들은 공리功利를 중시하는 탓에 때와 장소에 따라 매우 가변적으로 교리를 적용하였다. 예수회 선교사는 중국에 온 이후 스스로 중국말을 배우고 중국 옷 입기를 서슴지 않았다. 특히 주목되는 것은 이들이 공교孔教와 기독교의 일치를 주장했다는 점인데 이는 유럽 종교 사상계에 대단히 큰 파란을 일으켰다.

인토르체타(Prospero Intorcetta, 殷鐸澤)

인토르체타는 공자의 철학서를 번역한 동기를 설명하면서 『대학』, 『중용』, 『논어』 등은 복음용·선전용으로 이용할 수 있다고 했다. 중국의 철학·지식과 기독교는 본디 공통점이 있어서 이를 통해 복음을 선전할 수 있다. 예컨대 '상제'라는 말은 중국인이 천주교를 받아들이는 일이 쉽도록 만든다. "자신이 하고 싶지 않은 것을 남에게 시키지 말라(己所不欲, 勿施於人)"는 공자의 말은 성인의 덕목 가운데 기독교도로서의 자질을 엿볼 수 있게 하는 대목이라고 인토르체타는 생각했다. 요컨대 만약 공자가 오늘날 살아서 기독 교의를 이해했다면 반드시 기독교로 개종한 첫 번째 인물이 되었을 것이라 했다.

부베(Joachim Bouvet, 白晉)와 곰드(Louis le Comte, 李明)

부베는 『중국황제전』에서 중국 황제가 공교와 기독교 교리의 일치를 시인했다고 기술하고 있다. 나아가 그 자신도 역시 기독교와 공자교는 근본적으로 모두 자연법에 속해 있어 조금도 이질성이 없다고 주장했으며, 이것이 아마도 강희가 예수회원을 우대하는 한 원인이기도 했을 것이라고 했다. 더욱이 곰드는 공자의 인격을 매우 존경한 나머지, 이 이교異教의 성인이 사실은 기독교의 성인과 동일한 자격을 갖추고 있다고까지 생각했다. 그는 다음과 같이 말하고 있다.

> 세속을 따르면서도 그 장중함과 아름다움을 잃지 않는 공자의 태도! 그 엄격한 금욕 생활(공자를 중국 최고의 寡欲的 인물로 간주하고 있다)은 인간 세상의 부귀를 경시한다. 더욱이 옛 성현 중에서도 찾아보기 어려운 특질, 즉 공자의 예양禮讓과 겸손으로 볼 때 그는 이성의 훈련에 의해 이룩된 순수 철학자라기보다는 신지神旨를 깨달아 신대륙을 개조한 인물이라고 하는 것이 타당할 것이다.[18)]

곰드가 중국 문화를 찬미한 것을 보면, 극동의 중국이 유럽 미개 시대에 이미 찬란한 문명을 보유하여 참신(眞神)을 발견했다고 인식하고 있다. 그가 지은 『중국현상신지』는 전례 논쟁이 한창 달아오르던 시기에 결국 발행 금지의 운명을 당했고 본인도 역시 금칙禁飭을 받고 말았다. 이는 매우 주목할 만한 사건이 아닐 수 없다.

프레마르(Joseph Henri Marie de Prémare, 馬若瑟)

프레마르와 후케(Jean Francois Foucquet, 傅聖澤) 등 여러 선교사들은 『역경易經』, 『중용中庸』, 『장자莊子』, 『노자老子』, 『회남자淮南子』 가운데서 오로지 기독 교의와 서로 합치되는 사상만을 발견하고자 노력했다. 더욱이 프레마르는 중국 경전 속에서 성전聖傳의 흔적을 찾아내려고 했다. 이것은 거의 망동에 가까운 행동이었지만, 이러한 예수회원들이 모두 선교사이면서 동시에 유럽의 최고 한학자였다는 점을 간과해서는 안 될 것이다. 이들이 주장한 중국 사상과 기독교 사상의 합일론은 한편으로 서양 종교 사상의 동요를 간파한 것이며, 다른 한편으로 중국 철학의 우주관을 선창한 것이다. 이는 사실 유럽인에게 심대한 영향을 주었다. 그들에 의해서 순수한 종교적 우주관이 일변하여 철학자의 종교 우주관에 접근할 수 있게 되었던 것이다.

2) 육경六經 상제上帝와 천즉언주재설天卽言主宰說

예수회 선교사는 일반적으로 공자교와 기독교의 일치설을 지적했을 뿐만 아니라, 경전을 인용해 육경 상제와 하늘(天)은 곧 주재를 가리킨다고 명확하게 지적했다.

마테오 리치(Matteo Ricci, 利瑪竇)

그는 『천주실의』에서의 천주가 곧 경經에서 말한 상제라고 했다.

우리(서양)의 천주는 바로 (중국의) 옛 경전에서 말하는 상제이다. 『중용』에서는 공자의 말을 인용하여 "교사의 예는 상제를 섬기는 것이다"라고 말하고 있다. 주자의 주해에서는 "(상제 다음에) 후토后土를 말하지 않은 것은 문장을 생략한 것"이라고 말했다. 그러나 공자께서 (지존은) 하나이지 둘이 될 수 없음을 밝히신 것이라 나는 생각한다. 어찌 유독 문장이 생략된 것이겠는가? 「주송」에서 말했다. "쉬지 않고 노력하는 무왕이여 쉬지 않고 애쓰셔서 그 공로는 비할 데 없이 크도다. 성왕과 강왕의 덕행이 어찌 빛나지 않으리오. 상제께서 그들을 왕으로 부르셨다." 또한 말하기를, "오, 밀과 보리여! 잘도 자랐구나. 장차 잘 익어 풍년이 들리니 상제의 은덕이 밝게 빛나도다." 「상송」에서 말했다. "상탕의 성덕과 경건함은 더욱 증가하여 하늘에 다다른 지 오래어도 그치지 않으니 일심으로 상제를 공경했네." 「대아」에서 말했다. "아, 이 문왕께서는 오직 마음을 조심하고 행동을 삼가며, 밝은 덕으로 상제를 섬기셨네." 『주역』에서 말했다. "상제는 진震(동방)에서 나왔다." 이 상제는 (우리 눈에 보이는) 하늘을 말한 것이 아니다. 푸른 하늘은 팔방을 포괄하고 있는데, 어찌 하나의 방향에서 나올 수 있겠는가? 『예기』에서 말했다. "다섯 가지 조건을 알맞게 갖추면 상제께서 그 제사를 흠향하신다." 또 말하기를, "천자께서 친히 농사를 지어, 자성 거창으로 상제를 섬긴다." (『상서』) 「탕서」에서 말했다. "하나라 걸왕이 죄를 지음에 나(탕왕)는 상제가 두려워 감히 그의 죄를 바로잡지 않을 수 없었도다." 또 (「탕고」에서) 말했다. "위대한 상제께서는 이 땅의 백성들에게 올바른 마음을 내려 주셨고 언제나 변치 않을 사람의 본성을 따르게 하였다. 백성을 편안하게 하고 법도를 제정할 수 있는 분은 오직 임금이다." 「금등」에서 주공이 말했다. "(무왕은) 마침내 상제의 조정에서 명을 받아 천하의 백성을 다스리고 돌보았다." 상제께서 조정을 가지고 있다고 한다면 곧 푸른 하늘을 상제라고 한 것이 아님을 알 수 있다. (이와 같이) 옛날 경서들을 살펴보면, 상제와 천주는 단지 이름만 다를 뿐임을 알 수 있다.[19)]

뿐만 아니라 중국의 옛 경전에는 또한 천당과 지옥의 설이 있다고 하였다.

『시경詩經』에서 이렇게 말했다. "문왕이 위에 계시니, 아, 하늘에서 아름답게 빛나도다! 문왕이 오르락내리락하면서 상제의 좌우에 계시도다!" 또한 이렇게 말했다. "대대로 명철한 임금들이 있었다. [이들 돌아가신] 세 임금이 하늘에 계시도다!" (『상서』) 「소고」에서 이렇게 말했다. "하늘은 이미 큰 나라 은의 명을 멀리 끊어 버렸습니다. 이 때 은나라의 많은 명철한 임금들이 하늘에 계셨습니다." 무릇 "위에 계시도다." "하늘에 계셨습니다." "상제의 좌우에 계시도다!"라는 것이 천당을 일컫는 것이 아니라면 무엇이겠는가? … 천당이 있으면 지옥은 저절로 있는 것이다. 이 둘은 서로 없을 수 없으니 그 이치가 하나일 뿐이다. (이는) 참으로 문왕, 은나라의 임금들과 주공이 모두 천당에 올라가 있다면, (폭군인) 걸임금, 주임금과 도척은 반드시 지옥에 내려가 있는 것과 같다. … 만일 경서에 실려 있지 않기 때문에 참되지 않다고 한다면 그 잘못은 크다.[20)]

불리오(Ludovico Luigi Buglio, 利類思)

그는 『부득이변不得已辯』에서 형천形天은 천주에 의해 만들어진 것이라는 일단의 논설을 폈다.

『중용』에서 천을 말하는 것은 그 형체만을 가리키는 것이 아니라 주재라는 의미를 함께 나타낸다.

또한 고경古經에 천당, 지옥의 설이 있다고 했다.

『시경』에 이르기를 "문왕이 위에 계시다," "상제의 곁에 계시다," "세 임금이 하늘에 계시다"라 했다. 『서경』에서는 "상제의 뜰에서 명을 내리다," "이에 은나라의 많은 선철왕先哲王의 영혼들도 하늘에 계시다"라고 말하고 있다. 무릇 위와 하늘에 계시고 상제 좌우에 계신다는 말은 천당이 아니고 무엇이겠는가? 천당이 있으면 반드시 지옥도 있는 것이니 이 둘은 필수적 관계이다. 예를 들어 도척, 안회, 백이, 걸, 주 모두가 한 곳에 귀속한다면 성현은 다만 사서 고생하는 격이 되고 만다. 천당, 지옥의 설은 경사經史에 내재해 있으니 사적을 보면 점점이 고증할 수 있다.[21]

베르비스트(Ferdinand Verbiest, 南懷仁)

『천주교전입중국고』에는 북경 신부 불리오, 안문사安文思, 베르비스트 등이 아담 샬의 억울함을 밝히기 위해 강희제에게 올린 상소문들이 인용되어 있는데, 그 글 속에는 다음과 같은 내용이 들어 있다.

오직 천주 한 종교만이 『시경』에서 말한 "위대하신 상제가 아래를 굽어봄이 밝다"이며 만물의 종주인 것이다.[22]

샤르므(P. A. de la Charme, 孫璋)

그는 여기서 한 걸음 더 나아가 『성리진전性理眞詮』 권4 제2편에서 "고유진교가 곧 천주교이다(古儒眞教卽是天主教)"라고 주장하였다. 또한 제4편에서 『중용』의 "양양히 만물을 발육하다(洋洋乎發育萬物)" 등의 말을 인용하여 천주교가 만국에 끼친 큰 덕행을 증명하려 했다. "『중용』에서 바라는 성인이야말로 오직 예수의 사적과 일치된다고 할 수 있다"는 말은 그야말로 견강부회의 극치라고 하겠다. 그러나 이러한 부회적 논조야말로 중국 사대부의 심리와 가장 잘 합치될 수 있었다는 사실을 놓쳐서는 안 될 것이다. 명나라 대학사大學士 서광계의 예를 보면 이를 확인할 수 있다. 어떤 이가 그에게 물었다. "선생은 중국 명유名儒일 뿐만 아니라 위관位冠을 하고 문무백관의 반열에 드는 분입니다. 그런데 어찌해서 유교를 버리고 외국인이 전한 천주교를 믿고 따르십니까?" 그는 자신감 있게 다음과 같이 응답한다. "내가 천주교를 믿는다 해서 유교를 버렸다고는 할 수 없다. 다만 중국 고경古經이 실전失傳되어 주해가 많이 어긋나서 불교에 속임을 당하는 지경에 이르렀으니, 천주교를 믿어 불교의 그릇된 말을 물리치고 유교의 부족한 점을 보충하고자 할 뿐이다."[23] 이 일화는 유교도가 천주교의 술책에 빠지는 가장 큰 원인을 보여주는 가장 좋은 예라 할 것이다.

3. 반이학反理學의 대표적 인물과 그 저작

전례 문제에 대한 예수회 선교사들의 입장이 비록 두 파로 나뉘어 있었지만, 이른바 진유고교眞儒古教에 대해서는 반대파 중에서도 자신의 입장을 뒤엎는 경향이 두드러졌다. 또한 두 파 모두 이학理學 내지 송유宋儒에 반대했다. 마테오 리치나 롱고바르디는 이런 면에서 동일하다고 하겠다. 특히 진유고교를 천주교라 힘써 부회하던 샤르므마저도 이학과 송유에 대해서만큼은 앞장서서 반대하였다. 그러면 여기서 각각의 입장을 살펴보기로 하자.

1) 마테오 리치의 『천주실의』

그는 비록 원시 공가孔家를 존중하기는 하였지만, 송유 이학理學에 대해서만큼은 강하게 공격하는 태도를 취했다. 『천주실의』에서 중국 선비와 서양 선비가 대화를 나누는 형식을 설정하여 다음과 같이 말하고 있다.

> 중국 선비가 말했다: 우리 유가에서는 태극을 말하는데 그것은 옳은가?
>
> 서양 선비가 대답했다: 나는 비록 나이 들어 중국에 들어왔지만 (중국의) 옛 경서 읽기를 게을리 하지 않았다. 그러나 고대 (중국의) 옛날 군자들이 천지의 상제를 공경했다는 말은 들었으나 태극을 높이 받들었다는 말은 듣지 못했다. 만약 태극이 상제요, (천지) 만물의 시조라면 옛 성인들이 무엇 때문에 그런 이론을 숨겨 두고 말하지 않았겠는가?
>
> 중국 선비가 말했다: 옛날에는 아직 그런 명칭(즉 太極)은 없었지만 그 도리는 실제로 있었다. 다만 태극의 그림(圖)과 풀이(解)가 (그 옛날에는) 아직 전해지지 않았을 뿐이다.
>
> 서양 선비가 대답했다: 말이 도리에 합당하면 '올바른 지식인'(君子)은 그 말을 반대할 이유가 없다. 태극에 대한 풀이는 아마도 도리에 합당하다고 말하기가 어렵지 않을까 한다. 내가 보기에 '무극이면서 태극'(無極而太極)의 그림(圖)은 단지 홀수와 짝수의 형상(form)을 취하여 말한 것에 지나지 않는다. 그 (홀수와 짝수의) 형상이 어느 개체(物)에 존재하고 있는가? (개체들 속에 종속해 있다면) 태극은 하늘과 땅의 실체를 창조하지 못함을 알 수 있을 뿐이다.[24)]

이에 마테오 리치는 계속해서 송유의 이른바 '리理'에 대해 이의를 제기하였다. 그 이유를 다음 몇 가지 절로 나누어 살펴볼 수 있다.

① 리의어물설理依於物說

중국 선비가 말했다: 태극이란 다른 것이 아니라 바로 (성리학에서 말하는) '리理'일 뿐이다. 만일 완전한 '리理'를 가지고 도리가 없다고 한다면, 그 이상 어떤 도리를 더 말할 수 있겠는가?

서양 선비가 대답했다: 아하! 여러 다른 개개 사물들의 형태가 그들의 '관념'(理, ousia)에 부합되지 않으면, 다시 그들의 '관념'(理)에 따라서 그것들의 '올바름'(正)에 귀결시켜 논의하게 된다. 만일 '관념'(理)의 실체가 확정되었는데, 그 '관념'(理)으로 따져 나가지 않는다면, 어떻게 그것을 '관념화'(理之)할 수 있겠는가? 지금 나는 모든 사물의 존재 양식의 범주를 먼저 판별하여 놓고 그 '관념'(理)을 해당 범주(본품)에 대입하겠다. 그런 다음에 태극이 만물의 본원이 될 수 없음을 명백하게 밝히겠다. 사물의 범주는 두 가지가 있다. 실체(자립자)가 있고 속성(의뢰자)이 있다. 다른 개체에 의뢰하지 않는 사물로서 자립적인 개체로 존립할 수 있는 것, (예를 들면) 하늘과 땅, 귀신, 사람, 새와 짐승, 초목, 쇠와 돌, 사행四行 등 이런 것들은 실체의 범주에 속하는 것들이다. 스스로 설 수 없는 사물로서 다른 물체에 의탁하여 존립하는 것, (예를 들면) 오상五常, 오색五色, 오음五音, 오미五味, 칠정七情 등 이런 것들은 속성의 범주에 속하는 것들이다. 이제 (예로) '흰 말'(白馬)을 살펴보면, '흰색'(白)을 말하고, '말'(馬)을 말한다. '말'은 실체요 '흰색'은 속성이다. 비록 그 흰색이 없을지라도, 말은 그대로 존재한다. 만약 그 말이 없으면 필연적으로 흰색은 존립할 수 없기 때문에 속성이 되는 것이다. 하나의 사물 자체에 실체는 오직 한 종류뿐이다. 속성의 종류에 이르면 헤아릴 수 없을 만큼 많다. 예를 들어 진실로 사람의 한 몸을 실체라고 한다면, 그 사람의 감정, 목소리, 용모, 얼굴 색, 윤리 습관 등과 같은 종류들이 모두 속성이기에 그 종류는 매우 많다. 태극이라는 것이 단지 리理라고 해석된다면 (그 태극은) 천지 만물의 근원이 될 수 없을 것이다. '리' 역시 속성의 부류이니 스스로 자립할 수가 없는데, 어떻게 다른 사물을 존재케 할 수 있겠는가? 중국의 문인들이나 학자들이 '리'를 따져서 말할 때는 두 가지 경우, 즉 '리理는 마음 속에 있음' 혹은 '리는 사물 속에 있음'을 말한다. 사물의 실정이 마음 속에 있는 '리'와 합치하면 그 사물은 비로소 참으로 실재한다고 한다. 사람의 마음은 (마음 밖의) 사물 속에 있는 그 '리'들을 끝까지 파고 들어가 그것을 다 알아 낼 수 있으면, 그것을 '사물에 나아가 인식함'(格物)이라고 한다. (리理가 오직) 이 두 경우(마음 속에 있거나, 혹은 이는 사물 속에 있음)에 의거한다면 '리'는 진실로 속성이다. (그 속성이) 어떻게 사물의 근원이 되겠는가? 두 경우, 모두 (우선) 사물(物, 실체)이 있은 뒤에 (나중에 '리'가) 있음을 말한 것인데 어떻게 나중 것이 먼저 것의 근원이 되겠는가? 또한 원래 (우주에) 아무것도 없었던 원초에, (스스로 존립할 수 없는 속성에 불과한) '리'가 어떻게 필연적으로 존재하였다고 말할 수 있겠는가? 그 '리'가 어느 곳에 있었으며 어떤 사물에 종속해 있었는가? 속성이란 스스로 존립하지 못하기 때문에 만일 의탁할 만한 실체가 없다면 속성이란 존립할 수가 없게 되는 것이다. 만일 '아무것도 없는 것'(허공, nothingness)에 종속해 있었다고 말한다면, 아마도 '아무것도 없는 것'은 '리'가 의탁하기에 충분한 것이 못 되지 않을까 한다. ('아무것도 없는 것'에 의탁했다면) '리'는 장차 떨어져 나갔음을 면하지 못하였을 것이다. (한 발 양보하여) 물어 보자. 반고 이전에 일단 '리'가 있었다고 인정한다면, 어찌하여 (그 때는) '리'가 가만히 있고 움직여 만물을 만들지 않았는가? 그 뒤 (반고 때)에 누가 그 '리'를 격동하여 움직이게 하였는가? '리'는 본디 움직임도 고요함도 없다고 하는데, 하물며 '리'가 스스로 움직였다고 하겠는가? 만약 '리'가 예전에는 아무것도 만들어 내지 않았으나 뒤에 만물을 만들고 싫어졌다고 말한다면, '리'에 어찌 의지(will)가 있을 수 있겠는가? (본래 동정動靜도 의지意志도 없는 '리')가 어찌하여 만물을 만들어 내고 싶은 적도 있고 만물을 만들고 싶지 않은 적도 있는 것인가?

중국 선비가 말했다: 그것의 '리'가 없으면 그런 사물은 없다. 그러므로 우리나라의 주자(周敦頤)는 '리'가 만물의 근원이라고 믿었다.

서양 선비가 대답했다: 자식이 없으면 아버지도 없긴 하지만, 어느 누가 자식이 아버지의 근원이라고 말하겠는가? 서로가 서로를 필요로 하는 사물의 실정은 항상 이와 같으므로 본래 서로가 서로의 있고 없음의 근거가 된다. 임금이 있으면 신하가 있고, 임금이 없으면 신하도 없다. (경험 세계에) 사물이 실재하면 그 사물의 '리'가 있게(實理) 되고, (경험 세계에) 실재(實)하지 않으면 바로 그 '리'도 (경험 세계에) 실재함이 없게(虛理) 된다. 만약 (경험 세계에 없는) '관념적인 리'(虛理)를 만물의 근원으로 삼는다면, 그것은 붓다나 노자의 말과 다름이 없다. 이러한 이치를 가지고 붓다나 노자의 말을 공격하는 것은 마치 연燕나라로 연나라를 정벌하고, 어지러운 정치를 어지러운 정치로 바꾸려는 것과 같다. 지금 (사물 속에) '실재하는 리'(實理)도 사물을 만들어 내지 못하는데, 먼저의 (사물 속에 존재하지 않는) '관념적인 리'(虛理)가 어찌 사물을 만들어 낼 수 있었겠는가?[25]

② 리무영각설理無靈覺說

중국 선비가 말했다: 내가 이해하기로 '리'는 먼저 음양과 오행을 낳고, 그런 후에 천지 만물을 조화·생성한다. 그러므로 만물을 낳는 데도 차례가 있는 법이다. …

서양 선비가 말했다: 그대에게 묻고 싶다. 음양과 오행의 '리'는 한 번 움직이고 한 번 고요한 때 따라서 곧 음양과 오행을 낳을 수 있다고 하였

다. 그렇다면 지금 수레의 '리'가 있으면 어찌하여 작동하여 수레 한 대를 만들어 내지 못하는 것인가? 또한 '리'는 있지 않은 곳이 없으며, 그 '리'는 일단 (자율적으로 선택하는) 의지(will)도 없는 것이기에, 본성상 반드시 곧바로 나아가기만 하고 작동되는 대로 (자신을) 맡기고 스스로 멈출 수가 없을 것이다. 그런데 어찌하여 지금 여기에 음양과 오행을 낳지 않는가? 누가 그것을 막고 있는가? 더욱이 여기서 물物(Being)이라고 하는 글자는 실재하는 모든 것의 총체적 명칭으로 모든 사물은 다 '물物'이라고 부를 수 있다. 『태극도』의 주해에서 '리理는 사물(物)이 아니다'라고 하였다. 사물의 종류는 많으나, 우리는 이것을 똑같이 '물物'이라고 부른다. (그것은) 혹은 실체도 되고, 혹은 속성도 되고, 혹은 (물질적인) 형체가 있는 것도 되고, 혹은 형체가 없는 것도 된다. '리'는 일단 (물질적인) 형체가 있는 사물의 부류가 아니라고 한다면, 어찌 무형적(immaterial)인 존재의 부류가 아니겠는가?

또한 묻겠다. '리'는 이성 능력과 지각 능력이 있는가 없는가? 올바름(義, righteousness)을 환히 알고 있는가 모르고 있는가? 만일 '리'가 이성 능력과 지각 능력이 있고 '올바름'을 알고 있다면 귀신의 부류에 속한다. 어찌 '태극'이라 말하고 '리'라고 말하는가? 만약 그렇지 않다면, 상제와 귀신과 뭇 사람들의 이성 능력과 지각 능력은 누구로부터 얻은 것인가? 저 '리'라고 하는 것은, 자기에게 '없는 것'(無)을 사물에게 베풀어 '있게'(有) 할 수는 없다. '리'가 이성 능력도 지각 능력도 없다면 이성 능력도 지각 능력도 만들어 낼 수가 없다. 그대는 이 우주의 안[의 사물]을 잘 관찰해 보라! 오직 이성 능력이 있는 존재만이 이성 능력을 만들어 내고, 지각 능력이 있는 존재만이 지각 능력을 만들어낼 뿐이다. 이성 능력과 지각 능력이 있는 존재로부터 이성 능력과 지각 능력이 없는 존재가 나오는 일은 있다. 그러나 이성 능력과 지각 능력이 없는 존재가 이성 능력과 지각 능력이 있는 존재를 만들어 낸다는 말은 듣지를 못했다. (태어나는) 자식은 참으로 (출산하는) 어머니의 능력을 넘어서지 못하는 법이다.

중국 선비가 말했다: 이성 능력과 지각 능력은 이성 능력과 지각 능력을 가진 존재로부터 생겨나는 것이요, '리'가 아니라는 말은 이미 가르침을 받았다. 그러나 '리'가 움직여서 양陽을 낳으니, '양'이 바로 자연의 이성 능력과 지각 능력이다라고, 혹시 그렇게 생각할 수 있겠는가?

서양 선비가 대답했다: 반복하여 논변하여도 이 '리'를 벗어나기 어렵다. 내가 또 묻겠다. 저 양이라는 것이 무엇을 통하여 이성 능력과 지각 능력을 얻었는가? 이런 것들은 (무생명체인) 자연의 이치와는 또한 서로 크게 배치되는 것이다.

중국 선비가 말했다: 선생께서는 천주는 형체도 없고 소리도 없으나 형체와 소리가 있는 천지 만물을 만들 수 있다고 말했다. 그렇다면 태극이 이성 능력과 지각 능력은 없으나 사물들의 이성 능력과 지각 능력을 만들 수 있다고 하는 것이 무슨 잘못이 있겠는가?

서양 선비가 말했다: 어찌하여 형체와 소리가 없는 것은 정묘하고 위에 있으며, 형체와 소리가 있는 것은 거칠고 아래에 있다고 말하지 않는가? 정묘하고 위에 있는 존재가 거칠고 아래에 있는 존재에게 베풀어 줄 수 있다는 것은 분수에 지나침이 없다. 이성 능력도 지각 능력도 없는 거칠고 아래에 있는 존재가 이성 능력과 지각 능력이 있는 정묘하고 위에 있는 존재에게 베풀어 줄 수 있다고 한다면 그런 주장은 분수에 벗어남이 지나치다. … 천주의 본성은 비록 확연하게 만물의 실정實情들은 갖고 있지 않더라도 그 정묘한 덕성 안에 만반의 이치를 내포하고 모든 만물의 성질을 가지고 있음으로써 그 능력은 온갖 것을 갖추지 않은 바가 없다. 비록 형체가 없고 소리가 없다 해도 모든 것들(萬象)을 조화해 내는 것이 어찌 어렵겠는가? '리'라고 하는 것은 이와는 크게 다르다. '리'는 곧 속성의 범주로서,

제 스스로 자립할 수 없는데 어떻게 이성 능력과 지각 능력을 가질 수 있고 실체의 범주가 될 수 있겠는가?[26]

③ 리비어인설理卑於人說

'리'는 사람보다 비천하다. '리'가 사물을 위한 것이지, 사물이 '리'를 위한 것이 아니다. 그러므로 공자는 "사람이 도를 널리 펼칠 수 있는 것이지 도가 사람을 널리 펼치는 것이 아니다"라고 하였다. 만약 그대가 "리가 만물의 이성 능력을 함유하고 만물을 조화·생성한다"고 말한다면, 그것은 바로 천주인 것이다. 어찌 유독 '리'라고만 말하고 '태극'이라고만 말하는가?[27]

또한 『천주실의』의 여러 부분에서 "기氣는 살아서 움직이게 하는 근본이 아니다,"[28] "천지 만물 일체설은 잘못이다,"[29] "귀신에 이설異說이 있으니, 가령 그것을 믿으면 있고 믿지 않으면 없다는 것이다"[30]라고 논의하고 있다. 비록 명확하게 지적하지는 않았지만 여기서의 '중사中士'는 송유를 대표하는 것으로, 여기에 비판을 가한 것이다. 현재 『천주실의』의 중역본과 원본이 비록 차이는 있겠으나, 마테오 리치 저서의 종지는 베르나르(H. Bernard)의 말에 매우 분명하게 드러나 있다. "중국 학자가 송조 이학의 유물주의적 악영향을 받고 있음을 간파하여 천지 사이에 하나의 참 주인만이 존재함을 비로소 해석하기 시작한 것이다. 이어서 천주의 존재, 천주의 본성 및 그 오묘함에 대해 증명해 나간 것이다."[31] 이 말을 통해 그가 마음속으로 송유 이학을 어떻게 생각했는지 알 수 있다 하겠다.

2) 롱고바르디의 『영혼도체설』

이학과 관련된 롱고바르디의 저서로는 두 가지가 있는데 『영혼도체설靈魂道體說』과 『사설死說』[32]이 그것이다. 『사설』이 예수회원의 인생관을 나타낸 것이라면 『영혼도체설』은 완전히 송유의 도체설을 반박하기 위해 쓰인 것이다. 그의 생각은 영혼 본체는 사실 신체神體의 한 부류여서 도체보다 더 상위 개념이라는 것이다. 그렇다면 이른바 도체란 무엇인가? 그는 이렇게 말한다.

> 유교에서는 만물이 각각 하나의 태극太極을 갖추고 있다고 했고, 도교는 만물마다 모두 대도라 했으며, 불교에서는 만물마다 모두 불성이라고 했으니, 모두 이것이다. 이른바 태극, 대도, 불성은 모두 도체를 가리켜 말한 것이다. 또한 옛사람들은 태을太乙, 태소太素, 태박太樸, 태질太質, 태초太初, 태극太極, 무극無極, 무성무취無聲無臭, 허무대도虛無大道, 불생불멸不生不滅이라 일컬었다. 이러한 여러 가지 명칭은 단지 도묘道妙를 형용한 것일 뿐이다.[33]

도체는 곧 만물의 체질이기 때문에 영혼과는 같지 않다. 이를 대략 말하자면 모두 열 가지로 요약해 볼 수 있다.

① 도체가 나누어져 천지가 되고 흩어져 만물이 된다. 천지 만물은 모두 하나의 도체에 의해 이루어지는 것이므로 이질성이 없다. 때문에 만물 일체라 하는 것이다. 영혼은 그렇지 않다. 사람이 각각 하나를 차지하면서도 전체를 갖추고 있다. 피차가 각각 달라 한 가지가 아니다.
② 도체는 천주의 조화에서 받은 것이므로 처음에 한 번 만들어지면 다시 만들어지지 않는다. 영혼은 사람이 각각 생명을 받는 사이에 천

주가 각기 만드는 것이므로, 혹 앞서 만들어지기도 하고 혹은 나중에 만들어지기도 해서 인간이 생긴 이래 만들어지지 않은 적이 없다.

③ 도체는 사물(物)에 의탁해 있어서 떨어져 독립할 수 없다. 대개 도와 사물은 원래 서로가 존재의 기반이 된다. 도가 없이는 사물이 이루어질 수 없고 사물이 없이는 도 역시 안착할 데가 없다. 『무명공전無名公傳』에 이르기를, "너의 면모를 빌리고 너의 형해를 빌려 한가로이 왕래한다(借爾面貌, 假爾形骸, 閒往閒來)"고 했다. 그리고 도교에서는 영녕攖寧, 불교에서는 유마維摩라 했으니 모두 이것을 말한다. 영혼은 그렇지가 않다. 몸과 함께 생겨나지만 몸과 함께 사라지지는 않는다. 몸에 있거나 몸을 떠나거나 모두 초연하게 독존독립한다.

④ 도체는 본래 질체質體이기 때문에 리기理氣의 정교함과 조잡함, 음양의 변화를 타서 형상을 이룬다. 그러나 영혼은 본래 신체神體에 속하므로 자존 자립해 방소에 얽매이지 않고 모양에 속박당하지 않는다.

⑤ 도체가 이미 질체에 속하므로 받고 의존하는 것 역시 질을 벗어나지 않는다. 가령 정밀하고 조잡함, 차갑고 뜨거움, 크고 작음과 같은 종류가 그것이다. 영혼은 이미 신체에 속한다고 했으니 받고 의지한 바가 역시 신神인 것이다. 학문, 도덕, 선악 등이 그것이다.

⑥ 도체는 유형유기有形有氣한 것에 충만해 그 뼈대가 된다. 즉, 땅강아지나 개미, 돌피 등의 존재는 각기 충족함을 얻어 모자람도 남음도 없기 때문에 귀할 수도 천할 수도 있고 간략할 수도 흩어질 수도 있어서 도道의 수數이다. 영혼은 그렇지 않다. 천주가 다만 사람의 몸에 주어 일신의 주인은 물론 백 가지 일의 왕이 되게 한 것이다. 다른 존재는 반드시 이것을 소유할 수 없으니, 이것은 천지 사이에 만들어 부여한 성性인 까닭에 오직 사람이 가장 귀한 것이다.

⑦ 도체는 어둡고 어두워 한 덩어리의 물건일 따름이다. 그러므로

명오明悟도 통달도 없다. 영혼은 명오가 있으므로 천하의 이치를 통달하여 우리가 어디로부터 왔으며 어디로 갈 것인가를 규명할 수 있다.

⑧ 도체는 무의무위無意無爲하여 그 시키는 대로 그러하며, 또한 반드시 그렇게 하지 않을 수 없다. 이것은 손으로 만들어진 능력이지 창조의 능력이 아니다. 영혼은 스스로 주장이 있으며 행동거지가 자신으로부터 나온다. 만물의 경우처럼 강제로 주어진 것이 아니다.

⑨ 도체는 본래 자여自如하여 덕이나 사악함이 없으므로 공로와 죄과도 없다. 영혼은 덕과 사악함을 능히 행할 수 있으므로 공로와 죄과를 가질 수 있다.

⑩ 도체는 스스로 복과 화가 없어 상벌 역시 없다. 영혼은 선악을 행할 수 있는 까닭에 상벌을 받을 수 있다.

영혼과 도체에 대한 이와 같은 구별은 당시의 유럽 사상계에 매우 큰 영향을 주었다. 예를 들어, 말브랑슈와 라이프니츠가 바라본 중국 철학은 실제로 롱고바르디의 설이 그 근거가 되었다. 롱고바르디가 분별한 '물物과 같은 도체,' '물物과 다른 영혼'이라는 언설은 은연중에 중국 철학을 물질주의로 인식한 것이라 하겠다.

그의 결론은 다음과 같다.

사람들은 어째서 '물物과 같은 도체'에만 치우치고 '물物과 다른 영혼'에 대해서는 소홀히 여기는가? 어떤 경우는 영혼의 아름다움을 도체에 귀착시켜, 마침내 인성을 흐리게 하고 영혼을 어리석고 혼란스럽게 한다. … 세상 사람들이 태극, 대도, 허공 등을 천지 만물을 낳고 짓는 근본으로 삼는 것이 그 실례이다. 무릇 도체를 영혼이라 하면 이미 사람을 낮추어 물질과 같게 만드는 것이다. 그리고 도체를 천주라고 하면 지존지신至尊至神의 주主

를 낮추어 아래로 창조된 만물과 동일시하는 것이 된다.[34]

3) 알레니의 『만물진원』과 『삼산논학기』

『천주실의』는 1603년에 저술된 것이다. 얼마 후 알레니는 1613년 중국에 와서 천주교를 선양하는 내용의 『만물진원萬物眞原』을 저술했다. 1625년(明 天啓 3년) 섭향고 재상은 여러 차례 그를 복건성에 초빙해 강의하도록 했는데, 복건성에서는 그를 서래공자西來孔子라 부르며 교를 받아들이는 자가 매우 많았다. 그의 저작인 『만물진원』과 『삼산논학기三山論學紀』 두 책은 모두 『천주실의』가 이학에 반대한 영향 아래 있다. 『만물진원』 속에는 「논원기불능자분천지論元氣不能自分天地」와 「논리불능조물論理不能造物」이라는 두 편의 글이 수록되어 있는데, 그 요점은 다음과 같다.

> 혹자는 말하기를 "기氣는 스스로 천지 만물을 만들 수 없다"고 하는데 진실로 그렇다. 그러나 "기 가운데 리理가 있어서 리가 능히 기를 분화시키므로 천지 만물을 만드는 공은 곧 리의 공이다"라고 하는데, 이것은 리를 그릇되게 말하는 것으로 옳지 못하다. '리,' '도'는 모두 허자일 뿐이니 어찌 만물을 만들 수 있겠는가?[35]

그는 리理가 사물을 만들어 낼 수 없음을 다음 몇 가지 점에서 증명할 수 있다고 했다.

> 첫째, 위치를 계획하고 운영하는 일은 밝게 지각 능력을 가진 자가 아니면 할 수 없는 일이다. 리는 원래 지각 능력이 없으니 어찌 위치를 계획·운

영할 수 있겠는가? 하늘의 해, 달, 별, 땅의 산, 냇물, 풀, 나무, 그리고 사람의 백해百骸 사체는 확실히 변함이 없을뿐더러 천고부터 한치의 착오도 없다. 이것은 거대한 이성 능력과 지각 능력을 소유한 자가 그것을 위치 지은 것이 아니라면 누가 할 수 있겠는가? 예컨대 사람으로 하여금 선기옥형璇璣玉衡(혼천의)과 같은 기구를 만들게 할 경우, 총명하고 지혜로운 사람이 아니면 만들기 어렵다. 하물며 크게는 천지이고 섬세하게는 만물이니 지각이 없는 자가 만들 수 있다고 하면 옳겠는가?

둘째, 무릇 사물에는 두 가지 종류가 있다. 자립자(실체)와 의뢰자(속성)가 그것이다. 자립자에는 또한 두 종류가 있는데 천天·지地·금金·석石·인人·물物 따위의 유형자가 있고 천신天神·인혼人魂 따위의 무형자가 있다. 의뢰자도 역시 두 종류가 있다. 유형에 있으면서 유형에 의뢰한 자, 가령 냉열冷熱·조습燥濕·강유剛柔·방원方圓·오색五色·오미五味·오음五音 따위와 무형에 있으면서 무형에 의뢰한 자, 가령 오덕五德·칠정七情 따위가 이에 속한다. 무릇 이 자립과 의뢰 두 종은 비록 서로 짝이 되어 행하기는 하지만 반드시 먼저 자립자가 있고 뒤에 의뢰자가 있다. 만일 그 사물이 없다면 곧 그 '리'도 없으니 '리'는 바로 사물의 의뢰자와 같다 하겠다. 유형의 체질이 없으면 냉열冷熱·조습燥濕·강유剛柔·방원方圓·오색五色·오미五味·오음五音이 모두 붙을 곳이 없게 된다. 무형의 영靈이 없으면 오덕五德·칠정七情 역시 모두 허공으로 사라질 것이니, '리'가 능히 사물을 낳는다고 할 수 있겠는가? 예컨대 "천지에는 천지의 리가 있고 신귀에는 신귀의 리가 있다"고 하는데, 이것 역시 생生이 있은 뒤에야 곧 그러함을 추론할 수 있는 것이다. 만약 천지·인물·신귀가 없다면 '리'는 오히려 좇아 의존할 데가 없을 것이다. 그러니 어찌 사물을 낳는다고 할 수 있겠는가?

셋째, '리理'란 법도를 말하는 것으로, 조물자가 만물을 지을 때 그 형체를 지을 뿐만 아니라 '리' 역시 거기에 부여한다. 마치 개국한 군주가 한 나라의 법률을 제정하여 다스리는 것과도 같다. 나라·군주와 같이 법률이 어찌 스스로 행할 수 있겠는가? 또한 바둑판은 대(盤)에 선을 그어 사람이 쓰기를 기다리니 이것이 곧 바둑의 '리'이다. 그런데 바둑은 스스로 쓰일 수는 없고 반드시 사람에 의해서 쓰인다. 바둑의 이치가 스스로 바둑을 만들어 내는 것이 아니다. 이것은 진실로 알기 쉬운 일이니, 무책임하게 '리'가 천지 만물을 만드는 근저라고 함이 옳겠는가?[36]

『삼산논학기』에서도 두 단락을 통해 송유의 리기설理氣說을 비판하고 있다.

태극의 설은 항상 리기理氣 두 글자를 벗어나지 못하며, 일찍이 그것에 이성 능력과 지각 능력이 있다는 말은 듣지 못했다. 이미 이성 능력과 지각 능력이 없다면 어찌 만물의 화육을 주재할 수 있겠는가? 나는 천지에 대해 생각하기를, 나무 및 기와의 궁실에 대한 관계와 같다고 생각한다. '리'는 대체로 궁실의 규모와 같다고 해야 할 것이다. 이 두 가지는 비록 하나라도 빠져서는 안 되는 것이지만, 만약 공인이 없다면 안채, 침실, 부엌, 욕실, 문, 담, 그리고 저기 기둥과 여기의 서까래를 누가 짓는단 말인가. … 유자儒者는 또한 말하기를 "사물마다 각기 하나의 태극을 갖추었다"고 하니, 그렇다면 태극은 사물(物)의 원질 내지는 사물과 동체가 아니겠는가? 그리고 이미 사물과 동체라면 사물에 구속되어 천지의 주가 될 수 없는 것이다. 그러므로 중국의 옛 문헌에서도 "공경하고 삼가해 (상제를) 밝게 섬긴다"(翼翼昭事)고만 했지 일찍이 태극을 섬긴다는 말은 하지 않은 것이다.[37]

두 '기'는 변화의 재료이며 사물을 이루는 형질이다. '리'는 곧 사물의 준칙으로 사물에 의지해 있을 뿐 사물을 만들어 낼 수는 없다. 『시경』에 이르기를 "물物이 있음에 법칙이 있다"(有物有則)고 했으니 법칙(則)이 곧 '리'인 것이다. 반드시 먼저 사물이 있은 뒤에야 '리'가 있으니 '리'는 사물을 낳을 수 없다. 가령 법률과 명령이 다스림의 '리'라 하여 그것이 곧바로 군주라 할 수 있겠는가? 누군가가 그것을 발표하고 시행하여 사방의 나라를 보호해야 하는 것이다. 만일 '리'가 사물보다 앞선 존재라 한다면 나는 사물보다 앞선 '리'는 천주 영명靈明에 속해 조물주라 생각한다.

생각건대 조물주는 만유萬有를 만들기 전에 그 무궁한 영명으로 반드시 먼저 만물의 '리'를 머금고, 그런 다음에야 그 머금음에 의탁해서 여러 사물을 짓는 것이다. 이를 글짓기에 비유하면, 먼저 반드시 본래의 자세한 뜻, 타당한 법도, 알맞은 제목이 있어야 하는데, 이처럼 문장에 앞서 세워져야 하는 것, 이것을 '리'라 한다. 그러나 누군가가 이를 위해 주제를 결정하고 글을 구성하며 문단을 나누고 글자를 기록함으로써 그 '리'가 생생하게 나타나도록 해야 한다. 따라서 '리'는 스스로 주인이 될 수 없으며, 반드시 그 글을 주관하는 사람이 있어야 함을 알 수 있다. 결국 사물을 낳는다는 '리'는 스스로 사물을 낳을 수는 없고 틀림없이 따로 사물을 짓는 주인이 있다고 해야 할 것이다.[38)]

4) 불리오의 『부득이변』

블리오는 『부득이변』에서 양광선의 설을 극력 비판하면서 양광선은 송유 이학의 영향을 받은 것에 불과하다고 했다. 「리불능생물변理不能生物辯」에서 그는 다음과 같이 양광선을 통박하고 있다.

양광선은 '리理'가 서면 '기氣'가 갖추어지고, '기'가 갖추어지면 '수數'가 생겨나며, '수'가 생겨나면 이에 '상象'이 나타난다고 하는데, 이는 본래 송유宋儒의 보잘것없는 말에 지나지 않는다. 송유는 '천天'을 가리켜 '리'라 했는데

광선은 그 말에 따라 '리'를 가리켜 '천'이라 했다. 이 때문에 리가 기氣·수數를 낳고 상象이 나타난다는 설이 있게 된 것이다. 무릇 '리'가 사물을 만들어 낼 수 없다는 것은 명백한 사실이다. 사물에는 모두 두 종류가 있으니 자립자(실체)와 의뢰자(속성)가 그것이다. … 그러나 반드시 자립자가 먼저 있은 다음에야 의뢰자가 있는 것이다. 만일 그 사물이 없으면 곧 그 '리'도 없게 되니 이 '리'는 사물의 의뢰자와 같다. 유형의 체질이 없으면 냉열冷熱·조습燥濕·강유剛柔·방원方圓·오색五色·오미五味·오음五音이 모두 붙을 곳이 없게 된다. 무형의 영靈이 없으면 오덕五德·칠정七情 역시 모두 허공으로 사라질 것이니, '리'가 능히 사물을 낳는다고 말하겠는가? "천지에는 스스로 천지의 '리'가 있고 신귀神鬼에는 신귀의 '리'가 있다"고 하는데, 이것 역시 낳음이 있은 후에야 곧 그러함을 추론할 수 있는 것이다. 만약 천지·인물·신귀가 없다면 '리'는 오히려 좇아 의존할 데가 없을 것이다. 그러니 어찌 사물을 낳는다고 할 수 있겠는가? '리'는 곧 법도를 가리키니, 조물자가 만물을 만들 때 그 '형'을 지을 뿐만 아니라 그 '리'를 부여한다. 마치 개국한 군주가 반드시 한 나라의 법률을 제정하여 다스리는 것과 같다. 만약 나라에 군주가 없다면 법률이 어찌 스스로 행할 수 있겠는가?[39]

그가 여기서 "『천주실의』는 '리理'가 '물物'을 만들어낸다는 학설에 대한 논변이 매우 자세하다(天主實義理之生物辯甚詳)"고 주석하고 있듯이, 마테오 리치의 반 이학적 영향을 받고 있음을 알 수 있다. 또한 「형천비상제변形天非上帝辯」에서는 "하늘은 유형의 '리'이고 '리'는 무형의 하늘이니 '형'이 지극하면 '리'가 이에 나타난다. 이것이 하늘이 곧 '리'인 까닭이다(天爲有形之理, 理爲無形之天, 形極而理見焉, 此天之所以卽理也)"라는 양광선의 학설에 대해 다음과 같이 반박하고 있다.

이것은 그야말로 터무니없고 황당무계한 말에 지나지 않는다. 이미 하늘이 유형의 '리'가 된다면 '리'는 무형의 하늘일 수 없으며, '리'가 무형의 하늘이라면 하늘은 유형의 '리'라 할 수 없다. 하나의 사물을 유형이라 했다가 갑자기 무형이라 하면 자체 모순이 아니고 무엇이겠는가? 시험 삼아 묻겠는데, '리'는 유형인가 그렇지 아니한가? 유형이라 하면 '리'는 무형의 하늘이 될 수 없고, 무형이라 하면 하늘은 유형의 '리'가 될 수 없다. 하물며 하늘을 또한 '리'라고 말하는 것은 더더욱 옳지 않다. 무릇 하늘은 자립의 체여서 별체別體에 의지해 사물이 되지 않는다. 그러나 '리'는 의뢰하는 속성이므로 타체他體에 의탁해 사물이 된다. 이를 두고 사물이 '리'보다 앞서 존재하며 '리'는 사물의 뒤에 온다고 한 것이다. 『시詩』에 "하늘이 여러 백성을 내시니 물物이 있음에 법칙이 있다"고 했으니 법칙(則)이 곧 '리'이다. 먼저 사물이 존재한 뒤에 사물의 '리'가 존재하는 것이라면 하늘을 '리'라고 할 수 없음이 더욱 명백하다. 공자는 상제를 교사郊祀지냈다 했으며 '리'를 제사지냈다고는 말하지 않았다. 또한 이른바 하늘이 '리'로 사물을 다스리는 것은 천자가 '법'으로 '사람'을 다스리는 것과 같으니 어찌 천자가 곧 법이라고 하겠는가? 사람이 없으면 법 역시 설치되지 않으며 사물이 없으면 '리' 역시 이름이 없으니 하늘을 곧 '리'라고 함이 옳겠는가?[40)]

나아가 "하늘은 만사·만물을 포용하고 '리' 또한 만재萬載·만물을 함유한다. 때문에 태극을 추측하는 것은 오직 '리'를 말하는 것이다(天函萬事萬物, 理亦函萬載萬物, 故推太極者, 惟言理焉)"라는 양광선의 학설을 다음과 같이 반박하고 있다.

만약 그렇다면 사람이 두 귀가 있고 당나귀 역시 두 귀가 있다고 하여 사람이 곧 당나귀라고 하면 옳겠는가? 무릇 두 사물, 가령 갑과 을이 한두 가지 서로 통하는 정황이 있다고 해서 곧바로 갑·을이 동일한 것이라고 말할 수는 없다. '천'과 '리'는 허실에서 각기 구별이 있는 것이다. 하늘은 그 '형形'으로써 사물을 포용하지 않음이 없고, '리'는 그 '신'으로써 사물을 능히 떠나지 않는다. '리'와 '천'이 흡사하다고 하는 것은 옳지만 하늘이 곧 '리'라고 하면 옳겠는가?[41]

양광선에 대한 이와 같은 공격은 곧 송유 이학에 대한 공격을 의미하였다. 한편 송유 이학을 공격하는 데에 있어서 마테오 리치의 『천주실의』에서는 아직까지 양보의 여지가 있었던 듯하다. 그래서 그는 "무릇 태극의 '리'는 본래 정밀한 이론이 있어서 내가 일찍이 열람한 적이 있기 때문에 비록 감히 자질구레하게 그 변론을 늘어놓지는 않겠지만, 혹 내가 다른 책을 지어서 그 요점을 전하도록 해 달라"[42]고 하였다. 그러나 불리오에 이르러서는 양보의 가능성이 이미 사라졌던 것이다.

5) 아담 샬의 『주제군징』

아담 샬은 주로 역산曆算·천문에 관한 책을 지었으며, 천주의 도를 논한 것으로는 『주제군징主制羣徵』과 『주교연기主教緣起』 두 종이 있다. 『주제군징』에서 송유의 태극·음양의 여러 설에 대해 다음과 같이 반박하고 있다.

어떤 사람이 물었다. "중국의 학문 역시 하늘을 떠받드는 것인데 천주와 무엇이 다른가?" 대답하였다. "중국에서 떠받드는 하늘은 눈에 보이는 푸른 하늘이 아니라 역시 무형에 속하는 것이다. 그러나 이른바 무형이라는 것도 결국은 하늘에서 벗어나지 않는다. 생각건대 하늘은 창창 무형하고 하늘의 운용은 헤아릴 수 없으므로, 곧 그 '신神'인 것이다. 헤아리기 어려운 운용의 신묘함은 비록 무형이지만 '형'에서 분리되지 않고 하늘과 일체이니, 이것은 마음과 주장이 없어 내가 일컫는 존주尊主가 아니다. 내가 말하는 존주는 비록 볼 수 없고 들을 수 없는 것이지만 볼 수 없고 들을 수 없는 것을 귀하게 여기자는 뜻은 아니다. 생각건대 (내가 말하는 존주는) 천지 만물과 그 체가 절대 다르고, 그 지순지영至純至靈은 태극에서 유래하지도 음양에 속하지도 않으며, 태극음양 모두 그 지음을 받는 것이다. 무릇 일체 지음을 받는 자는 그 주제자에 따르지 않을 수 없다. 신공神功이 매우 커서 사람이 헤아릴 수 없으므로 마침내 무화無化라고 하니, 어찌 진실로 마음과 주장이 없다고 하겠는가?"[43]

신령한 마음이 부모로부터 나왔다는 말이 잘못이라면 곧 천지 음양에서 발했다는 말 역시 잘못이라고 하겠다. 천지 음양을 일러 비록 그 변화를 헤아리기 어렵다고는 하지만 결국은 이름이 있는 것에서 벗어나지 못한다. 만약 무릇 신령스런 마음이 먼저 존재하는 것이 아니라면 다른 것에 의뢰해 존재하는 것도 아니니, 음양이 어찌 미리 할 수 있겠는가?[44]

송유宋儒는 또한 자연自然의 설을 주장한다. 예컨대 정이천程伊川은 "도는 저절로 만물을 낳는다(道則自然生萬物)"고 하였고, "무릇 하늘이 하늘이 되는 까닭은 본래 무엇인가? 이에 창창蒼蒼할 따름이다. 그것을 천天이라 이름한 까닭은 대개 자연의 리理이기 때문이다(夫天之所以爲天, 本何爲哉? 蒼蒼焉耳矣. 其所以名之曰天, 蓋自然之理也)"라고 하였다. 그러나 아담 샬은 그를 다음과 같이 반박한다.

무릇 주재자가 없다는 것은 만물이 자연에서 생성된다는 말인데(예컨대 불은 저절로 위로 타오르고, 물은 저절로 아래로 흐른다), 이것은 자연의 설을 모르고 하는 말이며 결코 궁극의 뜻이 아니다. 격물格物이란 이미 사물이 태어난 것으로부터 스스로 그러함을 얻는 것이며, 또한 자연으로부터 그 소이연을 구하는 것이다(예컨대 불이 스스로 위로 타오르는 소이연은 體가 가볍기 때문이고, 물이 스스로 아래로 흐르는 소이연은 體가 무겁기 때문이다). 만일 그것으로 하여금 저절로 그러하게끔 하는 소이가 없다면 어떻게 저절로 생성될 수 있겠는가?[45]

6) 마틴 마르티니의 『진주영성리증』

마틴 마르티니가 저작한 『진주영성리증眞主靈性理證』은 여러 각도에서 천주와 영혼의 존재를 증명하였는데, 이러한 내용을 다루고 있는 서적은 예수회 철학 중에서도 얼마 되지 않는다. 그는 천주를 다음과 같이 논하고 있다. "천주는 최초의 자립체로서 가장 신령한 자 내지는 가장 현묘한 자이다. 그리고 무궁한 자, 유일자이면서 변하지 않는 자, 알지 못하는 것이 없는 자이다. 또한 생명과 애욕이 있는 자이며 무궁한 권능을 지닌 자이다."[46] 그는 '생명을 지닌 자'에 관해 논하면서 송유의 태극·리기 설을 분명하게 공격하고 있다.

생명을 지닌 자란 무엇을 말하는가? 천주는 만물의 근원이다. 만물 중에는 생명이 있는 것이 많은데, 자신은 생명이 없으면서 만물에게 생명을 가지도록 할 수는 없다. 때문에 천주는 항상 생명을 가지고 숨 쉬는 것이므로, 생명이 없는 존재이자 만물의 근원이 될 수 없는 태극·리기 등과는 그 차원이 다르다.[47]

송유 가운데 유기론唯氣論을 주장한 장횡거張橫渠와 같은 학자는 곧 음양이 회합하여 충화沖和한 '기氣'를 가지고 우주의 본체 및 현상을 해석하려 했다. 그는 "태허는 모양이 없으며 기의 본체이다(太虛無形, 氣之本體)," "기는 아득히 넓어 태허의 상태로 올라가기도 하고 내려가기도 하고 날아오르기도 하면서 머물러 쉰 적이 없으니 『역』에서 말하는 인온絪縕의 상태이다(氣坱然太虛, 升降飛揚, 未嘗止息, 易所謂絪縕)"라고 하였다. 이에 대해 『진주영성리증』에서는 '기'에 뜨고 가라앉음, 올라가고 내려옴, 움직임과 고요함이 서로 감응하는 묘처妙處가 있다는 것을 시인하여 다음과 같이 말하고 있다.

> 우주에 '기'가 있는 것은 마치 궁실에 담이 있는 것과 같다. 궁전 담 안에는 모든 아름다움이 제대로 갖추어져 있으니, 그 가운데 하나의 사물만 보더라도 진주眞主가 만든 것임을 충분히 알 수 있다. 또한 그것을 만들었을 뿐만 아니라 길러 주고 보존해 줌으로써 그 규칙을 따르는 것이 혼란스럽지 않게 하였다. '기'라는 것은 때가 되면 증발하여 비를 내리는데 이 비는 두 가지 큰 쓰임이 있다. 하나는 '기'를 순환하게 하는 것으로 '기'가 순환되지 않으면 곧 시들고 만다. 때문에 오랫동안 닫혀있는 집은 그 '기'가 대부분 나쁘다. 또 하나는 대지를 윤택하게 하고 만물을 자양시키는 혜택을 베푼다. (기는) 다시 움직여 바람이 되니 바람의 쓰임은 매우 광대하다. 크게는 우주의 찌는 듯한 더위와 답답하고 막힌 데를 풀어주고, 초목에 나부껴 썩어 문드러지는 것을 막아주며, 연못에 파도를 일으켜 부패하지 않도록 한다. 그러므로 바람은 만물의 호흡(嘘吸)이고 만물의 화해和諧인 것이다. '기氣' 속의 새로 말하자면 '기'를 타고 비상하는가 하면 '기'를 가르며 빠르게 날기도 한다. … 영혼(靈)이 없는 종족이라면 하나라도 어찌 재주를 부리겠는가? 영혼을 가진 자가 아니라면 가르쳐 인도할 수 있겠는가.[48]

그러나 그는 도리어 여기에 다음과 같은 의문을 제기한다. "우리들은 날마다 '기' 가운데 살면서도 일찍이 '기'의 주인됨을 모르니 옳다고 하겠는가?"[49] 그는 이 한 마디 말로 가볍게 유기론唯氣論을 뒤엎었던 것이다.

7) 루벨리의 『진복직지』

1673년 루벨리는 『진복직지眞福直指』를 저술했는데 여기서 그는 더욱 극단적인 주장을 펼치고 있다. 즉 '태극'을 다만 '원질元質'로 여겨 조금도 심오한 뜻을 두지 않았던 것이다.

> 혹자는 '리理'가 사물을 낳을 수 있다고 말하지만 '리'는 조물주의 명오明悟 속에 있는 사물의 형상(模樣)에 지나지 않는다. 먼저 일하는 사람이 있은 뒤에야 이 사물의 형상을 생각해 낼 수 있는 것처럼 반드시 먼저 조물자가 존재한 뒤에야 '리'가 존재할 수 있는 것이다.[50]
>
> 혹자는 '태극'이 천지 만물을 낳는다고 말한다. 그러나 태극은 혼돈으로서 천지에 뒤섞여 있는 만물의 재료이고 사물의 원질에 불과하다. 각각의 사물 속의 만 가지 형상(萬模)을 받을 수 있어 형상이 능히 보존되지 않음이 없다. 예를 들어 여기에 가옥이 하나 있다고 하자. 목재, 벽돌, 기와 등은 질료(質者)이며 전당과 후당은 형상이다. 또한 반드시 공인의 제작이 있어야 할 것이다. 때문에 천지 만물은 모두 원질이 있게 마련이다. 또한 각각의 사물에는 각각의 본래 형상이 있고, 그밖에 또한 만든 자가 있는 것이다. 원질·형상 등은 모두 만드는 이에 의해 만들어진 것이다.[51]

태극은 곧 원질이므로 영명靈明함이 없다. 그러므로 어떻게 많은 기묘한 사물을 만들어낸다고 하겠는가? 그는 다음과 같이 말한다.

태극은 영명하지 않을 뿐만 아니라 심지心志도 생명도 없이 우연하게 움직여 만물을 낳는다. 그것이 우연히 움직이면 움직이게 하는 자 혹은 짓는 자가 없을 수 없다. 만약 우연히 만들어진 사물이라면 단연코 항상 만들어질 수는 없을 것이다. 만일 항상 우연히 만들어진 것이라고 말한다면, 이미 심지도 없는데 어떻게 같은 모양을 항상 만들 수 있겠는가.[52)]

그는 또 하나의 비유를 들어 다음과 같이 말하고 있다.

태극은 이미 영명함이 없는데 어떻게 어찌 만 가지 기묘한 사물을 이루어 낼 수 있겠는가? 옛날에 한 대지자大智者가 있었다. 그는 유리를 가지고 여러 천구天球를 제작했는데, 마치 천행天行의 도수에 의탁해 능히 운동하는 것 같았다. 그러나 어찌 맑은 기를 가라앉게도 하고 뜨게도 하는 진짜 하늘의 운동을 영명함 없이 능히 만들어 낼 수 있단 말인가? 또한 주제奏濟라는 화공이 있었다. 그는 한 알의 포도를 그리면 실제의 것과 똑같아 새가 보면 쪼아 먹을 정도였다. 사람마다 그의 신공의 절묘함을 부러워해 마지않았으나 이 포도란 단지 가짜일 뿐 실체도 맛도 없는 것이다. 어찌 수많은 진짜 사물들을 만들어 낼 수 있겠는가? 체질이 있으면 기미氣味가 있음을 알 것이니 영명함이 없는데 어찌 능히 창조할 수 있겠는가?[53)]

태극이 만물을 만들 수 없다면 불가佛家의 '공空,' 도가道家의 '무無' 역시도 절대로 만물을 만드는 이치가 있을 수 없다. 이것을 어떻게 알 수 있을까?

석가는 '공'으로 가르침을 삼아 '공'이 만물을 만든다고 말하니 이것은 크게 이치에 어긋나는 것이다. 이미 스스로 공허한데 어떻게 만물을 이룰 수 있겠는가? 가령 어떤 사람의 집 안이 텅 비어 있다고 해 보자. 무슨 물건이라도 필요한 것은 모두 그의 집에서 얻을 수 있다고 말한다면 이를 믿는 사람은 아무도 없을 것이다. 그런데 어째서 공허가 만물을 만들어 낸다는 말을 믿는 것인가!

도가에서는 무위無爲가 만물의 근원이라고 말하지만 이는 크게 잘못된 것이다. '무無'란 완전히 없음(無)이니 자신에게도 갖추어진 바가 없는데, 어찌 다른 사물에게 베풀 수 있겠는가? 비유컨대 아무것도 가진 것이 없는 가난한 사람이 있다고 하자. 사람들이 그에게 와서 물건을 구해달라고 문의하면 어떤 물건이든지 모두 그들에게 보내준다고 한다면 아무도 믿지 않을 것이다. 그러므로 어떻게 '무위'가 만물을 만들 수 있다는 것을 믿겠는가?[54]

그의 결론은 곧 하나님이 태극 천지보다 나중에 존재한다는 것을 인정하지 않는 것이었다. "만약 (하나님이) 태극 천지보다 뒤에 존재한다면 어떻게 천지를 이루어 낼 수 있겠는가? 그러므로 조물주는 태극 천지보다 앞에 존재하는 것이다."[55] 이처럼 천주는 만물의 근원이니 사물의 원질이 아닐뿐더러 공空·무無도 아니다. 이는 시작도 없고 끝도 없으며 무시無始로부터 항상 스스로 존재해 왔다. 그리고 하늘과 땅, 인간과 만물을 이룩해 항상 이것을 주재한다고 했다.[56]

8) 노엘의 『인죄지중』

노엘은 1698년 『인죄지중人罪至重』이란 책을 저술하여 '리理'와 '천天' 그리고 '상제上帝'가 같지 않음을 극력 주장함으로써 송유의 천즉리설天卽理說이 옳지 않음을 증명하고자 했다.

생각건대 천리는 곧 천주가 부여하는 것으로 사람의 영성靈性에 새겨지면 곧 "하늘이 명함을 성性이라 이른다"고 말한다. 이 영성의 천리를 따르는 것은 천주를 공경하고 정도를 따르는 것이요, 이 영성의 천리를 거스르는 것은 천주에 방자하여 험난한 미로에 빠지는 것에 다름 아니다. 그러므로 "하늘에 죄를 얻는다"는 공자의 말은 '리'에 죄를 얻는다는 뜻이 아니라 '리'를 부여한 천주에게 죄를 얻는다는 말이다. 무릇 '천'을 '리'라고 할 수 없다는 사실은 여러 책에서도 설명한 내용으로 실로 명백하지 않음이 없다. 공자는 "내 맹세코 잘못된 짓을 하였다면 하늘이 나를 버리리라! 하늘이 나를 버리리라," "하늘이 나를 망하게 하였구나! 하늘이 나를 망하게 하였구나," "나를 알아주는 것은 하늘일 것이다," "내가 누구를 속였는가? 하늘을 속였구나!"라고 하였다. 여기에 등장하는 하늘을 '리'로 풀이한다면 사리에 맞지 않음을 쉽게 알 수 있다. 무릇 '리'가 어찌 나를 버리고 망하게 할 것이며 나를 알아주고 내게 속임을 당할 수 있겠는가? 또한 '리'가 무슨 정이 있어 버릴 것이며, 무슨 권세가 있어 망하게 할 것이며, 무슨 지각이 있어 알아줄 것이며, 무슨 마음이 있어 속임을 당하겠는가?[57)]

'리理'가 하늘과 이미 하나가 될 수 없으므로 상제는 더더욱 '리'가 될 수 없다. 이 점은 여러 경전에 나타난 말을 통해 분명하게 드러난다. 공자는 『중용』에서 "교제사와 사직제사의 예는 상제를 섬기는 것이다"라 했으며, 『예기』에서는 "상제를 교郊에서 제사 지내는 것은 공경의 지극함을 나타내는 것이다"라고 했다. 『서경』에서는 "상제에게 유제사類祭祀를 지낸다"고 했고, 『역경』에서는 "선왕은 이러함을 보고 천제께 제향을 지내고 또한 사당을 세운다"고 하였다. 무릇 섬기다(事), 제사하다(祀), 공경하다(敬), 유제사를 지내다(類), 제향을 지내다(享), 사당을 세우다(立廟)라는 말은 모두 '리理'를 뜻한다고 할 수 없으며 그 함의를 반드시 상주上主 일존一尊에게 돌려야 마땅한 것이다. 『서경』에서는 또한 "꿈에 상제가 나에게 어진 보필을 내려주었다," "상제가 진노하여 홍범구주洪範九疇를 내려주지 않았다," "상제의 뜰에서 명하여 사방을 돕는다"고 했다. 어찌 무왕이 '리'의 뜰에서 명을 받았다고 할 수 있겠는가? 『시詩』에서 이르기를 "상아로 만든 머리빗이며 훤칠한 이마로니 어쩌면 그리도 하늘과 같으며 어쩌면 그리도 상제와 같은고"라고 하였는데, 이에 대한 주석에서 "그 복식과 용모가 아름다워 보는 자가 귀신과 같음에 놀람을 말한 것이다"라고 하였다. 이것은 제帝와 천天이 그 '리'가 아님을 더욱 명확하게 말해주는 대목이라 하겠다. 『시詩』에는 또한 다음과 같은 말들이 있다. "위대하신 상제가 아래를 굽어봄이 밝으사 사방을 관찰하시어 백성의 안정함을 구하시다," "상제께서 왕계王季의 마음을 법도에 맞게 하시다," "상제께서 문왕에게 이르시되 나는 명덕의 소리와 색을 대단하게 여기지 않는다"고 하셨다. "호천昊天 상제가 나의 마음을 헤아려주지 않으시도다! 신명을 공경한 것으로 보아서는 마땅히 후회와 노여움이 없어야 할 것이니라." 이상은 모두 상제를 두고 하는 말이니 만약 '리'로써 그것을 풀이한다면 어떻게 합치될 수 있겠는가? '리'는 아래에 임할 수도 없고 감시·관찰할 수도 없다. 그러니 '리'가 마음을 헤아리고 '리'가 문왕에게 이른다고 할 수는 없다. '리'를 '신神'이라 말할 수 없으므로 더욱이 후회하고 노여워할 수는 없는 노릇이다. 그 나머지는 변론하지 않아도 자명하다 하겠다.[58]

이처럼 '리'와 '천' 그리고 '상제'는 서로 다르므로 송유의 천즉리설天卽理說은 더욱 근거가 없다고 하면서 그는 다음과 같은 결론에 이르게 된다.

이상의 내용으로 보건대 '천'과 '상제'는 결코 허명虛名인 '리'로서 이해될 수 없다. 옛 사람이 '천'자의 뜻을 밝히고 상제의 성질을 논할 때는 애초부터 '리'를 거론한 적이 없었다. 그런데도 송유는 어디서부터 하늘이 곧 '리'라는 설을 주고받게 되었는가? 그것을 경經·서書에서 고증해 보더라도 무릇 고인이 기한饑寒과 곤욕을 당하는 때는 문득 하늘에 부르짖었지 '리'에게 부르짖었다는 말은 들어보지 못했다. 『서書』에서 말하기를 "모든 더러움이 상천上天에 알려졌다"고 했으니 그 많은 죄가 하늘을 기만하여 상천에 탄핵되었다는 것이다. 이것은 결코 '리'를 가리키는 것이 아니요, 그 죄를 상천上天·지존至尊·지진至眞의 주재자에게 얻었음을 밝힌 것이다.[59)]

이처럼 노엘은 송유의 '천즉리설'이 진유眞儒의 설과는 합치되지 않는다고 하면서 그들을 '속유俗儒'라 칭하고 적극 배척하였다.

무릇 속유가 말하는 리理와 도道와 천天은 만물의 근본이 될 수 없다. 그들이 말하는 리·도·천을 살펴보면 모두 허문虛文에 귀속될 뿐이다. 생각건대 '리'의 관점에서 말하면 천天·성性이라 하고, '도道'의 관점에서 말한다면 무극無極·태극太極·기화氣化라 한다. 그러나 천·성·심·무극·태극·기화는 어디로부터 존재하게 된 것일까? '리'는 마음에서 나오고 '마음'은 성性에서 나오고 '성'은 천에서 나온다면 '천'은 어디로부터 나온 것인가? '리'로부터인가? 비유컨대 선친이 할아버지에게서 나왔다면 할아버지는 증조에게서 나왔고 증조는 고조로부터 나온 것이다. 그렇다면 고조는 어디로부터 온 것인가? 또다시 선친으로부터 왔다고 한다면 어찌 뒤집히고 어지러운 것이 아니겠는가? 하물며 저 속유들이 '천'이 곧 '리'의 전체를 가리킨다고 말함에 있어서랴!

무릇 무극과 태극의 뜻은 그들의 논설에 의하면 리理·기氣 양단에서 벗어나지 않는다. 주자周子는 무극·태극을 태허와 하나로 여겼다. 장자張子는 태허, 그리고 리理와 천天을 하나라고 했다. 그러나 천, 리, 기는 스스로 존재할 수 없고 반드시 타자에 의존해 존재하므로 앞서 그 소이연所以然이 있어야 한다. 앞서 그 소이연이 있다고 한다면 스스로 태초의 근본이 될 수 없음은 자명한 사실이다. 따라서 속유가 만물의 대본을 일컬어 비록 실리實理라 하지만 결국은 허리·허문에 돌아갈 뿐이다. 그러므로 속유의 논의는 진유의 본의를 대부분 잃어 진유와 같다고 하기 어렵다.[60]

그는 심지어 속유와 불佛·노老를 같은 부류로 취급하며, "불씨는 탁생托生·성불成佛·승천昇天으로 귀착하고 도가는 장생長生·성선成仙·비승飛昇으로 귀착한다. 속유는 살아 있는 동안에는 몸을 편안하게 하고 죽은 뒤에는 신神이 흩어진다는 것으로 귀착된다. 불씨는 공空에서 잃고 도가는 망妄에서 잃으며 속유는 속俗에서 잃는 꼴이니 어찌 그들과 변론할 가치가 있겠는가?"[61]라고 했다. 장횡거張橫渠가 『정몽正蒙』에서 "태허의 형태가 없는 상태가 '기'의 본래 상태이고 그것이 모이고 흩어지는 것은 변화의 일시적 형태일 뿐이다(太虛無形, 氣之本體, 其聚其散, 變化之客形爾)"라고 말한 유기론唯氣論을 완전히 뒤엎었던 것이다.

9) 샤르므의 『성리진전』

예수회 선교사의 송유 이학에 대한 공격은 마테오 리치가 『천주실의』(1603년)를 발표한 것에서 시작하여 벨기에 선교사 샤르므가 『성리진전性理眞詮』(1753년 건륭 18년 출판)을 발표할 때까지 150년이라는 긴 기간을 거친다. 이 『성리진전』이야말로 예수교의 철학을 담고 있는 몇 권 되지 않은 책 가운데 하나이다. 책은 모두 3권이며 나중에 1권이 추가되었다. 더욱이 1757년 만주어로 번역되었는데, 1권은 '영성靈性의 체體'를, 2권은 '영성의 원源'을, 3·4권은 '영성의 도道'를 각각 논하고 있다. 작자는 10년 동안이나 심혈을 기울여 천주교가 곧 다름 아닌 고유古儒 진교眞教라 했으며, 한漢·당唐 이래의 성리性理 제서諸書를 배척하는 데 총력을 기울였다. 책 전체에 걸쳐 '선유先儒'를 기준으로 '후유後儒'를 공격하고 있으며, 송유를 비판하는 내용 가운데 가장 중요한 것으로는 아래와 같은 편들이 있다. 단지 편명만 한번 훑어보아도 곧 그 내용을 명백히 알 수 있을 것이다.

제1권 제7편, 사람의 영성은 '리理'가 아님을 상세히 변론하다: ■ 사람의 리와 사물의 리는 같지 않다. ■ 영성靈性은 대체大體가 주재主宰 중간에 서 있기 때문에 리기의 혼성 일체와 같지 않다. ■ 리와 기는 같은 종류로서 완연하나 영성은 능히 생각할 수 있으니 족히 영성이 리가 아님이 증명된 셈이다. ■ 영성은 능히 리를 주관하므로 단지 리라고 할 수 없다. ■ 영성은 타고난 성정性情을 변화시켜 선을 행하는 데 머무르게 하므로 단지 리라고 할 수 없다. ■ 리는 선악이 없지만 영성은 선도 행하고 악도 행한다. ■ 사람은 능히 개과천선할 수 있으므로 리와 비할 바가 아니다. ■ 영성은 리보다 더욱 존귀하니 리라고 말할 수 없다. ■ 천하의 만리萬理는 정론正論에 귀일한다. ■ 영성은 마치 공인이 줄자를 들고 꼭 알맞게 하는 것과 같으니 족히 리가 아님이 증명된 셈이다.[62]

제2권(상) 제4편, 태극 총론: ■ 태극은 상주上主가 '물物' 만드는 원질이니 상주를 태극이라고 할 수 없다. ■ 태극은 혼연의 기氣이므로 만물의 근원이라 할 수 없다. ■ 기氣는 일정한 경계가 있다. ■ 옛 고서를 두루 상고해 보건대 태극을 중요하게 언급하지 않았다. ■ 공자는 태극을 중요하게 언급하지 않았다. ■ 공문孔門은 태극을 전하지 않았다. ■ 고경古經은 주재는 중요하게 언급하고 있지만 태극에 영명이 있다고는 말하지 않았다. ■ 근유近儒가 말한 태극은 공자가 논한 태극과 상반된다. ■『황극경세서皇極經世書』에서 말한 태극은 잘못되어 있으며 공자의 뜻과 큰 차이가 있다.[63]

제2권(상) 제5편, 리理가 만물의 근원이 아님을 분별하다: ■ 태극이 리라면 역시 만물의 근원이 될 수 없다. ■ 만리萬理가 하나의 실의實義로 귀결됨을 논한다. ■ 진주眞主는 오직 하나이기 때문에 리는 하나의 근원으로 귀결된다. ■ 태극의 리는 이미 신神이 아닌데 어찌 신神을 낳을 수 있겠는가?[64]

제2권(상) 제6편, 양동음정이 조물주가 될 수 없음을 논하다: ■ 성리性理 여러 책의 음정양동陰靜陽動의 이설異說을 반박한다. ■ 기는 스스로 움직일 수 없고 조물주의 명에 따라 움직인다. ■ 기의 동정은 주재主宰·지능智能이지 결코 음양의 덕이 아니다. ■ 소강절邵康節의 천지 만물에 겁수劫數가 있다는 설을 변론한다. ■ 기의 본체는 형체가 없을 수 없기 때문에 족히 기는 지음을 받는다는 것에 귀속된다. ■ 기의 동정은 조물주가 동정하게 하는 것이다. ■ 상주上主가 기를 동정하게 하는 것은 마치 사람의 마음이 두 다리를 움직이게 하는 것과 같다. ■ 태극 음양은 모두 조물주에 의해 리를 나눈다. ■ 태양과 여러 별이 천체에 붙어 있는 것은 음양이 배치한 것이 아니라 상주가 안치한 것이다. ■ 교제郊祭를 지낼 때 정성을 다하는 것은 상주를 제사하기 때문이지 음양의 기를 제사하기 때문이 아니다. ■ 리기·천지의 덕이 천지 만물을 낳는다고 한다면 스스로 자신을 낳는 꼴이 되고 만다. ■ 천지 만물은 반드시 상주에 의해 생겨나는 것이지 결코 영靈도 없는 태극 등에 의해 생겨나는 것이 아니다.[65]

제2권(상) 제7편, 음양의 수조受造는 결코 시작도 없이 스스로 만물(物)을 낳는 것이 아님을 논하다: ■ 천지 앞에는 결코 이 혼돈의 기가 존재하지 않으며 오직 하나의 조물造物 진주眞主만이 존재한다. ■ 만약 기가 시작이 없다고 말한다면 상주가 만물을 지음에 기로 말미암은 것이고 자신으로 말미암은 것은 아니다. ■ 상주의 본성은 스스로 존재하는 것이니 기가 시작이 있음을 알 수 있다. ■ 영신靈神 또한 지음을 받는 것이므로 기는 더욱 지음을 받는 것임을 알 수 있다. ■ 기는 상주의 제약을 받으니 반드시 상주에게 지음받는다. ■ 기는 사람에게 제공되어 부리니 사람 또한 시작이 있는데, 하물며 기에게 있어서야 더 말할 나위도 없다. ■ 소강절이 천지에 겁수가 있다는 설을 다시 분별하다. ■ 경서를 두루 인용하여 상주가 조물주임을 증명하다. ■ 상주가 시작은 없되 실리實理는 존재한다고 하는 것은 태극·음양이 시작이 없다고 한 말이 황당무계하다는 사실을 증명해 주는 것이다. ■ 공자가 『주역·계사』에서 말한 "역易에 태극이 있고 이것이 양의를 낳는다" 등에 대한 바른 풀이. ■ 천지가 존재하기 이전에 오직 상주만이 존재해 처음으로 태극을 만들어 차례대로 천지 만물을 지은 것이다.66)

제2권(하) 제4편, 『서명西銘』의 만물 일체의 설을 논박하다: ■ 상주는 온전한 신神으로서 만물 위에 초월해 있으니 결코 만물과 일체일 수 없다. 그러므로 『서명』에서 말한 내용은 지극히 터무니없는 것이라 하겠다. ■ 신과 인간, 그리고 만물을 섞어 일체라고 하는 것은 인도人道를 크게 그르치는 것이다.67)

제2권(하) 제12편, 천하의 만물이 그 신령함과 우둔함을 막론하고 모두 처음과 끝이 있다는 성리 제서諸書의 설을 명백히 변론하다.68)

제3권(하) 제4편, 이단의 근저를 명확히 지적하여 이단으로 하여금 피할 곳이 없도록 하다: ■ 성리의 여러 책들의 논의는 사실과 부합되지 않는다. ■ 성리란 책은 리기를 말하면서도 상주上主의 근본은 밝히지 않았기 때문에 사람의 마음에 끼치는 해악이 사신邪神을 경배하는 이단보다 더욱 심하다. ■『주역』 괘의 점복에 있어서 역을 짓는 바른 뜻을 추구하지 않았기 때문에 이단자가 나온 것이다. ■『주역』은 권선징악의 책인데 이단의 학자들이 멋대로 점복에 쓴 것이다.[69)]

제3권(하) 제5편, 한당漢唐 이래 성리서性理書의 여러 잘못된 설을 논박하다: ■ 성리 제서諸書가 천리를 논한 것의 잘못을 분별하다. ■ 오늘날의 유학은 이름은 비록 유학이지만, 이단을 믿고 따름으로써 상주의 참된 가르침을 크게 어지럽히다. ■ 근유近儒의 만물일체설의 그릇됨을 분별하다. ■ 주자周子가 세운 「태극도」의 그릇됨을 분별하다. ■ 성리 제서가 논한 리理·성性·명命 세 글자의 그릇됨을 분별하다. ■ 성리 제서가 논한 신神의 그릇됨을 분별하다. ■ 상주가 진제震齊 혹은 손巽에서 나왔다는 말의 그릇됨을 분별하다. ■ 오직 일리一理인데 형체로 말하면 천天이라 이르고, 주재로 말하면 상주라 이른다는 정자程子의 말의 그릇됨을 분별하다. ■ '교사郊祀의 예禮'가 후토后土를 말하지 않고 생략된 문장이라고 한 그릇됨을 분별하다. ■ 상주가 자신의 총명에 의지할 수 없음을 강론하다. ■ 사람과 외물이 일성一性에서는 같지만 편偏·정正이 있다고 한 그릇됨을 분별하다. ■ 성리 제서가 말한 '형신일기形神一氣'의 그릇됨을 분별하다. ■ 성리 제서가 말한 선행은 리에 의한 것이고 악행은 기에 의한 것이라는 그릇됨을 분별하다. ■ 성리 제서가 말한 하늘과 사람의 리는 하나로 합치된다는 그릇됨을 분별하다. ■ 성리 제서가 인仁, 의義, 예禮, 지智, 신信의 오덕五德은 수水, 화火, 목木, 금金, 토土의 오기五氣에서 선천적으로 타고난다고 말한 것의 그릇됨을 분별하다. ■ 사람과 외물이 동속일체同屬一體라는 것의 그릇됨을 분별하다. ■ 성인은 천지의 정기를 지극히 타고나 걸출하다는 「태극도」의 그릇됨을 분별하다. ■ 사람이 성스러움을 이루는 것은 결코 본성대로 하는 것이 아니고 모두 배워서 되는 것임을 논하다. ■ 사람이 악을 짓는 것은 결코 본성대로 하는 것이 아니라 모두 습성이 되어 그러는 것이다. ■ 『황극경세서』에서 사람의 신이 곧 천지의 신이라고 한 그릇됨을 분별하다. ■ 성리 제서에서 사람은 속일 수 있어도 리는 속일 수 없다고 한 그릇됨을 분별하다. ■ 고유古儒가 이른바 하나(一)를 공경한다고 한 것은 하나의 상주上主를 공경한다는 것이지 결코 일리一理를 공경한다는 것이 아님을 논하다. ■ 성리 제서의 인물들은 각자가 억측하여 일정한 논의가 없다. ■ 성리 제서는 고종이 꿈에 상주가 어진 신하를 내려주었다고 강해하여 마지못해 믿고 따르는 것에 불과하다. ■ 성리 제서가 바다의 조류는 땅이 호흡하기 때문이라 한 그릇됨을 분별하다. ■ 성리 제서가 북극은 기운氣運의 근원이라고 한 그릇됨을 분별하다. ■ 성리 제서가 초목에는 지각이 있다고 한 그릇됨을 분별하다. ■ 성리 제서가 사물과 사물이 그 리理는 하나이지만, 그 형形에 따라 달라진다고 한 그릇됨을 분별하다.[70]

제3권(하) 제6편, 오늘날의 명유明儒들은 식견이 비록 높고 논의가 비록 바르지만, 진교眞教의 지당한 이치에 비해서는 오히려 부족한 점이 있다.[71]

제4권 제2편, 이전에 일컫던 고유 진교는 곧 천주교이다.[72]

이처럼 그는 책 전체에 걸쳐 번거로움을 무릅쓰고 매우 자세하게 반복해서 논변하고 있다. 특히 송유의 리기이원론理氣二元論을 공격하는 대목이 가장 뛰어나다. 이 책의 입장에서 볼 때 이른바 태극太極·리기理氣는 모두 비루한 유물주의에 불과할 뿐이다.

성리 제서의 설명에 따르면 리理를 논하되 기氣를 논하지 않으면 완전하지 않고 기를 논하되 리를 논하지 않으면 분명하지 않다고 했다. 그러므로 리와 기는 혼성일체로서, 예컨대 빛깔의 흰색과 사물의 흰색이 동일한 하나의 색깔인 것과 같다. 또한 사람의 리와 사람의 기는 혼연일체이며, 규구規矩에 따라 방을 만들어 사람이 거주할 경우 방의 리와 방의 기가 혼연히 하나의 방을 이루게 된다. 따라서 영성靈性을 리로 여기는 것은 곧 영성과 기를 혼연히 일체로 보는 것이니 어찌 옳다고 하겠는가?[73)]

공자는 『주역·계사』에서 "역易에는 태극이 있다"고 찬탄했으니 이것은 역易에 지대지극한 원질이 있음을 말한 것이다. 상주는 천지 만물을 창조하기 위해 공공의 재료를 두었는데 이것이 이른바 태극太極이다. 그런데 일찍이 태극을 가리켜 천지 만물을 창건한 주재자라고 말한 적은 없다. 후세 사람들이 상주를 말살하고 기우奇偶의 상象을 그려 태극의 앞이라 일렀다. 그리고 결코 상주는 없다고 하면서 이것을 단지 태극이라 했다. 한번 움직이고 한번 고요함이 곧 양의兩儀이며 양의로부터 사상四象이 생기고 사상은 팔괘八卦를 낳는다. 결국 만물을 낳는 주인으로 태극을 인식한 것이니 어찌 그것이 가능할 수 있겠는가? 무릇 태극은 음양을 온축한 원질이지 결코 영명 자주일 수 없다. 또한 단지 만물의 재질에 불과하니 어찌 조물주라 부를 수 있겠는가?[74)]

태극이 만약 천지 만물의 근원이라면 반드시 지극히 총명하며 지극히 능력 있고 지혜로워야 한다. 나아가 신령을 갖추어야 하는 것은 물론, 명백

뚜렷하고 높고 광대해서 당연히 세상 사람들에게 밝게 섬김을 받아야 하고 경외와 소원으로 제사를 받아야 한다. 만약 그렇다면 『중용中庸』에서 도道의 근원을 미루어 밝힐 때 어찌 태극이 명한 것을 성性이라 하지 않았으며, 교사郊社의 예에 있어서 어찌 태극을 제사한다고 말하지 않았는가? 또한 공자는 어찌 "나를 알아주는 것은 태극일 것이다," "내가 누구를 속였는가, 태극을 속였다고 하지 않았는가?" "군자는 세 가지 두려워하는 것이 있으니 태극을 두려워한다"고 하지 않았는가? 맹자孟子는 어찌 "마음을 보존하여 성性을 기르는 것은 태극을 섬기는 것이다"라고 하지 않았는가? 『시詩』에서는 어찌 "태극의 위엄을 두려워하며 태극의 변함과 태극의 노여움을 공경한다"고 말하지 않았는가? 요堯는 어찌 "아, 순舜이여! 태극의 역수가 너의 몸에 있다"고 말하지 않았으며, 순舜은 어찌 태극에 제사를 지내지 않았는가? 탕湯은 상림桑林에서 어찌 태극에게 기도하지 않았는가? 고종高宗은 어찌 태극이 어진 신하를 내려주었다고 하지 않았는가? 또한 자고 이래로 태극이 능히 선에 복을 내리고 음탕에 화를 내려 태극에 죄를 얻으면 빌 곳이 없다는 말은 아직 들어보지 못했다. 이상을 통해서 태극은 지극히 총명하며 지극히 능력 있고 지혜로운 존재가 아니며, 이러한 것은 신령스러운 상주가 갖추고 있음을 알 수 있다.[75]

후대에 태극을 말하는 자는 … 결국 태극이 스스로 동정하여 음양으로 나뉘고 오행을 낳는다고 했으니, 이것은 태극을 추존해 물物 앞에 두어 만물의 근원으로 삼은 것이다. 또한 「태극도太極圖」를 세우고 기우奇偶의 형形을 그려 그것을 가장하였다. 더욱이 태극을 천지가 시작하지도 않은 그 이전이라 하여 충막무짐沖漠無朕의 사이에 두면서 실제로 형체가 있다고 했다. 그리하여 태극은 리기理氣 아닌 것이 없다고 말하니 리기理氣 외에 다른 설이 없는 것이다. 만물은 이 하나의 태극에 통섭統攝된다고 하면서도 다시 사물마다 하나의 태극을 갖추고 있다고 하니, 태극은 나누어질 수도 있고 합해질 수도 있는 완체頑體라 하겠다. 만물은 분연히 가지런하지 않거나 혹은 한열과 온량을 구비하거나 혹은 강함과 부드러움 그리고 향기와 더러움을 갖추어 일치할 수 없는 것이다. 따라서 사물이 각각 하나의 태극을 갖추고 있다고 한다면, 태극 또한 분연히 잡박하게 생겨 나와 자립할 수 없는 약질이 되고 마는 것이다.[76)]

제유諸儒는 또한 태극은 다른 것이 아니라 곧 리理라고 말한다. 기는 잡스럽지만 리는 순수하며, 기는 둔하지만 리는 신령스럽다 한다. 그리고 기는 천지 만물을 낳을 수 없으며 천지 만물을 낳는 것은 리의 능력이라 한다. 이 말에 따르면 리는 천지 만물의 근원이 된다. 만약 그렇다면, 무릇 리라는 것은 당연히 '만물의 리'일 수는 없고 '리의 만물'이라 해야 할 것이다. 세상에 어찌 이런 전도·착란된 명칭이 있겠는가? … 제유는 또한 리를 말하되 기를 말하지 않으면 완전하지 않고, 기를 말하되 리를 말하지 않으면 밝지 못하다고 했다. 이것은 리는 기를 떠날 수 없고 기는 리를 떠날 수 없으며, 이 둘은 물物 위에서 혼성일체를 이루어 서로 나눌 수 없다는 사실을 분명하게 말해준다. 그러므로 리를 만물의 근원이라 하면 만물은 사실상 자신이 자신을 낳는 꼴이 되고 만다. 왜 그러한가? 앞에서 이미 리와 기는 물物 위에서 혼연히 일체를 이룬다고 분명히 말했다. 시험삼아 차車에 빗대어 보자. 차의 기와 차의 리는 진실로 하나의 차에 함께 갖추어져 있다. 이와 같다면 리가 차를 낳는 것은 기로써 차를 낳는 것과 같다. 다시 말해 이것은 차가 차를 낳는 것과 다름이 없는 것이다. 그러나 천하 만물은 모두 자신이 자신을 낳을 수 없으니, 리가 물物을 낳을 수 없다는 사실을 분명하게 알 수 있다.[77)]

또한 태극을 일러 기라 하니 앞에서 이미 기는 의식이 없다고 분명히 논했다. 만약 태극을 리라고 한다면 리와 기는 또한 일체一體가 된다. 이와 같다면 태극이 움직여서 양陽을 낳는다고 하는 것은 대관절 누가 명령하여 움직이게 한다는 말인가? 어떻게 억만년 동안 만물이 각기 제 자리를 잡아 물품의 종류가 분운紛紜하면서도 질서 정연히 조금도 흐트러지지 않았는가? 이 모든 이유를 리로 설명하는 것은 불가하다 하겠다.[78]

임오자任吾子는 리理, 도道, 태극太極, 태허太虛, 태을太乙, 태화太和, 음양陰陽, 사상四象을 말하면서 만물의 근원으로 인식했다. 그러나 모두 완연頑然하여 결코 영명靈明이 없다. 가령 임오자 가옥의 근원을 혹 리기理氣라 하고, 도道라 하고, 벽돌과 기와 그리고 목재라 하고, 혹은 규구에 꼭 맞다고 하고, 혹은 사람이 거하고 자는 데 편리하게 해주는 것이라 하니, 이상은 모두 완연히 영靈이 없을 따름이다.[79]

샤르므는 송유 이학의 많은 말들이 모두 리·기 두 글자에서 벗어나지 않으며, 이른바 태극, 상제, 인물의 성은 리·기와 동일하며, 리·기 외에 결코 다른 설은 존재하지 않는다고 생각했다.[80] 그러나 리기의 설은 결국 유물론 무신론으로 규정되었기 때문에 『천주실의』를 옹호하는 견지에서 보면, 이단으로 인식해 배척하지 않을 수 없다고 여겼다. 그는 매우 분개하며 다음과 같이 말했다.

근래의 유학자들은 그렇지가 않다. 우쭐대며 성리性理를 말하고 책을 지어 이론을 세우면서 멈추지 않고 계속 아웅다웅한다. 그리하여 결국 천지진주眞主와 사람의 영성靈性에는 생멸生滅이 없다는 두 가지 지극한 이치를 일소해 버린다. 오직 리기理氣를 천지의 근본과 인물의 근원으로 인식한 나머지 고대의 경전에서 말하는 '위대하신 상주上主' 및 '충衷을 내려주신 떳떳한 성품'에 대해서는 상세하게 살피지 못했다. 아아! 지금의 학자들은 비록 스스로 뛰어난 학자라 하여 자랑삼아 리理를 절실하게 말하지만, 그 해로움은 사신邪神을 경배하는 이단보다도 심하다![81]

사신을 경배하는 이단은 태극太極·리기理氣의 설을 공공연히 말하는 자와 비교해서 그 정황이 오히려 용서받을 수 있다. 사신을 경배하는 것은 비록 정도에 어긋나지만 그 양심이 아직 없어지지는 않은 것이다. 다만 하나의 주재를 다른 것으로 오인하여 공경해 숭배하는 것이니, 마치 어린 아이가 생모를 알아보지 못하고 유모에게 그 효도를 다하는 것과 같다. 생각건대 이단은 본래 상주上主를 찾아 경배하고자 한 것이나, 상주의 실의를 알지 못하고 마침내 터무니없이 사신邪神을 상주로 추측한 것이니, 그 사정이 참으로 가련하지 않은가! 그러나 단지 태극·리기만을 알고 상주는 알지 못하는 자는 상주의 도를 완전히 말살하여 만세가 지나도록 망연히 돌아갈 곳을 모르게 만드니, 그 해로움은 이루 다 말할 수 없다 하겠다.[82]

이 책이 출판된 시기는 1742년 교황 베네딕트 14세가 단유斷諭를 반포한 뒤로 이미 11년이나 지난 때였다. 때문에 이 책이 나오자 곧 교황의 유지諭旨가 금지시킨 유교의 경천敬天 등의 의례를 두둔했다는 혐의로 사람들에게 고발되었다. 그런데도 끝내 발행 금지에까지는 이르지 않았는데 이것은 리기理氣의 설을 물리치고 도를 수호한 그의 큰 공로가 인정되었기 때문이었다.

4. 반이학이 중국에 끼친 영향

예수회 선교사의 반이학 운동은 중국과 유럽 모두에게 매우 큰 영향을 주었다. 그 가운데 유럽에서의 반향은 나중에 다시 서술하기로 하고, 지금은 우선 중국에 끼친 영향을 살펴보도록 하겠다. 반이학이 중국에 미친 영향은 크게 두 측면으로 나누어 고찰할 수 있다. 하나는 긍정적인 영향이며 다른 하나는 부정적인 영향이다. 그 가운데 특히 부정적 영향은 더욱 우리의 주의를 끈다.

1) 긍정적 영향

긍정적 영향이란 중국 사대부 가운데 신자가 된 사람들 내지는 서양 선교사의 주장에 동조하는 인물들을 가리키는 말이다. 그들 역시 예수회 선교사와 동일 선상에서 공자는 존중하되 송유에게는 엄중한 비판을 아끼지 않았다.

서광계徐光啓

표면적으로 보았을 때 그는 단지 불교만을 배척하고 후유後儒에 대해서는 비판을 가하지 않은 것처럼 보인다. 가령 만력 44년 「변학장소辨學章疏」[83]에서 '석씨釋氏의 설'을 다음과 같이 극렬히 공격하였다. "여러 배신陪臣들이 전하고 있는 '하늘을 섬기는 학문'은 진실로 군주의 덕화를 보익하고 유술을 도와 불법을 막을 수 있는 것입니다(諸陪臣所傳事天之學, 眞可以補益王化, 左右儒術, 救正佛法者也)." 그러나 『천주교전입중국고』

에 기술된 내용에 따르면, "만력 27년 우연히 마테오 리치의 명성을 듣고 특별히 남경南京을 방문해서 도를 묻기까지 했는데 마테오 리치가 말한 내용에 극히 탄복하였다. 그는 그것이 우리나라 고인의 경천敬天·사천事天 및 상제를 밝게 섬긴다는 뜻과 합치된다고 생각했다. 후유後儒가 리기설理氣說로써 한 자루의 붓을 놀려 그것을 모두 말살시켜 버렸다고 생각해 드디어 뜻을 천주天主 성교聖教에 두었다"[84]고 말하고 있다.

이지조李之藻

그는 비록 불교와 후유後儒를 공격하였지만, 주자朱子에 대해서는 여전히 경의를 표하였다. 그는『천주실의』재판의 서문에서 다음과 같이 말했다.

> 하늘(天)을 말한 것으로는『주역』보다 훌륭한 것이 없다.『주역』은 문자의 시조가 되며,『주역』의 첫 괘에 나오는 건원乾元은 하늘(天)을 통괄하니 곧 임금(君)이요 아버지(父)가 됨을 말하였다. 또한 '하느님(帝)은 천둥(震)에서 나왔다'고 말하니 주희朱熹는 이를 해석하여 하나님(帝)이란 하늘(天)을 주재하는 것으로 여겼다. 이렇다면 천주의 뜻은 이利(마테오 리치) 선생으로부터 시작된 것이 아니리라! '하늘'은 까마득히 먼 것이어서 그런 것까지 논의할 시간은 없다고 세인들은 말한다. 석가모니가 나오고부터 자기의 어버이를 섬기지 않는 것이 또한 이미 심하거늘, 아득히 먼 천제天帝를 망령되이 지어내어 스스로를 존자尊者로 여기고 있다. 유림 중에서도 그것을 받아들인 이들은 천명이니, 천리니, 천도니, 천덕이니 하는 말들을 익숙하게 듣다 보니, 불교에 잘못 빠져들게 되었다. 그렇다면 어리석은 무리(小人)들이 천주를 알지 못하여 경외하지 않는 것 또한 이상할 것이 무엇이겠는가![85]

또한 「각성수기언서刻聖水紀言序」에도 이와 유사한 논조가 있다.[86)]

양정균楊廷筠

양정균은 『대의편代疑篇』의 '답조화만물일귀주자지작용答造化萬物一歸主者之作用' 조목에서 송유 이학에 대한 공격을 개시하였다. 그는 리기설을 다음과 같이 논박했다.

> 이처럼 지극히 많은 만물을 처음 누가 창조했는지 물으면 일기一氣의 행위라고도 하고 '기氣' 속에는 '리理'가 있다고도 말하지만 … 모두 그릇된 말이다.[87)]

> 무릇 '기'란 지각이 없고 '리'란 영재靈才가 아니다. '기'의 행위는 다만 자욱히 충만하여 때로는 차기도 하고 마르기도 하며, 때로는 역행하기도 하고 순행하기도 하는 것에 불과하다. 어찌 만 가지 다른 것에 입김을 불어넣고 또한 법칙을 두어 징조를 보이겠는가?[88)]

> '리理'란 본래 사물에 존재하는 것으로서 사물을 낳을 수 없다. 가령 오성五聲이 팔음八音에 존재해 변화가 무궁한 것이 곧 '리'이다. '리'는 종鐘·북(鼓)·관악기管樂器·현악기絃樂器에 존재하지만 스스로 종·북·관악기·현악기를 만들어 낼 수는 없다. 이것은 모든 사람이 잘 아는 사실인 것이다.[89)]

위예개魏裔介

그는 본래 이학理學의 대가였다. 『청사고열전淸史稿列傳』 권49 「본전」에서는 그에 대해 다음과 같이 말했다. "평생토록 돈후하게 정주程朱의 학문을 믿어, 보고 들어 아는 것으로 성학聖學의 법을 조술하였다(生平篤

誠, 信程朱之學, 以見知聞知述聖學之統)." 그러나 그는 「하탕약망칠질수문賀湯若望七袟壽文」 속에서 결국 천즉리설天卽理說에 대해 맹렬한 공격을 가하였다.

> 주교主敎는 하늘을 높인다. 유교 역시 하늘을 높인다. 주교는 '리'를 궁구한다. 유교 역시 '리'를 궁구한다. 공자가 말하기를, "아래로 인간의 일을 배워 위로 천리에 통달하니, 나를 알아주는 것은 하늘일 것이다," "하늘이 나에게 덕을 주었다," "하늘에 죄를 얻으면 빌 곳이 없다"고 하였다. 맹자가 말하기를, "그 마음을 보존하여 그 성을 기르는 것은 하늘을 섬기는 것이요, 요절하거나 장수함을 의심하지 않고 몸을 닦아 천명을 기다리는 것은 명을 세우는 것이다"라고 하였다. 『역易』에 이르기를, "천체의 운행은 건실하여 한 순간도 쉬는 일이 없다. 군자는 그리하여 스스로 쉬지 않고 노력한다"고 하였다. 이처럼 옛 성현들은 하늘을 섬기는 학문을 삼가 받들어 왔으나, 뒤를 이은 유자들이 어두운 천견으로 망령되게 주석을 가하여 하늘을 '리'라고 함으로써 모호하게 만들고 말았다. 갈기첨葛屺瞻과 같은 여러 유학자들이 진실로 이미 그 그릇됨을 분별하였으니, 선생의 논의가 어찌 어리석은 무리를 일깨우고 천하의 사람들로 하여금 각기 그 크나크신 아버지를 인식하게 함으로써 귀명할 바를 알게 하지 않았겠는가! 선생을 두고 서양의 유학자라고 하는데, 중국의 큰 유학자라고 말해도 옳을 것이다.[90]

여기서 주목할 만한 점은 이학자가 지적한 '하늘'이 '리理'라는 설이 예수회 선교사의 맹렬한 공격을 받음으로써, 곧 정주程朱의 정통으로 자처한 위예개 역시 부득불 자신의 뺨을 자신이 때리는 격이 되었다는 사실이다.

주종원朱宗元

그는 1673년 루벨리가 『진복직지』에서 태극을 '원질'로 인식한 학설에 영향받은 듯하다. 그래서인지 그는 『답객문答客問』과 『증세약설拯世略說』에서 역시 송유를 공격하고 있다.

『답객문』에서 다음과 같이 말했다.

> 태극太極은 단지 리理·기氣일 뿐이고 지각이 없다. 옛사람은 상제上帝를 제사하고 태극에 제사하지 않았으니, 천주天主와 태극은 뚜렷이 구별된다.[91)]

그렇다면 무극·태극의 설은 어찌되는 것인가?

> 생각건대 천주가 천지를 처음 창조함에 칠요七曜의 배열이 아직 드러나지 않고 산천이 아직 정해지지 않은 때를 당하여, 먼저 자욱히 잘고 빽빽한 하나의 '기'를 만들어 충색포만充塞飽滿하게 함으로써 세상 속의 모든 존재들이 이것으로부터 재료를 취하였다. 이것을 일러 태극이라 하니, 즉 서양에서 말하는 '원질'과 같다.[92)]

또한 『증세약설』에서는 다음과 같이 말했다.

> 만약 '태극에 지각이 있는가?' 물으면, 반드시 '없다'고 대답할 것이다. '태극이 상벌을 내릴 수 있는가?' 물으면, 반드시 '내릴 수 없다'고 대답할 것이다. 그러므로 상제를 제사했다는 말은 들었으나 태극에 제사했다는 말은 아직 들어 보지 못했다. 천명을 두려워한다는 말은 들었지만 태극을 두려워한다는 말은 아직 듣지 못했다. 태극이란 가장 앞선 존재를 가리킨다.

> 예를 들어 풀과 나무에 종자가 있고 사람과 외물에 원질이 있듯이 하늘이 하늘 되는 까닭, 땅이 땅 되는 까닭, 이것을 '천지의 뿌리'라 하고 '태극太極'이라 부르는 것이다.[93]

송유 이학이 중국에 깊이 뿌리내려 있었기 때문에 긍정적인 영향이 부정적 영향에 비해 상대적으로 적은 수에 불과했다는 점은 의심할 여지가 없다. 그러나 긍정적인 영향은 중국의 예수회 선교사를 통해 시종일관 그 설이 유지되었고, 광서光緖 9년 황백록黃伯祿이 『훈진변망訓眞辨妄』을 저술하여 '천즉리야天卽理也'의 견해를 극력 공격하는 데까지 이르렀다.

> 후유後儒는 『논어』의 "하늘에 죄를 얻으면 빌 곳이 없다"는 구절을 풀어 "하늘은 곧 리理이다"(『論語』 集註 참조)라고 했다. 그러나 '리理'라는 것은 사람이 일을 행하는 준칙으로서 마치 법률이 백성에 의해 마땅히 지켜져야 할 법도인 것과 같다. 무릇 이미 법률이 있으면 반드시 법률이 제정된 곳이 있을 것이며 이미 '리'가 있으면 반드시 '리'가 유래한 곳이 있을 것이다. 법률을 제정한 자는 법률이 아니라 나라의 임금이다. '리'가 유래된 곳은 '리'가 아니라 이른바 하늘이다. 사람이 죄를 얻은 것은 진실로 '리'를 어겼기 때문이지만, 죄를 '하늘'에 얻은 것이지 '리'에 얻은 것은 아니다. 그러므로 사람은 '하늘'에 비는 것이지 '리'에 비는 것이 아니다. 이것이 하늘이 '리'가 될 수 없는 이유이니 그 뜻이 매우 분명하다 하겠다.[94]

예수회 선교사의 영향을 가장 많이 받아 송유 이학을 공격한 것으로는 광서 12년 이체李杕의 『이굴理窟』보다 더한 것이 없을 것이다. 권2 「만물일체변萬物一體辨」,[95] 「태극불능생물론太極不能生物論」[96]은 글이 번잡해 여기서는 인용하지 않겠다. 대신에 그의 권6 「유교론儒教論」의 일단을 살펴보면 다음과 같다.

> 육조오대六朝五代 이전에는 원래 리기理氣의 설이 없었는데, 주자朱子가 정자程子의 말을 따르고 거기에 다시 설명을 가함으로써 드디어 '하늘'이 곧 '리'이며, '리'가 곧 '기'라고 말하게 되었다. 많은 사람들이 부화뇌동하여 이구동성으로 위대한 주재자를 지워 논하지 않고, 단지 평범한 일상의 은미함에 마음을 품고서 오로지 세세한 행위에만 뜻을 두게 되었다. 만약 하나라도 리기理氣에서 벗어나면 근원적인 학문으로 돌아갈 수 없는 것으로 여겼다. 후세의 주석가들은 이것을 더욱 확대하였다. 천만 권의 책들이 그 말이 번다하고 뜻이 일치하지 않으니, 지금에 이르러 그 그릇됨을 물리치고자 하지만 도리어 손댈 길이 없음을 느낀다.[97]

2) 부정적 영향

예수회 선교사의 송유 이학 비판에 대한 중국 사상계의 긍적적 영향은 매우 제한적인 것이었다. 따라서 우리가 보다 주목해야 할 점은 긍정적인 영향이 아니라 부정적인 영향일 것이다. 명나라 만력萬曆 연간에 지어진 심각沈㴶의 『참원이소參遠夷疏』로부터 "복건성의 여러 군자, 절강성의 여러 대부는 당당하고 차분하다. … 운서雲棲(釋袾宏)로 말하면 설說이 있고 밀노密老는 변辯이 있고 비사費師는 게揭가 있다. … 수천의 말이 불교와 유교 모두 도道를 보호하는 마음에서는 같다"[98]라는 말에 이르기까지, 현재 『성조파사집』[99] 8권에 기록된 내용을 보면 부정적 영향이 얼마나 심각했는지를 알 수 있다.

『파사집破邪集』의 기록 외에도 양광선의 『부득이』, 왕계원王啓元의 『청서경담淸署經談』은 모두 이학의 입장에서 천주 교의에 반대한 것들이다. 특히 『파사집』에서 유학과 불교를 구분하지 않은 것은 서양을 배척하고 중국을 두둔하려는 뜻이 매우 강했기 때문으로 보인다. 이 점을 하나씩 약술해 보면 다음과 같다.

심각의 『참원이소』

"우리의 유술儒術로 기강을 정해야 한다(本儒術以定紀綱)"고 주장한 그는 당시 천주교 선교사, 가령 판토하, 우르시스 그리고 바뇨니, 디아즈 등이 "천주를 사칭"하고 "그 설이 인심에 파고들어 상류 계층의 인물들 또한 신봉하는 자가 속출한다(其說浸淫人心, 卽士君子亦有信向之者)"[100]고 한탄했다. 그러므로 『참원이소參遠夷疏』가 비록 송유 이학의 입장을 표명하고 있지는 않다고 하더라도 유교도의 천주교에 대한 공격의 첫 포성이었음에 틀림없다. 또한 『안문휘소晏文輝疏』에 말하기를 "천지가 개벽한 이래로 중국의 가르침은 복희伏羲로부터 주周·공孔에 이르기까지 마음을 전하는 것이 그 요점을 이루고 도를 밝히는 것이 그 종지를 이루니, 천天·인人의 리理를 힘껏 해명하고 이설이 끼어드는 것을 용납하지 않았다. … 오늘날은 또한 천주교를 위해 제창한 이가 있으니, 북으로는 판토하가 있고 남으로는 바뇨니 등이 있다. 그 이름이 유학과 비슷한 것 같지만 사실 그 설은 올바름과 차이가 있다."[101] 이 글 속에는 '공자의 심법'과 '도통'의 문제가 명확하게 드러나 있으므로, 그가 이미 송유 이학의 입장을 그 공격의 기점으로 삼고 있다고 보아야 할 것이다.

양광선의 『부득이』

『청사고열전淸史稿列傳』 권59에는 "양광선은 자字가 장공長公이고 강남

江南 흡현歙縣 사람이다"라고 되어 있다. 그의 본적을 보면 송유 이학의 발생지라는 사실을 쉽게 알 수 있다. 그가 저술한 『부득이』[102]의 내용을 보면, 그는 천주가 천지 만물을 창조했고 강생시켜 구세의 여러 흔적을 남겼다는 말을 질책해 황당무계한 소리라고 지적했다. 이에 비추어 그가 송유 이학의 입장에 서 있다는 사실을 명백하게 알 수 있다. 그가 쓴 「얼경孽鏡」[103]에서는 회교역回教曆에 근거를 두고 아담 샬의 역법을 공격했다. 비록 그 거동이 거의 완고함에 가깝기는 하지만 이적을 물리치고자 했던 그의 논의는 당시 여송呂宋과 일본의 귀감이 되었다. "만고萬古 강상綱常에 관계되는 일인데도 불구하고 분개하여 성토하기를 청하는 이가 한 사람도 없어 평민의 신분으로 가루가 되기를 마다하지 않았다. 역대 군친에게 충절을 다하였다."(『請誅邪教狀』) 그는 식견과 용기를 갖추었으며 앞을 내다보는 지혜를 잃지 않았기 때문에 그의 천주교 비판은 매우 큰 영향을 미쳤다.

『부득이집요不得已輯要』의 「형초만광자발荊楚挽狂子跋」에서는 양광선을 다음과 같이 언급하고 있다. "흠천감欽天監으로 3년 동안 관직을 지내고 해임되어 돌아오는 도중에 산동山東에 이르러 결국은 서양인에 의해 독살되었다. 전대흔錢大昕이 말하기를 '구라파인이 『부득이』를 비싼 값으로 사들여 불태웠다고 나의 벗 대동원戴東原이 일찍이 말한 적이 있다'고 하였다(『池北偶談』, 「疇人傳」). 논자는 『부득이』란 책이 사설邪說을 멈추게 하고 인심을 바르게 하니, 장공長公이 홀로 길게 판별 분석하여 맹자의 뒤로 한 사람뿐이라 했다."[104] 이 책의 영향이 얼마나 컸는지 가히 짐작할 수 있다.

양광선은 강희 3년 7월 「청주사교소請誅邪教疏」[105]와 갑신甲申 3월 「여허청서시어서與許青嶼侍御書」를 올려 천주교 문인 이조백李祖白의 『천학전개天學傳概』를 맹렬히 공격하고 나섰다. 이조백은 "중국의 조상 복희씨는 사실 아담의 후예나 다름없으며 그가 서에서 동으로 옴으로써 천학天學도 함께 오게 되었다. 그리고 자손이 태어나 성장하면서 가전호습家傳戶習이 생겨났던 것이다. … 당唐·우虞 시대를 비롯해 아래로 삼대에 이르기까지 군신은 조정에서 훈계하고 성현은 후세에 가르침을 내리면서 항상 천天을 부르고 제帝를 칭하여 서로 경계하고 격려했다. 무릇 받은 바가 어찌 우연이겠는가? 그 예를 살펴보면, 『서書』에서 '밝게 상제에 받아들여지고 하늘은 거듭 명을 내려 축복할 것이다'라고 했고, 『시詩』에 이르기를 '문왕이 위에 있어, 아! 하늘에 밝게 있다'고 했다. 『논어』에서는 '하늘에 죄를 얻으면 빌 곳이 없다'고 했고, 『중용』에서는 '교제와 사직 제사의 예는 상제를 섬기는 것이다'라고 했으며, 『맹자』에서는 '천리를 즐거워하는 자는 온 천하를 보전한다'고 했다. 무릇 이와 같은 여러 글들은 다름 아닌 천학의 미언 법어이다."[106] 이조백의 이러한 주장은 곧바로 중국의 성경聖經·현전賢傳이 모두 천학天學의 전수라는 의미였다. 그러므로 이것이 '천만세千萬世 도통의 정맥'으로 자처하고 나섰던 양광선의 반대에 부딪치게 된 것은 당연한 일이었다.

『벽사론闢邪論』은 송유 이학의 입장에서 천주교를 반대한 것이다.

> 무릇 하늘(天)은 두 '기氣'가 엉겨서 이루어진 것이지 창조되어 이루진 것이 아니다. 공자가 말하기를 "하늘이 무슨 말을 하겠는가! 사시가 운행되고 온갖 만물이 생장한다"고 하였다. 여기서 사시가 운행되고 만물이 생장한다고 한 것이 곧 두 '기'의 양능良能이다. 하늘이 만약 천주가 창조한 것이라면 하늘 역시 어리석고 무지한 사물에 지나지 않을 것이니, 어찌 만유萬有를 낳을 수 있겠는가? 천주가 비록 신神이라 할지라도 실상은 두 '기' 가운데 하나의 '기'일 뿐이다. 두 '기' 가운데 하나의 '기'로써 만유의 두 '기'를 창조할 수 있다고 말한다면 이치에 맞겠는가? '무시無始'라는 이름은 우리 유학

의 '무극이 태극을 낳는다'는 설에서 훔쳐온 것이다. '무극이 태극을 낳는다'는 것은 '리理'는 말하고 '일(事)'은 말하지 않는 것이다. 만약 '일'로써 말한다면 육합六合 이외의 것은 성인이 생존시에도 논하지 않은 것이니 논하면 거짓에 관련되기 때문이다. 부자夫子가 괴력怪力·난신亂神에 대해서 언급하지 않는 것도 바로 이 때문이었다. 이른바 '무시無始'란 그 처음이 없다는 뜻이다. 만약 '무시'가 존재한다면 반드시 먼저 '무시'한 것의 '무무시無無始'가 존재해야 하고, '무시'한 것을 낳는 '무무시'가 존재하게 되면 반드시 또한 '무무시'한 것의 '무무무시無無無始'가 존재해야 한다. 이처럼 근원을 찾아 계속해서 거슬러 올라가야 할 것이니 어찌 끝이 있겠는가? 또한 '무시無始'를 천주라 이름지을 수도 없다. '무시'를 잘못해서 '천주'라 한다면 천주는 '무無'에 속하여 '유有'라고 말할 수 없게 된다.107)

성인의 학문이 남긴 최고 업적은 다만 '리理'를 궁구해 도道에 가깝게 하여 리理에서 벗어날 수 없게 한 것이며, 일리一理를 천착해서 높인 것이다. 그러므로 올바르고 평이한 것만을 말했으며, 고원하고 기괴한 논의는 하지 않았다. … 무릇 하늘은 만사·만물·만리의 대종大宗이다. '리理'가 서면 '기氣'가 거기에 갖추어지고, '기'가 갖추어지면 '수數'가 거기서 생겨나며, '수'가 생겨나면 '상象'이 거기에 나타난다. 천天은 유형의 리理이고 리理는 무형의 천天이니 형形이 지극하면 리理는 거기서 드러난다. 이것이 천天이 곧 리理인 까닭이다. 천은 만사만물을 포함하고 있기 때문에 태극의 원인을 추구하는 자는 오직 리理를 언급할 뿐이다. 리理의 밖에 다시 리理가 없는 것은 곧 천天 밖에 다시 천天이 없는 것과 같다. 『역易』은 리理를 말한 책으로서, 리理·기氣·수數·상象이 모두 갖추어져 있다. 건괘乾卦에서 "건乾은 원元하고 형亨하고 이利하고 정貞하다"고 했다. 단전彖傳에서는 "위대하다, 건원乾元이여! 만물이 의뢰하여 시작되니, 바로 하늘을 통합하였도다"라고 했다. 무릇 '원

元'이라 것은 리理이다. 만물이 의뢰하여 시작된다고 함은 리理에 의뢰하여 기氣가 시작되고 기氣에 의뢰하여 수數가 시작되고 수數에 의뢰하여 상象이 시작되고 상象이 나타남에 따라서 리理가 스스로 드러난다는 것이다. 때문에 '바로 하늘을 통합하였도다'고 했다. 「정전程傳」에서 "건乾은 천天이니 그것을 전일하게 말하면 도道라 한다. 그것을 나누어서 말할 경우 형체로 말할 때는 천天이라 하고, 주장하여 다스림으로 말할 때는 상제上帝라 하고, 공용으로 말할 때는 귀신鬼神이라 하고, 신묘한 작용으로 말할 때는 신神이라 하고, 성정性情으로 말할 때는 건乾이라 한다"고 했다. … 전일하다는 것은 체體이고 나눈다는 것은 용用이니, 나눔의 용으로 말한다 하더라도 전일함의 체는 구속받지 않고 자유롭다.

천주교의 논의는 순전히 공용功用에 속하므로 사실 정자程子의 이른바 귀신일 뿐이니, 어찌 제멋대로 주재主宰라 말할 수 있겠는가? 주자는 "건원乾元이란 천天의 성性이다. 마치 사람의 정신과 같으니, 어찌 사람이 따로 있고 정신이 따로 있다고 말할 수 있겠는가?"라고 하였다. 그러므로 천天은 독자적으로 천이라 말할 수 없고 상제는 독자적으로 상제라고 말할 수 없다. 만물이 높이는 것은 오직 천이고 사람이 높이는 것은 오직 상제이니, 사람이 머리를 들어 천을 보는지라 이에 상제를 천이라 일컫는 것일 뿐, 하늘 위에 다시 상제가 존재하는 것이 아니다.[108)]

… "위대한 상제가 아래 백성에게 충衷을 내리다"에서 충衷이란 리理를 말한다. 즉 하늘이 백성에게 리理를 부여했다는 말이다.[109)]

『부득이』는 되풀이해서 한 가지 점만을 거듭 밝히고 있다. 그것은 다름 아닌 서양 선교사가 중국에서 전교라는 명목으로 반역의 일을 꾸민다는 것이다. 이 책은 당시 송유 이학의 입장에서 천주교를 반격한 하나의 중대한 공안公案으로 등장했으며, 명明·청清 시기 최고의 역사적 의의를 갖는 한 권의 기서奇書라 할 만하다.

왕계원의 『청서경담』

진수이는 왕계원의 『청서경담』에 발문을 썼는데, 원제는 「삼백년전적건립공교론三百年前的建立孔教論」으로 국립중앙연구원國立中央硏究院 역사어언연구소歷史語言硏究所 총서의 제6본本 제2분分에 수록되어 있다. 진씨의 말에 따르면 왕계원은 천주교를 배척하고 상제와 하늘을 높였으며 공자를 교주로 추대했다고 하는데, 옳은 설명이다. 왕씨는 천주교의 의견을 배척하여 그의 책 권15 「성교원시정방聖教原是正坊」의 천주공론天主公論에서 중국은 결코 하늘을 모르지 않으며 그것을 서교西教에서 구할 필요도 없다고 반복해서 표명하고 있다. 그런데 주목할 만한 점은 그 스스로가 여러 차례 밝히고 있듯이 그의 천주교 배척은 불교에 대한 배척보다 더 준엄했다는 사실이다. 그의 천주교 배척은 실제로 여전히 송유 이학의 입장에 근거하고 있다. 이 사실은 진씨陳氏의 글에서는 미처 주목받지 못한 점이다. 그런데 왕계원은 또한 이름을 구체적으로 밝히지 않은 상태에서 송말의 유학자 아무개를 비판하고 있다. 그러나 이 송말의 유학자 아무개는 곧 육구연陸九淵(陳氏가 말한 적이 있음)으로서 그가 불교를 통해 유학에 들어간 사실을 비판한 것일 뿐 근본적으로는 결코 송유를 공격한 것이 아니었다. 뿐만 아니라 유학을 종교화시키고 있는 왕계원의 사상은 근본적으로 송유 이학에 기반하고 있었다. 그래서 다음과 같이 말하고 있다.

> 소자邵子의 『황극경세서皇極經世書』는 두 하늘 즉 선천先天과 후천後天의 깊은 뜻을 크게 밝혀 말했고, 주자周子의 『태극도太極圖』와 『통서通書』에서

는 십익十翼의 정수를 깊이 파고들었다.110)

또한 권15 「성경원시정방」의 제유공론諸儒公論에서는 맹자 이후의 유자를 여덟 등급으로 나누고 있다. 제1등급은 "성스러운 경전으로 천도를 밝혀 말한" 사람으로서 단지 소강절만이 여기에 속한다고 하였다. "선천先天의 학을 통해 『역易』의 도덕道德과 사성四聖을 아울러 전하고 중홍한 공으로써 맹자의 뒤를 직접 계승한 이는 한 사람뿐이다." 제2등급은 "경經으로 인하여 바른 견해를 드러낸" 사람으로서 주돈이周敦頤, 정호程顥, 정이程頤, 주희朱熹이다. 그 가운데서도 더욱 뛰어난 것은 『태극도太極圖』와 『통서通書』이다. 제3등급에 속하는 인물은 진덕수眞德秀, 구준丘濬 등으로 『대학연의大學衍義』와 『대학연의보大學衍義補』가 있다. 이상의 인물들은 모두 송유 이학의 범위를 벗어나지 않고 있다. 제7등급은 "성스러운 경전을 인용해 자신의 견해에 부회한" 인물로서 앞에서 말한 "송말의 유학자 아무개" 즉 육구연陸九淵이 여기에 속한다. 또한 이 글의 끝부분에서 "오늘날의 유학자들은 감히 성인을 경시해 훼손하면서 조금도 꺼리지 않는다"고 했으니 아마도 왕양명王陽明의 심학心學 일파를 염두해서 하는 말일 것이다. 왕계원은 이학의 입장 가운데서도, 소邵·주周·정程·주朱 일파를 옹호했고 육陸·왕王에는 반대했던 것이다. 그러므로 "송유는 스스로를 분리시켜 문호門戶를 세웠고 오늘날의 유학자들 또한 송유를 비판하며 각각 문호를 세우고 서로 논쟁한다. 그러나 이것은 상대를 이기려는 마음에서 그렇게 한 것일 따름이다"라고 말한다. 이 말은 마치 송유를 공격하는 것처럼 보이지만 실제로는 육상산과 왕양명을 공격한 것이다. "송유의 학은 또한 양유음불陽儒陰佛일 뿐이다"라고 한 것도 모두 육상산 일파를 지목하여 말한 것이다. 진정한 송유 이학의 대표로 말한다면 『황극경세서』와 『태극도』, 『통서』를 들 수 있다고 하였다. 왕계원은 신공교新孔教를 건립함으로써 천주교의 이론적 기초를 비판하고자 하였으며, 자신의 학문이 도학圖學에 기반을 두고 있다고 하였다. 이 도학은 다름 아닌 소강절·주렴계의 도서학圖書學에 다름 아니었다. 그러므로 왕계원의 『청서경담』은 송유 이학의 정통적 학맥의 입장에서 천주교에 반대한 가장 좋은 예라고 말할 수 있다. 그러나 정작 그가 천주교를 공격할 때는 오히려 천주교에서 말하는 '천天'·'상제上帝'의 이론에 영향을 받고 있다.

황정의 『벽천주교서』와 『존유극경』

복건福建은 이학이 가장 발달한 지방이었다. 때문에 천주교가 복건에 전해지자 곧바로 매우 큰 반향을 불러일으켰다. 하장霞漳 사람인 황정黃貞이 그 좋은 예라 하겠다. 도처에서 동지를 불러모아 단체를 결성하여 '천주교 배척'을 자신의 임무로 삼았다. 또한 『파사집』이 간행되자 장덕경蔣德璟, 안무유顔茂猷, 주지기周之夔, 당현열唐顯悅 등 복건성의 여러 학자들이 모두 서序를 지을 정도로 그 영향이 매우 컸다. 그는 『청안장기선생벽천주교서請顔壯其先生闢天主教書』에서 천주교를 다음과 같이 공격하였다.

> 대개 저 종교는 천天·지地·인人·물物을 낳는 자를 '천주'라 하고, 그 체體는 있지 않은 곳이 없고, 알지 못하는 것이 없으며, 할 수 없는 것이 없다고 말한다. 하늘이 영혼을 사람에게 부여한 것을 성性이라 하니, 성이 곧 하늘이라고 말할 수 없으며 하늘이 곧 나의 마음이라 말할 수 없다고 한다. … 천지, 천주, 사람이 나뉘어 세 가지 사물이 되었으니 하나로 합해질 수 없다고 하며, 우리 중국의 만물 일체의 설은 옳지 못하다고 한다. 양지良知가 하늘·땅·만물을 낳는다는 왕양명王陽明 선생의 학설도 모두 그릇된 것이

라 한다. 이는 천하에 만세토록 전해지는 학맥을 무너뜨리는 것이다.[111]

『존유극경尊儒亟鏡』에서는 더욱 명백하게 말하고 있다.

그러므로 이 진실한 진체眞體는 존재하는 곳도 없고 존재하지 않은 곳도 없음을 마땅히 알아야 한다. … 세로로 보면 위가 없고 가로로 보면 밖이 없으며 허공에 가득 차서 하늘도 다 실을 수 없다고 말한다. 야생마의 오줌, 창 앞의 풀, 사물마다의 하나의 태극은 작게는 다 깨뜨릴 수 없다고 말한다. 솔개와 물고기는 솔개와 물고기의 도가 있다. 하늘로 날아올라 그 하늘을 잊어버리고, 연못에서 뛰놀다가 그 연못을 잊어버리니, 솔개와 물고기에게 각각 족하기 때문이다. 백성이 먹고 쉬는 일상생활이 어찌 이러한 도의 묘용이 아니겠는가? 천지 사이에 물이 흐르고 꽃이 피는 것은 모두 이 이치의 유행에 속한다. 그 실마리는 부부로부터 시작되어 (그 지극함에 미쳐서는) 천지가 밝게 드러난다. 군자, 성인, 부부, 천지, 새와 물고기, 식물들은 모두 하나의 도 가운데 있는 것이다. 그러므로 하늘은 하나의 도를 얻어서 깨끗해지고, 땅은 하나의 도를 얻어서 편안해지며, 왕후는 하나의 도를 얻어서 천하의 곧음이 된다고 말하니, 이것이 우리 도가 하나로 관통한다는 종지이며 성과 천도의 뜻인 것이다. 공자가 살아 계실 때는 많은 내용이 누설되었지만 그 문하의 제자들은 오히려 들을 수가 없었다. 하물며 요사스런 오랑캐 무리들이 오늘날 이것을 전해들을 수 있겠는가? … 총괄컨대, 요사한 오랑캐가 이 하나로 관통하는 도를 능히 알 수 없었던 까닭에 그것을 터무니없이 천주 및 영혼이라 하면서 태극과 리理를 비천한 것으로 만들고 있다.[112]

오랑캐에 의하면 "만약 태극太極을 이른바 리理로만 풀이한다면 천지 만물의 근원이 될 수 없다. 대개 리理란 의뢰자(속성)에 속하므로 스스로 자립할 수 없는 것이니, 어찌 다른 사물을 세우겠는가?"라고 했다. 또한 "스스로 자립할 수 없는데 어찌 이성 능력과 지각 능력(靈覺)을 내포한 자립자(실체)의 범주가 될 수 있겠는가? 리理는 사람보다도 비천하며, 리理는 물物이지만 물物은 리理가 아니다. 그래서 중니仲尼는 '사람이 도를 넓히는 것이지 도가 사람을 넓히는 것이 아니다'라고 했다. 그렇다면 당연히 만물의 영靈이 만물을 화생化生해야 하며, 이것은 바로 천주이다. 어찌 그것을 단지 리理·태극太極이라고만 하겠는가?"라고 말했다. 따라서 오랑캐 요괴들은 공공연하고 대담하게 중니의 '태극이 양의를 낳는다'는 말을 무시하고 태극을 비천한 것으로 여길 뿐만 아니라 천주·예수로 태극을 멸하고 있다. 무릇 이미 그것을 무시해 놓고서 다시 중니의 "사람이 도를 넓히는 것이지 도가 사람을 넓히는 것이 아니다"라는 말을 인용하는 이유는 무엇인가? 아마도 중니의 말로 중니를 공격함으로써 천하로 하여금 중니의 설이 모순되며 태극이 양의를 낳는다는 말은 믿을 것이 못 된다는 점을 알게 하기 위해서일 것이다.[113]

이어서 그는 더욱 맹렬하게 공격을 퍼붓는다. "마테오 리치의 천학天學은 … 태극을 어지럽히는 난신적자이며 소왕素王(공자)을 모함하는 괴수이다(利先生天學 … 祇爲太極之亂臣賊子, 爲素王之惡逆渠魁)," "요사스러운 마테오 리치가 태극을 소멸시킨 것은 곧 『중용』을 소멸시킨 것이다(利妖之滅太極, 卽滅中庸也)," "리理를 멸하여 무도하다(滅理無道)," "잔혹하여 천리를 해치다(忍心害理)."[114] 그렇기 때문에 그들의 학문은 거절하지 않을 수 없다는 것이다.

허대수의 『성조좌벽』

허대수許大受는 덕청德淸 사람으로 『성조좌벽聖朝佐闢』을 지었으며 『파사집』 4권에 보인다. "물리친 것은 무엇인가? 근래에 오랑캐 마테오 리치가 은밀히 들여온 사설을 물리친 것이다."115) 그 가운데 「벽렬성闢裂性」116)과 「벽폄유闢貶儒」 두 절은 모두 이학의 입장을 견지하고 있다. 가령 「벽폄유」에서 다음과 같이 말했다.

> 그는 『천주실의』에서 "옛날 군자가 천주를 공경했다는 말은 들어보았어도 태극을 존경했다는 말은 아직 들어보지 못했다. 만일 태극이 만물의 조상이라면 옛 성인이 어찌 그 설을 숨겼겠는가? 태극의 학설은 이치에 맞지 않는다"고 말하면서 여러 차례 『주역』을 배척하고 있다. 아아! 지나치구나. 오랑캐가 감히 성인을 비난하고 그 책을 지은 자가 감히 선사를 배척함이여! 대개 역에는 태극이 있고, 태극이 양의兩儀를 낳고, 양의가 사상四象을 낳으며, 사상이 팔괘八卦를 낳는다. 그런 후에 만물이 화생되니, 이것이 곧 그림 앞의 원역原易이다. 오랑캐 무리의 말은 마치 맹인과 같으니 어찌 하늘과 태양을 보았겠는가?117)

진후광의 『변학추언』

진후광陳侯光은 삼산三山 사람으로 『변학추언辨學蒭言』을 지었으며, 『파사집破邪集』 권5에 보인다. 그는 「자서自敍」에서 다음과 같이 말한다.

> 공자는 태극을 높여 주재主宰로 삼아서 지극히 높고 지극히 귀하게 만들었다. 그러나 저들은 태극이 원래 의뢰자(속성)에 속한다고 판단하여 가장 비천한 것으로 설명하고 있다.118)

마테오 리치는 태극을 허리虛理라 하여 의뢰자(속성)의 범주로 단정해 버렸다. 그래서 스스로 설 수도 없는데 어찌 천지를 창조하고 만물을 낳을 수 있겠냐고 묻고 있다. 동상거사東庠居士가 말하기를 "마테오 리치는 두루 상제를 인용하여 그것이 천주天主임을 증명하려 했지만 모두 근거가 없는 말에 지나지 않는다. 기실은 하늘도 모르고 상제도 모르는 꼴이니 어찌 또한 태극을 알겠는가?"라고 하였다. 무릇 태극太極은 리理의 종주이지만 단지 리理로만 말할 수 없고, 기氣의 으뜸이지만 단지 기氣로만 말할 수 없다. 스스로는 시작이 없지만 능히 사물을 시작하게 하고, 스스로는 끝이 없지만 능히 사물을 끝마치게 할 수 있다. 마테오 리치는 그의 좁은 식견으로 다음과 같이 말했다. "허공 중에 있는 리理가 장차 떨어져 나감을 면하지 못한다." "어찌하여 처음부터 움직여 만물을 만들지 않고, 뒤에 누가 그 리理를 격동시켜 움직이게 했는가?" "지금 수레의 리理가 있으면 어찌하여 수레 한 대를 만들어 내지 못하는가" 이처럼 여러 면에서 천박하고 비루하며 그 식견이 가소롭기 짝이 없다. 옛 현인은 하늘을 말하는 자는 『역易』에서 분별하지 않은 이가 없다고 생각하였다. 복희는 천天·지地·산山·택澤·뇌雷·풍風·수水·화火로 우주의 법상法象을 늘어놓았다. 또한 공자는 그 발생으로부터의 근원을 추적하여 '역에 태극이 있다'는 한 구절을 높이 떠받들었기 때문에, 그 아래에서 '양의兩儀를 낳고 사상四象을 낳고 팔괘八卦를 낳는다'고 말했으니 명백하고도 심오하다고 하겠다. 오직 태극만이 하늘·땅·사람·만물을 낳는 주재임을 알 수 있다면, 의식계 가운데 얽매이지 않을 것이며, 인의예지가 모든 곳에 두루 유행할 것이다. 그리하여 우리 유학은 본원으로 돌아가 여기에 온전히 보존될 것이니, 어찌 저들이 감히 거리낌없이 태극의 리理를 비천하다고 말할 수 있겠는가?[119]

이찬의 『벽사설』

이찬李燦은 『벽사설闢邪說』을 저술했으며, 『파사집』 권5에 보인다.

무릇 성현의 학문은 원래 인심에 근본하고 있다. 그러므로 사람은 천지의 마음이라고 말하니 마음 밖에 하늘이 있다는 말은 들어본 적이 없다. … 또한 '제帝란 하늘의 주재'라는 주자朱子의 말을 끌어들여 천주의 뜻과 서로 합치된다고 말하니, 글자를 삭제하고 문장을 끌어들이는 것이 참으로 가소롭다. 주자가 일생 동안 연구한 것은 뜻을 성실히 하고 마음을 바르게 하는 것(誠意正心)에서 벗어나지 않았으니, 송유宋儒의 성리性理에 관한 책들은 모두다 이 일(誠意正心)을 밝힌 것이다. 진실로 이 일에 밝으면, 하늘 속에 사람이 있는 것은 마치 사람 속에 마음이 있는 것과 같아서 한 주먹으로 말 수도 있고 온 우주에 펼쳐 놓을 수도 있으며, 하늘을 덮고 땅을 덮을 만한 양이 사람에게 저절로 갖추어져 있으니 밖에서 구할 필요가 없음을 스스로 탁월하게 볼 것이다. 만약 우러러 그것을 하늘에서 구한다면, 정류와 혈기가 모두 본원에서 결핍되어 인물의 빈 껍데기와 마비됨이 또한 이미 오래되어 애통함이 무엇보다도 심할 것이다![120]

임계륙의 『주이론략』

임계륙林啓陸은 무안武安 사람으로 『주이론략誅夷論略』을 저술하였고 『파사집』 권6에 보인다.

하늘은 리理이고 제帝는 주재로 말한 것이다. 무릇 하늘이 백성을 낳을 때 사물이 있으면 반드시 법칙을 두었다. 그러므로 사람이 천리天理를 따르고 제帝의 법칙에 순응하면, 스스로 만물을 주재하고 건곤을 통제하고 우주의 결함을 보충하고 당대의 학술을 바르게 할 수 있다. 이것이 우리 유학의 이른바 천주이니, 천하의 백성과 만물은 각기 하나의 천주를 구비하고 있는 셈이다. 당당하고 정대하며 전적에 뚜렷이 나타나 있는데, 어찌하여 우리의 무리들은 이단에 힘쓰고 돌아볼 줄 모르는가? 온갖 잡귀신의 가르침에 귀를 기울인 나머지 조상을 벗어 던지고 신주를 방치하며 예법을 비난하고 전적을 파괴한다. 성수를 뿌리고 성유를 바르며 십자가를 숭배하니, 파란 눈과 높은 코를 가진 자가 천주란 말인가?[121]

추유련의『벽사관견록』

추유련鄒維璉은『벽사관견록闢邪管見錄』을 저술하였고『파사집』권6에 보인다.

공자의 '태극'의 가르침과『춘추』의 저술, 그리고 맹씨의 '인의仁義의 짝'과 '후사가 없는 것이 불효'라는 말에 관해서 모두 지적한 것을 봤다. … 아아! 그 불순함이 참으로 지나치도다![122]

증시의『불인불언서』

증시曾時는 삼산三山 사람으로『불인불언서不忍不言序』를 지었으며『파사집』권7에 보인다.『불인불언』은 황정黃貞의 책이며, 증시의 서문은 그 내용을 부연한 것이다.

『천학실의』에서는 성인인 공자의 '태극의 설'을 잘못이라 했고, 자사子思의 '성을 따른다'(率性)는 말이 타당하지 않다고 했으며, 맹씨孟氏의 '불효에 세 가지가 있다'는 말을 진부하다고 했고, 주자朱子의 교사郊社에 대한 주석은 이치에 닿지 않는다고 했으며, 정자程子의 '형체가 성정을 주재한다'는 풀이를 망령된 것이라 했다. 이처럼 열거한 내용에 따른다면 그것이 유학과 합치된다고 말할 수 있겠는가? 하물며 다른 책이야 다 읽지도 않더라도 유학을 억누르고 유학을 멸시하는 것이 일일이 다 셀 수 없을 정도이다.[123]

이상에서 열거한 황정 이하 여러 사람들은 모두 이학의 입장에서 천주교를 공격했다. 그런데 명말의 이학은 사실 불학佛學과 일맥상통하는 점이 있었기 때문에 그들은 이학을 옹호함은 물론 불학에 대해서도 변호를 했던 것이다. 『천주실의』란 책은 이학을 공격하는 동시에 불학에 대해서도 비판을 가했다. 이 점은 마땅히 주의를 기울여야 할 것이다. 이 때문에 『성조파사집』은 이학자의 저작 이외에도 불교 승려들의 반천주교 논저를 함께 수집해 놓고 있다. 예컨대 권7에서 권8까지는 이러한 종류의 저작이며 황정의 『불인불언』, 증시의 「불인불언서」 역시 그 가운데 들어 있는 것들이다. 이밖에 승려의 논저에 속하는 책들을 들어보면 다음과 같다.

① 석釋 주굉袾宏, 『천설天說』.
② 석釋 원오圓悟, 『변천설辨天說』.
③ 장광첨張廣湉, 『증망설證妄說』, 『증망후설證妄後說』.
④ 석釋 원오圓悟, 『복장몽택서復張夢宅書』.
⑤ 석釋 보윤普潤, 『증망설발證妄說跋』, 『주좌집연기誅左集緣起』.
⑥ 석釋 대현大賢, 『치소공증緇素共證』.
⑦ 유문룡劉文龍, 『통정서統正序』.
⑧ 석釋 통용通容, 『원도벽사설原道闢邪說』.
⑨ 석釋 성용成勇, 『벽천주교격闢天主教檄』.
⑩ 석釋 여순如純, 『천주초벽天主初闢』.

『천주실의』가 중국 사상에 대응하는 방법으로 유·불을 분열시키는 태도를 취한 반면, 유·불이 천주교에 맞서는 방법은 서로 연합해서 대항하는 것이었다. 그래서 불교도의 저작 가운데는 송유 이학을 변호하는 내용이 다수 포함되어 있다. 가령 석釋 비은費隱의 『원도벽사설原道闢邪說』에서는 "그릇된 견해를 추겨들어 만물이 일체가 될 수 없다고 미혹시킨다"[124]고 했고, 석釋 보윤普潤의 『주좌집연기誅左集緣起』에서는 "태극·인의가 천하다고 헐뜯는다"[125]고 했다. 이를 통해 당시 천주교가 확실히 유·불 양쪽을 모두 공격 대상으로 삼았음을 알 수 있다. 또한 『파사집』 속에서 우리는 당시에 유·불 양가가 연합해서 천주교를 공격하던 움직임을 상당부분 간파할 수 있다. 이러한 사실들은 명말 시기 유학의 학풍이 불교와 유사했다는 사실뿐만 아니라, 당시 학술 사상의 혼란이 천주교도들에게 이학을 뒤엎을 수 있는 절호의 기회가 되었다는 것을 알려주고 있다.

『파사집』에 실려 있는 이학자의 천주교에 대한 비판 이론은 양광선의 『벽사론』 정도가 가장 뛰어난 것에 속한다. 그러다 보니 천주교의 중국 전파를 저지할 만한 실제적인 힘은 갖지 못했다. 한편 천주교의 반 이학 운동이 중국에서는 매우 큰 효과를 거두었지만, 유럽에서는 오히려 본의 아니게도 이학의 사상을 유럽에 소개하도록 만들었다. 그리하여 결국 유럽의 비종교 문화 시대, 즉 이성적·철학적 시대를 이룩하기에 이른 것이다. 이것은 연구할 만한 가치를 가진 그야말로 새로운 주제가 아닐 수 없다.

제4장
계몽운동과 중국 문화

중국 문화와 서양 문화의 관계를 문화 철학의 관점[1)]에서 살펴보면 자연스럽게 아래와 같은 중요한 결론에 이르게 된다.

① 문화의 유형에서 볼 때 서양 문화는 과학 문화이며 중국 문화는 철학 문화이다. 서양 문화는 역사적으로 하나의 과학 문화의 발전사라 할 수 있고 중국 문화는 사실상 철학 문화의 발전사라 할 수 있다.

② 문화의 구조에서 본다면 서양 문화 속에도 역시 종교, 철학, 예술이 있다. 하지만 모두 과학 문화를 중심으로 하여 '과학적 종교,' '과학적 철학,' '과학적 예술'을 형성하고 있다. 이와 마찬가지로 중국 문화 속에도 종교, 과학, 예술이 있다. 그러나 모두 철학 문화가 중심이 되어 '철학적 종교,' '철학적 과학'과 '철학적 예술'을 형성하고 있다.

③ 문화의 발전이라는 측면에서 본다면 곧 서양 문화는 사실 문화의 발전사 가운데 세 번째 시기인 '과학 시대'를 대표하며 중국 문화는 두 번째 시기인 '철학 시대'를 대표한다.

④ 문화의 접촉이라는 측면에서 본다면 서양 문화사 가운데 '철학

시대'는 실제로 중국 철학 문화의 영향을 받았다고 할 수 있으며[2] 중국 문화 가운데 '과학 시대'는 사실상 서양 과학 문화의 영향을 받았다고 할 수 있다.

18세기 유럽의 계몽운동(Aufklärung; Enlightenment)은 서양 문화사에 있어서 '철학 시대'에 다름 아니다. 다시 말해 서양 문화가 곧 중국의 영향을 받은 시대라는 것이다. 이제부터 객관적인 역사적 사실에 비추어 이 내용을 증명해 나갈 것이다. 특히 송유 이학理學이 유럽 문화에 한 시대의 획을 그을 만큼 커다란 영향을 주었다는 사실을 증명해 보고자 한다.

1. 이른바 '이성 시대'

서양 문화사의 두 번째 시기는 철학 시대이다. 프랑스의 계몽주의자 달랑베르(D'Alembert, 1718~1783)는 일찍이 18세기의 사상적 분위기를 언급하면서 15·16세기는 문예부흥과 종교개혁의 전성시대이며 17세기는 데카르트 철학의 승리 시대라고 했다. 그렇다면 18세기의 특색은 무엇인가? 그는 바로 '철학 시대'[3]라고 답하고 있다. 칸트는 1784년 11월 『베를린 월간』에 「계몽 문제에 대한 대답」(Beantwortung der Frage Was ist Aufklärung?)이라는 한 편의 글을 발표했다. 여기서 그는 '계몽'에 대해 정의를 내리고 있는데, 계몽이란 자주 독립의 정신상태일 뿐만 아니라 개인들이 그 이성적이며 자율적인 것을 사용할 용기를 가지는 것이라고 했다.[4] 『십팔세기사十八世紀史』의 저자 슐로서(F. C. Schlosser, 1776~1867)는 철학적 관점으로 이 세기를 '계몽 시대,' 즉 '철학 시대'로 인식하고 있다.[5] 생시몽(Saint-Simon, 1760~1825)은 이 점을 더욱 명백히 하였다. 그는 『공예론』(*L'Industrie*)의 두 번째 의견서 중에서 18세기의 철학적 성질을 일종의 반신학적 정신이라고 설명하였다. 18세기에는 철학자들뿐만 아니라 당시 어떠한 위치에 있던 사람이든지 모두 철학적 직무(l'oeuvre philosophique)에 종사하였다고 말할 수 있다. 그리고 그 최대의 결정체는 바로 반신학(Anti-théologie)적인 것으로 알려진 '백과전서'이다.[6]

18세기의 문화적 특징은 그야말로 철학적 문화로 중세기의 종교 문화를 뒤엎은 것이며 이것은 또한 이성적 권위로 하나님의 권위를 대체했다는 것을 의미하기도 하다. 이 시기의 모든 사람들은 이성과 자유를 매우 존중하였고 이성적 비판을 사용하였으므로 이 시대를 '이성 시대'라 부르게 되었다. 이 시기에 역사상 가장 분명한 흐름은 아래와 같은 두 가지 측면에서 관찰해 볼 수 있다.

① 프랑스의 이성파는 데카르트(René Descartes, 1596~1650)에서 시작하여 백과전서파의 유물론唯物論, 무신론無神論을 거쳐 프랑스 혁명에 영향을 미쳤다.

② 독일의 고전 철학은 라이프니츠, 볼프에서부터 칸트(Kant), 피히테(Fichte, 1762~1814)와 헤겔(G. W. F. Hegel, 1770~1831)의 관념론적 철학에 이르기까지 정신 혁명에 영향을 끼쳤다.

1) 반종교적 철학 정신

이성의 숭배

18세기 프랑스 철학은 프랑스 혁명의 준비 과정이었다고 할 수 있다. 당시 프랑스는 어떤 분야든지 철학적 성격을 갖지 않는 것이 없었다. 비극, 소설, 역사, 정치, 경제 분야에서 활동하던 인물들은 어떤 면에서 모두 철학자에 속하였다.[7] 18세기 프랑스 철학자 가운데 가장 위대한 인물로는 단연 볼테르를 꼽지 않을 수 없다. 볼테르는 데카르트 좌파인 베일(Pierre Bayle, 1647~1706)을 계승하여 당시의 종교에 대해 전력을 다해 공격하였다. 『성교사략聖教史略』은 그 역사를 다음과 같이 전하고 있다.

볼테르는 성스런 교회가 사람의 자유를 속박한다고 하여 깊은 혐오감을 가지고 있었다. … 그는 교회를 공격했을 뿐만 아니라 군장君長을 질시해 평등권의 설을 힘써 제창하였다. … 때마침 프러시아의 프리드리히 2세가 무종교설을 주창하던 터라 볼테르의 이름을 듣고서 조정에 불러들여 뒤늦게 만난 것을 안타깝게 여겼다. … 파리 사람들이 거부하고 받아들이지 않자 크게 분개하여 종교를 증오하는 사상이 이전보다 더욱 심해졌다. 교회 비판하는 그의 여러 저술은 대부분 이때 나오게 되었다. … 볼테르는 여기서 만족하지 않고 디드로(Diderot), 달랑베르를 비롯한 20~30명의 사람들과 연합하여 큰 사전을 지었는데 분량이 방대했다. 무릇 교회를 공격하고 혁명을 고취하는 문구가 무르익어 있었다. 이 책과 그의 교회를 비방하는 서적은 파리에서 간행되어 각 국으로 널리 퍼졌다. 그것이 사회에 끼친 해독을 사람들은 홍수의 재앙에 비유할 정도였다. 볼테르는 자신의 책이 세상에 널리 퍼져 나가는 것을 보고 크게 기뻐한 나머지 다음과 같이 호언했다. "옛날 예수가 12문도와 함께 종교를 세우자 교도들은 항상 그 신이함을 과장해 마지않았다. 그런데 지금은 나 홀로 그것을 무너뜨리니 이보다 더 기이한 일이 어디 있겠는가! 20년이 지나기 전에 기독교는 그 자취를 감추게 될 것이다."[8]

이와 같은 반대파의 말에 비추어 보더라도 확실히 당시 '반종교 운동'의 조류가 프랑스 대혁명 이전의 대사상가인 볼테르로부터 제창되어 나왔음을 알 수 있다. 볼테르는 종교에 반대하는 한편 이성을 옹호하였다. 그는 자칭 기독교 신앙을 대표한다는 교회당의 인물들을 신랄하게 비난하고 나섰다. 뿐만 아니라 『성경』을 공격하면서 "이것은 단지 미쳐 날뛰는 무지한 자에 의해 극히 나쁜 장소에서 쓰인 저작에 불과하다"고까지 성토하고 있다. 구약은 물론 신약 역시 마찬가지라는 것이다. "만약 이 황당한 이야기를 자연스러운 일처럼 당연하게 믿는다면 우리들이 현재 가지고 있는 일체의 이성과는 상반되는 이성을 갖기를 원하는 것이 되고 만다. 그렇지 않고서는 그것이 불가능한 일이기 때문이다."[9]

다시 프랑스 혁명 시대로 돌아가 자코뱅(Jacobin)당의 신교 강령을 살펴보자. 우리는 이것이 일종의 철학적 종교에 다름 아님을 알게 될 것이다. 프랑스의 텐(Taine)에게는 그들의 신앙을 묘사하는 일단의 기발한 문장이 있어 눈길을 끈다. 그들은 이렇게 선언하고 있다. "오늘 이전에는 일체의 모든 것이 종교의 관할을 받았으나 오늘 이후부터는 이성이 관할하는 시대가 되었다. 우리 동지들은 모두 백과전서파의 신도로서 이성을 존중함은 물론 그것을 한 종교로 삼는다. 이제 이전의 종교 시대는 이미 종말을 고하였다. 우리들은 이 철학적 종교, 이성의 광명을 통해 역사상 하나의 신기원을 열어갈 것이다."[10] 허버트(Hebert)보다 로베스피에르(Robespierre)는 한층 더 철저하였다. 허버트와 그의 도당들은 일찍이 이성의 숭배로 하나님의 숭배를 대체하려는 이성절理性節에 참가한 적이 있었다. 성모원의 큰 예배당에서 일종의 이성 숭배 의식(A Feast of Reason)을 거행하였는데 한 아름다운 여자 배우를 꾸며서 이성의 여신으로 삼았다.[11] 이성! 이것은 그야말로 프랑스 혁명의 구두선口頭禪 그 자체였다.

하나님에 대한 철학의 사형 판결

프랑스 혁명 시대의 자코뱅당과 독일의 관념론 철학을 한번 비교해 보도록 하자. 가령 하이네(Heine, Heinrich, 1797~1856)는 『독일의 종교와 철학의 역사』(*Zur Geschichte der Religion und Philosophie in Deutsch land*)라는 명저 속에서 "사상계의 위대한 파괴자 칸트는 공포주의 면에서 로베스피에르가 미칠 바가 아니다"12)라고 했다. 그 이유에 대해 그는 다음과 같이 대답한다.

> 듣건대 유령은 사형 집행인의 칼을 언뜻 보기만 해도 벌벌 떨며 무서워한다고 한다. … 지금 별안간 칸트의 『순수이성비판』을 들고 나온다면 유령이 얼마나 질겁하겠는가! 이 책은 독일의 이신론理神論을 처치한 바로 그 사형의 검이기 때문이다.
>
> 공평하게 말해서 … 세상 사람들이 로베스피에르를 칸트와 비교하는 것은 사실상 그에 대한 과찬이 아닐 수 없다. 생토노레 거리(Rue Saint-Honoré)의 위대한 속물 로베스피에르는 충군제忠君制에 관한 한 파괴적인 분노를 보여주었으며 끔찍할 정도로 경련을 일으켰다. 그러나 최고 존재의 문제에 대해서는 입가의 흰 거품을 닦아내고 손위의 피를 깨끗하게 씻고서 번쩍이는 단추가 달린 청색 미복을 입는 것은 물론 폭이 넓은 흉삼胸衫 위에 꽃묶음을 끼우는 경건성을 보인다.
>
> 만일 쾨니스버그의 시민들이 칸트 사상의 모든 의미를 이해했다면 그들은 그를 사형 집행인, 즉 잔인하게 사람을 처결하는 사형 집행인에 견주면서 모골이 송연한 공포를 느꼈을 것이다. 그러나 선량한 사람들은 그를 단지 하나의 철학 교수로 간주하고 있었기 때문에 그가 고정된 시간에 산보

를 나갈 때면 늘 친절하게 그에게 안부를 물었고 그가 오는 때를 맞추어 품속의 시계를 맞추었다.[13)]

프랑스 혁명은 제왕과 귀족의 사형을 판결했고 독일의 철학자 칸트는 무미건조한 문체로 쓰인 철학을 이용해 하나님의 사형을 판결했다. 칸트는 우리에게 이렇게 전한다. "우리들은 물자체에 대해서는 전혀 아는 바가 없다. 우리들이 신神이라 부르는 것은 단지 허구에 불과하며 자연적인 착각으로 말미암아 성립된 것에 불과하다." 나중에 그가 비록 실천 이성을 가지고 일찍이 이론 이성에 의해 한 차례 사살된 유신론有神論을 부활시킨 적도 있었지만, 그러나 하이네가 말한 것처럼 "칸트는 경찰 역할을 맡기기 위해 신을 소생시키려 했을 뿐이었다." 그는 대학 교장 시절에 일찍이 전교생을 이끌고 교당教堂을 정비하기도 했지만 그 자신은 결코 그 안으로는 들어가려고 하지 않았다. 이것은 그가 종교를 경멸했음을 여실하게 보여주는 태도라 하겠다.

피히테의 『지식론』으로부터 헤겔의 『역사철학』에 이르기까지 모두 이성을 종교보다도 더 중시했다. 심지어 피히테는 프랑스 혁명 시대의 나폴레옹을 하나의 위대한 의지, 위대한 자아를 표상하는 대표적 인물로 지목하고 있다.[14)] 그의 『지식론』은 결국 1798년 무신론 사건으로 인해 사람들에게 고발되고 말았다. 피히테에게 있어서 신은 그야말로 존재할 여지가 없었다. 신은 단지 순수 행위 내지는 사건의 질서에 불과했던 것이다. 하이네가 말한 것처럼, "이런 종류의 관념론은 가장 조악한 수준의 물질론보다도 더욱 무신적이고 저주받은 이론이다. 프랑스의 이른바 물질적 무신론을 피히테의 선험적 관념론의 결과와 한번 비교해 본다면 그것이 오히려 너그러이 용서될 수 있는 경신적敬神的 위치에 있다고 하겠다."[15)] 피히테는 결국 자신의 철학을 배반하고 적 진영에 투항하고 말았다. 그러나 그의 후계자인 셸링(Schelling, 1775~1854)의 자연 철학은 오히려 스피노자(Spinoza, 1632~1677)의 범신론[16]을 지속적으로 지지하였으며 헤겔의 철학적 혁명에까지 이르게 되었다.

철학이 각종 과학 속으로 침입해 간다는 것[17]은 철학에서 과학으로 넘어가는 과도기로서 철학이 다름 아닌 종교를 청산하는 시대를 의미한다. 헤겔은 '미술 - 종교 - 철학'이라는 도식으로 그의 문화유형설을 체계화시켰다. 그리하여 철학은 미술과 종교의 종합을 뜻하게 되었으며 철학이 종교를 추월함으로써 철학상의 절대가 곧 '하나님'의 대명사가 되었다. 한번은 그가 독일 청년들에게 "우리들이 곧 하나님이다"라고 말한 적이 있었는데 이 말은 사실상 농담이 아니었다. 헤겔은 본래부터 철학자였으며 칸트, 피히테와 마찬가지로 매우 농후한 반신학적 정신을 가지고 있었다.

그러므로 우리는 18세기를 '반종교'적 철학 시대, 곧 이성 시대라고 말하는 것이다. 그렇다면 우리는 물을 수 있다. 이 이성 시대는 어디로부터 온 것인가? 문제의 핵심은 여기에 있다.

2) 그리스인가 중국인가

문예부흥과 계몽운동

18세기의 철학 시대는 바꾸어 말하면 반종교적 철학 운동이라 할 수 있다. 그 근원을 보면 두 가지로 하나는 중국이며 다른 하나는 그리스이다. 그러나 이 두 근원을 비교해 보면 중국 사상의 영향이 그리스의 것보다 더 크다는 것을 알 수 있다. 유럽 문예부흥 시대에는 그리스로부터 받은 문화적 영향이 상대적으로 더 깊었다고 말할 수 있다. 앞에서 설명한 것처럼 비록 중국의 주요 발명품이 문예부흥의 물질적 기초가 되기는 하였지만, 사실상 그리스의 세계관이 그 정신적 기초가 되었던 것이다. 그러나 계몽운동 시대에 이르면 이와 같은 그리스적 정신의 영향인 중국 문화에 의해 대체되어 버렸다. 중국은 말 그대로 18세기 정신문화의 탄생지이며 그 폭발력은 사실 그리스를 훨씬 능가한다고 해야 할 것이다. 그리스는 단지 유럽 본토의 역사적 산물에 불과했으나 중국은 외래에서 유래한 완전히 새로운 사조였다. 그러므로 한번 그 영향이 미치자 결국은 유럽 문화 역사에 새로운 시대의 획을 긋게 하였다. 우리는 여기서 하나의 의문을 갖지 않을 수 없다. 그것은 이와 같은 중국 문화의 숭배 태도에 대해 항의를 제기하는 사람이 전혀 없었는가 하는 점이다. 이에 관한 대답은 '당연히 있다'라고 말할 수 있다.

페늘롱과 케네의 견해 차이

이의를 제기했던 대표적 인물로는 그리스주의자로서 프랑스 대주교였던 페늘롱(Fénelon, 1651~1715)을 들 수 있다.[18] 그는 젊었을 때부터 그리스 문화를 매우 숭배하였다. 만년에 이르러서는 유럽을 구하기 위해서는 고대 그리스 문화의 도움이 반드시 필요하다고 느꼈다. 그러나 18세기 초에는 유럽 학자들이 모두 중국 문화에 마음을 기울여 그리스 문화는 한쪽에 내버려진 상태였다. 이 때문에 페늘롱은 단호히 중국에 반대하는 태도를 취했던 것이다. 그는 동서 대철인인 공자와 소크라테스를 서로 비교하면서 공자는 '중국의 소크라테스'가 될 수 없다고 생각했다. 공자는 철학을 가지고 전 인류를 가르치려고 했는데 이것은 사실 잘못된 것이며 소크라테스에게는 이런 야심이 없었다는 것이다. 소크라테스는 "나는 저술을 하지 않기로 결심했다. 더군다나 내가 이미 너무 많은 말을 했다고 생각한다(I have deliberately abstained from writing, I have even talked too much)"고 말했다. 공자 일파는 모든 백성을 철학자로 만들고자 하였으나 이것 역시 불가능하다고 했다. 설령 다수의 중국인이 많은 우수한 점을 가지고 있다고 하더라도 결점 역시 없을 수 없기 때문이라는 것이다. 그는 더 나아가 중국의 고대 역사는 황당무계하기 짝이 없는 그야말로 위조된 것이라고 생각하였다. 중국이 비록 유럽보다 먼저 인쇄술, 화약, 기하학, 회화, 도자기 제작법을 발견했지만, 계속 답보 상태로 머물러 조금도 진보가 없었다고 비판하였다. 뿐만 아니라 중국의 건축은 균형이 결여되었고 회화는 짜임새가 없으며 칠기의 발명은 자연적 환경에 기초한 것이라 하였다. 페늘롱은 심지어 중국 민족은 사실 바빌로니아(Babylonia)의 후예이며 그 문화 역시 바빌로니아에서 전래되었다고 주장하였다. 그는 여기에 세 가지 증거를 들기도 하였다. 그리하여 그의 결론은 자연스럽게 소크라테스가 공자보다 우위에 있고 그리스 문화가 중국 문화보다 더 훌륭한 것으로 귀착되었던 것이다.

그러나 매우 모순된 점은 그가 인류 교화의 가능성을 부인하고 있다는 사실이다. 그는 "내가 나를 사랑함이 그 가족을 사랑함만 못하고, 가족을 사랑함이 국가를 사랑함만 못하고, 국가를 사랑함이 또한 인류를 사랑함만 못하다"고 했다. 페늘롱의 이 말은 사실상 공자의 단계적 박애주의와 다를 바 없다. 때문에 후등말웅은 『지나 사상의 프랑스 전래』(『支那思想のフランス西漸』) 속에서 페늘롱의 모순성을 지적하며 비판을 가했던 것이다.[19)]

한편 페늘롱이 그리스를 통해 중국 문화에 대항하자고 주장한 이후로, 유럽의 공자로 불리는 케네는 1767년 『중국전제정치론』(*Le Despotisme de la Chine*)이라는 글에서 그와 상반된 논조로 그리스의 철학이 중국만 못하다고 주장하였다.[20] 그의 동지 보도(Baudeau, Nicolas, 1703~1792)는 더욱 분명하게 말한다. "공평한 선의와 자연적 질서는 그리스의 각 공화국 사이에 처음부터 존재하지 않았던 것들이다. 그리스 속에 담겨 있는 것은 오로지 인류의 평화와 행복을 파괴하는 흔적들뿐이다. … 현대의 순수하고 올바른 사상가라면 그리스의 철인과 정객을 또다시 끌어들이고 그들의 정치 제도가 인류의 걸작이라 생각해서 그것을 모방할 리가 없을 것이다."[21]

이상의 내용을 통해 18세기 유럽의 철학 문화에 비록 양대 근원이 존재하기는 했지만 그리스 문화의 영향이 중국에 훨씬 못 미쳤음을 알 수 있다. 그러므로 18세기 철학 시대는 어떤 측면에서 보더라도 중국 철학 문화의 영향임을 쉽게 분별할 수 있다. 그런데 18세기 말에 이르러 유럽 학자들은 중국 문화가 그리스를 모방한 것이라고 선전했다. 예컨대 메네스(Christoph Meiners) 등이 1778년에 발표한 일련의 입장이 여기에 속한다. 그러나 얼마 후인 1806년 프랑스 학자 헤이거(Joseph Hager)는 오히려 그리스의 종교가 중국으로부터 영향 받은 것이라고 주장하고 나섰다. 18세기부터 19세기에 이르기까지 유럽은 과학 문화 시대로 접어들었고 유럽의 그리스 문화가 중국 문화를 점점 압도해 가는 상황이었다. 그래서인지 18세기 말·19세기 초의 일반적인 유럽 사람들은 그리스 문화가 중국 문화로부터 영향 받은 것이 아니라 반대로 중국 문화가 그리스 문화의 영향을 받았다고 믿었다. 이처럼 상황이 일변되어 중국 철학은 더 이상 유럽 사상계를 지배할 수 없었으며 반대로 유럽의 과학이 이제 중국 사상계를 지배하기에 이르렀다. 하지만 이것은 어디까지나 후대의 결과론적 설명에 지나지 않으며 18세기 당시의 유럽은 확실히 중국의 영향권 아래 있었다. 이것은 그야말로 부정할 수 없는 역사적 사실인 것이다.

그렇다면, 이성의 관념은 중국에서 온 것인가, 그리스에서 온 것인가? 나는 감히 그것이 분명 중국에서 온 것이라고 단언할 수 있다. 헤겔은 『역사철학』에서 이성이 세계를 지배하는 두 가지 형식을 생각해 볼 수 있다고 말했다. 하나는 '누스'(Nous)가 우주를 지배한다는 그리스 철학자의 이론이고, 다른 하나는 신의神意에 대한 신앙이라는 종교인들의 이론이다. 그런데 그는 이 두 가지 형식이 모두 '철학적 이성관'이 아니라며 비판하였다. 이성의 '변화적 범주'에 대해서 헤겔은 "이것은 곧 동양인이 지닌 사상이며, 아마 그들의 가장 위대한 사상일 뿐만 아니라 그들의 형이상학의 최고 사상일 것이다"[22)]라고 했다. 또 "중국인이 가장 근본적인 원리로 받아들이는 것은 바로 이성(Reason)이다. 그들은 이것을 '도道'라 부른다. '도'는 천지의 근본이고 만물의 발원지이다"라고 말했다. 그러나 중국의 이성은 그의 관점에서 본다면 직접적으로 국가가 관여하는 각종 학술 연구와는 그다지 결부되어 있지 않았다.[23)]

18세기 유럽의 이상국

이제 이와 같은 중국의 이성설理性說이 어떻게 유럽으로 전해졌는지에 대해 주목하도록 하자.

앞에서 이미 살펴보았듯이 예수회 교도들이 '이단'적인 공자 철학을 적극적으로 유럽에 소개하여 그것이 기독교와 서로 일치한다는 점을 힘써 증명하였지만 종교적인 측면에서는 어떠한 영향도 주지 못하였다. 영향이 있었다면 그것은 오히려 역효과였다. 그러므로 여기서 설명하고자 하는 '중국 이성설이 유럽에 끼친 영향'은 당연히 종교 문화가 아닌 철학 문화의 영향을 말하는 것이다. 종교적 입장에서 철학을 보면 철학은 일종의 이단에 지나지 않는다. 그러나 철학의 입장에서 보면 종교상 이단으로 인식되는 공자는 반대로 철학의 조상이며, 그릇된 이론으로 인식되었던 '리理,' '이성理性'은 바로 철학의 정통이 된다. 18세기 유럽의 사상계는 이미 종교에 반대하고 철학을 옹호했기 때문에 이 비종교적 공자와 그의 철학적 이성관이 열렬하게 환영받고 추앙된 것은 당연한 일이었다.

로마 교회가 공자 학설을 '이단 사설'로 간주했기 때문에 이 이단 사설을 환영하는 태도는 곧바로 로마 교회 자체를 공격하는 것과 다르지 않았다. 프랑스의 대사상가 볼테르가 그 좋은 예일 것이다. 그는 반종교 운동의 최선봉인 동시에 중국 철학 문화를 유럽에 소개한 선각자였다. 그는 예수회 대학으로부터 습득한 중국 철학에 관한 지식을 무기로 교회와 예수회를 공격하였다. 18세기 프랑스 교회의 붕괴는 거의 이 한 사람의 힘에서 나온 것이나 다름없었다. 예수회원들이 중국 사상을 소개한 이유는 본래 자신의 종교 교의를 변호하기 위한 것이었다. 그러나 유감스럽게도 중국 사상은 원래 철학적 문화이며 이성적 문화였기 때문에 단지 종교의 사상적 변호자로서 만족하지 못했던 것이다. 그들의 본래 의도와는 반대로 반종교론자들에게 절대적 무기를 안겨준 꼴이 되고 말았다. 이것은 예수회원들이 애초에 예상치 못했던 결과였다.

그 뒤로 종교 사상은 유럽에서 그들이 가졌던 지배력을 계속 유지할 수 없었고 종교 시대는 결국 철학 문화의 시대로 대체되어 갔다. '이단'적 공자가 유럽에 대두하게 된 상황과 관련하여 라이히바인은 『중국과 유럽』이라는 책에서 다음과 같이 말하고 있다. "예수회 사람들은 중국 경서를 번역해서 독자에게 권하여 송독하게 하는 것은 물론 중국 사상을 직접 실행해 볼 것을 희망했다. 특히 중요한 점은 그들이 단지 중국 철학을 소개하는 데 그치지 않고 중국의 실제 정치 상황을 유럽의 학자들에게 가능한 범위 내에서 알리고 있다는 사실이다. 그로 인해 유럽인은 중국 문화에 대해 점차적으로 식견을 높일 수 있었고 중국 정치는 결국 당시 흔들리고 있던 유럽 정국에 하나의 이상적인 모형이 되었다. 당시 유럽인은 모두 중국 민족을 순수 도덕적인 민족으로 여겼던 것이다."[24)]

18세기 유럽 사회에서 '중국'은 그야말로 이상 국가로 인식되었으며 중국의 공자는 18세기 유럽 사상계의 커다란 목표가 되었다. 마치 마르크스·엥겔스 학설이 20세기 전후로 전세계 지식인의 토론 목표가 되었던 것처럼 공자의 철학적 이성관 역시 18세기 유럽 사상계에서 최대 권위를 지녔다. 그 영향은 프랑스, 독일, 영국 등 각 나라에 두루 미쳤으며 그들은 하나같이 '이단'적 공자를 반종교적 주장의 철학적 방패로 삼고 있었다. 공자의 학설은 말 그대로 유행처럼 번졌다. 이것은 유럽의 일반적인 지식인 계층에게 공자의 저서에 대한 흥미를 유발시켰다. 다시 말해 중국 문화는 예수회원의 연구 범위에서 벗어나 예수회 이외의 지식 계층에게까지 확대되어 갔던 것이다.

게다가 일반 학자들은 불완전한 번역본을 읽은 상태로 깊은 이해를 구하지도 않고서 대단한 감동을 받았다. 이미 17세기에 몇몇 사람들은 책을 지어 자신의 견해를 피력함으로써 중국 철학을 기꺼이 선전하고 나섰다. 예컨대 1688년에는 『중국의 철학자, 공자의 도덕에 관한 편지』(*Lettre Sur la morale de Confucius, philosophe de la Chine*, Paris)와 『중국인 공자의 도덕』(*La morale de Confucius philosophe de la Chine*, Amsterdam)이라는 책이 익명으로 출판되었다. 그리고 18세기 초인 1729년에는 M. D. S라는 필명으로 한 『중국의 정치도덕개론』(*Idée générale du gouvernement et la moraler des chinois, Paris*)이 출판되었다. 당시의 책들이 이처럼 익명으로 발표된 것은 당시 정부의 엄격한 검열 제도를 피하기 위해서였다. 현대의 연구 결과에 의하면, 첫 번째 책은 시몬 푸셰(L'abbé Simon Foucher)의 저서[25]이고, 두 번째 책은 신교 목사인 브륀(Jean de la Brune)의 저술이라 한다. 그리고 세 번째는 당시 재정가이면서 『학자잡지』의 주필이었던 실루엣(Etienne de Silhouette)이 지은 것이라 하니, 그 영향이 얼마나 대단했는지 미루어 짐작할 수 있다.

특히 흥미로운 것은 1788년 런던에서 간행되어 파리에서 팔린 위서 한 부가 현재 파리의 국립도서관에 소장되어 있다는 사실이다. 그 책의 이름은 "Le code de la nature, poème de Confucius, traduit et Commenté par le P. Parennin(파레닌이 譯註한 孔子의 詩篇, 自然法)"이다. 공자에게 이러한 책이 없음은 두말할 필요도 없다. 작자는 당시 중국 주재의 프랑스 예수회 선교사인 파레닌의 이름에 가탁해 위작을 했던 것이다. 게다가 일부러 공자의 격언을 시적 형식으로 변형시켜 독자들이 깊은 인상을 갖도록 했다. 한 예를 들어보면 다음과 같다.[26]

> 사람의 본성은 처음에는 선한 것인데,
> 홉스의 탄식은 무엇 때문인가? ….

이것은 공자의 성선설을 이용해 홉스(Hobbes)의 성악설을 반박한 것이다. 이 예만 보더라도 공자 철학이 당시 얼마나 큰 영향을 끼쳤으며, 얼마나 많은 사람들에게 활용되고 있었는지 짐작할 수 있다. 각 책들이 중판된 수량만 보더라도 그 영향이 얼마나 긴 기간 동안 지속되었는지를 알 수 있다.

18세기 유럽은 이른바 철학의 시대였지만 이것은 종교 문화에 대한 지양으로 등장한 것이며 사실상 중국 철학 문화의 이식이었다. 그렇기 때문에 공자는 종교 문화를 반대하기 위한 하나의 무기가 되었으며,

공자의 철학에 관한 연구는 종교 계층에만 한정되지 않고 당시의 자유주의 사상가들 속에 고르게 분포되어 있었다. 중국의 철학 문화는 마치 그리스 문화가 문예부흥의 밑바탕이 된 것처럼 18세기 유럽 문화의 주춧돌이 되었다.

3) 송유 이학의 유럽 전입에 따른 영향

주지하다시피 16·17세기 이래로 예수회 선교사들은 한편으로 유럽의 과학 문화를 중국에 전해 주었는가 하면, 다른 한편으로 중국의 철학 경전을 유럽에 소개하기도 했다. 그들은 왜 그것을 유럽에 소개했을까? 그들은 거기서 '천,' '신,' '상제'라는 명사를 찾아내어 기독 교의에 억지로 갖다 붙임으로써, 기독 교리와 중국의 철학이 완전히 부합된다는 점을 증명하려 했다. 헤겔은 『역사철학』에서 일찍이 여기에 대해 언급하고 있다. "중국에서 … '천'은 단지 '자연'이라는 의미에 지나지 않는다. 한때 중국의 예수회 교도는 중국의 명칭에 따라 기독교의 신(God)을 '천'(Heaven)이라고 부르는 것을 인정했는데, 그 때문에 다른 기독교단으로부터 항의를 받아 교황에게 상소되었다."[27] 이것이 이른바 전례 논쟁이다.

유럽 선교사들은 중국에서 말한 '천'과 기독교에서 말하는 하나님은 근본적으로 같지 않다고 여겼다. 이 때문에 대대적으로 공격을 가했는데 이 논쟁은 1645년부터 1742년에 이르기까지 무려 백 년에 걸쳐 진행되었다. 코르디에가 지은 『중국학도서목록』(*Bibliotheca Sinica*, Vol. II, IV. et V.)에 따르면 이 논쟁과 관련된 저술이 모두 262부나 되고 발표되지 않은 것만도 수백 종에 이른다. 특히 주목할 만한 것은 예수회 선교사를 제외하고는 모두가 중국 철학이 유럽과 서로 같지 않으며,

중국 철학은 무신론적이고 기독교는 유신론적이라는 점에 주의를 기울였다는 사실이다. 아울러 일반 지식인 계층은 기독교와 다른 중국의 '이학理學'을 가지고 그들의 계몽운동의 대기치를 내걸었던 것이다.

본래 중국에 있는 서양 예수회 선교사들은 비록 선진시대 공자의 사상과 기독교를 서로 조화시키려고 힘써 노력했지만 송유 이학에 대해서만큼은 비판적인 태도를 가지고 있었다. 가령 루기에리의 『천주실록』과 마테오 리치의 『천주실의』는 모두 선진시대 공자의 사상은 중시하면서도, 송유 이학의 '리理'와 '태극太極'에 대해서는 유물주의의 악영향으로 인식해 엄격한 비판을 가했다. 마테오 리치는 송유가 말한 '리'와 원시 유학의 '상제'는 근본적으로 같을 수 없다고 규정하였다. 그리고 그 이유로 ① 리의어물설理依於物說, ② 리무영각설理無靈覺說, ③ 리비어인설理卑於人說을 들었다. 사실 그가 이 책을 저술한 목적은 본래 송대 이학파의 유물주의적 경향을 비판하기 위한 것이다. 그 후 롱고바르디는 『영혼도체설』을 저술하여 도체·태극의 그릇됨을 힘써 배척하였다. 알레니의 『만물진원』과 『삼산논학기』 역시 기독교의 입장에서 송유 이학에 반대한 것이다. 『만물진원』에서는 "리理는 물物을 만들 수 없다(理不能造物)"고 하였다. 그리고 『삼산논학기』에서는 "태극의 설은 항상 리기理氣 두 글자를 벗어나지 못하며 일찍이 그것이 영명·지각을 가지고 있다고 말한 적이 없다(太極之說, 總不外理氣二字, 未嘗言其爲靈明知覺也)"고 하였고, "사물마다 각각 하나의 태극이 갖추어져 있다면 태극이 어찌 사물의 원질이며 사물과 같은 체가 아니겠는가?(物物各具一太極, 則太極豈非物之原質, 與物同體者乎?)"라고 하였다. 그는 '리'를 곧 법칙으로 여겨 사물이 있어야 비로소 그 법칙이 있을 것이라 생각했다. 불리오 역시 『부득이변』에서 "리理는 물物을 낳을 수 없다(理不能生物)"고 주장했다. 아담 샬은 또한 『주제군징』에서 송유의 태극·음양 제설에 대해 반박하고 있다. 마틴 마르티니의 『진주영성리증』에서는 더욱 근본적인 입장에서 송유의 리기론을 뒤엎고 있다. 1673년 루벨리는 『진복직지』를 저술, 태극은 그야말로 물질적인 원질에 지나지 않는다고 인식했다.

그러나 여기까지는 그래도 정중한 표현에 해당한다. 1697년에 이르자 벨기에 사람인 노엘은 마침내 『인죄지중』을 지어 송유를 속유俗儒로 지목하고 나섰다. 주자周子, 장자張子를 비판하기를, "속유는 생전에 몸을 편안하게 하고 사후에는 신神이 흩어짐으로써 그 돌아갈 바를 삼는다(俗儒以生前身安, 死後神散爲歸)"고 했다. 1753년에는 벨기에 사람인 샤르므가 『성리진전』 4책을 지었는데 이는 예수교 철학 중에서도 백미로 손꼽히는 저작이다. 그는 유가를 원시 공가孔家와 송유宋儒로 나누어 전자를 선유先儒로, 후자를 후유後儒로 불렀다. 그는 송유의 리기이원설異氣二元說에 대해 전력을 다해 공격하였다. 권2의 「총론태극總論太極」, 「변리비만물지원辨理非萬物之原」, 「박서명만물일체지설駁西銘萬物一體之說」, 「변성리제서辨性理諸書」, 권3의 「박한당이래성리일서제류설駁漢唐以來性理一書諸謬說」 등 책 전반에 걸쳐 세세한 부분까지 자세하게 논의하고 있다. 그의 관점에서 보면 리기·태극은 모두 비루한 유물주의에 불과할 뿐이었다.[28]

총괄하면 1586년 루기에리의 『천주실록天主實錄』, 1603년 마테오 리치의 『천주실의天主實義』로부터 1753년 샤르므의 『성리진전性理眞詮』에 이르기까지 그들은 모두 송유 이학을 유물론 혹은 무신론적인 것으로 인식하였다. 그럼으로써 원시 유학은 옹호하되 송유에 대해서는 비판적인 태도를 취했다. 그들은 중국 사상 가운데 송유 이학에 대해서는 처음부터 유럽에 소개할 의도가 없었다. 다만 공자의 원시 유학만을 들여와 그 교의에 부회하고자 했다. 그러나 유럽의 일반 지식인 계층은 그것이 송유인지 원시 유학인지를 구분할 도리가 없었다. 그러므로 공자의 원시 유학이 들어옴에 따라 송유 이학도 함께 받아들여지게 되었다.

송유 사상의 유럽 전입은 두 가지 측면으로 나누어 살펴볼 수 있다. 하나는 의식적인 수용이고 다른 하나는 무의식적인 수용이다.

의식적인 수용

의식적인 수용을 살펴보면 다음과 같다. ① 뒤 알드의 『중화제국전지』 제2권(266~268쪽)에는 송나라 주희의 논문을 모아 놓은 「공립학교를 세워 시민들을 행복하게 하는 방법에 관하여」(關於建公立學校使人民得幸福的方法)라는 글이 들어 있다. 또한 제3권(42~64쪽)에는 「세계의 기원과 현상: 중국 근세의 한 철학가가 발표한 사상적 대화」(世界底起源和現狀: 中國近世一個哲學家發表思想的對話)가 있다.[29] ② 소강절의 『육십사괘원도방위도六十四卦圓圖方位圖』와 『육십사괘차서도六十四卦次序圖』(즉 『經世衍易圖』)는 1703년 4월 1일 부베에 의해 유럽에 소개되었다. 이것은 라이프니츠에게 보낸 것으로 현재 독일의 하노버(Hannover) 도서관에 소장되어 있다. ③ 디드로는 백과전서 속에 '중국철학'(philosophie des Chinois)에 관한 한 편의 글을 남겼다. 여기서 그는 중국 사상을 전국시대 이전 공孔·노老로부터 명말에 이르기까지 강술하고 있는데, 중국철학에 관한 소사小史로서 송유 이학은 물론 정명도, 정이천을 대략적으로 소개하고 있다. ④ 쇼펜하우어(Schopenhauer, Arthur, 叔本華, 1788~1860)는 『자연의 의지』(1836년)라는 책을 통해 1826년 『아세아저널』(*Ariatic Journal*) 제22책에 실린 「중국의 창세론」이라는 한 편의 논문을 거론하면서 주부자朱夫子(Tschu-fu-tze) 곧 주희(Tschu-hi)의 철학에 대해 언급하고 있다.

무의식적 수용

무의식적인 수용은 의식적인 수용보다 그 영향이 더 컸다. ① 『천주실록』의 라틴어 판본인 *Vera et brevis divi narum rerum expositio*는 호교적인 의도로 쓰인 것이다. 이 책 중에서 특히 주의를 끄는 점은 이것이 중국에서 통행되고 있는 몇 종의 교파를 반박하고 있는데도 불구하고 뜻밖에도 송유 이학을 유럽에 전하는 결과를 가져 왔다는 사실이다. 또한 마테오 리치의 『천주실의』 역시 쟈끄(Jacques)에 의해 프랑스어로 번역되어 『야소회사서간집』 속에 실려 있다. ② 롱고바르디는 근본적으로 중국 철학에 반대하여 공자와 공자 학파를 유물론으로 규정했다. 그는 일찍이 『영혼도체설』을 발표하고 스페인어로 『중국 종교에 관한 몇 가지의 의문』이라는 글을 저술했는데, 이것이 1701년 예수회의 반대파에 의해 프랑스어로 번역되었다(*Traité sur quelques points de la religion des Chinois*, Paris, in-12). 우르시스의 중국인의 천주·천사·영혼 등의 설에 대한 견해는 일찍이 롱고바르디의 책 속에서 인용되고 있다. ③ 프란시스코회 선교사 생트 마리는 1701년에 『중국 전교 사업의 몇 가지 중요한 점에 관한 평론』이라는 글을 발표했다. 이 책은 롱고바르디 등의 책과 더불어 송유를 중국 철학의 대표로 삼아 공격하고 있는 것들이다. ④ 예수회 선교사의 저작 외에도 브루커(Brucker), 불핀겔(Bulfinger), 라이프니츠 등의 저술 속에 송유 이학에 대해서 일찍이 언급한 바가 있다.

이 중에서 공격이 가장 맹렬한 것은 롱고바르디라 할 수 있다. 그의 견해는 다음과 같이 요약할 수 있다. ① 중국 철학은 무신론이다. ② 중국의 이른바 리理는 중대한 결점을 안고 있는데 그것은 다름 아닌 '물질'이라는 결점이다. 그러므로 '리理'를 신神이라고 칭하기보다는 제1질료라 말하는 것이 옳다. ③ 중국의 이른바 천天은 물질적 천, 곧 창천蒼天으로서 '상제'의 논조와는 다르다. ④ 『서경』 속에서 말한 제사의 예禮를 네 종류로 나누어 보면, ⓐ 상제, ⓑ 육종六宗, ⓒ 산천, ⓓ 군신群神을 들 수 있다. 이것들은 각각 특별한 정신을 가지고 있어서 중국 주석가들은 모두 자연적인 원인으로 인식하고 있다. ⑤ 그는 "제사지내야 할 귀신이 아닌데도 제사하는 것은 아첨하는 것이다(非其鬼而祭之, 諂也)"라는 공자의 말을 인용하면서 중국인은 스토아 학파와 같이 물질적인 유형적 신神이 존재한다고 여겼다고 인식하였다. 이 신은 우주 사이에 가득 차서 우주를 낳고 기타 하급 신과 더불어 공동으로 우주를 지배한다는 것이다. ⑥ 중국인의 모든 종교는 한 편의 희극에 불과하다.

그 다음가는 인물로는 예수회의 반대파에 속하는 생트 마리를 들 수 있다. 그는 온 힘을 다해 송유 이학을 공격하였다. 공자의 "하늘이 무슨 말을 하겠는가? 사시四時가 운행되고 온갖 만물이 생장할 뿐이다. 하늘이 무슨 말을 하겠는가(天下言哉, 四時行焉, 百物生焉, 天下言哉)"라는 말에 직접적인 반대는 하지 않았지만, 후인의 주석에 대해서만큼은 잘못된 점을 지적하고 있다. 그가 중국 철학을 공격한 주요 이유는 다음과 같다. ① 중국인은 '리,' '태극' 혹은 '상제'가 신적인 성질을 가지고 있다고 하면서도 그 영명靈明 지각知覺의 성격을 부인하고 있으니, 이같은 종류의 신앙은 매우 모순적인 것이다. ② 고대와 근대의 중국인은 상제라는 이름하에 물질적인 천天을 숭배하였으며, 더 나아가서는 사람들이 이해할 수도 없는 '리'를 숭배하였다. 그들은 그것(天)을 '덕', '리'라 일컬으면서 모든 것을 희생시켰다. ③ 알려진 정보에 따르면 공자와 기타 고대 성인은 모두 상제의 화신으로서 상제와 동일한 존재로 인식되었음을 알 수 있다.[30]

이상에서 서술한 것처럼 그들은 중국 철학, 즉 송유宋儒의 이성관에 반대했음은 물론 송유의 유물론과 무신론에 반대했다. 이러한 사실은 분명 송유 이학의 불운이었지만 한편으로는 송유 이학의 행운이기도 했다.

이단적 이학理學과 유럽의 이성 시대

그 이유는 무엇인가? 앞에서 말한 것처럼 종교적 견지에서 볼 때 철학은 단지 일종의 이단일 뿐이다. 하지만 철학적 견지에서 본다면 이와 같은 이단적 이학이 도리어 철학의 조상이 된다. 18세기 유럽의 사상계는 이미 종교에 반대하고 철학을 주장하는 시대였으므로 비종교적인 중국 철학이 열렬하게 환영받고 제창된 것은 당연한 일이었다. 게다가 백 년에 걸친 전례 논쟁은 곧 중국 철학이 유럽으로 전해질 수 있었던 절호의 기회였다. 로마 교황에 의해 무신론적이고 유물론적인 것으로 간주된 '중국 철학'은 불행하게도 예수회 선교사를 매개로 유럽에 전해졌다. 그러나 이 이단적 학설이 유럽에 전해짐에 따라 유럽 사상계가 일대 자극을 받을 수 있었던 것은 실로 다행한 일이었다. 이것은 그야말로 유럽 사상계에 있어서 '반기독교,' '반신학,' '반종교'의 이론적 기초가 되어 마침내 유럽의 철학 시대를 형성하기에 이른 것이다.

그러나 여기에도 또한 예외가 없을 수 없었다. 중국 사상이 프랑스, 독일 양국에는 긍정적인 영향을 주었지만 영국에서는 부정적인 영향을 미쳤던 것이다. 18세기까지만 하더라도 영국에는 중국 사상에 대한 긍정적인 평가와 부정적인 평가가 여전히 공존하고 있었다. 그러던 것이 19세기 이후에 와서는 완전히 부정적인 경향으로 흐르고 말았다. 그렇지만 그 이전의 영국 사상가, 문학가 가운데 고대 학술을 특히 제창하고 자연 종교를 신앙하던 사람들은 중국 문화에 대하여 모두 우호적인 태도를 품고 있었다. 가령 템플(Sir William Temple), 틴달(Mathhew Tindal), 애디슨(Joseph Addison), 포프(Alexander Pope)[31]를 비롯하여 문학가인 골드스미스(Goldsmith), 월폴(Walpole), 퍼시(Thomas Percy) 등[32]은 중국을 극구 찬미하는가 하면 그들 작품의 주요 소재로 삼기도 했다. 심지어 중국 문화를 냉혹하게 비판하고 있는 『로빈슨 표류기』의 저자 디포(Defoe, Daniel)마저도 1705년 『응결집凝結集』에서는 중국 문화에 대해 지나칠 정도의 경의敬意를 표시하고 있었다.[33] 그러나 중국 사상이 영국에 끼친 영향은 대체적으로 대륙 쪽과 비교해 그리 신통치 못했던 것이 분명하다. 도대체 왜 그랬던 것일까? 그 원인을 따지면 다음과 같다.

① 영국은 말 그대로 '과학적 철학'의 탄생지이다. 이를 문화 지리적 차원에서 보면 그야말로 서양 과학의 요람인 것이다. 때문에 '철학적 철학'인 중국 문화가 독일과 프랑스처럼 쉽게 수용될 수는 없었을 것이다. 영국 학자들이 중국 문화에 가한 각종 악평들을 살펴보면 이 점이 더욱 분명해진다. 예컨대 워턴, 록키어(Francis Lockier) 등을 비롯한 대다수 영국인들의 중국 비판은 모두가 과학 문화의 입장에서 중국의 철학 문화를 평가하고 있다.

② 프랑스와 중국의 접촉은 비교적 일찍부터 이루어졌으며 그 매개자는 천주교도로서 모두가 상류 계층에 속하였다. 이와는 반대로 영국과 중국의 접촉은 비교적 늦은 편이며 그 매개자는 항해가, 상인 계층으로서 모두가 하류 계층에 속했다. 때문에 프랑스 학자들은 중국 문화에 대해 깊은 동정을 표할 수가 있었지만 영국 사상계는 이와 달리 인정에 얽매이지 않는 공격적인 태도를 취하게 되었다. 가령 댐피어(William Dampier, 1651~1715), 앤슨(George Lord Anson) 등의 『여행기』가 그 좋은 예이다.

이러한 원인들로 인해 영국이 중국 사상으로부터 받은 영향은 프랑스, 독일 양국과 비교할 때 현격한 차이가 생기게 되었다. 영국은 단지 문학 분야에서만 중국적 요소들을 받아들였으며 철학 분야에서는 깊은 흔적을 남기지 못했다. 중국의 공자는 프랑스에서 무신론자, 중농학파를 발생시켰고 독일에서는 수많은 철학자, 정치학자들을 만들어 냈다.

그러나 영국에서 공자는 단지 '존경할 만한 인물' 그 이상도 이하도 아니었다.

따라서 이 책에서 밝히고자 하는 중국 철학의 유럽에 대한 영향은 대체로 프랑스와 독일 양국을 대상으로 삼고 있다. 여기서 독자들이 한 가지 주의할 점은 18세기 프랑스·독일 학자들은 중국 철학에 반대하든 환영하든 간에 모두 송유의 '리기이원설理氣二元說'을 그 대상으로 삼고 있었다는 사실이다. 어떤 사람들은 중국 철학을 유물론, 무신론으로 인식하여 공격을 가하였고 어떤 사람들은 중국 철학을 유물론, 무신론으로 인정하여 크게 환영했다. 그런가 하면 한편에서는 중국 철학의 '리기설理氣說'을 이단 외도로 치부하기도 하였고, 다른 한편에서는 이 '이성설'을 옹호하여 중국 철학에 새로운 해석을 가하기도 하였다. 전자의 영향은 프랑스 말브랑슈의 중국 철학 공격이 그 예이며 후자의 영향은 독일 라이프니츠의 중국 철학 옹호가 그 예이다. 말브랑슈의 공격은 프랑스 백과전서파의 무신론적이고 유물론적인 철학에 큰 반향을 일으켰고 라이프니츠의 옹호는 마침내 독일 관념론의 정통 철학을 발생시켰다. 전자의 영향이 프랑스 정치 혁명으로 이어졌다면 후자의 영향은 다름 아닌 독일의 정신 혁명으로 이어졌다.

2. 계몽운동의 선구 데카르트

18세기는 계몽사상의 발달기이다. 그 근원을 따지자면 17세기의 데카르트 시대에까지 거슬러 올라가지 않을 수 없다. 일부 학자들은 데카르트와 그 학파를 문예부흥기의 철학으로 오인하기도 하지만[34] 실제로는 계몽 철학의 원조이다. 프랑스의 콩트(Comte)는 유럽의 형이상학 시기를 두 개의 작은 단계로 나누고 있다. 그의 설명에 따르면 14~15 두 세기는 비록 일종의 자발적이고도 부단한 비판 정신이 표현되고는 있지만 아직도 지도적인 학설 체계는 존재하지 않았다. 그러나 16~17 세기에서 18세기에 이르면 일종의 부정적 철학의 큰 영향을 받게 되는데 이것이 이른바 혁명적 시기이다. 이 시기의 혁명적 학설은 곧바로 17세기 중엽까지 거슬러 올라가는데 데카르트의 철학이 그 대표적이다. 이러한 콩트의 설명은 그야말로 데카르트 철학을 계몽운동의 선구로 인정하는 것이 아니고 무엇이겠는가? 레비브륄(Lévy-Bruhl)은 "근대 철학은 데카르트에 이르러 하나의 새로운 시기에 돌입했다"[35]고 했고, 베르그송(Bergson)은 "모든 근대 철학 사상은 대부분 데카르트에게 근원한다"[36]고 했다. 이것은 결코 지나친 말이 아니다. 데카르트 학파는 물론이고 17세기 후반에 활동했던 두 철학자 즉 스피노자와 라이프니츠 등은 모두 데카르트와 아리스토텔레스를 혼합해 완성된 철학에 불과한 것이다.[37] 우리는 라이프니츠가 독일 계몽 철학의 선구임을 공인했던 것과 마찬가지로 이제 데카르트가 바로 철학 시대 이성주의의 원조임을 인정해야 한다.

1) 데카르트의 중국 문화에 대한 태도

외래 문화의 접촉

데카르트 사상의 근원을 연구해 보면 우리는 매우 중대한 사실을 발견하게 된다. 그것은 바로 유리주의唯理主義 철학은 레비브륄이 말한 것처럼 전승적인 것이 아니라 갑자기 출현한 것이라는 사실이다. 그의 철학이 전통적인 학설과 거의 관계가 없었기 때문에 철학자 베르그송과 수학자 비오(Biot)는 모두 그의 철학과 수학을 가리켜 "어머니 없이 태어난 아들(Proles sine matre creata)"[38]이라고 평가했다. 그렇다면 데카르트 철학은 어디서 잉태된 것인가? 나는 그것이 외래 문화의 접촉, 특히 중국의 영향에서 온 것으로 생각한다.

데카르트 사상의 출처를 한마디로 결론 내릴 수는 없지만, 총괄해 보건대 아래의 두 가지 점에 주의할 필요가 있을 듯하다. 첫째, 그는 1604년부터 1612년까지 라 프레슈(La Fleche) 지방에 있는 예수회파의 학교에서 학문을 닦았다. 그래서 그는 일생 동안 항상 예수회파에 대해 특별한 관심을 보였다. 당시는 바로 루기에리의 『천주실록』(1586)과 마테오 리치의 『천주실의』(1603)가 라틴어 판본으로 유럽에 전입되던 시기였다. 둘째, 그는 비록 프랑스 사람이기는 했지만 1618년 프랑스를 떠나서 일생을 거의 네덜란드에서 보냈기 때문에 그의 모든 저작은 대부분 네덜란드에서 쓰인 것들이다. 네덜란드는 당시 포르투갈과 동방 시장을 놓고 치열한 경쟁을 벌이던 때였다. 『명사明史』 권325의 「화란전和蘭傳」에 이 사실이 대략 기재되어 있다. 발렌틴(Valentyn)이 『하란동인도공사사荷蘭東印度公司史』에서 서술한 내용에 의하면, 1603년 즉 데카르트가 7세 때(明 萬曆 31年) 네덜란드 사람이 중국의 영해에 이르러 마카오에 정박했다고 전한다. 1624년(天啓 4年) 데카르트의 나이 21세 때는 중국이 네덜란드 사람에게 비로소 자유 무역을 허가했다. 그래서 그는 1631년에 발자크(Balzac)에게 보낸 「그 번성을 삼가 맞이하다」라는 편지에서 자신의 네덜란드 생활에 대해 다음과 같이 언급하고 있다.

> 만약 그대가 과수원에서 과일이 생산되는 모습을 본다면 즐거움을 느낄 것입니다. … 그렇다면, 각종 선박이 인도에서 가져오는 일체의 생산품과

> 유럽의 각종 진기함을 내가 보고 있는 모습을 그대가 상상한다면 똑같은 즐거움을 느끼지 않겠습니까? 이 지역에서는 편안함과 편리함을 위한 각종 물건, 그리고 사람들이 소망하는 갖가지 진귀한 보물들을 매우 쉽게 찾을 있습니다. 전 세계 어디에서 이러한 곳을 찾을 수 있겠습니까?[39]

당시 동방의 여러 나라를 모두 인도로 통칭했다는 사실은 주지하는 바이다. 여기서의 인도 역시 중국과 남양군도를 포괄하는 말이다. 데카르트는 네덜란드의 선박들이 갖가지 물품들을 인도로부터 실어 나르는 광경을 수시로 목격했으며 중국과 네덜란드의 문화적 접촉 역시 쉽게 받아들일 수 있었다.

『방법론』 속에 나타난 중국

특히 주의할 만한 것은 바로 중국 문화에 대한 그의 태도이다. 그의 명저 『방법서설』(*Discourse on the method of rightly conducting the reason, and seeking truth in the sciences*, Tr. by John Veitch, Everyman's library 570, 1934)에 이런 말이 있다.

> ① 어떤 사람이 만약 어렸을 적부터 중국에서 태어나 자랐다면 표현한 바가 반드시 같지는 않을 것이다: "그리고, 그 뒤 여행에 나서 우리들의 생각과는 전혀 상반되는 생각을 갖는 사람들도 그렇다고 해서 모두 야만적이고 조야한 것은 아니며, 그런 사람들의 대부분은 우리들과 똑같을 만큼 혹은 우리들 이상으로 이성을 사용하고 있는 것이라는 점을 인정했다. 그리하여 같은 정신을 가진 같은 인간이 어려서부터 프랑스인 또는 독일인 사이에서 양육되었을 경우와 내내 중국인이나 식인종 사이에서 양육되어 생활해 온 경우는 얼마나 다른 인간이 되는가를 생각하게 되었다."[40]

② 중국인 가운데도 총명한 사람이 있다: "나 자신의 의견을 모두 음미하고자 하여 그것들은 이미 아무런 가치도 없다고 간주하기 시작하고 있었으므로 가장 분별 있는 사람들의 의견을 좇는 게 가장 좋다고 믿었기 때문이다. 따라서 페르시아인이나 중국인 사이에도 우리들 사이에 있어서와 마찬가지로 분별 있는 사람들이 아마 있을 테지만, 역시 내가 함께 살아가야 할 사람들의 생각을 좇아 나를 규정하는 일이 가장 유익하다고 생각되었다."[41]

③ 우리들은 중국을 점유할 수 없다: "만일 우리들이 외적인 선을 모두 균등하게 스스로 지배할 수 없는 것이라고 간주한다면, 예컨대 우리들이 중국이나 멕시코의 왕국을 소유하지 못했다고 해서 아쉬워하지는 않는 것과 마찬가지로, 우리들의 천성에서 기인한다고 생각되는 선을 우리들이 갖지 못한다 하여도 스스로의 과실에 의해 잃었던 것이 아닌 이상 그것을 아쉬워하는 일은 없을 것이다."[42]

데카르트가 당시 네덜란드에 있었던 관계로 동방의 각 나라, 가령 인도, 중국, 페르시아의 지식에 접근할 수 있었고, 또한 중국인 중에도 프랑스와 같이 총명한 인물이 존재함을 인정했다는 사실을 적어도 이 글 속에서 간파할 수 있다. 데카르트는 일찍이 자신의 성공 원인은 그의 조국과 이전에 읽었던 책을 떠났기 때문이라고 말한 적이 있다.[43] 이상의 내용으로 볼 때 그의 철학은 틀림없이 외래문화의 영향을 받은 것임을 알 수 있다.

실제 데카르트 철학 이면에 존재하는 유물주의 경향, 그리고 그가 힘써 사람에게 가르쳤던 '이성'(Reason)이란 말은 사실상 '총명한' 중국인이 말한 '이성'과 별로 다르지 않았다. 그는 동방 세계와 비교적 앞서 접촉한 첫 번째 인물이었던 셈이다.

2) 데카르트 학파의 중국철학관

이른바 '데카르트 학파'

데카르트 철학의 최대 난점은 이원적 형이상학과 유리적惟理的 철학 체계에 있다. 이것은 분명히 혁명적인 것이기는 하지만 다른 한편으로 보수적인 면도 함께 지닌다. 혁명적 차원에서 그는 이전 사람의 권위적 방법을 공격했을 뿐만 아니라 새로운 철학 방법인 회의론을 창조했다. 그러므로 제헌회의制憲會議(Assembleé Constituante)에서는 프랑스 대혁명의 정신이 곧 데카르트의 정신적 연원 중의 하나라고 말했다.[44] "나는 생각한다. 그러므로 나는 존재한다." 나는 모든 것을 의심할 수 있다. 그러나 전혀 의심할 수 없는 존재가 있으니 그것은 바로 '나'이다. 내가 여기서 의심하고 있기 때문에 의심하는 '나'는 존재하는 것이다. 이처럼 데카르트가 '나'를 회의의 기초로 삼자 많은 대담한 사상가들이 출현해 모든 것을 비판하고 부인하기에 이르렀다. 그야말로 데카르트 철학은 일종의 혁명 철학으로 변모되었던 것이다.

그런데 여기서 주의할 점은 곧 이와 같은 성향의 철학은 유물론, 무신론과 관계된다는 사실이다. 랑게(F. A. Lange, 1828~1875)가 『유물론의 역사와 현대에서의 그 의의 비판』(*Geschichte des Materialismus und Kritik seiner Bedeutung in der Gegenwart*, 1866)에서 서술한 내용에 따르면, 프랑스의 가장 파괴적인 유물론자 라 메트리(La Mettrie)는 철저한 데카르트 학도가 되기를 바랐다. 그는 자신의 유물론이 데카르트에게서 나왔다고 공언하였다. 또한 데카르트는 본래 영혼은 전혀 필요치 않다고 생각했으나, 수도사들을 두려워했기 때문에 그의 학설 속에 영혼을 집어넣었다고 하였다.[45] 랑게는 또한 "심지어 유물론자라는 이름이 아직은 보편적으로 사용되지 않았던 18세기 초엽에서조차도 유물론자는 이미 '기계론자(Mechanici)'라고 항시 불렸는데, 기계론적 자연관에서 출발한 사람들이 이것에 주의할 만한 가치를 느꼈다. 그런데 이 같은 기계론적 자연관은 다름 아닌 데카르트에게서 근원한 것이다"[46]라고 했다. 그리고 헉슬리(T. H. Huxley)는 『방법과 결과』(*Method and Result*)의 「데카르트의 방법 서설을 논함」이라는 한 편의 글에서 이 철학자(데카르트)가 무신론자로 거론되고 있다는 사실을 다음과 같이 지적했다. "데카르트는 시종일관 훌륭한 구교도였으므로 스스로 자랑삼아 하나님과 사람의 영혼의 존재를 증명했다. 그럼에도 불구하고 그의 예수회 친구들은 그의 서적을 금서 목록에 포함시키고 그를 무신론자로 간주했다. 또한 네덜란드의 신교 목사들 역시 그를 예수회와 무신론자로 선포했다. 그의 책이 가까스로 옥리獄吏의 불태움을 면하게 되자 바니니(Vanini)의 운명이 그의 눈앞에 아른거렸고 갈릴레이의 악운이 그를 공포스럽게 만들었다. 그리하여 그토록 세계에 도움을 주었던 자신의 진리 추구를 거의 포기하게 되었고 축출되어 한 곳에 정착하지 못하고 망명 생활을 하게 되었다."[47] 이상으로 볼 때 데카르트 철학은 결국 일종의 유물론과 무신론 철학이라 말할 수 있을 것이다.

이 철학자의 보수적 이론들은 『제1철학에 관한 성찰』(*Meditationes de Prima Philosophia*, 1641), 이른바 『성찰』이라는 책 속에 잘 나타나 있다. 이 책의 가장 주요한 논지는 하나님의 존재와 인류 영혼의 본성을 증명하는 데 있다. 그는 "우주를 창조하기 위해서는 전능한 신능神能이 필요하며 우주를 보존하기 위해서는 시시각각으로 전능한 신명神明이 필요하다"는 점을 증명했다. 하나님의 진실만이 물질세계의 진실을 설명할 수 있고 하나님의 존재만이 물질세계의 존재를 설명할 수 있다는 것이다. 때문에 그는 파리 신학원의 선교사들에게 바치는 헌사 속에서 『성경』의 「지혜서(The Wisdom of Solomon)」 및 「로마인들에게 보낸 편지(The Epistle to the Romans)」의 글을 두루 인용하여, 하나님에 대한 우리의 지식은 가장 쉽고도 분명한 것으로서 우리들 자신의 내면을 한번 고찰해 보기만 한다면 명백해지는 것이라고 하였다. 데카르트는 결국 하나님과 종교를 옹호하는 견고한 주춧돌이 되고 말았다. 또한 이런 이유로 그의 철학은 농후한 신비철학적 색채를 띠게 되었다.

① 우파: 파스칼(Blaise Pascal, 1623~1662) : 17세기 프랑스 철학자의 사상은 모두 데카르트로부터 왔다. 그러나 데카르트의 이원적 형이상학은 곧 그의 학파의 분열을 조장했다. 그는 영원히 한 명의 훌륭한 천주교도였기 때문에 그로부터 파스칼이 등장하여 그의 『팡세』(*Pensées*)라는 책에서 "이미 잃어버린 영혼을 다시 기독교 신앙으로 돌아오게 하는" 신비 철학이 잉태될 수 있었다.

② 좌파: 베일(Pierre Bayle, 1647~1706): 그러나 데카르트의 방법론은 결국 회의懷疑를 기점으로 삼았기 때문에 그로부터 베일 같은 인물이 나와 '신성神聖'에 대한 비판이 초래되었다. 이처럼 데카르트의 신봉자 중에는 데카르트 철학을 정통 교의와 합치시키려던 이들도 있었고, 반대로 데카르트라는 이름에 의지해 '무신론 사회'의 가설을 제창하는 이들도 있었다.[48]

이 양자의 극명한 대조는 중국 철학에 대한 그들의 입장 차이에서 잘 드러난다. 중국 철학은 당시 프랑스에서는 분명 하나의 외래 사상이었으며 심지어 이단 사설로까지 치부되었다. 때문에 기독교를 옹호했던 '우파' 파스칼은 부득불 중국을 힘써 반대했던 반면에 기독교를 공격하는 입장에 섰던 '좌파' 베일은 중국의 철학사상을 자신의 유력한 지원군으로 삼게 되었다.

파스칼과 중국 고대사의 연대 문제

파스칼의 중국에 관한 지식[49]은 1658년 중국의 예수회 선교사 마르티니가 지은 『중국상고사中國上古史』(*Historiae Sinicae prima*)를 통해서 얻은 것이었다. 이 책은 당시 유럽에서 가장 믿을 만한 중국사 저작으로 정평이 났으며 중국 고대에 관한 서술은 복희 이전까지 거슬러 올라간다. 대개 복희 시대는 기원전 2952년이며 복희 이후의 사적은 모두 믿을 만한 역사로 인식된다. 그러나 중국 역사학자들의 연구에 따르면 우주 개벽은 반드시 대홍수보다 수천 년 앞서 있었다고 했는데 이것은 분명히 당시 프랑스의 연대학자 보쉬에(Bossuet)의 『세계사론』(*Discours sur lhistoire universelle*)과 『성경』의 기록과 차이가 있었다. 이 때문에 마르티니는 이 문제에 관해 자세한 해석을 덧붙였는데 그것이 오히려 프랑스 비평가들의 주의와 비평을 불러일으키고 말았다. 특히 성교聖教 옹호를 자신의 사명으로 여기던 파스칼의 입장에서는 여기에 이의를 제기하는 것이 당연한 일이었다. 그의 명저 『팡세』 속에서 그는 중국사에 대한 일종의 회의론을 제기했던 것이다.

> 『성경』의 기록과 중국의 역사, 이 둘 중 어느 것이 더 사실에 가까운가? 이것은 아무런 문제가 되지 않는다. 나는 『성경』 안에는 사람을 일부 미혹케 한다든가, 또는 사람을 일부 계몽케 하는 어떤 것이 있음을 너에게 알려준다. 이 말은 이미 너의 이유를 뒤엎을 수 있다. 너는 중국이 애매하다고 말한다. 나도 중국이 애매하다고 대답한다. 그러나 거기에는 발견될 명확함이 존재하므로 그것을 찾아내도록 하자.[50]

파스칼은 『구약』을 모든 역사의 표준(Figurisme)으로 삼고 있었다. 그러므로 그리스인이 지은 『일리아드』(*Iliad*)나 이집트인 혹은 중국인이 지은 본국 역사 등 『성경』 이외의 역사적 사실에 대해서는 그것이 어떻게 발생되었는가만을 연구하고자 했다. 그리하여 다음과 같이 결론 내렸다. "예부터 지금까지 세계 각 처에는 많은 종교가 있어 왔다. 그러나 이러한 종교들은 모두 우리가 신복할 수 없는 도덕 관념에 지나지 않는다. 또한 우리의 주의를 끄는 충분한 증거도 없다. 예를 들어 회교回敎, 중국 종교, 고대 로마교는 모두 진리라는 증거가 없다. 뿐만 아니라 규칙적이고도 확실한 방침조차 없다. 이 때문에 … 나는 이러한 종교에 대해 모조리 거부하지 않을 수 없는 것이다." 이 중국사 반대론자는 심지어 멕시코의 역사와 전설을 중국 고대사에 빗대어 똑같이 황당무계한 것으로 인식했다. 사실 그는 영락없는 구교 옹호자였으며 성경 변호자였기 때문에 이와 같은 반대론은 단지 그가 데카르트의 '우파'였다는 사실을 증명하는 것에 지나지 않는다.

베일이 바라본 중국 무신론

이와 반대로 중국 사상의 옹호자 베일을 살펴보면 그는 다름 아닌 기독교의 반대자였음을 알 수 있다.[51] 『혜성에 대한 다양한 사고들』(Pensées diverses sur la comète, Amsterdam, 1682~1684)에서 베일은 과학적 입장에 서서 중국인의 미신迷信으로 점성술占星術을 거론하면서 이는 천문학이 아직 발달하지 못했다는 예증이라고 하였다. 그가 중국에 관한 지식을 얻었던 곳은 데베노(Thévenot)와 타베르니에(Tavernier) 등의 『여행기』였다. 그런데 그가 1697년에 발간한 명저 『역사적·비평적 사전』(D*ictionnaire historique et critique*, 5 vols.)에서는 오히려 매우 분명하게 중국 사상의 무신론적 경향을 지적하고 있다. 이 책의 영향은 매우 컸던 것으로 생각된다. 랑게는 『유물론의 역사와 현대에서의 그 의의 비판』에서 이 책의 영향에 대해 다음과 같이 기술하고 있다. "그는 여기서 각종 지식을 매우 쉽게 설명함으로써 사람들이 받아들이도록 만들었다. 이처럼 풍부한 지식은 많은 학자들을 매료시키기에 충분했다. 과학 문제에 대한 그의 토론 방법은 이처럼 여러 사람들에게 환영을 받았기 때문에 피상적인 독자마저도 그 마력에 매료되지 않을 수 없었다."[52] 그는 대담하고 명료했으며 신선하고 생기가 넘쳤다. 그가 사용한 변론의 표현 양식은 이후 볼테르와 백과전서파에게 채용되었다. 특히 이 책에 기록된 중국론은 비록 공공연하게 기독교를 공격하지는 않았지만 사실상 공교孔教의 무신론을 이용하여 독자로 하여금 기독교와 그것을 기초로 하는 전제정치를 타도하게 하려는 숨은 의도가 담겨 있었다.

먼저 그는 천주교 선교사 사이에 일어난 전례 논쟁에 주의를 기울였다. 예컨대 한편에서는 1682년 아르노(Arnaud, de M.)가 『예수회파의 실천도덕』(*La Morale pratique des Jésuites*)을 지어 예수회 선교사의 입장을 공격했으며, 또 한편에서는 1698년 고비앙이 『기독교 승인에 관한 상유사上諭史: 공자교·조상교의 의례 설명』(*L'histoire de l'Edit de l'Empereur de la Chine en faueur de la Religion Chrestienne: un Éclaircissement donné à Monseigneur le Duc de Maine sur les Honneurs que les Chinois rendent à Confucius et auxMarts*)을 저술하여 예수회 선교사의 입장을 변호했다. 이 두 책의 상호 모순되는 내용은 중국의 선교사들 사이에 의견 충돌이 생겼음을 보여준다고 했다. 다시 말해 일종의 종교적 분열 현상을 증명해 주는 것이라고 하였다. 예수회 반대파 측에서는 유자儒者의 이른바 천天·상천上天이 모두 육안으로 보이는 창천蒼天의 의미에 지나지 않으며, 유자는 본래 영혼을 믿지 않으므로 이른바 천지 산천의 영靈은 모두 자연물의 활동력을 의미할 뿐이라고 주장한다. 이와 반대로 예수회 선교사 측에서는 고유古儒와 근유近儒는 다르며 공자는 진신眞神을 인정하였지만 근유는 공자의 교리를 오해하는 바람에 무신론에 떨어지고 말았다고 주장한다. 그러나 베일이 보기에 사람들은 다음과 같은 사실을 전혀 모르고 있다. 즉, 예수회 선교사 중에 공교孔教 연구로 저명한 롱고바르디는 공자가 일찍이 도덕과 정치를 위해서 불후의 명훈名訓을 남겼다는 점은 시인했지만, 불행히도 진신 및 그 교리에 대해서 만큼은 전혀 이해하지 못하고 있었다는 것이다. 그가 보기에 중국인이 믿는 지극히 높고 지극히 선한 존재인 '신神'은 사실상 세계 물질의 중심을 이루고 있다. 바꾸어 말하면 신은 곧 세계의 진미진선眞美眞善인 '천天'의 중심일 따름일 것이다.

베일은 또한 라 로베르(La Loubére)의 『사이암 여행기』(Du Royaume de Siam, Paris, 1691)와 프란시스코회 선교사 알레오네싸(le P. Aleonessa)의 『수성의 역사』(*Mercure historique*, 1699)를 근거로 해서 중국인은 동서남북, 별, 산천, 식물, 도성, 도랑, 집, 부엌을 모두 신으로 받아들이니, 한 마디로 만물을 '신神'으로 인식한다고 여겼다. 그러나 그 신령 속에서도 선악 두 '영靈'의 분별은 존재한다. 인류는 영혼이 있어 일체 생활 활동의 근본이 된다. 태양도 역시 영혼이 있어 태양의 성질과 작용을 발생시킨다. 우주 가운데의 삼라만상은 '영'이 있지 않은 것이 없다. 이 모든 종류의 영혼이 모여서 고유의 활동을 형성하는데 이것이 곧 자연계의 대조화이다. 여기에 전지전능한 존재 혹은 무한적 섭리는 요구되지 않는다. 『사전』의 '스피노자' 주석 아래에 다음과 같은 언급이 있다. 즉, 고대 중국인은 만물의 '영' 가운데서 하늘(天)이 가장 신령하다는데 동의했다. 하늘은 능히 자연을 지배하니 자연계 속의 다른 '영'은 하늘에 순종하지 않으면 안 된다. 그러나 모든 '영'들 역시 그에 합당한 힘을 가지고 있다. 이들은 능히 자력으로 활동할 수 있고 다른 '영'과 구별되는 고유한 정체성을 형성한다. 이와 같은 무수하고도 자잘한 비창조물의 존재는 그리스의 대철학자였던 데모크리토스(Democritus)와 에피쿠로스(Epicurus)에 의해 일찍이 진리로 인식되기도 하였지만, 이러한 사상은 동방에서 오히려 극히 보편적으로 발달된 것이었다. 또한 "Sommona- Codon" 항목의 주석 아래에는 다음과 같은 언급이 있다. 유자儒者는 고설古說을 존중한다. 창천蒼天의 '영'과 기타 만물의 '영'은 모두 지력智力이 결핍된 일종의 동적인 물질로 간주되며 인류 행동의 유일한 판단자는 맹목적인 운명에 귀속된다. 운명은 전지전능한 법관처럼 존재한다. 그러므로 하늘의 법망이 관대한 듯하나 죄인은 반드시 벌을 면치 못하니, 그 화복을 자신이 초래하는 것이며 그 결과는 자연히 천리天理와 천칙天則에 합치된다. 따라서 유자는 분명 에피쿠로스의 사상과는 같지 않다. 에피쿠로스는 섭리를 부인하고 신적 존재를 긍정하지만 유자는 섭리를 긍정하고 신적 존재를 부인한다.

그는 또한 중국인의 범신론과 스피노자의 범신론을 모두 무신론으로 간주했다. 하지만 중국인의 무신론을 더욱 철저한 것으로 여겨 은연중에 예수회 선교사의 입장을 공격하고 있다. 또한 기독교와 불교의 정적주의靜寂主義를 상호 비교하고 불교에 대한 유자의 공격 논거를 이용해서 간접적으로 기독교 일파의 정적주의를 반박했다. 흥미로운 점은 그가 비록 누차 곰드, 고비앙 등의 저작을 인용하고 있지만 유자가 천天을 조물주, 즉 진신眞神으로 인정했다는 그들의 주장은 의도적으로 무시하고 반대로 반예수회파의 저서를 참조하여 유교가 무신론임을 인정하고 있다는 사실이다. 왜 그런 것일까? 우리는 베일이 젊었을 적에 한때 예수회파로 개종한 적이 있었지만 오래지 않아 다시 신교를 믿었다는 것을 알 수 있다. 루이 14세의 신교도에 대한 혹독한 법률에 반발하여 그는 더욱 무신론의 경향으로 기울었으며 이른바 '무신론 사회'라는 가설을 제창하기도 했다. 이처럼 사회를 구성하는 데 있어서 이미 종교가 필요하지 않다고 공언했으므로, 『역사적·비평적 사전』 속에서는 곧 당시 유럽에 선전된 중국을 이상적인 사회의 전형으로 삼게 되었다. 중국 사회는 그가 보기에 무신론적 사회의 실례였으며 중국 철학은 무신론적인 철학에 다름 아니었다. 그는 예수회파를 증오했을 뿐만 아니라, 심지어 심각, 양광선과 같은 논조로 중국 황제는 예수회 선교사의 음모에 대항하여 그들이 전교하지 못하게 하는 것이 마땅하다고 했다. 1702년 그는 『중국통신中國通訊』에서 중국의 사상이 일종의 무신론에 속한다고 더욱 확언하였다.

베일의 사상은 비록 데카르트 학파에 속하기는 했지만, 그 회의론으로부터 이끌어낸 결과는 오히려 이 방법의 창립자와 같지 않았다. 그의 사상은 암묵적인 일종의 반기독교적 철학이었다. 그러므로 볼테르는 특히 그에게 탄복하여 그를 "인류의 교만자"라고 칭송하고 있다. 레비브륄은 그의 저작에 대해서 "실로 18세기에 이루어진 무신앙자의 무궁한 보고寶庫"[53]라고 할 정도이다. 그는 그야말로 18세기 프랑스 혁명 철학의 진정한 선구가 아닐 수 없다. 그의 저작을 통해 "우리들은 이미 하나의 새로운 세기의 도래를 느끼기에 충분하다. 이전에 신성한 존재로 인식되었던 모든 것들은 이제 비판받지 않을 수 없게 되었다. 대담한 철학은 과거에 남겨진 도덕, 사회와 종교의 유산에 대해 새로운 평가를 내리고자 했던 것이다."[54]

3) 말브랑슈(Malebranche)의 '리理'와 '신神'의 동이론

데카르트 학파 중에서 파스칼은 유신有神을 신앙하고 중국사에 대한 반대론을 제기해 우파에 속했다. 베일은 무신을 주장하고 중국 사상의 옹호론을 제기하여 좌파에 속했다. 그런데 여기서 더욱 주의할 점은 데카르트 학파에서 중간파 정도에 속하는, 곧 "그는 하나님 속에서 일체의 사건을 보았지만 그 자신의 정신병은 보지 못했다"고 평가되는 철학자 말브랑슈가 존재한다는 사실이다.[55] 그는 베일과 마찬가지로 중국 철학의 무신론을 주장했다. 그러나 그는 중국을 찬미하지는 않았으며 오히려 파스칼과 같은 입장에서 중국 사상에 반대하는 태도를 취했다. 전하는 바에 따르면, 그의 철학이 중국에 전해져 중국인에게 칭송될 당시 로사리(Evéque de Rosalie) 주교와 중국의 교황 대리 주교 리온(Artus de Lionne)은 그가 초안을 잡은 「신의 존재 및 그 본질에 관한 중국 철학자와 기독교도의 대화」(E*ntretien d'un philosophe chrétien avec un philosophe Chinois surl'existence et la nature de Dien*, Paris)라는 한 편의 논문에 의탁했다고 한다. 이 대화의 발표 시점은 대개 1703년~1708년 사이이다. 1703년은 전례 논쟁이 가장 치열했던 시기로서 리온이 로마로 돌아오던 때이다. 리온 주교는 로마로 돌아온 뒤 말브랑슈에게 전례 문제를 토론하여 예수회 선교사의 주장에 비판을 가할 것을 권유하였다. 이런 이유로 이 대화 속에서 중국인이 무신론이라고 말한 말브랑슈의 주장은 예수회 선교사가 보기에 지나친 비판이 아닐 수 없었다.

말브랑슈는 중국 철학과 기독교 철학은 같지 않으며 중국 근대 철학은 사실상 송유 이학의 영향을 받은 것임을 증명했다. 그의 견해에 따르면 중국 철학과 기독교 철학의 차이점은 곧 중국 철학에서 주장하는 '리理'와 기독교에서 주장하는 '신神'의 차이에 다름 아니다. 이를 세 단계로 나누어 설명하면 다음과 같다.[56]

기독교 '신神'의 본질

기독교의 신은 완전무결하며 무한한 실재이기 때문에 어떠한 국부적인 제한도 받지 않는다. 뿐만 아니라 만유는 모두 신에 의해 창조되므로 신 본체 속에는 곧 이 창조물의 모든 참된 현실성이 함유되어 있다. 이와는 반대로 물질은 가장 불완전하고 가장 하등적인 실재이다. 모든 현실적이고 완전한 성질은 모두 '신' 가운데 포함되어 있다. '신'은 물질과 같이 불완전한 성질과 제한적인 존재가 아니며 결코 '무無'가 아니다. 실재 안에서 '무'란 절대 존재 불가능한 것이니, 무한하고 완전한 신이 어찌 모든 제한적 원인으로부터 자유롭지 않겠는가! 나의 손은 다른 사람의 손이 아니며, 나의 의자는 나의 방이 아니며, 나의 정신은 타인의 정신이 아니다. 바꾸어 말하면 나의 손은 무수한 '무'를 포함하니 나의 성질 이외의 존재는 모두 '무'일 따름이다. 그러나 신은 앞에서 서술한 바와 같이 절대로 이른바 '무'가 없다. 이 신의 소재로 말미암아 곧 신의 성질이 실재적인 것임을 안다. 요컨대 '신'이란 어디를 가도 없는 곳이 없다.

인류는 유한적 존재이기 때문에 무한적 존재인 '신'은 성질을 명백하게 알 수 없다. 만약 '무한적 존재'의 속성을 유한자가 이해할 수 있다면 그런 속성은 이미 신의 속성이 아니다. 인류는 이런 사실을 증명할 수는 있더라도 어째서 그러한지 설명할 수는 없다. 사실상 우리들은 그 이유를 설명할 길이 없기 때문이다.

기독교 '신'의 존재 증명

본래 '아무것도 생각할 수 없다'는 것과 '조금도 생각할 수 없다'는 것은 같은 말이다. 또한 '아무것도 인식할 수 없다'는 것과 '조금도 인식할 수 없다'는 것은 같은 말이다. 정신이 직접 인식하는 존재는 반드시 어떤 존재이어야 하며 곧 실재하는 존재가 아니면 안 된다. 이와 같은 정신의 직접적인 인식에는 중대한 의미가 담겨 있다. 왜 그러한가? 사람들이 잠잘 때나 혹은 많은 상황에서, 심지어 잠에서 깨어날 때도 몽환과 같이 자신의 존재를 알지 못한다는 것은 주지의 사실이다. 그러나 정신이 직접 인식하는 존재는 그렇지가 않다. 정신의 직접적인 대상은 꿈속에서도 매우 많은 현실성을 띤다. 그런데 '무' 속에는 어떠한 차별적 존재도 없다. 만약 정신의 대상이 '무'라면 꿈속에서조차 스스로 차별적 존재가 없어야 한다. 그러므로 정신이 직접 인식하는 존재는 현실적 존재가 아니면 안 되는 것이다.

내가 '무한적인 것'을 생각할 뿐만 아니라 또한 '무한적인 것'을 직접 인식하기 때문에 무한적인 것은 존재하는 것이다. 왜일까? 가령 무한적인 것이 결코 존재하지 않는다면 나는 어떠한 것도 인식할 수 없으며 이로 인해서 나는 조금도 인식할 수 없게 된다. 여기서 내가 이미 무엇을 인식하고서도 만약 인식하지 않았다고 말한다면 이것은 분명 모순이 되고 만다.

논리적으로 볼 때 정신의 직접적인 대상이 '무한적인 것'이라면 이것은 곧 '신神'이다. 정신이 이 '무한적인 것'을 직접 인식하는 순간 '무한적인 것,' 곧 기독교의 '신神'은 필연적으로 존재하게 된다.

중국 철학의 '리理'와 기독교의 '신神'의 동이

① 중국 철학자는 물질과 '리'를 둘로 나누고 '리'를 최고의 진리 즉 예지·정의로 여긴다. 그들의 주장에 따르면 이 '리'는 영구히 물질 가운데 존재하면서 물질을 형성한다. 또한 우리들이 물질을 지배하여 지극히 조리를 갖추도록 하는 질서 가운데 존재한다. 인류의 정신은 물질의 유기화有機化와 순화純化에 불과하며 '리'는 바로 이러한 물질로부터

발생하는 정신을 계발하는 소이所以이다. 인류가 오직 일체 사회관계의 각종 진리와 영구불변하는 법칙을 구성하고자 한다면, 곧 최고 진리 가운데서 이 '리'를 인식하지 않을 수 없다. 또한 인류는 누구를 막론하고 모두 이 '리'에 순종하지 않으면 안 된다.

중국 철학자의 이른바 '리'는 최고의 정의正義를 가리켜 말한 것이다. 그러나 이것을 기독교 '신'의 관념과 비교하자면 유력한 제왕의 관념에 가깝다고 해야 마땅할 것이다. 중국인의 이른바 '상제' 역시 어떤 하나의 존재, 특수한 실재 혹은 '유한한 실재'를 의미할 뿐이다.

그러나 기독교의 '신'의 관념은 앞에서도 서술한 것처럼 결코 어떤 하나의 존재만을 가리키는 것이 아니다. '신'은 곧 만유萬有이다. 그 단순한 본질 속에 존재하면서도 이 본질을 반영하는 만유의 속성을 포함하여 유일한 실재가 된다. 이런 의미에서 본다면 신은 어떤 하나의 존재라고 말할 수도 있겠지만 사실상 '신'은 단일單一함과 동시에 만유이다. 이것이 곧 '신'의 특징이다.

② 앞에서도 말한 것처럼 중국 철학자는 '리'를 예지, 영원한 법칙으로 삼아, 이 두 가지 특징을 통해 인류를 인도하고 만물을 지배한다고 생각한다. 기독교 역시 이 예지가 '신' 안에 있다고 인식하고 있다. 중국 철학에서는 '리'가 물질 가운데 존재한다고 말함으로써 물질적 존재임을 확신시킨다. 그러나 기독교는 '신'과 물질을 전혀 다른 존재로 인식해서 '신'이 물질을 창조한다고 말한다. 이 점으로 보아 '리'와 '신'은 중대한 차이가 있음을 알 수 있다.

우리들이 오랫동안 평야에 서서 눈을 크게 뜨고 주위의 물상들, 그 동정, 원근, 형상, 대소를 한번 바라본다면 한눈에 들어오지 않음이 없다. 우리들은 색채의 차이로 인해 이 물상들을 인식할 수 있는데, 이러한 원인은 물상과 이 물상의 인상에서 받은 육체 기관의 작용에서 유래하는 것에 지나지 않는다. 더욱이 기독교 철학에서 보면 이런 종류의 작용은 실상 신적 활동에 기초한다. 또한 중국 철학자의 사상은 정신과 그것의 기관을 분리할 수 없는 것으로 여겨 이러한 작용을 정신적 활동에 귀속시킨다. (기독교도는 정신을 물질의 유기화 내지 순화로 간주하는 중국 철학자의 견해에 동의하지 않는다. 중국 철학자의 입장에서 본다면 그러한 작은 물체의 운동 즉 저 동물 생기生機의 활동 및 서로 결합된 뇌신경의 진동, 그리고 각종 의식 즉 지각 작용, 판단, 추리는 모두 전적으로 동일한 것이다. 그러나 기독교 신학에서 본다면 이런 종류의 주장이 인정될 리 만무하다. 기독교 철학자는 의식과 물질이 전혀 다른 실체의 변화에 속한다고 주장한다. 때문에 대뇌, 소물체의 진동, 의식 이 세 가지는 결국 전혀 다른 것을 이룬다.)

③ 중국 철학자는 '리'가 물질을 벗어날 수 없다고 주장한다. '리'를 가리켜 단지 우주 물체를 구성하는 형상 속에 존재한다고 하며, 혹은 '리'를 물체 사이의 질서와 배열이라 말하기도 하는데 만약 그렇다면 '리'란 무가치한 것으로 인식하지 않을 수 없다. 하지만 중국 철학자는 여전히 '리'를 최고의 법칙, 예지로 여기고 있다. 앞에서 서술한 것처럼 '리'가 물체 사이의 질서와 배열에 지나지 않는다면 '리'는 물질에 비해 당연히 열등한 존재가 된다. 왜 그러한가? 실체란 실체의 갖가지 배치보다 뛰어난 것이며 '불멸적인 것'은 '멸할 수 있는 것'보다 고등한 존재이기 때문이다. 한편 중국인은 '리'를 단지 물질을 배치하는 존재로 여길 뿐만 아니라, 그 물질에 부여된 극히 조리를 갖춘 질서 내지는 예지로 간주한다. 이런 점에서 중국 철학의 '리'는 기독교의 '신'과 매우 비슷한 것처럼 보인다. 그러나 기독교 철학은 '신'을 독립적 존재로 인정하는 반면에 중국 철학자는 '리'의 독립성을 부정하여 시종 물질 속에 의존한다고 주장한다. 더욱이 저들의 '리'는 '신'과 달리 지능이 없다. 이

때문에 자신의 본질 혹은 자신의 행동조차도 알 수 없다. 결국 '리'의 본질은 물체의 형상과 그 배치에 그칠 뿐이다. 물체의 형상과 그 배치는 물체의 존재를 떠나면 곧 존재할 수 없다. 또한 물체의 형상이든 물체의 배치이든 양자는 전혀 지혜가 없다고 말할 수 있다. 가령 원형圓形의 물체는 물체에 이 형상이 있음을 지시함에 불과하며 이 원형은 자신의 형상을 알 수 없기 때문이다.

중국인은 매우 좋은 작품을 보고서 한눈에 이 작품 속의 '리'의 존재를 식별한다. 이 말에 따르면 이 작품의 창작자는 '리'에 의해 계발된 것이니, 이런 측면에서 중국인의 사고방식과 기독교도의 사고방식은 서로 같다고 할 수 있다. 또한 이 작품의 창작자가 그 의식 속에 '리'를 갖추고 있어서 작자는 그 의식에 의해 계발된다고 말한다면, 이러한 주장은 기독교도의 '신'에 대한 견해와 완전히 일치한다고 말할 수 있다. 설사 작품이 불행하게도 소실되었다 하더라도 계발된 창작자의 의식은 여전히 존재하는 것이다. 그러므로 '리'는 결코 이 작품의 부분 배치를 형성하기 위해서만 존재하는 것이 아니며, 마찬가지로 역시 창작자의 뇌수 속의 각부 배치를 위해서만 존재하는 것도 아니다. '리'는 모든 인류의 공공의 '빛'이고 물질의 배치는 개체의 변형에 불과한 것이다. 이러한 배치가 설사 변화되고 소멸된다고 하더라도, '리'는 영구히 소멸하지 않는다. 그러므로 '리'는 독립적 실재이다. 물질로부터 독립되어 있을 뿐만 아니라 매우 우수한 성질의 숭고·지혜로부터도 독립되어 있다.

그러나 중국 철학자는 '리'를 매우 열등한 것으로 보고 있다. 한편으로는 '리'를 영명靈明이 없는 '지각'이라고도 하고 다른 한편으로는 무상無上의 현명함이라고도 하는데 이것은 분명히 모순이다. 게다가 '리'가 능히 뭇 사람을 계발시킬 수 있으며 현명함과 지혜를 사람에게 주면서도 ‘리’ 자체는 지혜가 없다고 말한다. 그러나 ‘리’는 분명 일정한 목적을 가지고 물질의 각 부분을 배치하는 것이다. 가령 인류가 쉽게 먼 곳을 멀리 바라볼 수 있는 이유는 눈이 신체의 윗부분에 배치되어 있기 때문이다. 중국 철학자는 ‘리’의 지혜를 부정하기 때문에 결국 이러한 배치가 무의식중에 행해지는 것이라 여긴다. 왜 그러한가? ‘리’는 단지 인애仁愛의 본질을 가지고 맹목적인 행동에 따르는 것에 불과하기 때문이다. 중국 철학자는 ‘리’를 예지 및 최고의 정의로 확신하고 있다. ‘리’를 존숭하여 ‘현명한 존재,’ ‘정의로운 존재’로 삼고자 극력 힘을 쓴다. 왜 그러는 것일까? ‘현명’이 있어야 비로소 ‘현명한 존재’가 만들어질 수 있고 ‘정의’가 있어야 비로소 ‘정의로운 존재’가 만들어질 수 있으며, 따라서 ‘현명’ 자체는 마땅히 ‘현명한 존재’보다 더욱 우월한 가치가 있고 ‘정의’ 자체는 ‘정의로운 존재’보다 더욱 우월한 가치가 있기 때문이다.

그러나 이런 종류의 관념은 기독교의 ‘신’의 관념과 서로 용납되지 못한다. 기독교 철학에서 본다면 ‘신’ 자체는 독립적인 존재이다. ‘신’은 곧 현명 그 자체와 지선至善 그 자체이므로 ‘신’ 역시 ‘현명한 존재,’ ‘정의로운 존재’라 말할 수 있다. 그러나 중국 철학자는 추상적 관념에 방해를 받은 나머지 ‘현명한 현명’은 그들에게는 존재하지 않게 되었다. ‘현명’이 비록 ‘현명한 존재’를 만들어 내지만 자기 자신은 오히려 어떤 ‘현명한 존재’도 아니었던 것이다. 한 마디로 말해서 중국 철학에 의해 인식된 존재는 단지 추상적인 형상과 성질일 뿐이니 오직 추상적 현명, 정의, 선량만이 존재하는 것으로 생각되었던 것이다.

총괄하건대 중국 철학의 ‘리’는 물질에 의존하고 ‘신’과 같이 영구불변의 완전한 존재가 아니며 정신과 물질이 생산되어 나오는 곳도 아니다. 그러므로 ‘리’는 소멸하지 않을 수 없는 존재인 것이다. 한마디로 중국 근대 철학은 사실상 ‘무신론’에 지나지 않는다.

중국 사상에 대한 말브랑슈의 이와 같은 해석은 당연히 중국 근대 철학, 특히 송유宋儒 이학의 영향을 받은 것이었다. 한편 후등말웅은 『지나사상의 프랑스 전래』에서 이러한 방식의 해석에 비판을 가하고 있다. 즉, 이와 같은 견해가 반드시 동방 철학에 대한 정확한 해석이라고는 할 수 없으며, 이천伊川, 주자朱子 모두 직접적으로 '리'가 물질 가운데 있고 물질의 유기화 및 순화가 곧 정신이라고 밝히고 있지는 않다는 것이다. 그는 말브랑슈의 중국 철학에 대한 비판은 당시 프랑스에 한창 대두되고 있던 무신론, 특히 프랑스 철학에 큰 영향을 주었던 홉스의 유물론과 중국 근대 철학사상의 혼합에서 나온 것이라고 보았다.[57] 그러나 어찌 그렇게만 볼 수 있겠는가? 이천은 "무릇 눈앞에 '물物' 아닌 것이 없고 '물物'에는 모두 '리理'가 있다(凡眼前無非是物, 物皆有理)"고 했다. 또한 주자는 "천하에 '리' 없는 '기'가 없고 '기' 없는 '리'도 없다(天下未有無理之氣, 亦未有無氣之理)"고 했다. 이러한 예들은 송유 이학이 본래 유물론적 경향을 띠고 있음을 보여주는 것이다. 말브랑슈의 중국 철학에 대한 견해는 결코 사실무근의 공격이 아니었다. 중국 철학이 18세기 유럽에서 '유물론,' '무신론,' '혁명적 철학'으로 바뀐 이유는 바로 데카르트의 중간파인 말브랑슈의 이와 같은 해석이 프랑스 백과전서파에게 매우 큰 영향을 주었기 때문이다.

3. 라이프니츠와 송유 이학의 관계

데카르트가 프랑스 계몽철학의 원조라고 한다면 스피노자와 라이프니츠는 독일 계몽철학의 원조라 할 것이다. 독일의 계몽철학은 사실

스피노자와 라이프니츠에게 깊이 함유되어 있었다. 그리고 스피노자와 라이프니츠의 철학은 사실 데카르트로부터 직접적인 영향을 받았고 중국으로부터 간접적인 영향을 받았다. 그러나 라이프니츠와 중국 철학의 관계에서만 본다면 사실상 이미 매우 직접적인 영향을 받았다고 할 수 있다. 다만 스피노자의 경우 비록 모든 사실이 다 그렇다고는 결론 내릴 수 없지만, 그도 역시 실제로 동서 철학 문화의 교류와 관계있는 인물임에 틀림없다. 주지하다시피 이 두 인물은 17세기 말엽의 대철학자였다. 그러나 라이프니츠와 중국 사상의 관계를 다룬 저작은 많이 있지만 스피노자와 중국 사상의 관계를 아는 사람은 매우 극소수이다. 스피노자는 그 유명한 '범신론泛神論'을 주장함으로써 신이 세계를 창조하는 것이 아니라고 했다. 신이 곧 세계이고 세계가 곧 신이다. 신은 만유의 보편 원리일 뿐만 아니라 만유의 총화이기 때문에 만유는 모두 신의 변화에 불과하다는 것이다. 신은 가장 추상적인 통일이며 최고의 자유이며 가장 진실하고 가장 보편적인 본체라 했다. 그는 기하학의 방법을 통해 이와 같은 범신주의를 증명함으로써 실제로 중세 종교 문화에 반기를 든 선봉이 되었다. 그러나 그의 사상적 연원을 아는 사람은 매우 드물다. 이 문제와 관련하여 칸트는 1794년 6월 『베르린월간잡지』(*Berlinische Monatsschrift*)에서 「만물의 귀착점」(Das Ende aller Dinge)이라는 제목의 종교철학 논문을 게재했다. 여기서 그는 스피노자의 범신론이 완전히 중국 노자老子의 영향임을 논급하고 있다.

> 이 사색적인 사람으로 인해 드디어 신비주의로 진입하게 되었다. 이제 인류의 이성은 자기 자신은 물론 어떠한 사물도 이해할 수 없게 되었다. 본래 감각 세계에 적합한 지적 생활은 이 세계의 경계 내에 자신을 한정하기보다는 환상의 탐닉을 좋아하게 되었다. 이런 이유로 곧 허무를 지선至善

으로 여기는 노자의 기괴한 교의가 발생했고 신성神性과 융합되어 자신의 인성人性을 버리고 신성의 심연 속으로 빠져들었다. 이러한 경지야말로 최고의 종교로 여겨졌다. 이런 경지를 감지한 중국 철학자는 이 허무 경계를 실현하기 위해 암실暗室 안에서 정좌해 편안히 눈을 감고 정진하였다. 이에 이 범신교(西藏 및 동방 기타 민족)와 그 형이상학이 승화되어 결국 스피노자의 학설이 탄생하기에 이른다. 이 두 가지 견해는 모두 인류 정신이 신성으로부터 나온다(그러나 신성 내에 존재하지는 않는다)고 여기는 고대의 유출설과 자매 관계에 있다.[58]

물론 스피노자 시대에 『노자』는 아직 완전한 번역본이 없었다(노자 『도덕경』은 18세기에 처음으로 서양에서 번역되었고 19세기에 완역이 이루어졌다. 그리고 20세기에 이르러서야 비로소 각종 번역본들이 출판되었다). 그러나 초기 선교사와 여행가의 저작을 통해 스피노자에게 일종의 암시를 주었을 가능성이 있으며, 적어도 스피노자의 범신론은 매우 농후한 동방의 색채를 띠고 있다고 할 수 있다. 뿐더러 라이프니츠에 대한 중국의 영향은 그가 1689년 예수회 회원과 처음으로 접촉하면서 이루어졌으니 스피노자의 시대와 거리가 멀지 않았다(스피노자의 『종교와 국가』라는 책은 1670년에 익명으로 발간된 것이다). 스피노자와 천주교도의 교류는 그의 학생이었다가 훗날 천주교로 개종한 앨버트 버그(Albert Burgh)에게 회답한 한 통의 편지 속에서 살펴볼 수 있다.

그대는 마침내 최고의 훌륭한 종교를 찾았다고 스스로 생각했거나, 혹은 가장 훌륭한 스승을 만났다고 생각하여 완전히 그들에게 자신을 맡기기로 결정했다. 그렇다면 스승임을 알았는가? 고대, 근대의 각종 종교는 여기뿐만 아니라 인도를 비롯한 전세계 도처에 있을 것이다. 그대는 전부 다 연구한 적이 있는가? 가령 그대가 이미 그에 대한 상당한 연구를 했을지라도 그대가 가장 훌륭한 것을 선택했는지 어떻게 알겠는가?[59)]

이것은 스피노자가 일찍이 천주교도와 종교 문제를 변론했음을 증명해주는 좋은 예증이다. 뿐만 아니라, 여기서 언급되고 있는 '인도印度'라는 지명은 당시 유럽인에게는 중국을 포괄하는 개념으로 쓰이고 있었다. 또한 1676년 라이프니츠가 네덜란드에서 스피노자를 만날 당시만 하더라도, 라이프니츠는 이미 중국 문화를 가까이 할 기회가 주어진 상태였다. 이러한 여러 정황으로 볼 때 '유랑하는 유태인'이라 불리는 스피노자가 중국 문화의 영향을 받지 않을 수 있었겠는가? 대개 중국 문화의 유럽 전입에 있어서 최초 시대는 물론 미술적 접촉으로서 이른바 '로코코 운동'이 바로 그것이다. 라이히바인이 말한 바에 의하면, 이 "로코코의 정신은 중국의 노자와 가장 가까웠으며 중국의 자기, 견직물, 아름다운 색채 속에 잠복되어 있는 것은 바로 노자의 영혼이었다."[60)] 따라서 스피노자와 노자의 사상을 함께 연결시키는 견해 역시 가능할 것으로 보인다.

스피노자의 범신론이 중국 사상과 밀접한 관계를 가지며 발생되었기 때문에, 프랑스의 무신론자 베일은 『역사적·비평적 사전』 속에서 스피노자의 무신론과 중국의 무신론을 비교하고 특별히 중국의 무신론을 제창함으로써 암암리에 반예수회의 입장에 섰던 것이다.[61)] 또한 프레레(Nicolas Freret)는 스피노자와 공자교의 관계를 발견하고서 공자가 하나의 비밀 교의를 제자들에게 전했는데 이 교의教義의 직분은 순결무구한 도덕에 있었다. 그것은 결코 현학玄學이 아니며 종교 또한 아니라고 말했다. 나아가 이러한 비밀 교의는 스피노자주의가 추구하는 목표

와 유사한 점이 발견되기 때문에 중국 사상은 범신주의 혹은 무신주의라 일컬어질 수 있다고 하였다.[62]

그러나 독일 철학 시대의 선구자로서 스피노자보다 더욱 중요한 인물은 바로 중서 학문에 통달한 대철학자 라이프니츠이다. 또한 중국 사상에 있어서도 노자보다 더욱 중요한 것은 공자 철학 내지 송유 이학이었다. 노자의 정신은 비록 로코코 운동 도처에 표현되어 있었지만 노자의 저작은 당시 번역본조차 없는 상황이었다. 그런데 때마침 중국의 경서와 공자가 점차 소개되자 공자는 드디어 유럽 학술계를 매혹시켰고 마침내 18세기 계몽운동의 권위자로 추앙되기에 이른다. 잘 알다시피 철학자 라이프니츠는 이 같은 문화를 맨 먼저 받아들여 서양 문화의 발전에 큰 공헌을 남긴 첫 번째 인물이었다.

1) 라이프니츠의 중국 문화관

라이프니츠가 중국 철학과 밀접한 관계를 맺고 있다는 것은 당시 유럽의 모든 학자들에게 널리 알려진 사실이었다. 1727년 멘캐니(Johann Burcharci Menckenii)는 자신의 『중국철학사』(Historia philosophiae Sinensis Brunsvigae)에서 일찍이 여섯 항목에 걸쳐 "번영 문화국(republique litteraire)의 필요조건"이라는 내용을 지적한 적이 있는데, 이것은 라이프니츠의 이상인 동시에 곧 중국의 이상이었다.[63] 1737년 루도비찌(Carl Günther Ludovici)는 『라이프니츠 철학의 전발전사에 관한 평론』(Ausführlicher Entwurf einer vollständigen Historie der Leibnitzischenphilosophie)의 서언 끝 부분에서 다음과 같이 주장하고 있다. "라이프니츠와 볼프 두 인물의 세계관 발전사는 이중적 근원이 있다. 하나는 플라톤(Platon)의 영향이고 또 하나는 중국 철학의 연구가 그것이다."[64] 그리고 구라우어(G. G. Guhrauer)

는 중국 문화에 호감을 가진 인물이 아니었음에도 그의 저서 『라이프니츠』(*G. W. Freiherr V. Leibniz*) 속에서 다음과 같이 인정하고 있다. "유럽이 무도덕과 무질서에 둘러싸여 있을 때 이 철학자는 중국을 사회 조직의 전형으로 여겼으며, 어린아이처럼 중국이 경신敬神의 순수 문화적 황금시대라고 몽상하여 유혹에 빠진 것이 아닐까?"[65] 근래 라이프니츠의 연구자 프랑스의 바루찌(Jean Baruzi)는 자신이 저술한 『라이프니츠와 세계의 종교적 구성』(*Leibniz et l'organisation religieuse de la terre*, Paris, 1907)에서 중국이 바로 라이프니츠의 지도 정신이라 했다.[66] 오래흔조五來欣造는 『유교가 독일 정치사상에 끼친 영향』(『儒教の獨逸政治思想に及ばせる影響』)이라는 저서에서 라이프니츠의 이신론理神論, 도덕관과 정치관은 중국의 영향임을 힘써 증명했다.[67] 가장 간단명료하게 라이프니츠의 근본 철학과 중국의 관계를 논급한 것으로는 아마도 라이히바인의 『중국과 유럽』이라는 저서 속에 있는 아래의 일단을 들 수 있지 않을까.

> 라이프니츠는 중국 문화가 서방 문화의 발전에 크게 공헌할 것이라고 인정한 최초의 인물이다. 그의 『단자론』은 중국의 삼교인 유교, 불교, 도교의 덕성론과 매우 흡사하다. 그가 제기한 '예정조화'의 원리는 또한 중국의 '천하의 도(天下之道)'와 매우 유사하다. 라이프니츠는 중국의 철인과 동일하게 실제 세계에는 그 통일성이 있고 정신상에도 나날이 새로워지는 진보가 있음을 깊게 믿었던 나머지 매우 낙관적인 사상을 가지고 있었다. 그들은 모두 종교의 임무는 지식을 창조하는 데 있고 종교의 목적은 사회에 대해 유용한 행위를 가르치는 데 있다고 생각했다. 이것이 바로 유럽 계몽운동의 복음인 것이다. 도덕은 곧 행복이고 행복은 모든 사상의 최고 목표라고 그들은 생각했다.[68]

라이프니츠와 예수회원

라이프니츠는 지극히 박학한 인물로서 철학, 신학, 법률학, 정치경제학, 어문학, 논리학, 수학 등 어떤 분야를 막론하고 스스로 일가를 이룰 정도였다. 또한 그는 이론가일 뿐만 아니라 실천가로서 지인들과의 교류가 매우 폭넓었다. 현재 독일의 하노버(Hannover) 도서관에 소장되어 있는 그의 서신을 살펴보면, 그가 편지를 주고받은 유명 인사가 무려 1,054명에 달하며 그 중에서 32명은 각 나라의 왕후 혹은 황비였다. 또한 그의 자취가 남아있는 곳만도 마인츠, 파리, 런던, 하노버, 베를린, 비엔나, 로마 등에 이른다. 이렇게 박학다재한 인물이 중국 문화를 제창하고 나설 정도라면 그 당시 중국 문화의 영향이 얼마나 심대했던가를 짐작할 수 있다.

오래흔조의 고증에 의하면,[69] 라이프니츠가 언제 예수회에 관심을 가졌는지는 그다지 분명하지 않다. 다만 1672년부터 1676년까지 그가 프랑스에 임시로 머물던 당시는 프랑스가 아직 포교단을 중국에 파견하지 않는 상태였기 때문에 아마도 아직 중국 연구에 종사하지 않은 듯하다. 덴마크의 철학사가인 회프딩(Höffding)의 주장에 따르면 그가 공자를 연구하기 시작한 것은 1676년 하노버 도서관에 왔을 때의 일이며 그 자신이 고백하기를 1676년에 이미 『공자전』을 읽은 적이 있고 중국인이 '리'를 '신'으로 여긴 것을 보면 자신의 철학과 매우 비슷하다고 했다고 한다.

독일의 메르켈(Franz Rudolf Merkel)은 『라이프니츠와 중국 전교傳教』(*G. W. von Leibiniz und die China-Mission*, 1920)라는 저서에서 라이프니츠가 매우 일찍부터 중국 철학을 연구했고, 그의 수중에는 매우 초기 저작인 1660년 스피질리우스(Th. Spigelius)의 『중국문예론』(*De re literaria Sinensium*)과 1667년 키르허(A. Kircher)의 저작인 『중국도해中國

圖解』(*China Monumentis illustrata*)가 있었다고 말했다. 라이프니츠가 1669년에 초안을 잡은 『예술과 과학을 장려하기 위해 독일에 학사원을 설립해야 한다는 제도론에 관하여』(*Bedenken von Aufrichtung einer Akademie oder Sozietät in Deutschland, zu Aufnahmen der Künste und Wissenschaften*) 속에서 이미 그가 중국을 연구하여 얻은 결론을 살펴 볼 수가 있다. 그리고 1679년 베를린에서 뮐러(Probst Andreas müller)가 계획 출판한 『중국의 열쇄』(Clavis Sinica)에 대해 라이프니츠는 큰 관심을 가지고 있었는데, 그가 필기를 통해 제기하고 있는 여러 가지 문제들을 살펴보면 곧 이 때에 그가 중국에 대해서 이미 많은 지식을 가지고 있었다는 것을 알 수 있다. 또한 1687년 『중국의 철인자 공자』가 출판되자 그는 매우 감동하여 헤센-라인펠(Landgrafen Ernst von Hessen-Rheinfels)에게 편지를 쓰면서 "올해 파리에서 중국 철학자의 왕, 공자의 저술이 발행되었다(l'ouvrage de Confucius Prince des Philosophes Chinois qu'on apublie à Paris cette anneé)"고 언급하였는데, 여기서 그의 중국 문화에 대한 태도를 단적으로 볼 수 있다. 메르켈의 고증과 라이히바인이 『중국과 유럽』에서 인용한 내용에 따르면[70] 라이프니츠는 매우 일찍부터 중국을 연구했으며 아직 학설이 채 성립되기도 전인 21세 때부터 중국 철학의 영향을 받고 있었다는 사실을 알 수 있다.

라이프니츠와 예수회원 사이에 공감적 관계가 형성된 것은 1689년 이후의 일이며 그의 유년 시절에는 예수회에 대해 반대적 태도를 취하였다. 그는 1689년 로마를 여행하면서 하노버 왕조를 위해 사료를 수집하던 도중에 뜻밖에도 중국에서 돌아온 예수회 선교사 그리말디를 만나게 되었고 8개월 가량 왕래하면서 중국의 사정을 자세히 듣게 되었다. 그 뒤로 라이프니츠는 예수회 회원을 돕는 입장으로 기울게 되었던 것이다. 이제 라이프니츠와 예수회 회원의 관계를 두 가지 측면으로 나누어 고찰해 보도록 하겠다.

ⓐ 라이프니츠와 교제한 예수회원

■그리말디(Grimaldi, Filippo Maria, 閔明我, 1639~1712)

그리말디는 이탈리아 사람으로 1669년 중국에 왔다. 강희 10년 광동廣東에서 황제의 명으로 수도에 초빙되어 역법을 정리하였다. 22년에 황제의 행차를 따라 북새北塞에 왕림하였고 24년에는 황제의 명을 받들어 향산오香山澳에 가서 역법에 숙련된 토마스(Antoine Thomas)를 맞이하였다. 25년에는 병부兵部의 문서를 가지고 유럽을 경유하여 러시아 수도에 가서 교섭 사무를 의론하였다. 27년에는 베르비스트가 병으로 죽어 흠천감 감정원에 결원이 생기자 명을 받들어 공석을 채우게 되었는데 돌아와 일을 맡기 전까지 페레이라와 토마스가 이를 대리하였다. 29년과 31년에 황제는 수아레스(Joseph Suarez, 蘇霖), 토마스 등을 잇달아 파견해 광동에 가서 그를 영접하도록 함은 물론 그리말디와 같이 역법에 정통한 서양인을 북경으로 데려와 지시를 기다리도록 하유下諭했다. 33년에 그가 중국으로 돌아와서 황제를 배알하고 명에 따라 협상한 사정을 아뢰자 큰 상賞이 내려졌고 계속해서 역법을 관리하는 일에 봉직되었다.

이상의 내용은 모두 『정교봉포』에 보인다.[71] 여기서 알 수 있듯이 그리말디가 중국에서 유럽으로 돌아온 이유는 사실 두 가지 큰 사명이 있었기 때문이었다. 첫째는 러시아와 교섭 내용을 협의하기 위해서였고 둘째는 역법에 정통한 서양인을 초빙하기 위해서였다. 이 때문에 로마로 길을 떠나게 되었던 것이다. 때마침 라이프니츠는 어느 명문가의 역사를 한창 편집하는 중이어서 사료를 수집하기 위해 수년 동안 동분서주하던 터였다. 그러던 중 로마에서 그리말디와 뜻하지 않게 만나게 되었다. 그리고 로마에서 8개월 가량 머물면서 매우 친밀하게 서로 교제하게 되었다. 이후 베르비스트가 세상을 떠나자 그리말디는 황제의 명을 받들어 흠천감 감정원의 공석에 앉게 되었다. 때문에 황급히 중국으로 돌아가야만 했다. 원래는 러시아 육로를 경유할 예정이었으나 통과 계획에 차질이 생겨 인도로 향하게 되었다. 그곳 고아에 있을 때 라이프니츠에게 한 통의 편지를 보냈는데 이 글 속에는 그들이 로마에서 토론했던 문제가 언급되어 있다.

> 귀하가 제기한 문제는 극히 중대한 것이어서 동료들의 도움 없이는 회답하기가 쉽지 않습니다. 그 동료들은 중국 각지에 흩어져 거주하면서 다섯 곳의 중요한 지역에서 귀중한 자료를 수집하는 일에 종사하고 있습니다. 나는 오늘 이후부터 일체의 얻는 정보들을 유럽에 전달해 주고자 합니다. 마찬가지로 귀하도 역시 노력해서 밝혀낸 지식이 있다면 우리에게 알려주어 서로 교환하기를 바랍니다.

이 편지는 라이프니츠에게 매우 큰 격려가 되었다. 그의 『중국최근사정中國最近事情』의 서언에 서술된 내용을 살펴보면 그와 그리말디의 이러한 관계를 명백하게 알 수 있다.[72)]

■조아킴 부베(Joachim Bouvet, 白晉, 1656~1730)

조아킴 부베는 프랑스 사람으로 1687년(강희 26년) 폰타네이, 곰드, 가빌롱, 비스델루 등과 함께 중국에 왔다. 27년에 황제의 명을 받들어 가빌롱과 함께 수도에 머물면서 대기하였다. 28년에 부름을 받고 가빌롱, 토마스 등과 함께 매일 궁정 수반輪班에 나아가 기하, 측량, 천문, 지리, 격치 등 여러 학문을 강의하였다. 29년 황제가 밖을 순시巡視할 때는 가빌롱, 토마스 등과 함께 황제를 수행하였다. 38년 황제가 남쪽 지방을 순시할 때도 가빌롱과 함께 수행하면서 서호西湖, 호구虎邱 등 여러 명승지를 여행하였다. 47년에는 황제의 명을 받아 레지스 등과 함께 몽고 등지를 여행하며 지도를 그렸다. 이상의 내용은 모두 『정교봉포』에 보인다.

부베는 친신親臣으로서 중국 황제와 매우 가까운 관계를 유지하였다. 1697년에는 『중국황제전』이라는 저술을 통해 강희의 풍격, 인품을 묘사하여 루이 14세에게 헌상하였다. 이 책은 후에 라이프니츠의 『중국 최근사정』 2판(1699년)에 라틴어로 번역 수록되었는데 중국 황제의 초상이 부록으로 덧붙여졌다. 특히 라틴어 번역은 라이프니츠가 직접 쓴 것이다. 부베와 라이프니츠의 관계는 그 해 10월에 시작된 것으로 보인다. 그 해 부베는 강희의 칙명을 받들고 프랑스로 귀국하여 서방의 우수하고 학식 있는 선교사를 중국으로 초빙하는 동시에 강희가 루이 14세에게 선물하는 한적漢籍 49책을 가지고 갔다. 이 책들은 현재 파리의 국립도서관에 소장되어 있다. 1698년(강희 37년) 겨울, 부베는 프레마르, 레지스, 파레닌 등 예수회 학자 10명과 함께 북경으로 돌아왔다.[73] 당시 라이프니츠와 부베는 이미 정기적으로 서신을 주고받던 터였다. 1703년 4월 1일 라이프니츠는 처음으로 부베로부터 『역경』의 64괘도를 얻어 1678년 그가 발명한 이진법과 서로 연관시키게 되었고 그 문제에 관해 부베와 편지를 교환하며 토론을 벌였다. 이 우편물들은 독일 하노버 도서관에 소장되어 있으며 아직 출판되지 않은 상태이다. 오래흔조의 연구 결과를 정리하면 아래와 같다.[74]

① 1697년 10월 18일 부베는 파리로 돌아와서 맨 처음 라이프니츠와 서신 왕래를 시작했는데 베르쥐(Verjus) 및 기타 학자로부터 라이프니

츠의 명성을 익히 들었노라고 언급하고 있다. 또한 일찍이 『중국최근사정』의 서문을 읽고 매우 탄복하였으며 자신이 지은 『중국황제전』을 같이 보낸다고 하였다. 아울러 이번에 프랑스 왕가문고王家文庫를 위해 300권의 중국책을 가지고 왔다고 서술하고 있다.

② 1697년 12월 2일 라이프니츠는 부베의 서신과 저서 기증에 감사를 표시하는 답장을 보냈으며 앞으로 중국에 관한 편지 왕래에 더욱 마음을 쏟아줄 것을 부탁했다. 이 답장에서 라이프니츠는 중국의 역사, 문자, 수학 및 정치 등에 관한 평론 외에도 일종의 보편 문자설을 제기하고 있다.

③ 1698년 2월 28일 부베는 프랑스 로셔 지방에서 라이프니츠에게 편지를 보냈는데 여기서 처음으로 『역경』의 전설을 언급하고 있다.

④ 1699년 9월 11일 부베는 북경에서 편지와 함께 라이프니츠에게 중국 법률서를 증정했는데 중국 고대 철학이 중국 근대 철학보다 더 유용하다고 언급했다.

⑤ 1701년 12월 4일에 작성된 부베의 편지에서는 라이프니츠와 중국 문자에 대해 토론을 벌이고 있다. 또한 그에게 64괘 원도圓圖를 보내고 있는데 원도 내에는 8괘에 따라 배열된 64괘 방도方圖가 포함되어 있다. 이 목판도는 후에 라이프니츠에 의해서 번호가 덧붙여졌고 그 중 그리스 글자는 부베가 첨가했는데 현재 하노버 도서관에 소장되어 있다.

⑥ 1701년에서 1702년 사이에 작성된 라이프니츠의 한 편지에서는 그가 발명한 이진법과 복희 역도易圖의 배열 관계를 설명하고 있다.

⑦ 1702년 11월 8일 부베의 회답에서 이 일을 논급하고 있다.

라이프니츠와 교류한 예수회 회원으로는 지금까지 서술한 그리말디, 부베 외에도 가빌롱, 토마스, 수아레스 등 여러 사람이 있는 것으로 추정된다. 『중국최근사정』 속에는 그들이 북경에서 보낸 서신과 보고서들이 실려 있다. 그리말디, 가빌롱, 토마스 등은 전례 논쟁에서 모두 찬성파의 입장에 섰는데 『정교봉포』에 실린 강희 39년 10월 2일 상주문을 보면 이를 알 수 있다.[75] 라이프니츠 역시 이들의 영향을 받았으므로 이론적 측면에서 예수회와 가까웠고 도미니크회의 주장에는 반대하는 입장이었다.

ⓑ 라이프니츠와 변론한 선교사

■니코라스 롱고바르디(Nicolaus Longobardi, 龍華民, 1559~1654)

니코라스 롱고바르디는 이탈리아 사람으로 1597년 포교회 사람들을 따라 중국에 들어와 처음 강서江西에서 선교 활동을 했다. 1609년 북경에 불려 들어갔으며 이듬해 마테오 리치의 후임으로 중국 전도회 회장이 되었다. 그러나 전례 문제에 대해서는 리치의 의견과 완전히 달랐다. 일찍이 『영혼도체설』을 발표했으며 또한 『중국 종교에 관한 몇 가지 의문』(*Traité sur quelques points de la religion des Chinois*)이라는 저서가 1701년 파리 판본으로 전해진다. 프피스터(Aloys Pfister)의 『중국 예수회 선교사 열전』에 서술된 내용에 의하면 이 책은 원래 스페인어로 되어 있고 나바렛(Navarrete) 신부가 편찬한 『중국의 역사, 정치, 종교에 대한 논고』(*Tratados historicos, politicos, ethicosy religiosos de la monarchia de China*, Madrid, 1616) 속에 실려 있었다고 한다. 그러던 것이 파리 외국전도회의 씨쎄(de Cicé) 주교에 의해 프랑스어로 번역되었고 이 프랑스어 번역본이 다시 『라이프니츠전집』 속에 포함되면서 주석까지 덧붙여졌다고 한다.[76] 이는 역시 롱고바르디와 라이프니츠의 관계를 보여주는 것이라 하겠다. 라이프니츠는 롱고바르디의 저서를 읽다가 그가 중국 철학을 무신론이라 평가한 사실을 발견하고 이것은 실로 중대한 착오를 범한 것이라 하여 낱낱이 비판을 가하고 있다. 아울러 송유의 리기설에 대한 이 책의 오류까지도 바로잡고 있다.

■앙투안 드 생트 마리(le P. Antonine de Saint-Marrie, 栗安當)[77)]

조셉 시아오의 『천주교전행중국고』[78)]에 따르면, "청淸나라 순치順治 연간 생트 마리 신부는 복건福建으로부터 북상하여 산동山東 제남부濟南府에 거점을 정했는데 이것이 프란시스코회 선교사들의 산동 전교의 시작이었다. 강희 시대에는 이 종파 선교사들의 방문이 더욱 늘어 산동 교무는 곧 프란시스코회파 선교사들에 의해 접수되었고 예수회 선교사는 더 이상 오지 않게 되었다"고 했다. 여기서 생트 마리는 예수회의 반대파에 속했음을 알 수 있다. 라이프니츠는 그가 1701년에 지은 『중국 전교 사업의 몇 가지 중요한 점에 관한 평론』이란 글을 읽고서 그 착오를 지적하였으며 중국 철학에 대한 옹호를 자신의 임무로 여기게 되었다.

지금까지 살펴본 것처럼 라이프니츠와 중국 문화의 접촉은 사실상 예수회원이 그 매개가 되었다. 그리말디 등과의 교류를 통해 비로소 『중국최근사정』 속에 나타난 그의 중국 문화관이 형성되었고, 부베와 서신을 주고받음으로써 『서간집』 속에서 발견되는 그의 중국 문화관이 나타날 수 있었다. 그리고 롱고바르디, 생트 마리의 저작을 읽음으로써 비로소 라이프니츠의 송유 리기관理氣觀이 형성될 수 있었던 것이다. 이제 순서대로 이 내용을 기술하고자 한다.

『중국최근사정』에 나타난 중국 문화관

1697년 라이프니츠는 라틴어로 『중국최근사정中國最近事情』(*Novissima*

Sinica, Historiam Nostri temporise illustrutura, In quibus de Christianisms publica nunc primum autoritate propagats missa in Europam relatio exhibetur, deque favore scientiarum Europaearum ac moribus gentis et ipsius praesertim Monarchae, turn et de bello Sinensiumcum Moscis ac pace constituta, multa hactenus ignotaexplicantur, Edente G. G. L. Anno M Dc X C VII)을 출판하였다. 이 책의 자세한 이름은 "현대사의 자료, 최근 중국 당국이 기독교 전도를 특별히 허락한 아직 채 알려지지 않은 사실에 관한 설명, 중국과 유럽의 관계, 중화 민족과 제국이 유럽의 과학 및 그 풍속을 환영하는 상황, 중국과 러시아의 전쟁 및 그 화약 체결의 과정"이라고 할 수 있다. 서명의 끝에 편집자가 G. G. L.이란 이름으로 기록되어 있는데 그리말디가 라이프니츠에게 보내는 한 통의 편지와 책머리에 실린 편집자의 말을 상호 실증한 결과 이 세 글자의 익명은 라이프니츠의 라틴어 이름인 Godefridus Guilelmus Leibnitius (Gottfried Wilhelm Leibnitz)의 약어임이 밝혀졌다. 이 책은 본문이 여섯 개 장으로 나누어져 있고 모두 합쳐 174페이지이다. 본문은 모두 중국에서 활동하던 예수회 선교사들의 편지로 이루어져 있고 권두어 「치독자致讀者」 24페이지는 라이프니츠가 서론으로 쓴 것이다. 전체 목차는 다음과 같다.[79]

1. 권두어
2. 북경 학회장 포르투갈인 수아레스의 1692년부터 중국에서 기독교를 자유롭게 전교할 수 있다는 허락 칙명에 관한 보고서
3. 중국에서 황제 칙령으로 인쇄된 베르비스트의 천문학 선록
4. 1693년 12월 6일 그리말디가 고아에서 라이프니츠에게 보낸 서신
5. 1695년 11월 12일 토마스가 북경에서 보낸 서신
6. 1693~1694, 95년 러시아 사신(Murcovy)의 중국 여행 소기小記

7. 1689년 9월 2일 및 3일 가빌롱이 중국과 러시아 변경 네르친스크(Nerchinsk)에서 보낸 편지. 이 편지에는 그곳에서의 중국인과 러시아인의 전쟁과 최후 화약 체결의 과정이 서술되어 있음

이 가운데 특히 주목할 만한 부분은 그의 권두어이다. 듀탱스(Dutens)가 『라이프니츠 전집』(*Leibnitti opera omnia*) 78페이지 이하에서 특별히 이 권두어 부분을 발췌하여 수록했던 것도, 그 안에 라이프니츠의 '동서 문화관'과 '중국 도덕 정치 찬미론'이 포함되어 있기 때문이었다. 권두어 첫머리에서 라이프니츠는 다음과 같이 말하고 있다.[80]

> 전 인류 가운데 가장 위대한 문화와 문명, 다시 말해 대륙 양극단의 두 나라인 유럽과 극동 해안의 중국이 지금 한 곳에 모였다. 이것은 운명이 마련해 준 기회이며 최고의 섭리가 이 사실을 마침 잘 감합한 것이라고 나는 믿는다. 비록 두 민족이 모두 교양 있는 사람들이기는 하지만 지리적으로 멀리 떨어져 있기 때문에 서로가 쉽게 협력하기 위해서는 이 두 민족 사이에 끼여 있는 대제국의 생활 상태가 점차 개선되어야 한다. 중국과 유럽을 연계시켜야 할 러시아 민족은 북극해의 해안에서 여전히 야만적 풍조를 벗어나지 못하고 있기 때문이다.

이것은 중국·유럽 문화 교류의 사명을 러시아인에게 넘겨주어 그 책임을 지우게 한 말이다. 계속해서 그는 동서 문화를 서로 비교함으로써 유럽 문화의 장점이 바로 수학적, 사변적 과학에 있음을 꿰뚫어 보고 있다. 즉 군사적 측면에서는 중국이 유럽만 못하지만 실천적 철학의 측면에서 본다면 유럽인은 도저히 중국에 못 미친다는 것이다. 그는 "우리는 지금까지 누구도 이 세계에서 우리를 능가하는 민족의 존

재를 생각해 본 적이 없었다. 그러나 사실상 우리는 그 존재를 중국 민족에게서 발견했다"고 했는데 이것은 중국 문화의 장점인 도덕과 정치의 철학을 염두에 둔 말이었다.

도덕적 측면에서 시작해 보자. "이 영역만큼은 중국 민족이 사실 우리보다 우월하다. 공예와 기술 분야는 우리와 그들이 서로 대등하며 사변적 과학은 우리가 그들보다 더 우월하다. 그러나 실천 철학, 다시 말해 인간의 실질적 윤리 및 정치적 강령에 있어서는 그들과 비교해서 사실상 우리의 부족함이 드러난다(이것은 감내해야만 하는 굴욕이다). 왜 그러한가? 중국 민족은 공공의 안전과 인류 질서를 위해 가능한 범위 내에서 많은 조직을 설치하였다. 그것을 다른 나라의 법률과 비교해 보면, 정말로 많은 장점을 가지고 있다. 사실상 인류의 최대 해악은 곧 인류로부터 오며, 또한 인류 자신에게 되돌아가는 것이다. 우리의 한없는 우매함에 불행한 자연적 조건들이 더해져 우리들은 스스로에 대해 끊임없이 고난을 창조해 내고 있다. 만약 이성이 이러한 해악에 대해 아직도 치료의 효과가 있다면 중국 민족은 맨 먼저 이런 훌륭한 규범을 획득해 낸 바로 그 민족일 것이다. 중국이 인류의 큰 사회 속에서 획득한 효과는 우리의 종교 단체 창립자들이 작은 범위에서 획득한 것보다 더욱 우수하다. 그들은 윗사람에게 복종하고 노인을 존경한다. 자녀가 나이 들어 얼마나 장성하든 간에 양친을 존경하기를 종교와 같이 한다. 부모에게는 거의 난폭한 말을 사용하지 않으며 혹시라도 그럴 경우 유럽에서의 살친죄殺親罪를 부과해 교수형에 처한다. 그들의 사회에서는 이러한 것들이 습관처럼 이미 자연스러운 일이 되었고 동년배 혹은 하급 사람을 대할 때도 모두 힘써 예의를 중시한다. 우리처럼 이런 문화에 습관이 되어 있지 않은 사람이 본다면 그야말로 노예 생활과 다름이 없다. 특히 유럽 사람들을 경이롭게 만드는 것은 중국 농부와 비복들이 평소에 이야기를 나누고 일상적으로 만날 때조차도, 서로를 존중하여 따스하게 대하는 정도가 유럽의 모든 귀족들을 능가한다는 사실이다. 하층민이 이러하니 중국 관리의 경우는 더욱 상상하고도 남을 것이다. 그들은 대화 중 다른 사람을 모욕하는 경우가 거의 없을 뿐만 아니라 분노, 증오, 격분의 감정을 말투에 나타내지 않는다. 유럽에서는 정중하고 예의 바른 대화가 처음 사귀기 시작한 며칠 동안만 이루어지며 일단 서로 익숙해지면 결코 정중한 태도가 계속되지 않는다. 그리고 한번 서로 결례를 범하게 되면 매우 빠르게 상대방을 대하는 태도가 비난 분노로 돌변하여 이내 원한을 맺고 원수가 되고 만다. 이와 반대로 중국인의 대인 관계는 이웃 사람이든 비복이든 이미 생활 습관이 된 까닭에 항상 예의를 잃지 않는다."

정치적 측면에서 보자. "저 대제국의 군주는 비록 사람의 몸으로 태어났지만 그 자신의 위대함으로 인해 마치 신과 같이 다른 사람의 숭배를 받으며 그의 모든 명이 자연스럽게 실행되니 매우 경이로운 일이 아니겠는가? 그의 성덕聖德과 성지聖智가 모두 극에 달하여 도덕을 준수하고 성현을 존경하며 앞에 우뚝 솟아 있어 신하들은 도저히 따를 수가 없을 정도이니 매우 경이로운 일이 아니겠는가?" "또한 유럽의 모든 위대한 군주는 내각과 의회를 두려워하는 감정이 있듯이 중국에서 두려워하는 것은 오히려 역사이며 자손의 평가이다. 이것 역시 종교와 같다. 그는 사관이 자신의 명예스럽지 못한 행적을 기록할까봐 전전긍긍하며 이 때문에 자신의 행동을 스스로 단속한다." "현재 중국의 강희는 전대미문의 위대한 황제라 말할 수 있다. 그는 유럽인에 대해서도 극히 관대하지만 황제의 존엄성을 유지하기 위해 기독교의 공인을 선언하지는 않고 있다. 그러나 매우 명백한 사실은 그가 만일 기독교를 허가하지 않았다면(이것은 선교사의 노력 때문이지만), 유럽 공예와 과학을 중국에 들여온다는 이 군주의 위대하고도 유익한 사상은 성공할 수 없었을 것이다.

이 일 한 가지만 보더라도 그는 사실 그의 모든 고문관들보다 더욱 원대한 식견을 갖추고 있음을 알 수 있다. 나는 그의 이 위대한 성지聖智가 중국인의 성지 위에 유럽인의 성지를 더한 것이라 생각한다. 왜 그런가? 그는 중국 학술 분야에 있어서 유년 시절에 보통 이상의 깊이 있는 교육을 받았는데 그가 중국 관리를 시험할 때 보였던 엄격한 시험관의 태도에 조금만 주의를 기울인다면 이 사실은 곧바로 알 수 있다(이것은 한 학자의 최고 수준을 표시한 것이다). 한편 기독교도가 청원서를 올릴 때는 오히려 대학자가 쓴 청원서를 정정할 정도로 그 자신의 문장을 통해 매우 절묘하게 자기의 사상을 표현해 냈다." "이처럼 그는 백성들을 위해 정확하게 과학을 인식했을 뿐만 아니라 판단이 오류에 빠지지 않도록 하기 위해 예수회 선교사인 벨기에 사람 베르비스트의 제안에 따라 유럽 과학에 주의를 기울였다. 당시 유럽 과학은 중국 내에서 아직 사람들의 관심을 끌지 못했기 때문에 사물에 관한 지식과 이해에 있어서 일체 중국인, 만주인 중 그 우월한 점을 아는 이는 비교적 많지가 않았다. 이것은 흡사 구라파의 탑을 이집트 삼각탑 위에 올려놓은 것과도 같은 형국이었다. 내가 로마에 있을 때 예수회의 걸출한 인물 그리말디가 이 군주의 덕과 지혜를 어찌나 내게 찬미하든지 일종의 여담일 것이라 의심했었다. 이 황제가 백성을 대하는 정의, 인의, 겸손 등의 도덕과 놀랄 만한 지적 욕망은 거의 믿을 수 없을 정도였기 때문이었다. 그는 친왕이나 및 국내의 고상한 인물의 경모나 숭배에는 아랑곳하지 않고서 도리어 베르비스트와 함께 방문을 걸어 닫고 마치 스승과 제자처럼 서로 대면하면서 매일 서너 시간을 투자하여 기계학과 수학의 연구에 몰두했다. 이로 인해서 그는 마침내 유클리드의 기하학을 이해할 수 있었고 삼각술의 계산을 익혔을 뿐만 아니라 천문 현상을 수학적으로 나타낼 수 있을 정도가 되었다.

이뿐만이 아니었다. 루도비쿠스(Ludovicus le Comte, 李明)가 최근 발표한 중국에 관한 보고에 따르면 이 군주는 직접 기하학 교과서를 저술하여 이와 같은 과학적 진리를 왕자들에게 가르쳤다고 한다. 그는 자신의 가족들이 세습적 제국 속에 과학을 수입하여 그가 죽은 이후에도 거기에 의거해 백성들을 행복한 삶으로 이끌기를 바랐던 것이다. 나는 이보다 더 우아하고 아름다운 행위는 없을 것으로 생각되었다."

라이프니츠는 강희제를 가장 이상적인 군주로 인식했기 때문에 1699년 이 책의 제3판에 라틴어로 번역한 부베의 『중국황제전』 128페이지를 더하였다. 번역은 물론 그 자신이 직접 수행한 것이었다. 이러한 사실들은 곧 라이프니츠가 중국 정치를 얼마나 숭배했는지 그 상황을 보여주는 예라 하겠다.[81)]

이처럼 라이프니츠가 중국의 도덕과 정치를 찬미한 것은 결국 실천철학의 측면에서는 중국이 유럽을 훨씬 앞서고 있으며 사변 과학의 측면에서는 또한 유럽만 못하다는 것이다. 그러므로 인류의 행복과 쌍방의 문화 교류라는 견지에서 라이프니츠는 적극적으로 선교사의 활동에 호감을 표현했던 것이다. "그것은 중국이 수천 년 동안 기울인 노력의 결과를 유럽에 수입해 주는 동시에 유럽의 모든 것을 중국에 수입해 주었다."(1697년 12월 2일 베르쥐에게 보낸 편지) 그러나 그가 더욱 바랐던 것은 "중국 전도자는 우리에게 자연신학의 응용과 실행을 가르쳐 줄 수 있을 것이니, 이것을 그들에게 우리가 계시신학을 전수해 주는 조건으로 삼아야 한다. 이 때문에 중국은 전도사를 유럽에 파견할 필요가 있다."

『서간집書簡集』에 나타난 중국 문화관

라이프니츠는 일생 동안 일에만 쫓기면서 살았기 때문에 『변신론』(*Theodicée*) 외에는 별다른 저작이 없었다. 유고 『인간 오성에 관한 새로운 글』(*Nouveaux essais sur léntendement human*)은 1765년에야 비로소 출판되었고, 1714년에 쓰인 『단자론』(*Monadologie*)과 1687년에 쓰인 『형이상학서설』(*Discours de Métophysique*)은 모두 그의 사상의 일부분만을 대표할 뿐이다.[82] 사실 라이프니츠는 매우 박학 다능한 인물이었으며 그의 유고 대부분은 아직도 발표되지 않고 있다. 하노버 도서관에 현존하고 있는 것 가운데 찰기札記 중 비망록 한 가지만 하더라도 1만 5천여 통이나 된다. 다른 사람과 주고받은 서신의 경우는 하노버 도서관 관장 보데만(Bodemann)의 초보적 정리를 거친 목록 1책(*Der Briefivechsel des G. W. Leibniz*, Hannover, 1889)이 있으며, 또한 찰기 목록 1책(*Die Leibniz-Handschriften*, Hannover, 1895)이 있다. 아울러 쿠튀라(Louis Couturat)의 저작(*Opuscules et fragments inédits de Leibniz extrarts des maunscrits de la Bibliothéque royale de Hanovre*, Paris, 1903) 역시 참고할 만하다. 이 찰기와 서신 가운데 가장 귀중한 것은 프랑케(A. H. Francke, 1663~1727)와 왕래한 서신, 부베와 왕래한 서신 등 중국 문화의 발전과 관계된 서신들이다. 프랑케는 라이프니츠의 영향을 받아서 중국 문화, 중국 사상을 옹호하는 가장 강력한 동지가 되었다. 그들이 주고받은 편지로는 1697년 7월 9일 프랑케가 라이프니츠에게 보낸 서한, 같은 해 8월 7일 라이프니츠가 프랑케에게 보낸 서한, 같은 해 8월 14일 프랑케가 라이프니츠에게 보낸 서한, 9월 30일 라이프니츠가 프랑케에게 보낸 서한, 1699년 4월 6일 라이프니츠가 프랑케에게 보낸 서한, 같은 해 8월 12일 프랑케가 라이프니츠에게 보낸 서한이 있다. 이상은 모두 메르켈의 『라이프니츠와 중국 전교』(부록 1,

214~224쪽)에 수록되어 있다. 부베와 왕래한 편지로는 1697년 10월 18일 최초 연락으로부터 1702년 12월 8일 최후 회답 편지에 이르기까지 왕래한 것이 모두 일곱 차례나 된다. 이것은 오래흔조의 『유교가 독일 정치사상에 끼친 영향』(435~453쪽)에 보인다. 이와 같이 아직 발표되지 않은 서한집의 내용을 통해 우리는 라이프니츠의 중국 문화에 대한 관찰이 실제로 매우 큰 성과를 얻었음을 알 수 있다. 이제 오래흔조의 저서를 근거로 이 내용을 약술해 보자.

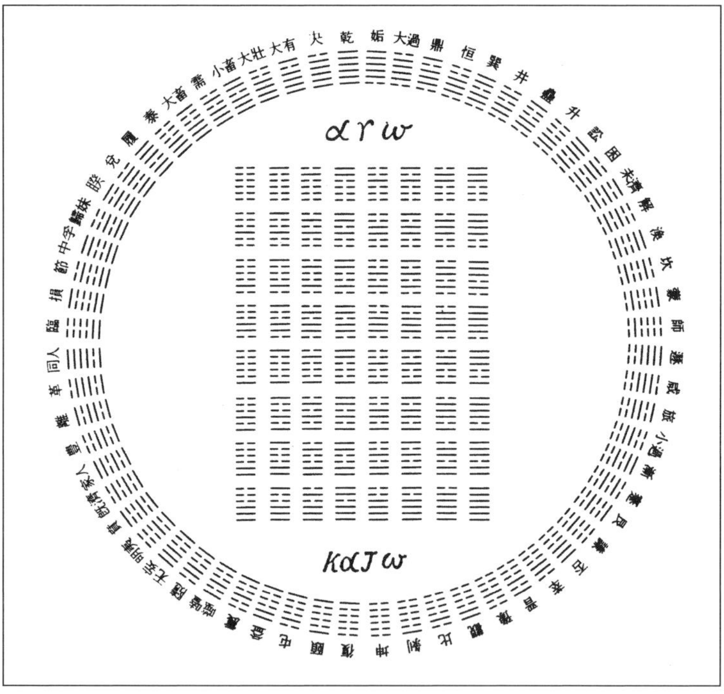

〈그림 1〉

64괘와 이진법에 관한 내용은 1701년 11월 4일 부베가 라이프니츠에게 보낸 편지에 들어 있다. 이 편지에 의하면 라이프니츠가 일찍이 이진법 문제를 언급하면서 0부터 32까지의 도표를 보내주었는데, 부베는 이것이 역괘의 배열과 서로 같으며 이러한 수학은 32 이후로도 확장시켜 나갈 수 있다고 생각했다. 그리하여 라이프니츠에게 64괘 원도圓圖를 보내주었는데 원도 내부에는 8괘에 따라 64괘를 배열시킨 방도方圖가 포함되어 있었다. 이것은 현재 하노버 도서관에 소장되어 있다. 라이프니츠가 번호를 첨가하고, 부베가 '*αγω, καJω*'라는 그리스 문자를 덧붙인 목판도이다.(〈그림 1〉 참조)

라이프니츠는 이 64괘도의 수학적 배열 순서를 연구한 결과, 그가 1678년에 발명한 이진법(*Arithmétique binaire ou arithmétique dyadique*)과 완전히 일치한다는 사실을 발견했다. 라이프니츠는 미적분을 발명한 수학자로서 그의 이진법 원리는 듀탱스의 『라이프니츠 전집』 제1권 제1부 207, 201쪽 및 최근 쿠튀라가 지은 『라이프니츠 논리학』(*Logique de Leibniz*)의 부록 속에 실려있다. 대의는 0과 1을 가지고 모든 수를 표시한다는 것이다. 0과 1을 응용하여 우주 만유의 수를 표시할 수 있다고 했으니, '음'과

(0)	000000	00000	0			
(1)	100000		0	0		
(2)	010000	10000	0			
(3)	110000		0	0		
(4)	001000	01000	1			
(5)	101000		0	0		
(6)	011000	11000	0		0	
(7)	110001		0			
(8)	000100	00100	0			
(9)	001001		1	1	0	
(10)	010100	10100	0			
(11)	101001		0	0		
(12)	001100	01100	1			
(13)	011001		1	0		
(14)	011100	11100	0			
(15)	111001		0			
(16)	000010	00010	0			0
(17)	000101		0	0		
(18)	010010	10010	1			
(19)	100101		0	1		
(20)	001010	01010	1			
(21)	010101		0	0		
(22)	011010	11010	1		1	
(23)	110101		0			
(24)	000110	00110	0			
(25)	001101		1	1	0	
(26)	010110	10110	1			
(27)	101101		0	1		
(28)	001110	01110	1			
(29)	011101		1	0		
(30)	011110	11110	1			
(31)	111101		0			
(32)	000001	00001	0			
(33)	000011		0	0		
(34)	010001	10001	0			
(35)	100011		1	0		
(36)	001001	01001	1			
(37)	010011		0	1		
(38)	011001	11001	0		0	
(39)	110011		1			
(40)	000101	00101	0			
(41)	001011		1	1	1	
(42)	010101	10101	0			
(43)	101011		1	0		
(44)	001101	01101	1			
(45)	011011		1	1		
(46)	011101	11101	0			
(47)	111011		1			
(48)	000011	00011	0			1
(49)	000111		0	0		
(50)	010011	10011	1			
(51)	100111		1	1		
(52)	001011	01011	1			
(53)	010111		0	1		
(54)	011011	11011	1		1	
(55)	110111		1			
(56)	000111	00111	0			
(57)	001111		1	1	1	
(58)	010111	10111	1			
(59)	101111		1	1		
(60)	001111	01111	1			
(61)	011111		1	1		
(62)	011111	11111	1			
(63)	111111		1			

〈그림 2〉

'양'을 통해 우주 만유의 원리를 표시하는 『역경』의 원리와 정확히 서로 일치한다. 0과 1을 바탕으로 전개되는 그의 이진법은 〈그림 2〉와 같이 변형시킬 수 있다.

이 표를 소강절이 발전시킨 64괘 차서도次序圖와 비교해 보자. 64괘는 음양 두 부호를 써서 순차를 점점 늘려나간 것으로, '--'은 곧 0이고, '—'은 곧 1이다. 이를 확대시키면 '000000'은 곧 ䷁곤괘坤卦이며, '010010'은 ䷜감괘坎卦, '101111'은 ䷍대유괘大有卦와 같다. 이것을 표로 나타내면 〈그림 3〉과 같다.

〈그림 3〉은 이진법으로 '0'에서 '63'까지 모두 64개의 괘를 표현한 것이다. 〈그림 4〉는 '흑,' '백'으로 음양을 나눈 것이다. ■는 음陰이고 □는 양陽을 나타낸다. 가령 간괘艮卦의 '□ ■ ■ □ ■ ■'는 역도易圖의 ䷳을 나타내며 이진법으로 표현하면 '9'가 된다. 또한 복괘復卦의 '■ ■ ■ ■ ■ □'은 역도의 ䷗을 나타내며 이진법으로 표현하면 '32'가 된다. 이러한 원리를 이해한다면 라이프니츠의 이진법을 쉽게 알 수 있다.

〈그림 5〉의 왼쪽 열은 0에서 63까지의 수를 표시한 것이며 왼쪽 열에 배열된 숫자들은 〈그림 3〉 연산도演算圖를 다른 방

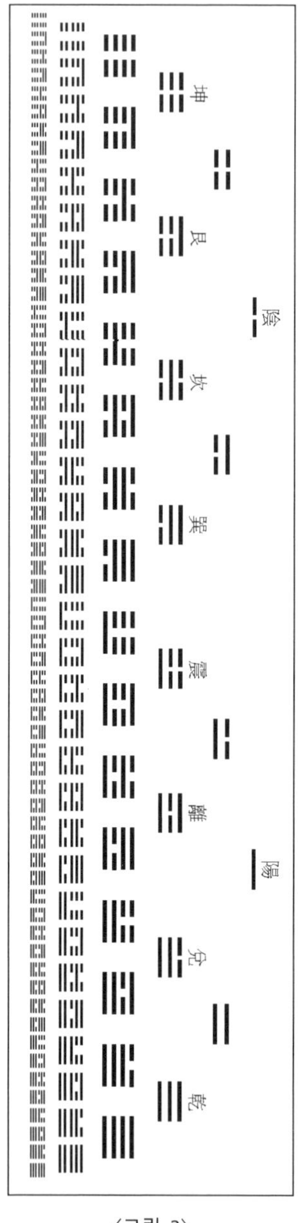

〈그림 3〉

식으로 표현한 것이다. 〈그림 5〉의 0을 '--'으로, 1을 '—'으로 바꾸면 곧 〈그림 6〉이 되는데 이것은 처음의 〈그림 1〉과 서로 같다. 이것을 통해 64괘의 배열과 이진법이 완전히 일치하고 있음을 알 수 있다. 이 때문에 라이프니츠는 64괘의 목판도를 얻었을 당시 그 위에 이진법의 숫자들을 덧붙여 놓고는 역의 배열 순서와 그의 새로운 수학적 발명이 서로 증명되고 있음을 알고서 찬탄해 마지않았던 것이다.

> 나의 최근의 불가사의한 발견, 다시 말해 3천여 년 전 중국 최초의 군주인 동시에 유명한 철학자 가운데 한사람인 복희의 고대 문자를 읽으면서 발견하게 된 비밀은 중국인에게 매우 기뻐할 만한 일이니 먼저 우리들의 입국을 허락해야 할 것이다. 왜냐 하면 중국인은 2천 년 전에 이미 이 문자의 비밀 독법을 잃어버렸기 때문이다. 이 책에는 불가사의한 신비(mystere cabalistiques)가 포함되어 있다. 지금까지 사용해 본 적이 없는 새로운 계산 방법, 이것은 확실히 나로부터 발명된 것이다. 이 새로운 방법은 수학에 새로운 광명을 줄 것이며 이 방법으로 인해 사람들은 많은 어려움을 해결할 수 있을 것이다. 여러 가지 자료를 통해 고찰해 보건대 나는 고대의 복희가 이미 이 방법의 핵심을 알고 있었을 것으로 판단된다. 복희의 문자 자체나 선교사 키르허의 『중국도해』 혹은 쿠플레 등의 기타 저서에 조금만 주의를 기울인다면 이 사실을 쉽게 알 수 있다. 다름 아닌 중국인의 『역경易經』 64괘의 대자大字에서도 역시 간파해 낼 수 있다. 이것은 곧 부베가 내게 보내준 중국 책의 부록이 내가 그에게 설명한 원리와 완전히 부합되는 점이다.[83]

1701년으로부터 1702년 사이에 라이프니츠가 부베에게 보낸 한 통의 서신에서 그는 다음과 같이 말하고 있다.

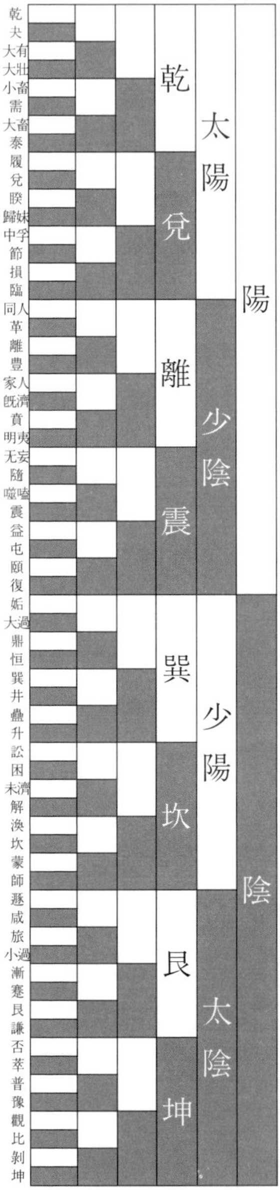

〈그림 4〉

0	0	0	0	0	0	0
1	1	0	0	0	0	0
2	0	1	0	0	0	0
3	1	1	0	0	0	0
4	0	0	1	0	0	0
5	1	0	1	0	0	0
6	0	1	1	0	0	0
7	1	1	1	0	0	0
8	0	0	0	1	0	0
9	1	0	0	1	0	0
10	0	1	0	1	0	0
11	1	1	0	1	0	0
12	0	0	1	1	0	0
13	1	0	1	1	0	0
14	0	1	1	1	0	0
15	1	1	1	1	0	0
16	0	0	0	0	1	0
17	1	0	0	0	1	0
18	0	1	0	0	1	0
19	1	1	0	0	1	0
20	0	0	1	0	1	0
21	1	0	1	0	1	0
22	0	1	1	0	1	0
23	1	1	1	0	1	0
24	0	0	0	1	1	0
25	1	0	0	1	1	0
26	0	1	0	1	1	0
27	1	1	0	1	1	0
28	0	0	1	1	1	0
29	1	0	1	1	1	0
30	0	1	1	1	1	0
31	1	1	1	1	1	0
32	0	0	0	0	0	1
33	1	0	0	0	0	1
34	0	1	0	0	0	1
35	1	1	0	0	0	1
36	0	0	1	0	0	1
37	1	0	1	0	0	1
38	0	1	1	0	0	1
39	1	1	1	0	0	1
40	0	0	0	1	0	1
41	1	0	0	1	0	1
42	0	1	0	1	0	1
43	1	1	0	1	0	1
44	0	0	1	1	0	1
45	1	0	1	1	0	1
46	0	1	1	1	0	1
47	1	1	1	1	0	1
48	0	0	0	0	1	1
49	1	0	0	0	1	1
50	0	1	0	0	1	1
51	1	1	0	0	1	1
52	0	0	1	0	1	1
53	1	0	1	0	1	1
54	0	1	1	0	1	1
55	1	1	1	0	1	1
56	0	0	0	1	1	1
57	1	0	0	1	1	1
58	0	1	0	1	1	1
59	1	1	0	1	1	1
60	0	0	1	1	1	1
61	1	0	1	1	1	1
62	0	1	1	1	1	1
63	1	1	1	1	1	1

〈그림 5〉

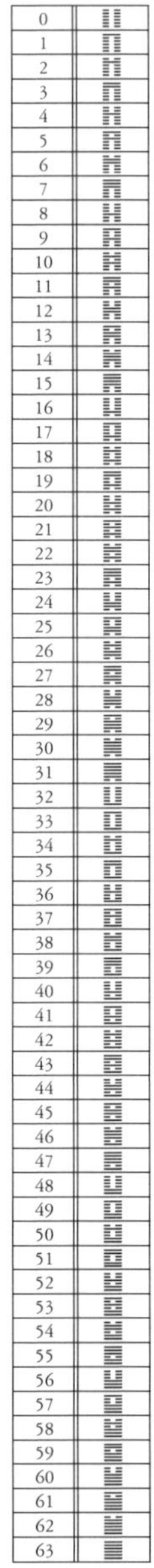

〈그림 6〉

귀하의 편지에서 다룬 중요한 문제를 다시 언급하고자 합니다. 이것은 바로 나의 이진법과 복희 역도易圖의 관계에 관한 것입니다. 사람들은 모두 복희가 중국 고대의 군주이며 세계적으로 유명한 철학자이자 중화 제국, 동양 과학의 창립자라는 사실을 알고 있습니다. 그래서 이 역의 그림은 현존하는 과학의 최고最古 기념물이라 할 수 있습니다. 하지만 이러한 종류의 과학은 내가 보기엔 수천 년 동안 내려오면서 오히려 그 뜻을 이해하는 사람이 아무도 없었습니다. 그런데 불가사의한 점은 그것이 나의 새로운 산술과 완전히 일치한다는 사실입니다. 귀하가 이러한 기호를 이해하고자 한창 노력 중일 때 나는 때마침 귀하의 서한을 통해 곧 이에 적당한 해답을 얻을 수 있었습니다. 내가 귀하에게 고백하는 것이지만, 만일 내가 이진법을 발명하지 않았다면 이 64괘의 체계 곧 복희 역도의 목적을 통찰하지 못하고 많은 시간을 낭비했을지도 모를 일입니다. 내가 새로운 산술을 창안한 것은 20년 전입니다. 나는 당시 0과 1로 표시되는 이 산술이 종래의 모든 것과 비교해서 더욱 완전하여 상상할 수 없는 효과가 있다는 것을 알았습니다. 그러나 나는 더욱 큰 성과를 달성해 낼 때까지 그것을 공표하고 싶지 않았습니다. 또한 갖가지 사정으로 인해 적지 않은 일이 방해를 받았기 때문에 어떠한 인쇄물 상에서도 일찍이 발표한 적이 없었습니다. 바로 이런 시기에 중국의 이 고대 기념물을 해석하게 되는 중대한 효과를 거두어 귀하에게 도움을 준다는 것은 본인으로서 얼마나 기쁜 일인지 헤아릴 수 없을 정도입니다. 여기에는 분명 하늘의 뜻이 있을 것입니다. 만일 더욱 적당한 사람을 얻어 다시 진일보한 연구를 함으로써 귀하의 해석 위에 새로운 방법을 더한다면, 중국 황제 및 주요 관리들의 주의를 환기시킬 수 있을 것입니다.

이어 라이프니츠는 64괘 원도圓圖와 원도에 포함된 방도方圖의 관계를 거론하면서 원도와 방도는 같은 것이며 원도를 통해 방도를 설명할 수 있다고 하였다. 아울러 원도는 지구를 모방하여 만든 것인지도 모른다고 했다. 그리고 원도는 오른쪽 하부의 '0'과 '1'에서 시작하여 오른쪽 제일 꼭대기인 011111 즉 '31' 수에 이르고, 다시 왼쪽 하부의 100000 즉 '32'에서 시작하여 오른쪽 제일 꼭대기인 '63' 수로 끝난다고 말했다. 소강절의 원도의 순서에 이와 같은 불규칙이 있는 것은 모두 복희의 방위도方位圖의 불규칙을 조화시킨 결과라고 여겼다. 이처럼 그가 소강절의 도학圖學을 통해 이진법과 64괘의 관계를 설명하고 있는 점으로 볼 때, 그의 사상이 송유 이학과 밀접한 관계를 가졌음을 쉽게 알 수 있다.

역도易圖의 종교적 의의에 있어서 라이프니츠는 중국인의 고대 신앙이 기독교와 서로 동일성을 가지고 있다고 주장하면서 역도가 그 예라고 했다. 부베에게 보낸 서신에서 다음과 같이 논하고 있다. "이진법에 대해 논하자면 이 산술은 '0'과 '1' 외에는 사용하지 않습니다. 즉 '무無'와 '일一'만을 사용합니다. 이 산술을 이용하는 데 중요한 사실 가운데 하나는 이것이 창조의 상징으로서 종교를 위해 놀랄 만한 효용을 갖는다는 점입니다. 즉 만물의 시초에는 신만이 있었고 어떠한 물질도 존재하지 않았으며 단지 공허가 있었습니다. 이 공허는 절대적인 것이 아니라 상대적인 것입니다. 환언하면 그 불완전한 정도에 따라서 피조물 속에 본질적으로 제한이 존재하는데, 이 제한은 순수한 실재 즉 순수한 활동의 미래에 있어서의 진보를 부정하는 것에 불과합니다. 마치 원이 원주에 의해 제한되는 것과 같습니다. 중국의 학자가 이러한 고찰을 통해 복희의 지혜가 우리들의 것과 일치한다는 사실을 알게 된다면 이 위인이 만유의 창조자인 신을 표현하였다는 것, 나아가 신이 공허로부터 만유를 창조해 냈다는 점을 쉽게 믿게 될 것입니다. 따라서 이와 같이 중국 고전에서 도출해 낸 귀하의 중요한 교리 문답 한 조목은 황제에게도 설명할 만한 가치가 충분한 것입니다." 라이프니츠는 또한 8괘를 기독교의 「창세기」와 결부시켜 다음과 같이 말하고 있다. "팔괘는 중국인이 근본적이라고 생각하는 8개의 선도線圖인데 복희는 그것을 통해 신의 창조를 나타내고자 한 것입니다. 즉 모든 것이 1과 0에서 나온다는 내용으로 창세기의 설화와 연결시킬 수 있습니다. 여기서 0은 하늘(天)과 땅(地)의 창조에 앞서는 것으로서 공허를 의미합니다. 다음으로 7일 동안 하루하루에 걸쳐 이미 존재하는 것과 새롭게 창조된 것을 표시하고 있습니다. 처음 제1일의 1은 신의 존재를 의미합니다. 제2일의 2는 제1일에 창조된 천天과 지地의 존재를 의미합니다(000010 중 1은 天, 0은 地라는 의미). 최후의 제7일은 만유의 존재를 의미합니다. 따라서 마지막 날은 곧 가장 완전한 날로서 이른바 안식일이 됩니다. 마지막 하루의 창조가 성공하여 만물이 모두 갖추어지게 되었기 때문에 7은 0을 포함하지 않는 '111'로 적는 것입니다."

이처럼 역도를 통해 기독 교의를 설명하는 방식은 억지로 갖다 붙인 것인데도 매우 조리가 있어 보인다.

보편 문자설은 라이프니츠가 1697년 부베에게 답신한 편지에서 제창한 것이다. 그의 의견에 따르면 철학적 부호를 사용해서 추상적·필연적 진리를 표시하는 것이 가장 과학과 합치된다고 하였다. 뿐만 아니라, 이러한 보편 문자는 언어가 서로 통하지 않는 먼 지방의 민족에 대해서도 커다란 효용이 있다고 했다. 그는 이것을 발명하기 위해 중국 문자를 이용하고자 했다. 그리하여 1701년 이후 이진법과 64괘의 관계를 토론하는 과정에서 또한 이 점을 제기하고 있다. 복희가 그린 괘는 문자학적으로 매우 큰 의의를 함유하고 있으며 우리들의 가장 큰 희망은 이 같은 문자를 확대하여 새로운 문자를 발명하는 것이라 했다. 이렇듯 보편 문자의 개발 계획이 비록 라이프니츠의 일생에서 구체적으로 실현되지는 못했지만 보편 문자를 제기하고 계산과 수의 관계를 사유함으로써 역괘 문자를 특별히 찬양하고 있으니 이 점은 주목할 가치가 있다고 하겠다.

이상에서 라이프니츠가 중국의 『역경』으로부터 받은 영향을 알 수 있다. 그의 학설 가운데 가장 잘 알려진 『단자론』을 예로 들면 그 근본 주장은 결국 『역경』의 이치와 서로 합치된다. 이른바 '예정조화'는 완전히 『역경』의 '보합대화保合大和'의 철리哲理와 같다. 가령 낙관주의 철학에서는 세상만사가 모두 미리 정해져 있다고 인식하며 모든 것을 진선진미한 것으로 본다. 그런데 이것 역시 완전히 『역경』에 기초한 것이다. 그가 유달리 중국 철학을 제창했던 까닭이 여기에 있었던 것이다.

2) 라이프니츠의 송유 리기관理氣觀[84]

17세기의 프랑스 철학자 말브랑슈 같은 인물은 중국 철학을 무신론으로 간주해 비판을 가했다. 그러나 독일의 대철학자 라이프니츠는 이 같은 종류의 무신론 비판에 대해 변호하는 입장을 취했다. 당시 송유 이학은 유럽 학자나 종교가에게 무신론 혹은 유물론으로 너무나도 쉽게 오해를 받았다. 베르나르 신부는 『16세기 중국에서의 천주교 전래』라는 저서 속에서 『천주실록』을 언급하기를, "루기에리와 마테오 리치는 중국 학자들이 송조 이학파 유물주의의 유독을 받았다고 인식한 나머지 천지 사이에는 하나의 진주眞主가 있음을 해명하기 시작했다. 그리고 뒤이어 천주의 존재, 천주의 본성과 그 오묘함을 밝혀나갔던 것이다"[85]라고 했다. 이것은 예수회 선교사가 송유 이학에 대해 취한 반대적 태도를 명백하게 밝힌 글이다. 롱고바르디가 저술한 『중국 종교에 관한 몇 가지 의문』(*Traité sur quelques points de la religion des Chinois*)과 프란시스코회 선교사 생트 마리가 저술한 『중국 전교 사업의 몇 가지 중요한 점에 관한 평론』은 모두 그 극단적인 예이다. 그들이 공격한 공문孔門 교의는 송유의 리기이원론理氣二元論이었지만 송유의 리기이원론은 사실 유물론, 무신론과는 같지가 않았다. 더구나 고유古儒와 근유近儒를 뚜렷하게 구분하지 않음으로써 사람들에게 반감을 일으켰다. 때문에 예수회 선교사였던 포르투갈 사람 세메도는 곧 『롱고바르디 신부의 한문 천주 명칭 및 전례 문제 등의 주장에 대한 반박』(S*ommervogel: Biblithéque*의 인용문을 참조하라)이라는 글을 발표하기도 하였다. 그리고 철학자 라이프니츠 역시 롱고바르디와 생트 마리의 저작을 읽고 난 이후 더욱 적극적으로 유교 변호에 나섰던 것이다. 그는 비록 리기이원론이 곧 송유의 학설인 줄은 몰랐지만 무의식중에 이루어진 그의 유교 변호는 결과적으로 송유 이학에 대한 변호가 되었다. 그는 이를 위해 1715년 4월 1일 당시 프랑스의 섭정 고문이었던 로몽드(M. de Romond)에게 장편의 서신을 보냈는데, 현재 듀탱스의 『라이프니츠 전집』 제4권 제1부 169~210쪽에 수록되어 있다.[86] 라이프니츠의 이 저작은 물론 전례 문제에 있어서 유교의 '천天'과 기독교의 '신神'이 같다고 주장하는 예수회파의 입장에 서 있다. 그러나 사실 그는 여기서 한발 더 나아가 송유의 '리理'와 기독교의 '신神'이 완전히 서로 동일하다고 주장한다. 이것은 이미 예수회 선교사의 학설 범위를 뛰어넘은 그야말로 라이프니츠의 특유의 이론이었다. 이 서신은 모두 네 부분으로 나누어져 있다. 제1부는 중국인의 '신' 관념을, 제2부는 피창조물의 제1원리인 물질과 정신을 논했다. 제3부는 인류의 '영'을 논했고,

제4부는 『역경』에 관한 해석을 논했다. 지금부터 이 문제와 관련하여 다음과 같이 약술하고자 한다.[87)]

리理

① **'리理'는 신이며 결코 물질이 아니다.** 라이프니츠가 보기에 중국인은 정신적 본체를 확실하게 알았지만 이러한 본체가 물질과 완전히 분리된다는 점은 알지 못했다. 이러한 사실은 마치 기독교에서 천사는 내체內體를 가지고 있다고 주장하는 것과 같다. "신에 관한 중국인의 견해는 중국인의 정서에 따라 신에 형체를 부여하여 세계의 영靈이라고 여겼다. 이것은 흡사 고대 그리스의 철학자들이 신과 물질을 결합시켜 그 존재를 인정했던 것과 같다." 그러나 우리는 이것 때문에 중국의 '리'를 물질론으로 생각해서는 안 된다. 중국인이 육종六宗, 산천山川, 군신群神을 제사하는 것은 비록 우상을 숭배하는 것처럼 보이지만 이것 역시 고대의 유럽 학자 및 교부들이 귀신 혹은 천사에게 일종의 형체를 부여했던 것과 같을 뿐이다. 그러므로 "우리는 롱고바르디와 그가 인용한 우르시스의 말, 즉 중국인은 정신 위에 신체를 덧붙임으로써 정신적 본체의 존재를 인정하지 않았다는 말에 동의할 수 없다." "뿐만 아니라 중국 고대의 저자는 '기氣'가 물질을 낳는다고 주장하여 '리' 곧 제1원리 아래에 귀속시켰으니 이것은 착오가 아니라 당연한 설명을 가하는 것에 불과하다. 근대 중국 철학자가 신神을 최고의 지식으로 여겨 물질 위에 위치시키고 있다는 점에 주목하기만 한다면 이 점을 매우 쉽게 이해할 것이다. 중국인이 정신적 본체의 존재를 알고 있음을 확인하고자 한다면 우선 '리'가 곧 규범으로서 최초의 창조자, 만물의 원리가 되며 바로 우리들의 신에 상당한 존재임을 인정해야 한다. 이 '리'는 결코 물질과 같이 피동적, 육중적, 그리고 일체 절연적絶緣的 내지

무규범적 존재로 간주되어서는 안 된다."

라이프니츠는 한 걸음 더 나아가 롱고바르디의 '리' 해석에 한 차례 비판을 가하고 있다. 롱고바르디는 중국 철학의 '리'에 대해 다음과 같이 설명한다. "리는 가장 완전한 특징을 가지고 있기 때문에 언뜻 보기에 '신'으로 해석할 수 있을 듯하지만 사실은 일종의 결점 즉 물질적 결점을 지닌다. 그러므로 '리'는 '신'이라기보다는 제1질료(Première Matière)라고 말하는 것이 옳다." 여기에 대해 라이프니츠는 다음과 같이 반박한다. "설령 중국인이 논의를 소홀히 한 결과 모순에 빠졌다고 하더라도 이 때문에 중국의 '리'를 '신'이라기보다는 물질적인 것이라고 쉽게 결론내릴 수는 없다. 우리들은 잠깐 토론을 정지하고 먼저 이 두 단정 가운데 어느 것이 더욱 명백한지, 혹시 거기에 제3의 해석이 존재하는지 생각해볼 필요가 있다. 중국인의 이른바 '리'란 제1질료의 성질을 띤다기보다는 신적 성질을 더 많이 가진다고 말함이 옳을 것이다. 더구나 이 두 설 가운데 신적 해석은 그들 학설의 기타 부분과 더욱 쉽게 결부시킬 수 있다."

② **'리'란 태극 혹은 상제로서 결코 생명이 없고 감정이 없으며 영명지각이 없는 존재가 아니다.** 생트 마리의 비판에 의하면 중국인은 한편으로는 '리,' '태극' 혹은 '상제'를 신적 성질을 함유하고 있는 것으로, 다른 한편으로는 영명지각을 지닌 것으로 인식하고 있는데 이런 종류의 신앙은 명백하게 모순적인 것이라 했다. 그러나 라이프니츠는 다음과 같이 그를 반박한다. "만일 이러한 모순이 존재한다면 어째서 선善의 성질은 긍정하고 악惡의 성질은 배척하는 방법을 취하지 않은 것인가? '리,' '태극' 혹은 '상제'는 최초의 통일, 순수한 선으로 천지의 원리를 이룬다. 설령 동시에 자신이 만물을 포괄하지는 않더라도 서로 소통(pour se communiquer)의 원인이 되어 만물을 창조한다. 그러므로 창조는 곧 그 자신의 지식이고 만유는 곧 그 자신의 본질이자 성질이라고 말할 수 있다. 따라서 '리,' '태극,' '상제'는 모든 것을 예견하고 모든 것을 처리하며, 또한 전능한 지적 성질을 소유한다고 말하지 않을 수 없다. 중국인은 결코 모순에 빠지지 않았다. 그들은 그것을 생명과 감정이 없고 영명지각이 없는 존재로 인식하지 않았기 때문이다. 만일 그들의 학설 중에 모순이 발견된다면 그것은 단지 교파적 차이에 불과하다."

③ **'리'는 최고의 통일이니 하나는 곧 모든 것이며 결코 부분적이지 않다.** 라이프니츠는 생트 마리를 반박함으로써 아래와 같은 결론에 도달하게 된다. "중국에는 '모든 것은 하나이다'(一切卽一)와 '하나는 모든 것이다'(一卽一切)라는 속담이 있는데 서로 대조를 이룬다. 이 속담에 비추어보면 신은 최초의 하나이고 그 성과의 완전성은 그 원인 속에 있으며 결코 형식에 있지 않는다. 바꾸어 말하면 이 일체의 일신一神은 결코 완전한 물질이 아니다. 성과의 완전성은 유출(Emantion)로 말미암아 존재한다. 왜냐하면 이러한 성과는 신의 직접적인 성과이기 때문이다. 신은 항상 성과로 인해 현재에 접근하고 그들의 수동성에 의거한다. 아울러 그들이 갖추고 있는 완전성 속에서 자신을 현시顯示한다. 이런 까닭에 우리는 신이 일체에 충만해 신이 곧 만유이고 만유가 곧 신이며, 신은 원圓인 동시에 또한 원의 중심(圓心)이라 말할 수 있다. 왜냐하면 신은 어디에나 존재하는 원심의 원이기 때문이다. '모든 것은 하나이다'라는 이 공리는 롱고바르디의 말을 통해서도 증명할 수 있는데 중국인의 이른바 '리'란 완전한 통일성으로서 나눌 수 없다는 것임은 의심할 여지가 없다. 분할이 불가능하다면 당연히 부분적인 것이 될 수 없기 때문이다."

라이프니츠는 다시 범신론적 입장에서 다음과 같이 지적했다. "일부 사람들이 비록 '리'를 제1질료로 여기지 않을지라도 '리'를 제1형상(première forme)으로는 인식하니 이 제1형상이 곧 세계의 영(Âme du monde)이다. 고대 다수의 철학자, 아베로에스(Averoëstes), 어떤 의미에서는 스피노자 역시 모두 개별자의 영을 세계의 영의 변화로 여기고 있는데 이것은 마치 제2질료가 제1질료의 변화인 것과 같다. 이와 같다면 개별자의 영은 세계의 영의 어느 부분 속에서 작용하는 것에 불과하게 된다. 이런 종류의 학설은 결코 성립될 수 없는 것이 아니다. 각각의 사물은 각기 자신이 있고 각기 자신의 개성을 가지고 있다. 개별자의 물질은 제1질료의 변화의 결과에 불과하다. 왜냐하면 후자는 사실 부분을 가지고 있기 때문이다. 그러나 제1형상은 순수 활동이며 이른바 부분적인 것이 아니다. 제2형상은 제1형상에서 만들어진(produit de) 것이 아니라 제1형상에 의지하여 만들어진(produit par) 것이기 때문이다. 우리는 일부 중국인이 이러한 착오를 범하고 있음은 부인할 수 없다. 하지만 고대 중국인의 저술 속에서는 그 증거를 찾을 수 없고 다만 롱고바르디가 근대 관리(儒者)로부터 재료를 얻고 나서야 이러한 견해가 있게 된 것이다. 우리들은 중국 고대 경전을 믿어야 하며 '리'와 같지 않지만 '리'로부터 만들어져 나온 본체의 존재가 이른바 모순이 아니라는 사실을 인정해야 한다."

'리理'와 '기氣'의 관계

다음으로 라이프니츠는 피조물, 제1원리, 물질과 정신을 논급하고 있다. 그는 송유의 이른바 '리'와 '기'의 관계에 관한 롱고바르디의 학설을 수정함으로써 '리'는 곧 '태극'이며 '기'는 제1질료로서 태극에 의해 창조된 것이라고 여겼다. 그는 다음과 같이 결론을 내렸다. "'리'는 영원한 것이며 모든 것이 가능한 완전성을 구유하고 있다. 한 마디로 말해서 '리'는 우리들이 말하는 '신'과 동일한 의미를 갖는다. 또한 '리'와 '상제'는 같은 것이기 때문에 상제라는 명칭으로 그것을 부른다고 해도 잘못이 아니다. 뿐만 아니라 마테오 리치는 중국 고대 철학자들이 상제를 최고의 존재로 삼았다고 말한 적이 없다. 그러므로 이러한 사실들은 중국인이 신에 관한 지식을 가지고 있었음을 증명하는 것이 아니겠는가?"

라이프니츠는 다음으로 상제와 '도道'의 관계를 언급했다. "중국인은 하늘(天)을 숭배하여 하늘을 신으로 생각했다. '리理'는 일체를 지배하니 하늘의 자연 법칙이 되며 이 법칙은 또한 천도天道라 칭할 수 있으니 천도와 '리'는 동일한 것이다. 비록 제1원인은 우주 만물 가운데 존재하나 '리'는 오히려 우주 속에서 가장 완전한 존재이기 때문에 고고하게 위에 존재한다. 이것은 하늘에 있는 '리'로서 그 효용이 지극히 크다. 중국인이 숭배하는 상제는 생트 마리가 말한 것처럼 '물질적인 하늘'이 아니라 천을 지배하는 법칙, 다시 말해 '리'인 것이다. 이른바 '천명天命,' '천칙天則'은 우리가 말하는 이성의 빛이다. 역천逆天은 이성을 위반하는 행위이고 순천順天은 이성의 법칙에 복종하는 것이다. 추호도 악의가 없을 뿐만 아니라 그 근본에서 보면 순수 기독교적이다."

다음으로 상제 아래 존재하는 이른바 '귀신鬼神'을 논하고 있다. 라이프니츠의 해석에 따르면 중국 고대 철학자들은 귀신이 천지天地라는 최고 군주의 대신大臣으로서 하위 물체를 지배한다고 생각했다. 또한 사람들의 상상력에 따라 각각에 해당하는 귀신의 다양한 이름이 창조되었다고 했다. 또한 '모든 것은 하나이다(一切卽一)'라는 공리에 맞게 유일한 원리인 '덕'이 특수물의 기괴한 모양 속에 다양하게 표현되었으니 곧 사계의 신, 산천의 신은 하늘을 지배하는 상제와 동일한 것이라 했다. 여기서 라이프니츠는 자신의 철학을 소개하고 중국 철학과 비교하면서 중국 철학은 일체를 자연의 원인에 귀속시키려 한다고 생각했다. 이러한 종류의 합리적 태도는 매우 찬미할 만한 가치가 있다고 했다. 그가 최후로 내린 중국인의 신앙에 대한 결론은 다음과 같다. "나는 어떠한 점에서도 중국인의 신앙을 비판하고 싶지 않다. 나의 생각을 개괄적으로 말한다면 그들 철학자의 의도는 '리' 즉 최고의 이성을 존숭하는 데 있다. 이 최고의 이성은 도처에서 표현되며 육중한 물체 속에서도 활약한다. 더구나 하급 귀신에 의지해 간접적으로 도덕을 갖춘 대신大臣의 영혼 속에 표현되기도 한다. 이러한 철인들은 최고 성지聖智가 특별히 표현된 대상에 대해서도 역시 경의를 더한다. 하지만 각각의 사람들은 모두 법칙에 비추어 자기 신분에 적합한 대상물을 존경하는데 황제는 하늘에 제사를 지내고 귀족은 산천에 제사를 지내며 학자는 대철학자대입법자의 정신을 숭배하는 것과 같다. 또한, 각각의 사람들은 그 가족 중에 도덕을 지닌 영혼에 대해서도 역시 존경의 예를 표시한다."

인류의 영靈

다음으로 인체의 영靈을 논하면서 롱고바르디와 생트 마리의 견해에 반대했다. 두 사람은 모두 중국을 무신론으로 오인하여 중국인의 종교는 하나의 희극에 불과하다고 생각했다는 것이다. 라이프니츠의 생각에 의하면 중국 고대인들은 확실히 영혼을 영생불멸하는 것으로 여겼으며 단지 천당과 지옥을 말하지 않았을 뿐이다. 도가道家에 와서야 겨우 지옥과 극락의 세계에 대해 언급하고 있다. 근대의 중국 학자들은 모두 내세를 거들떠보지도 않고 무시해버렸다. 그렇지만 군주가 백성들을 관리하기 위해 상벌 이외에 더욱 신도神道와 설교設敎를 제창하였을 뿐만 아니라 덕을 입고 공을 보답하도록 하기 위하여 조상 숭배의 유풍이 남아있을 따름이라 했다.

총괄하건대 라이프니츠는 대체로 중국의 자연신학을 옹호하는 태도를 취했으며 '리즉신설理卽神說'은 그의 철학과 서로 같다고 할 수 있으므로 그와 송유 이학의 관계 역시 명백한 것이라 하겠다.

더욱 주의할 점은 대철학자인 라이프니츠는 중국 철학의 영향을 받았을 뿐만 아니라 또한 하나의 실천가로서 적극적으로 중국의 학술을 제창했다는 것이다. 그는 참된 신앙이란 말과 생각으로만 그치는 것이 아니라 반드시 실천할 수 있는 것이어야 한다고 생각했다. 때문에 중국인의 이신적理神的 신앙을 발견한 뒤로 중서 문화 교류에 각별히 주의를 기울였다. 그는 마땅히 학회를 설립해야 하며 이교도까지 포괄할 수 있는 세계 교회를 설립해야 한다고 강력히 주장했다. 이러한 희망을 러시아의 표트르 대제(Peter the Great)에게 기탁하여 시베리아 쪽에서 중국과 접근하고자 했다. 그리고 1697년 10월 12일 동방학자 루돌프(Ludolf)에게 편지를 보내 러시아 황제가 유럽과 중국을 결합시켜 줄 것을 희망했다. 뿐만 아니라 그는 중국 문화와 유럽 문화는 서로 교환되어야 마땅하며 유럽은 응당 중국의 문화를 받아들여야 한다고 주장했다. 그래서 프랑스, 독일, 오스트리아, 러시아에 학사원學士院을 설립하고 그 안에 중국학 연구 분과를 설치하려는 계획을 추진하였다. 그는 베를린에서 1700년 이후 학사원을 주관한 지 불과 몇 년 만에 중국 문화에 관한 서적을 적지 않게 출판했다. 아울러 누에고치를 직접 재배하여 좋은 성과를 거두기도 하였다. 이론과 실천이 서로 일치하는 이같은 정신이야말로 그가 중국 실천 철학의 오의奧義를 깊이 터득한 결과라 할 것이다.[88]

3) 라이프니츠의 영향

라이프니츠의 중국 문화관은 매우 큰 영향을 미쳤다. 더욱 중요한 점은 라이히바인이 특별히 주목한 두 철학자, 즉 프랑케와 볼프는 모두 라이프니츠의 영향을 받아 중국 사상, 중국 문화를 제창한 인물들이다.[89] 프랑케는 전도 사업 쪽에 치중하면서 1692년 일찍이 할레(Halle) 대학에서 동방 언어를 강의했다. 1707년에는 할레에 동방신학원(Collegium Orientale theologicum)을 설립하여 중국 철학 분과를 갖추었다. 그러나 그의 공헌은 주로 교육 분야에 한정되어 있었고 라이프니츠의 중中·서西 문화 교류 계획에 대해서는 별다른 노력을 기울이지 않았다. 오직 볼프만이 라이프니츠와 마찬가지로 공자 철학을 지극히 숭배했으며 그의 선생보다 더욱 큰 영향을 미쳤다. 라이프니츠는 외국어로 글을 썼기 때문에 그 영향이 소수의 정치가와 학자에 한정되었지만 볼프는 공가孔家 사상을 완전한 독일어를 통해 대학의 지식 계층에게 보급함으로써 매우 큰 효과를 거두었다. 그는 1721년 7월 12일 할레에서 '중국의 실천 철학'에 관해 강연하였는데, 이는 독일 철학사에서 대단히 큰 사건임과 동시에 유럽 학자에게는 중국 철학을 이해하는 하나의 중요한 문장이 되었다. 그리하여 볼프의 철학이 독일에서 전성시대를 맞이하자 마침내 중국 철학은 그 보편적 영향을 획득하게 되었다.

라이히바인이 거론한 이 두 사람 이외에도 오래흔조는 그의 저서 속에서 두 사람을 더 거론하고 있다.[90] 하나는 볼프의 제자 빌핀겔(Büffinger)의 중국 철학에 관한 저술(Specimen Doctrinae Veterum Sinarum Moralis et politicae; Tanquam Exemplum philoso-phiae Gentuim ad Rempublicam Applicatae; Exerptum libellis Sinicae Genti cllassicis, Confucii sive Dicta, sive Facta Complexis, Frankfurt, 1724)을 들 수 있다. 이 책은 중국의

도덕과 정치 철학을 언급하는 동시에 중국 교육과 유럽 철학, 신학과 도덕을 비교하고 있으며 중국 문학에 관한 단편 논문이 부록으로 실려 있다. 이 책에서 빌핀겔은 도덕과 정치가 서로 결합된 중국 문화의 특징을 특별히 찬미했다. 그 다음으로 루도비찌가 지은『라이프니츠 철학의 전발전사에 관한 평론』을 들 수 있다. 이 책의 서언 끝 부분에는 중요한 내용이 담겨 있는데 바로 라이프니츠와 볼프의 세계관을 연구하려면 먼저 플라톤과 중국의 철학을 연구해야 한다는 것이다. 이 말을 통해 우리는 라이프니츠와 볼프의 철학이 당시 독일에서 큰 영향을 주었으며, 결과적으로 중국 철학을 독일의 일반 지식 사상계에까지 완전히 소개하는 계기가 되었음을 알 수 있다.

무엇보다도 주목을 끄는 것은 어쨌거나 볼프의 학설이다.[91] 1707년 그는 라이프니츠의 소개로 할레 대학의 수학 교수가 되었으며 물리학과 철학을 함께 강의하게 되었다. 이후 독일어와 라틴어 저술이 성공을 거두어 적지 않은 명성을 누렸다. 그런데 동료들의 시기로 오래지 않아 같은 대학의 신학자들과 충돌을 빚고 말았다. 당시만 하더라도 대학은 정통 신학의 경건파 인물들이 주류를 이루고 있었으므로 이성은 단지 신앙의 적으로 규정되었다. 특히 동료 교수였던 랑게(Johann Joachim Lange, 1670~1744)는 학생들이 볼프의 강의를 듣는 것은 매우 위험스런 일이라고 생각했다. 프랑케 역시 같은 의견을 가지고 있었으므로 정부에 볼프의 철학 강연을 금지시켜 줄 것을 요청했다. 그러나 볼프는 자신의 입장을 굽히지 않고 신학 교수들을 끊임없이 비판하여 결국 불행한 사건을 맞이하게 되었다. 1721년 랑게 교수가 대학 부총장으로 승진하자 볼프는 관례에 따라 신임자에게 축사를 올리게 되었다. 그는 이 기회를 이용하여 라틴어로『중국의 실천 철학』(*Oratio de Sinarum philosophia practica,* 1726)을 강연하면서 유교를 극력 찬미한 나머지 기독교를 다소 경시하는 듯한 경향으로 흘렀다. 이는 곧 반대파에게 공격의 구실을 제공하였고 결국 48시간 내에 할레 대학과 프러시아 국경을 신속히 떠나라는 정부의 명령이 내려지고 말았다. 이러한 상황에 대해서 독일의 첼러(Zeller)는 일찍이 피히테가 예나(Jena) 대학에서 추방된 일과 대비시켜 다음과 같이 말하고 있다.

> 독일의 철학사에는 두 건의 매우 유사한 일이 있었다. 이것은 다름 아닌 볼프가 할레(Halle) 대학에서 추방된 사건과 피히테가 예나(Jena) 강단을 떠나게 된 사건이다. 이 두 사건 중 전자의 의의가 더욱 크다고 해야 할 것이다.

또한 회프딩은 『서양근세철학사』에서 이 사건을 다음과 같이 간단히 서술하고 있다. "볼프는 그의 학설 때문에 잠시나마 큰 곤경에 처하고 말았다. 국왕 프리드리히 빌헬름 1세(Friedrich Wilhelm I)는 학설 중에 숙명론이 포함되어 있다는 이유로 그를 대학 교수직에서 해임시킴은 물론 심지어 48시간 내에 국경을 떠나도록 했다."[92] 그렇지만 회프딩은 볼프가 할레 대학을 떠나게 된 이유가 유가儒家 학설을 제창했기 때문이라는 점을 명백하게 설명하지 못했다.

이 사건의 경위에 관해서는 바르톨메스(Bartholmess)의 『베를린의 학사원 철학사』(*Histoire philosophique de l'acodlëmie de Berlin*)에 기록된 내용이 가장 자세하다. 볼프와 정통 신학파의 충돌은 실제로는 이성론 철학과 신앙의 충돌, 바꾸어 말하면 철학과 종교 문화의 충돌이었다. 철학사가哲學史家인 첼러는 일찍이 그 충돌의 원인에 주의를 기울이고 있다. 그는 라이프니츠 시대로부터 이러한 형태의 충돌이 이미 시작되었다고 말했다. 그러나 라이프니츠와 경건파의 창립자 슈페너(P. J.

Spener, 1635~1705) 사이에 비록 충돌이 발생하기는 했지만 영향은 매우 적었다. 볼프는 자국어를 통해 대중적인 강의를 펼쳤으며 그의 철학 정신은 근본적으로 정통파 신학과 결코 같지가 않았다. 정통파 신학은 초자연주의적 신앙을 주장하였으나 볼프는 수학적 방법을 통해 매 사물마다 모두 이성적 근거를 찾아내려고 하였다. 그는 초이성적인 것을 이성적 산물로, 초자연적인 것을 자연적 신앙으로 변화시키려고 했다. 이것은 당연히 경건파의 정통 신학과 정면충돌을 빚게 되었고 결과적으로 커다란 학문적 논쟁을 불러일으키지 않을 수 없었다.

본래 할레 대학에서 볼프와 랑게의 개인적 관계는 그다지 좋지 못했다. 가령 대학 조교 자리를 놓고 볼프는 그의 제자 튐미히(Thümmig)를 추천한 데 반해해서 랑게는 그의 아들을 위해 애를 썼다. 결과적으로 볼프가 승리를 거두었다. 또한 랑게는 볼프의 제자 스트랄라(Strähler)를 종용하여『신과 세계 영혼에 관한 볼프 사상 비판』이란 책을 저술하게 하였으니 이러한 것들은 모두 그 좋은 예라 할 것이다. 한편 볼프의 학설은 당시 독일에서 한 시대를 풍미하는 새로운 사상으로 자못 학생들의 환영을 받았다. 1721년 7월 21일『중국의 실천 철학』강연에서 또한 랑게를 '등사판'(polygraph)이라 비판한 일이 있었는데 그로 인해 더욱 신학 교수들의 반감을 사게 되었다.

이 사건이 발생하자 할레 신학부의 교수들은 즉각적으로 회의를 소집하였다. 그리하여 볼프의 연설사에 대해 27조의 잘못된 점을 제기하고 면책을 가했다. 1725년 볼프는 연설문을 공개적으로 발표하고 자신의 답변을 제시했다. 이에 신학부의 교수들과 운동분과 대학장 프랑케는 우의적 충고를 함으로써 볼프에게 원고를 넘겨줄 것을 요구했지만 결국 거절당하고 말았다. 상황은 어쨌든 일시나마 진정되는가 싶었다. 그러나 그때 대학측 학생들이 새로운 부학장에게 불만을 품고 볼프의 복직을 요구했다. 이에 랑게는 매우 분노하였다. 그는 볼프를 쫓아내기 위해 황제의 근신近臣이었던 유명한 골계가滑稽家 군들링(Gundling)과 사귀면서 볼프 학설이 매우 두려운 존재임을 설명하였다. 당시 국왕 프리드리히 빌헬름 1세는 원래 한낱 무부武夫에 지나지 않았다. 그는 군대, 종교, 금전 외에는 거의 무지한 인물이었으므로 참언을 경솔하게 믿고서 크게 진노했다. 드디어 1723년 11월 8일 왕명을 내려 48시간 내에 할레 및 프러시아 국경을 떠나도록 볼프에게 명하였다. 만일 명령을 따르지 않으면 곧 교수형에 처할 것이며 튐미히와 그밖에 다른 한 교수를 함께 추방한다고 덧붙였다. 볼프의 교직은 랑게의 아들이 대신하게 되었으니 일단 여기까지는 볼프의 반대당이 크게 성공을 거둔 셈이었다. 한편 랑게의 원래 의도는 볼프의 강학과 저서의 자유에 제한을 두고자 했을 뿐이었다. 그는 국왕의 엄령을 받고서 도리어 당황한 나머지 3일 동안 침식을 전폐했다. 이것은 그야말로 표면적이고도 일시적인 승리에 불과했으며 내심에서 움트는 불안은 끝내 어찌할 수 없었던 탓이리라. 당시 일류 학자들은 정부와 학교 당국의 압박에 대해 모두 반감을 가지고 있었다. 그러므로 볼프에게 동정을 표함은 물론 지금까지 그의 학설에 관심을 가지지 않던 사람들도 이때를 기점으로 주의를 기울이기 시작했다. 이에 볼프 철학의 내용, 가치 혹은 기독교의 문제는 드디어 학계의 중심 논의가 되었다.

이 문제와 관련해 저술된 책만도 거의 200여 종에 달한다. 그 중 130종은 볼프에 반대했고 90종은 그에게 찬성하는 입장이었다. 한편에서는 공격하는가 하면 다른 한편에서는 옹호하고 나섰던 것이다. 예컨대 웁살라(Uppsala) 대학이 공격하는 입장이었다면 라이드(Ryde), 볼로냐(Bologna), 스톡홀름(Stockholm) 등은 옹호하는 입장이었다. 스웨덴 국왕은 그를 섭정 고문관으로 초빙하였고 표트르 대제는 성표트르 학사원 부회장으로 초빙하였다. 심지어 어느 이름 없는 대장장이 바그너(J. V. Wagner) 같은 사람조차 붓을 들어 볼프를 지지하고 랑게를 공격할 정도였다. 이와 같은 논쟁은 20년 동안이나 계속되었는데 당시 청년들은 항상 열광적으로 볼프의 입장에 서 있었다. 볼프가 할레 대학에서 쫓겨난 지 불과 10년 사이에 여론은 그를 끌어올렸고 결과적으로 그의 철학은 그 시대를 지배하기에 이른 것이다.

엄밀하게 말해서 볼프의 학설은 공자 철학과 기독교 사이에는 결코 상충되는 면이 없음을 주장한 것이다. 이것은 단지 라이프니츠의 중국 문화관을 계승한 것에 불과하며 특별히 창의적인 견해는 포함되어 있지 않았다. 그런데도 당시 독일 정부와 학교 당국은 결국 그의 연설문을 거의 무신론에 가깝다고 인식하여 그를 국경 밖으로 추방했던 것이다. 하지만 이러한 추방은 오히려 공자 철학이 뜻밖의 성공을 거두도록 만들었다. 볼프는 할레 대학을 떠남으로써 헤세카셀(Hessekassel) 국왕의 동정을 샀으며, 곧 마르부르크 대학 교수로 초빙되어 그 학교 학생들에게 열렬한 환영을 받았다. 볼프가 이 대학에서 일한 17년 동안은 마르부르크 대학의 역사에서 가장 영광스런 시대라 할 수 있을 것이다. 이 대학은 규모가 작은 편이었지만 그는 여전히 100명 이상의 청강자를 보유하고 있었다. 이에 따라 경제적으로 많은 수입을 올렸으며 궁정의 우대까지 받았기 때문에 생활은 행복하기 그지없었다.

1740년 프러시아의 국왕 프리드리히 빌헬름 1세는 세상을 떠났다. 후세에 뛰어난 군주로 평가받는 프리드리히 대제(Friedrich II)가 바로 그의 계승자로서 줄곧 볼프 학설을 찬미해 마지않았다. 그는 자신이 사상의 자유를 존중하고 있음을 나타내기 위해 볼프를 할레 대학으로 특별히 초빙하여 궁중 고문과 베를린 학사원의 직책을 함께 맡겼다. 아울러 1739년 프리드리히 빌헬름 1세 때 볼프가 일찍이 윤리학을 출판하여 제1권을 황태자에게 올리고 제2권을 국왕에게 올린 적이 있었는데, 국왕은 이전의 잘못된 조치에 대해서 자못 죄책감을 느낀 나머지 프러시아 각 대학에 하령하여 모두 볼프의 철학을 강의하도록 하였다. 이렇게 됨으로써 볼프에게는 공자 철학을 더욱 발휘할 수 있는 기회가 주어진 셈이었다. 이러한 사실은 중국 문화야말로 계몽 시대에 있어서 중대한 영향으로 작용하고 있음을 여실히 증명해주는 것이라 하겠다.

볼프는 독일 계몽 사조의 개창자이며 그의 중국 문화에 대한 관찰 결과인 『중국의 실천 철학』이란 저술은 우리의 주목을 끌만한 충분한 가치를 지니고 있다. 이 연설사는 크게 세 부분으로 나뉜다. 첫째는 중국의 정치 도덕 즉 실천 철학의 발달사를 서술하고 있으며, 특히 공자가 중국에서 차지하는 지위에 주의를 기울이고 있다. 둘째는 유교와 기독교의 비교이다. 중국 실천 철학의 원리인 '자연성自然性' 혹은 '이성理性'을 기독교의 원리인 '신의 은총'과 대조시킴으로써 그 차별성을 밝힌 것이다. 셋째는 중국인의 도덕 원리와 자신이 견지한 도덕 원리가 서로 같음을 밝힌 것이다.[93]

첫째 부분에서 볼프는 먼저 유교가 중국의 전통적인 정신이며 공자 이전에 발생한 것임을 증명하고 있다. "중국 최고의 군주는 동시에 철학자이기도 했다. 만일 플라톤이 말한 대로 철인 군주가 반드시 국가에 복락을 가져다준다면 중국인은 매우 일찍부터 이것을 이미 실행했다고 할 수 있다. 복희伏羲·신농神農·황제黃帝·요순堯舜에서부터 하夏·상商·주周 삼대에 이르기까지 중국은 모두 가장 완전한 법률과 정부를 보유한 셈이다. 요·순은 현자에게 왕위를 물려주었으며 자손에게 전하지 않았으니 이때는 중국의 황금 시대였다. 하夏의 계啓 이하는 군주가 세습되었으니 이것이 중국 도덕의 타락의 원인이다. 공자 사상의 연원은 사실 고대 군주에게서 발단한 것이다. 서서敍書, 전례傳禮, 산시刪詩, 정악正樂했을 뿐만 아니라 사기史記로 인하여 춘추를 지었으니 그가 비록 창조자는 아니라 할지라도 중국 성지聖智의 부흥자임에는 틀림없다고 하겠다. 중국인에게 공자는 마치 유태인의 모세, 터키인의 마호메트, 기독교도의 그리스도와도 같은 존재이다. 중국인이 공자를 기념하고 그의 학설을 존숭하는 모습은 거의 믿을 수 없을 정도이다. 우리들이 아폴론을 존숭하는 것보다 더 지나친 감이 있다. 더구나 공자는 예전 피타고라스나 아리스토텔레스와 같은 권위를 지닌다. 그의 제자의 입장에서 보면 공자는 이성의 대표격이었다. 그를 그리스도와 마호메트 정도에 비유하면 그의 가치가 드러나 보일 것이다."

둘째 부분에서 볼프는 유교를 기독교와 비교하면서 전자는 '자연성'을 기초로 하고 후자는 '신의 은총'을 기초로 삼는다고 하였다. 그러나 신의 은총은 결코 자연성과 서로 상충하는 것이 아니라 했다. "인간의 자연성에 의지해 신의 은총을 받아들이는 것은 인간의 역량을 증가시키는 장점을 가진다. 신의 은총에 의해 얻은 지식 역시 자연성에 따른 결과로서 인간의 자연성과 합치되는 것이다. 이 때문에 이성과 신앙은 서로 조화될 수 있으며 유교와 기독교 역시 차이 속에서 서로 보조가 될 수 있다." 쿠플레의 보고서는 일찍이 기독교화된 중국인을 예로 들어 우리에게 다음과 같은 사실을 알리고 있다. "기독교의 교의는 공자의 미언대의微言大義와 유자儒者의 불완전한 철학을 보충해 준다." 마찬가지로 기독교 역시 결점이 있기 때문에 볼프는 곧 유교적 도덕 원리로 기독교의 부족한 점을 보충하려고 했던 것이다.

셋째 부분에서 볼프는 중국의 이성주의를 극찬하면서 오직 이성이 있어야만 비로소 진정한 도덕 원리가 있다고 생각했다. 또한 중국의 교육 제도를 논하면서 중국의 태평 시대는 우리들이 찬양하는 현명한 군주가 다스리고 있었다고 여겼다. "이 제국에는 두 종류의 학교가 있다. 하나는 아동을 위한 학교이고 또 하나는 성인을 위한 학교이다. 아동은 8세부터 15세까지를 말하는데 이성이 아직 미숙하므로 오직 감각 교육만을 실시한다. 이성이 발달하여 고상한 목적을 마음속에 품을 때가 되어서야 비로소 성인 학교에 들어갈 수 있도록 허락받는다." 유교 학설의 요점은 볼프의 입장에서 볼 때 오로지 이성적인 교양 바로 그것이었다. 그래서 "고대 성인의 주요 임무는 이성이 완전한 영역에까지 발달하도록 하는 데 있다"고 하였다.

볼프는 라이프니츠와 마찬가지로 번역된 서적을 통해 간접적으로 중국의 지식을 얻었다. 그는 자신이 말한 바와 같이 노엘의 『중화제국경전』이란 저술에 의거했던 것이다. 그러나 그의 중국에 대한 인식은 어떤 경우 번역자의 견해보다도 훨씬 탁월한 면이 발견되기도 한다. 가령 20년 동안 중국을 연구한 노엘의 경우는 중국 경전에 서술된 내용은 가족과 국가의 비근한 도덕을 설명하는 것에서 벗어나지 못한다고 주장하였다.

그러나 볼프는 여기서 더 나아가 다음과 같이 선언하였다. "나는 이런 종류의 견해에 반대한다. 직관적으로 언뜻 보아도 나는 이 저술들 속에 성지聖智의 진리가 숨겨져 있음을 발견한다. 이는 오직 학술이 있어야 비로소 발견해낼 수 있는 것이다." 그는 또한 다음과 같이 언급하였다. "많은 사람들은 언어의 장벽 때문에 중국의 과학에 접근하는 것이 어렵기는 하지만 그것은 대수로운 일이 아니라고 생각한다. 우리 서양의 학파 중에도 이미 그러한 부분을 보충할 만한 내용들이 발견되기 때문이라는 것이다. 그러나 이것은 일종의 독단적 논조에 지나지 않는다. 우리가 조금만 더 주의를 기울여 관찰하기만 한다면 도덕 정치의 어떠한 측면을 막론하고 우리들은 모두 중국인의 원칙에 비할 수 없다는 사실을 발견할 수 있다. 공자의 저술은 방법론상의 결점을 가지고 있으며 유럽인의 웅변적 기풍이 결여되어 있는 것이 사실이다. 하지만 만일 우리들이 안목을 넓혀 그들의 일반 법칙에 입각하여 천상의 정부가 갖추고 있는 확실한 원칙 위에 지상의 정부를 건설하고 있는 모습을 분별한다면 그들이 가장 깊은 견해와 가장 숭고한 사상을 갖추기 위해 어떻게 노력했는지를 쉽게 발견할 수 있을 것이다."

이상의 내용을 종합해 볼 때 라이프니츠의 영향은 볼프에 의해 더욱 확대 발전되었음을 알 수 있다. 볼프는 독일어를 통해 매우 대중적으로 중국 철학을 선전했다. 그의 견해는 또한 예수회 선교사 노엘에게 많은 영향을 받았다. 한편으로는 프리드리히 대제(Friedrich II)에게 영향을 주어 그가 철인 정치의 이상에 경도되게 했는가 하면, 다른 한편으로 이성理性을 존중했던 까닭에 그의 영향 아래서 독일의 관념론 철학이 발생되었다. 관념론은 실제로 곧 이성론인 것이다. 『순수이성비판』의 저자 칸트는 볼프의 사숙 제자였다. 이 사실은 관념론 철학이 중국 철학, 특히 송유 이학의 간접적 영향을 받았음을 명백하게 증명하는 것이다. 총괄하자면 중국 철학이 독일에 끼친 영향은 사실 프랑스의 경우와 동일한 것이었다. 프랑스 말브랑슈의 중국 철학 공격은 백과전서파의 무신론적 유물론 철학에 반향을 일으켰고 독일 라이프니츠의 중국 철학 옹호는 마침내 관념론의 정통 철학을 발생시켰다. 다시 말해 전자는 프랑스의 정치 혁명에, 후자는 독일의 정신 혁명에 각각 영향을 주었다. 지금부터 두 장章으로 나누어 그 내용을 서술하고자 한다.

제5장
중국 철학과 프랑스혁명

18세기 유럽이 중국 사상으로부터 받은 영향에서 볼 때 독일과 프랑스는 약간 차이가 있다. 물론 어떤 사람은 다음과 같이 말하기도 한다. “18세기 유럽 문명의 결점은 군주 정치의 부패와 귀족 정치의 폐해에 있다. 전자는 프랑스가, 후자는 독일이 대표적인 예이다. 당시 상층 계급의 이기주의를 치유하기 위해서는 독일·프랑스 모두 일종의 치료약인 계몽전제주의가 필요했는데 그것이 바로 중국 공가孔家의 근본 사상이었다. 한편 독일의 경우는 매우 좋은 의사, 가령 라이프니츠, 볼프 더 나아가 프리드리히(Friedrich) 대제가 있었다. 그들은 중국 공가의 간접 신도가 되어 그의 정치 수완을 운용하였기 때문에 귀족 정치의 폐해를 소멸시킬 수 있었다. 그러나 프랑스의 경우는 그 증상이 매우 심각했고 의사의 역량 역시 부족한 상황이었다. 그런 관계로 그들이 비록 공가 사상의 영향을 받았다고는 하지만 결국 대혁명과 유혈 참극의 길을 걷지 않을 수가 없었다.” 이와 같은 결론은 대체로 사실이다.

그럼에도 이 견해는 단지 정치 측면에서 단안을 내린 것일 뿐 나무는 보고 숲은 보지 못하는 잘못을 범하고 있다. 세계 문화사와 문화철학적 관점에서 중국은 철학적 문화를 서양은 과학적 문화를 대표한다고 볼 때, 사실 18세기에 서양은 과학 문화를 기초로 삼아서 중국의 철학 문화를 받아들였다고 할 수 있다. 그리하여 중국 철학은 독일·프랑스를 막론하고 당시의 서양 사회에 매우 큰 영향을 미치기에 이른다. 즉, 중국 문화의 영향으로 유럽 문화사에 비로소 '철학 시대'가 형성된 것이다. 그러나 프랑스는 사실 독일과 같지가 않았다. 동일한 공자 사상이었지만 독일의 라이프니츠와 볼프에게는 '자연신교自然神教'로, 프랑스 백과전서파에게는 '무신론無神論'으로 각각 받아들여졌다. 독일이 정신 혁명 쪽으로 기울어졌다면 프랑스는 정치 혁명 쪽으로 기울어졌다. 독일에서의 영향은 철학자들에게 그 생기 없고 무미건조한 문체를 가지고 관념론적 철학을 쓰도록 했고, 프랑스에서의 영향은 혁명사상가들에게 제왕귀족의 사형을 판결하도록 했다. 전자가 중국 사상을 '건설'에 이용했다면 후자는 중국 사상을 '파괴'에 이용했다. 전자의 중국 문화 인식은 비교적 '현실적'이었고 후자의 중국 문화 인식은 비교적 '이상적'이었다. 먼저 중국 철학과 프랑스 혁명의 관계부터 살펴보도록 하자.

1. 철학과 대혁명

1) 대혁명의 역사관

1789년의 프랑스 혁명은 실제로는 철학 혁명이라고 해야 할 것이다. 헤겔은 다음과 같이 말한 적이 있다.

프랑스 혁명은 철학의 산물이고 철학은 세계지라고 일컬어지는데 그와 같이 말하지 못할 것도 없다. 왜냐 하면 철학은 순수 본질성의 학이라는 의미에서 진리 그 자체일뿐더러 현실세계 안에 발랄하게 살아 있는 진리이기도 하기 때문이다. 그러므로 프랑스 대혁명이 철학으로부터 그 최초의 자극을 받았다는 설명은 부정하기 어려운 것이다.[1)]

프랑스에서 계몽운동은 바로 '교회'를 반대하는 입장에 서 있다는 것을 의미한다.[2)] 때문에 프랑스 혁명은 또한 반종교적 철학 혁명이라고 말할 수 있다. 다시 말해 철학적 문화가 종교적 문화를 대체했다는 것이다. 그러므로 종교宗教 사가史家의 입장에서 볼 때 프랑스 혁명은 일부 사이비 철학자들에 의해 제창된 이단 사설의 결과였다.

프랑스 대혁명은 유럽 역사상 매우 중요한 사건이다. 그 영향이 전 대륙에 파급되어 각 나라 개혁 정치의 전주곡이 되었던 탓에 그 혼란스러움은 진실로 성교회聖教會만의 경험이 아니었다. 그 원인을 찾아보면 매우 다양하다 하겠으나 무종교파의 역할이 특히 컸다고 하겠다. 18세기 초부터 저 사이비 철학자와 마쏭(Massones) 비밀회는 다투어 이론異論을 내어 신권神權에 반항하고 군장君長을 질시함으로써 평등권과 자유의 설을 제창하였다. 18세기 말에 이르자 그 설은 이미 대중에게 점점 스며들어 국민 대다수가 모두 혁명을 바라게 하였고 온통 마음이 들떠 생각을 우쭐대게 만들었다.[3)]

성교聖教가 공격의 대상이 되는 것은 비록 빈번히 일어나는 일이지만 18세기만큼 그렇게 심한 적은 없었다. 18세기에는 사이비 철학자가 출현하여 사상적 자유를 제창하였고 개인의 총명한 지혜를 사리를 판단하는 유일한 기준으로 삼았다. 무릇 일체 초월성의 깊은 이치, 신덕의 요점 등 사람의 인식이 미치지 못하는 것은 모두 믿지 않았다. 이 설은 또한 천주 계시의 가르침과는 완전히 상반된 것이기 때문에 초월성에 반대하는 교설이라고 말할 수 있다. 그것이 성교회에 끼친 해악은 네로(Nero)의 학살, 디오클레티아누스(Diocletianus)의 잔학함보다도 더욱 흉악하고 잔인한 것이었다.[4]

물론 이 글에서는 이러한 반종교적 이단 사설이 곧 중국 철학과 그 문화 전파의 결과였다는 점에 주의를 기울이고 있지는 않다. 『성교사략』의 작자는 헤겔과 마찬가지로 일종의 유심사관을 견지한 인물이다. 그러므로 유심사관에서 바라본 프랑스 혁명은 당연히 유심적 혁명이 될 수밖에 없다. 가령 루이 마들린(Louis Madelin)의 『프랑스대혁명사』만 보더라도 매우 짙은 유심사관의 색채를 띠고 있다.

몽테스키외, 볼테르, 루소와 같은 인물이 선생이 되었고 로베스피에르, 당통, 브리소(Brissot) 등이 그 뒤를 따르는 학생이 되었다. … 나는 일찍이 이 100년 동안의 사정을 연구함은 물론 1789년부터 1799년까지 10년 사이에 활동했던 혁명 대가 20명의 각종 환경 또한 모두 연구한 적이 있다. 그리하여 그들이 모두 공통적으로 견지하고 있는 철학이 아쉽게도 전부 파괴적인 철학이었음을 알게 되었다.

이와 같은 철학적 잠재력은 보통 이상의 효과를 발생시킨다. 프랑스 대혁명은 바로 이처럼 총명한 사람들과 스스로 사상가라고 생각한 일군의 사람들을 통해 이루어졌다. 그들의 사상은 곧 50년 간의 사상에 불과했으며 독단적인 이상이었다. 고대의 이상에 무슨 동포가 있으며, 인권이 있으며, 기독교 반대가 있으며, 모든 것을 뒤엎고 모든 것을 괴멸시키는 사상이 있겠는가?[5]

프랑스 혁명이 어떻게 철학자의 도움을 받았는지는 루이 마들린의 다음과 같은 말을 참고해 보면 더욱 명백해질 것이다.

> 철학자가 아니면 어떤 사람이 정부의 권위를 견제할 수 있으며 귀족들의 기득권을 빼앗을 수 있었겠는가? 또한 소년·시정아치들의 두뇌를 혁명적 정신으로 가득 채울 수 있었겠는가? 혁명에 반대하는 사람들에게 매도를 당하든 혁명을 영예로 여기는 사람들에게 칭찬을 받든 철학자가 이 모든 일에 책임을 지고자 했던 것은 논박할 여지가 없다.[6)]

그렇지만 혁명은 원래 여러 가지 조건들이 성숙되어야 비로소 성공을 거둘 수 있다. 이와 같은 유심론적 해석이 비록 사실의 한 측면을 간파하고는 있는 것을 사실이지만 대혁명이란 결코 단지 소수 선동자의 혁명 사상에 의해 만들어지는 것이 아니다. 혁명에는 정신적 기초 외에도 물질적 원인이 있다. 때문에 수많은 혁명사가革命史家들, 가령 피터 크로포트킨(Peter Kropotkin)의 『프랑스대혁명사』(*The Great French Revolution*, 1789~1793), 빌헬름 블로스(Wilhelm Blos)의 『프랑스혁명사』(*Die Französische Revolution von 1789 bis 1804*)는 모두 사회적 혹은 물질적 입장에서 프랑스 혁명이 어떻게 당시 사회 경제 환경의 영향을 받았는지 설명하고 있다. 피터 크로포트킨은 그 자신이 무정부주의자로서 전 유럽을 진동시키고 모든 것을 전복시켰으며 짧은 기간에 전면적으로 사회 제도를 변혁시킨 프랑스 대혁명에 대해 극히 자세하게 묘사했다. 그는 국가 정치 조직을 혁신한 '사상적 조류'에 주의를 기울였을 뿐만 아니라, 농민과 도시의 노동자가 즉각적이고도 실제적인 물질생활의 개선을 요구한 '행동적 조류'까지 깊이 있게 설명하였다. 그는 다음과 같이 훌륭하게 표현하고 있다.

18세기의 철학자들은 아주 오랜 기간에 걸쳐 이미 당시의 정치 사회 조직을 공격해 왔다. 그들은 이러한 사회 조직의 기초 아래 정치적 권력과 대부분의 재화가 다름 아닌 귀족과 수도사들에게 모두 귀속되었으며 민중은 단지 통치자의 노예에 불과하다고 생각했다. 철학자들은 당시에 '이지理智'를 지고무상한 것으로 선언했다. 그리하여 사람들에게 사람의 천성天性(이것은 물론 역사상 노예를 조장하는 제도에 함몰되어 파괴당하고 말았지만 인류가 다시 자유로 돌아옴으로써 복원된 것이다)을 신앙하도록 권고함으로써 사실상 인류의 신기원을 열어나가게 되었다. … 그러나 그것만으로 혁명의 폭발을 야기시킬 수는 없다. 혁명의 폭발은 이론으로부터 행동으로, 이상의 인식으로부터 사실 위로 나아가야 비로소 실현될 수 있는 것이다. 오늘날의 역사가가 가장 심혈을 기울여 연구해야 할 점은, 당시의 환경이 어떠한 상황이었으며 어째서 바로 그 시점에 이르러서야 프랑스가 이러한 이상을 실현할 수 있었는지에 관한 것이다.[7)]

대혁명에는 반드시 그 사회적 배경이 있다. 예컨대 1789년 이전의 사회 상황은 귀족은 사치하고 제멋대로인 데 반해서 다수의 농민은 빈곤에 허덕였다. 그리고 부유 농민 계층이 흥기하여 중요한 위치를 점하고 있었다. 이러한 모든 상황이 피터 크로포트킨의 대작 속에 특별히 중요하게 묘사되고 있다. 한편 빌헬름 블로스는 마르크스주의자이기 때문에 그의 설명이 곧 유물사관 위에서 이루어지는 것은 당연하다 하겠다. "프랑스 혁명의 각종 국면은 하나의 계급투쟁으로 구성되어 있고 각 개인의 중요 위상 역시 이와 같은 투쟁 속에서 발생된다."[8)] 그는 매우 상세하게 프랑스 사회의 각 계급, 즉 군주와 궁정, 수도사, 귀족, 중인 계급, 수공업 노동자와 농민을 분석하였다. 특히 뼈 빠지게 고생만 하는 농민, 기아로 반사 상태가 된 날품팔이꾼, 참혹한 고통 속에 있는 노예들이 얼마나 괴로운 생활과 실의에 빠져 있었는지, 또한 얼마나 이에 분개하며 귀족들을 증오하고 있었는지에 관심을 가졌다.[9)]

하지만 이와 같은 유물론적 역사가들은 하나의 사실에 주의를 기울이지 못했다. 예컨대 프랑스 혁명 전야에는 그야말로 사치와 빈곤의 대립 현상이 충만했으며 화려함을 대표하는 군주와 귀족, 더 나아가 퐁파두르(Pompadour, Marquise de, 1721~1764)와 같은 귀부인들은 사치스러운 생활이 극도에 달하여 재화를 물 쓰듯 했지만 실제로 이것은 그들이 모두 열렬한 중국 취미광임을 나타내는 데 불과했다는 점이다. 중국 취미는 프랑스의 궁정과 귀족의 기호를 지배했으며 궁정과 귀족은 귀부인의 환심을 사는 데 열중하였다. 이런 현상은 50년 이상 동안 프랑스 사회를 지배했다.

이와 같은 동서 문화의 접촉은 사실상 당시 프랑스의 사회 경제적 배경을 구성하는 중요한 부분이라고 말할 수 있다. 그런데도 역사가들은 일찍이 이런 점에 주목하지 못했다. 그러므로 헤겔과 루이 마들린의 유심사관은 진실로 불충분한 점이 있으며 피터 크로포트킨과 빌헬름 블로스의 유물사관 역시 완전하다고는 할 수 없다. 대혁명을 올바르게 해석하기 위해서는 마땅히 사상과 물질의 두 측면을 종합하여 문화 접촉의 전체적 원인에 관심을 가져야 한다. 즉 사상적 측면에서 중국 철학은 18세기 프랑스의 혁명 사상에 영향을 주었다. 그리고 물질적 측면에서는 중국의 자기, 칠기, 사직품, 풍경화, 조경 등이 대혁명 전야 프랑스인의 사치스러운 중국 취미를 조성하였다. 이러한 새로운 문화 해석은 그야말로 '문화적 역사관'이라 일컬을 수 있다. 오직 이러한 문화적 역사관을 통해서만이 프랑스 혁명의 진정한 가치를 새롭게 평가할 수 있는 것이다.

2) 철학의 기치를 내세운 혁명가

프랑스 혁명 당시 많은 혁명가가 출현했는데 넓은 의미에서 볼 때 이들은 모두 철학자의 신도이자 이성의 숭배자였다. 또한 당시 프랑스의 보통 민중들은 루소, 볼테르, 백과전서파의 어떠한 서술도 직접 읽은 적은 없었지만 그들 역시 당시 유행하는 철학적 경향에 꽤나 감염되어 있었다. 제3계급은 이때에 혁명의 선봉이 되었고 모든 계급은 철학 문화의 세례 아래 있었다. 빌헬름 블로스가 말한 것처럼 "18세기에는 아주 생동감 있고 격렬한 철학이 깊숙이 이 중간 계급에 침입하였고 광대한 군중은 모두 볼테르, 루소, 디드로, 심지어 돌바하의 학설에 자극을 받고 있었다."[10] 피터 크로포트킨은 일찍이 다음과 같이 지적했다. "커다란 변혁은 항상 일종의 이상을 성공의 필요조건으로 요구한다. 제3계급은 그것의 가장 좋은 대표자로서 일찍부터 고상한 18세기 철학에 심취해 있었고 이후의 모든 위대한 사상의 근원이 되었다. 철학의 현저한 과학 정신, 극히 심후한 도덕적 성격, 평등한 국민 중간에 위치하는 자유인적 지혜·역량과 위대함에 대한 단순한 믿음, 그리고 전제 제도에 대한 적대시, 이런 모든 것들이 당시 혁명자의 정신이었다. 그들이 투쟁 속에서 표현한 이 의연함과 충성은 그야말로 철학의 영향이 아니라면 어떻게 이룩될 수 있었겠는가?"[11] 이것은 과연 틀린 말이 아니다. 철학은 확실히 1789년 프랑스 혁명의 대기치를 이루었다. 루이 마들린은 『프랑스대혁명사』에서 일찍이 당시 철학자와 주요 혁명가들의 연대기적 관계를 계산한 적이 있다.

> 1754년 롤랑(Roland) 부인이 태어날 당시 몽테스키외는 죽음을 앞에 두고 있었고 볼테르는 바로 가장 득의양양한 때를 만나 달랑베르와 연맹해서

궁정을 공격하는 상황이었다. 롤랑 부인이 출생한 그 해에 듀크로(Duclos)는 리슐리외(Richelieu) 가家에 철학을 소개했고 오래지 않아 달랑베르 역시 거기에 참여하였다. 1754년에는 철학자 디드로가 『자연의 해석』을 저술하여 무종교적 인물로 변신했다. 이 해에 또한 『백과전서』 제3권이 출판되어 뜻밖에 도서 심사인의 인가를 얻었다. 루소 역시 이 해에 『인간불평등기원론』을 지었는데 이후 10년 동안 한 해라도 철학이 득의하지 않은 때가 없었다. 이후 모든 혁명 위인들은 이 10년을 기점으로 출생했다(단지 두 사람만이 그렇지 않았다. 하나는 시에예스(Sieyes)인데 1748년에 출생했고 또 하나는 미라보(Mirabeau)로서 1749년에 출생했다). 브리소(Brissot)는 1754년에, 라파예트(Lafayette)는 1757년에, 무니에(Mounier)는 1758년에 각각 태어났으며 로베스피에르(Robespierre), 베르니오(Vergniaud), 당통(Danton) 이 세 인물은 모두 1759년에 태어났다. 그리고 데물랭(Desmoulins)은 1760년에, 바르나브(Barnave)는 1761년에 각각 태어났다. 여기서 언급된 사람들은 모두 주요 혁명가들이며 그 나머지는 부득이 자세하게 다 말할 수 없다.[12]

이제 이러한 철학 기치 아래 있었던 주요 혁명가들을 간단히 살펴보도록 하겠다.

로베스피에르(Robespierre, Maximillian de, 1758~1794)

그는 루소의 학설을 신봉한 나머지 스스로가 진리의 주인이라 생각했다. 그는 국회에서 스승 루소의 말을 실행하여 모든 불량한 분자들을 모조리 몰아내려고 하였다. 이러한 불량 분자들은 바로 자유, 혁명, 공화의 적일 뿐만 아니라 자신의 적이라 믿었다.[13] 그가 아직 세력을 얻지 못했을 당시 그의 시선은 혁명의 의의를 간파하게 되었으며 루소의 학설을 어떻게 운용하여 민중의 세력을 집중시킴으로써 권력 장악의 목적에 도달할 수 있을까를 생각하게 되었다.[14] 결국 세력을 얻은 뒤 처음부터 자신이 숭배했던 철학자 루소의 무미건조하고도 효과를 보기 어려운 학설을 실행함으로써 전 유럽을 깜짝 놀라게 만들었다.[15]

당통(Danton, Georges Jacques, 1759~1794)

당통은 큰 능력의 소유자인 동시에 학자였기 때문에 수많은 대문호들의 저작을 연구하였다. 예를 들어 이탈리아의 단테, 영국의 셰익스피어, 프랑스의 코르네유(Corneille), 라블레(Rabelais) 등의 저작에 모두 능통하였다.[16] 그의 개인 도서관에는 아담 스미스(Adam Smith), 아담 존슨(Adam Johnson), 로버트슨(Robertson) 등의 명저 원본이 소장되어 있었다. 프랑스 문학에 관해서도 정통하여 디드로의 백과전서 속에 가득 담겨 있는 신기한 학설과 혁명적 사조들을 매우 잘 이해했다.[17] 그의 여러 가지 극단적인 혁명 사상은 모두 백과전서파의 영향을 크게 받은 것이었다.

마라(Marat, Jean Paul, 1743~1793)

마라야말로 진정한 혁명의 주동자이며 또한 철학자였다. 1772년 처음으로 인생 철학 논문을 발표하게 되었다. 이 책에서 그는 영국, 프랑스, 이탈리아, 스페인 등 여러 나라 철학자의 사상에 대해 매우 잘 설명하였을 뿐만 아니라 직접적으로 엘베티우스(Helvetius)를 공격하였다. 엘베티우스는 일찍이 『정신론』이란 저술 속에서 철학자는 과학에 대해 알 필요가 없다고 말한 적이 있었다. 마라는 이와 반대로 과학의 식견으로 철학을 연구해야 하며 오직 철학만이 영혼과 실질의 관계 문제를 해결할 수 있다고 믿었다. 더구나 1775년 그의 두 번째 책인 『논인論人

』의 프랑스어 판이 출판되어 프랑스의 대문호 볼테르를 감동시켰다. 특히 마라의 필봉이 엘베티우스를 여지없이 공격한 관계로 이 청년 작가의 명성은 더욱 사람들의 주목을 끌게 되었다.[18)]

롤랑부인(Madame Roland, 1754~1793)

프랑스 혁명가 중에서 중국에 취미를 가진 기호가로는 롤랑 부인을 들 수 있다. 진수이의 『18세기 유럽의 중국 원림』을 보면 다음과 같은 구절이 있다.

> 올바크(Holback)는 일찍이 중국의 원림을 연구하기 위해 직접 영국을 여행했고 프랑스로 돌아온 후에도 이를 힘껏 선양하였다. 동시대 사람들은 이에 깊은 감동을 받았다. 롤랑 부인은 더욱 깊은 흥취를 느꼈다.[19)]

롤랑 부인은 본명이 마농 필리퐁(Manon Phlilpon Roland de la Platière)이다. 프랑스의 부유한 귀족 집안 출신으로 재색才色을 겸비하였으며 프랑스 혁명 당시 지롱드파의 중심인물이 되었다. 루이 마들린은 다음과 같은 사실을 우리에게 알리고 있다. "그녀는 오로지 책 읽기를 좋아해서 코르네유의 저작을 읽으면 로마 영웅이 되고 싶어 했으며 플루타르크(Plutarch)의 저작을 읽으면 곧 그리스 영웅이 되고 싶어 했다. 가장 나중에 본 것은 달랑베르, 볼테르, 돌바하, 엘베티우스, 디드로 등의 책이었는데 이를 통해 혁명당에 가입하고자 했다. 그리고 그녀가 가장 즐겨 읽던 것 중의 하나가 다름 아닌 루소의 저작이었다." 롤랑 부인 자신의 말에 따르면 "내가 안타깝게 생각하는 것은 루소의 책을 너무 늦게 접했다는 사실이다. 하지만 그것이 오히려 내게는 행운이 아니었던가 싶다. 만약 너무 일찍 그것을 접했다면 나는 아마도 이에 광신한 나머지 다른 사람의 저작은 읽지도 않았을 것이기 때문이다." 마들린은 또 말한다. "무릇 이 젊은 여자가 그 당시 읽은 책은 같은 동시대 남자들도 읽고자 했던 것이다. 로베스피에르로부터 데물랭까지 모두 읽으려고 했던 것이고 선교사인 그레고리(Gregoire), 귀족인 라파예트도 역시 읽고자 했던 것이다. 총괄컨대 귀족의 아들딸과 소시민의 아들딸이 마신 것은 모두 근원이 같은 물이었다."[20]

콩도르세(Condorcet, Marquis de, 1743~1794)

콩도르세는 혁명 사상의 철학적 변호인임은 물론 혁명에 희생당한 자유사상가이자 백과전서파의 한 인물이었다. 그의 명저 『인간 정신 진보의 역사적 개관 초고』(*Esquisse d'un tableau historique des progrs de l'esprit humain*)는 자신의 과격한 정적들로부터 도피하던 때 지어진 것이다. 그는 인류의 진보를 크게 세 시기로 나눈 다음 다시 아홉 시기로 나누고 있다. 그 가운데 제7기가 서방의 문예부흥으로 이 시기는 곧 바로 인쇄술의 발명에까지 이르러 끝난다고 했다. 그는 이 시기에 이루어진 많은 중요한 발명을 지적하면서 특히 기계에 관한 기술, 이를테면 풍차, 해시계, 제지술, 나침반, 화약 등의 기술은 서방인에 의해 발명되기도 했지만 중국에서 전래된 것도 있다고 했다. 이러한 점에서 볼 때 그는 동서 문화 접촉에 주의를 기울인 사람으로 생각된다.

한편 이상과 같은 대혁명의 주요 인물들뿐만 아니라 당시의 많은 상류층 역시 당시의 격렬한 철학에 대해 변호하고 제창하기를 마다하지 않았다. 특히 주목할 점은 이러한 철학 사상, 즉 일반 철학자와 시인들이 꿈꾸었던 철학 세계는 곧 외국에서 들어온 수입품이라는 사실이다. 혁명이라는 하나의 이상적인 사건! 그때 당시의 철학자들이 사방 곳곳에서 사들인 많은 신선한 사상들은 베를린에서 온 것도 있고 런던에서 온 것도 있었지만, 무엇보다도 가장 주의를 끄는 것은 바로 직간접적으로 중국에서 구입해온 대혁명의 기치, 이른바 '철학'이었다.

3) 대혁명의 철학적 기초

많은 사람들은 철학과 혁명의 관계를 분명히 이해하지 못하고 있다. 이것은 사실 종교가가 철학에 어떻게 대처하고 있는지 그 태도에 조금만 주의를 기울인다면 쉽게 알 수 있는 문제이다. 프랑스 대혁명의 철학적 기초는 다음 세 가지로 설명할 수 있다.

무신론

18세기 유럽의 철학자는 무종교파無宗教派이다. 이 무종교파는 곧 프랑스 대혁명 철학의 첫 번째 기초였다. 『성교사략』 권16은 다음과 같이 전한다.

> 유럽의 무종교파는 진실로 이 세상에 존재하지 않은 때가 없었다. 17세기에 이르러서 점점 성행하기는 했지만 여론을 꺼리고 왕장王章을 두려워한 나머지 감히 얼굴을 내밀지는 못했다. 그러던 것이 18세기에 이르러 그 설에 동조하는 자가 날로 늘어났다. 또한 다수의 문인과 학자, 상류 사회 사람들은 그것을 공공연히 전파하는 데 털끝만큼도 꺼리는 기색이 없었다. 이 당파는 영국 등 여러 나라에 모두 존재했고 프랑스의 볼테르와 루소 두 인물이 특히 유명했다. 사실 이들은 모든 종교의 공적公敵일 뿐만 아니라 프랑스 대혁명의 원인이 되는 괴수나 다름없었다. 볼테르는 마침내 세상에 주재자가 없다고 공언하여 그 일생의 재능을 다해 성교聖敎와 적이

되었다. 루소는 비록 천주를 믿었지만 그 평생의 행위를 보면 믿지 않는 자와 크게 다를 바가 없었다. 두 인물 모두 프랑스의 문호로서 필력이 날카롭고 말을 받아넘기는 데 능란했다. 그들이 지은 각각의 저서는 사람들에 의해 다투어 입에서 입으로 전해졌고 이러한 현상이 장기간 지속되자 여론이 형성되어 마침내 풍속을 변화시키는 대권을 장악하기에 이르렀다. 이로써 대다수의 유럽 인사의 종교에 대한 열의가 줄어들게 되었고 평등권, 자유, 균재均財의 학설이 세차게 일어나게 되었다.[21]

『성교사략』은 또한 '사이비 철학당'과 '무종교파'를 하나로 취급해 설명하고 있다. "18세기 풍속의 부패는 … 프랑스가 가장 심했다. 당시의 이른바 무종교파라는 법정권세가, 세족거신世族巨紳, 의정원 요원 대부분이 그 당파에 속했다. … 이 정도라면 프랑스의 볼테르 등 사이비 철학자들의 설이 당시 얼마나 성행했는지, 또한 각 국에서 그 영향력이 얼마나 심대했는지를 쉽게 알 수 있다. 그래서 오래지 않아 각 나라에서는 예수회파 회원들을 앞 다투어 몰아내기에 이른 것이다."[22] 또한 파리 의정원의 경우는 완전히 사이비 철학당의 기관이 될 정도였다고 기술했다.[23] 심지어 포르투갈의 수상 폼발(Pombal)과 이탈리아 군주조차도 스스로를 철학자로 생각할 정도였으니 종교의 구세력은 이 무신론 철학의 영향 아래서 쓰러지지 않을 재간이 없었다.

유물론

유물론 철학은 프랑스 대혁명 당시 크게 유행함으로써 프랑스 혁명 철학의 두 번째 기초를 이루었다. 가령 빌헬름 블로스는 『프랑스혁명사』에서 이렇게 말했다.

유물론 철학은 항상 앞으로 전진하는 진보적 성향을 지녔기 때문에 당시 사람들은 즉시 기존에 국가와 사회에서 우위를 차지하던 일체의 사상을 부인하기에 이르렀다. 이것은 완전히 새로운 하나의 관념 세계를 전개시켰다. 이처럼 새로운 시대정신의 중심점이 바로 백과전서라는 명칭으로 유명한 그 합장본에 있었으므로 사람들은 이와 같은 새로운 철학자들을 백과전서파라 불렀다. 디드로와 달랑베르가 이 신파의 주요 인물로서 그들은 항상 유물 철학으로 하여금 매우 용감하게 앞으로 전진하도록 했다. 이 신파 인물들의 공헌을 꼽자면 하나가 극복되면 또 하나를 넘어서려고 애썼다는 점이다. 라 메트리는 영혼 불사의 결론에 반대했고 디드로의 철학적 유물론을 뛰어넘고자 했다. 그러나 돌바하가 이 점에서는 가장 탁월했다고 할 수 있다. 그는 독일인이었지만 프랑스에 체류했다. 그는 그의 자연적 체계 속에서 일체 존재는 단지 '물질'과 '운동'일 뿐이라고 설명했다. 이로 인해서 결국 무신론에 도달했던 것이다.[24]

프랑스 대혁명 당시 백과전서파의 잠재력, 이 유물론자들의 공동 철학이 어떻게 각 계층으로 확대될 수 있었는지에 주의를 기울여야 한다. 당시의 한 시사時事 연구자의 말에 따르면 어디선가 우연히 백과전서를 구입한 사람의 명단을 발견했는데 40명 중에서 24명이 모두 한낱 목사였다는 것이다. 이처럼 빈곤한 일개 선교사들이 의외로 돈 쓰기를 아까워하지 않고 선뜻 백과전서를 살 정도라면 유물론의 영향이 빈곤한 민중의 마음속에 얼마나 크게 작용했는지를 충분히 알 수 있다.[25]

자연주의

프랑스 혁명 중심인물들의 가장 귀중한 재산은 곧 루소에 대한 그들의 신앙이었다. "인간은 본래 태어날 때부터 자유로운 존재이다. 그러나 지금은 어떤 곳이든 막론하고 모두 쇠사슬에 묶인 상태이다."(『사회계약론』) 이러한 쇠사슬에서 벗어나 자연의 길에 따라 살기 위한 경천동지의 갈망이 곧 혁명인 것이다. 그러므로 혁명이란 부자연적 생활을 타파하고 자연적 생활로 나아가는 것이라 하겠다. 자연은 진실인 까닭에 자연은 곧 선善이다. 그런데 인간의 손에 떨어지자마자 퇴색되고 만 것이다. 루소의 입장에서 본다면 태고 야만 시대로부터 점차 진보하여 자연스럽게 문명이 극에 달하였지만 문명의 진보는 모두 인위에 의한 결과이고 이른바 인위란 모두 자연적 생활에 반하는 것이기 때문에 문명이 발달할수록 사회는 더욱더 기교스럽게 되기 마련이다. 가장 이상적인 생활은 단지 자연으로 돌아가는 것이며 인간의 천진天眞으로 돌아가는 것이다. 웰스는 이와 같은 지식이 도덕을 파괴하는 세력에 영향을 끼칠 수 있다고 비판했다. 그것은 현존하는 사회 조직을 공격할 뿐 아니라 어떠한 종류의 사회 조직도 공격하기 때문이다.[26] 그러나 대혁명 시기의 자연주의적 경향은 루소 일파로 하여금 노자의 사상에 접근하게 했고, 또한 케네 일파로 하여금 자연을 천리天理·천칙天則으로 여겨 공자의 사상에 접근하도록 하였다. 예컨대 돌바하는 '자연'으로 신의 관념을 대체하자는 극단적 자연주의를 주장했다. 볼테르 역시 자연주의인 '이성理性 제재制裁'를 주장했다. 어떤 사람은 프랑스 혁명을 '루소의 불만'이라고 하고, 또 어떤 사람은 '볼테르의 불만'이라고도 한다. 하지만 사실 그것은 '자연주의의 불만'에 불과하다. 왜냐 하면 자연주의는 혁명 시대의 정신으로서 일체의 부자연·불합리한 생활을 모두 뒤엎고자 했기 때문이다.

이상에서 서술한 것처럼 무신론, 유물론, 자연주의는 모두 대혁명의 철학적 기초가 되었다. 그러나 이들 사상은 모두 직간접적으로 중국의 철학 문화에 도움을 받았다. 중국 철학은 독일에서는 범신론 사상과 관련을 맺으며 진행되었고 프랑스에서는 무신론과 유물론으로 변화되었다. 이것들은 모두 연구할 가치가 있는 문제로서 그 핵심은 백과전서파와 중국 문화의 접촉에 있다고 하겠다.

2. 백과전서파와 중국 사상의 관계

1) 이른바 '백과전서파'

백과전서파는 프랑스에서 한때 크게 유행하였다. 그런데 그 근원이 중국에 있었다는 사실에 주의를 기울이는 사람은 많지 않다. 주지하다시피 이 학파는 공개적으로 종교에 반대했고 프랑스 대혁명 사상의 원인이 되었지만 이 학파의 대다수는 다름 아닌 예수회 출신이었다. 웰스는 이 학파의 내력에 대해 다음과 같이 매우 간략하게 언급하고 있다. "일군의 우수한 학자, 즉 '백과전서파'(the Encyclopedists) 대부분은 예수회파 회원 중에서도 반역의 사상·정신을 다분히 지닌 인물들과 밀접한 관련이 있다. 그들은 디드로의 지도 아래 그 저작물을 통해서 하나의 새로운 세계를 꿈꾸었다." 따라서 백과전서파와 예수회의 관계를 안다면 백과전서파와 중국 문화의 관계를 이해하게 될 것이다.

백과전서파는 '이성'을 숭배했다. 프랑스 혁명 당시 어떤 사람들은 이성교理性教를 국교로 삼아야 한다고 제창한 나머지 미녀상을 빚어 이성理性 신상神像으로 삼아 파리 성모 대교당 제단에 바치기도 하였다. 사실 이 이성의 종교는 중국 예수회 선교사들에게 극력 공격을 받았던

'리理'의 변형으로 중국에서 들어온 것이다.

이 학파는 무신론, 유물론, 자연주의를 기점으로 삼았다. 이학理學은 예수회 선교사의 입장에서 보면 무신론, 유물론과 다를 바 없었다. 천주는 독립·자존하나 '리理'는 의존하는 부류이고, '리理'란 사물의 모양·원질元質에 불과하다. 그러므로 '리理'를 '자연의 리理'라고 말하는 것은 "자연의 설이 궁극적인 종지가 아니라는 것을 전혀 알지 못하는 것이다." (아담 샬의 말) 그러므로 천주의 존재를 옹호하기 위해서는 '리理'를 이단으로 인식해서 배척하지 않을 수 없었다. 그러나 예수회파 회원들의 '이학理學'에 대한 공격에도 불구하고 예수회 가운데 반역의 사상과 정신을 강하게 지닌 인물들이 출현하여 이 이단의 '리理'는 물론 무신론과 유물론 그리고 자연주의를 옹호하기에 이르렀다. 이로써 대혁명의 철학적 기초가 형성되었고 많은 참신한 혁명 사상이 탄생하게 되었다.

2) 백과전서파와 중국 사상의 접촉

백과전서파 가운데는 반역 사상을 강하게 지닌 예수회의 인물들이 많아 중국과의 문화 접촉이 매우 용이했을 것으로 보인다. 하지만 예수회를 가까이 할 수 없었던 인물들도 역시 포함되어 있었다. 그러므로 그들과 중국 사상의 접촉 역시 예수회라는 하나의 통로를 통해서만 이루어진 것은 아니었다. 즉 예수회파 회원들의 저작 외에도 여러 여행가들의 저작이 있었다. 예를 들어 앤슨의 『환유지구기環遊地球記』(*A voyage around the world*, Everyman's Library 510) 역시 백과전서파에 직접적인 영향을 준 저작이었다. 그런데 이 두 가지 통로의 저작들은 서로 성격이 달랐으므로 백과전서파의 중국 문화에 대한 견해 역시 서로 차이가 생기게 되었다.

예수회파 회원의 저작

『야소회사서간집』은 저자들이 모두 우수한 학자였을 뿐만 아니라 태도 역시 성실해서 중국 문화의 백과전서 역할을 했다. 그래서 백과전서파인 볼테르, 돌바하, 그리고 종교 반대자들에 의해 빈번히 인용되었다. 뒤 알드의 『중화제국전지』 역시 볼테르, 몽테스키외, 돌바하, 케네 등에 의해 인용되었다. 돌바하는 백과전서파의 대표 자격으로 1773년 저술한 『사회체계』(Système Social) 속에서 중국 문화 연구의 편의를 위해 다음에 열거한 책들을 추천하여 사람들에게 권하였다.

① 뒤 알드, 『중화제국전지』(*L'histoire de la Chine*)
② 곰드, 『중국현상신지』(*Mémoires de la Chine*)
③ 『야소회사서간집』(*Les lettres edifiantes*, t. XV)
④ 알웰(Halwell), 『벵골사건』(*Relations des événements de Bengale*, Part II)

돌바하가 당시 읽었던 책들은 동시대 살롱(Salon)의 인물들이 또한 읽고자 했던 것들이다. 이를 통해서 예수회 회원들의 저작이 백과전서파와 관계가 있음을 알 수 있다.

여행가의 저작

영국의 앤슨이 저술한 『환유지구기』는 1748년에 출판되었다. 그는 중국인을 왜곡된 시각으로 바라보았기 때문에 중국인과의 교류를 서술하는 태도에 많은 문제가 있었다. 가령 제3권에서(267~380쪽) 마카오(澳門), 산두汕頭, 광주廣州 각 지방의 정황을 서술하고 있는데 그 어조가 매우 무례하다. 그리고 영국의 항해가이며 해적인 댐피어는 1697년에 동일한 제목의 저작을 출판했는데 앤슨의 책과 쌍벽을 이룬다. 그들의 황당무계한 기록 때문에 백과전서파의 루소, 몽테스키외는 중국에 대해 좋은 감정을 가질 수가 없었다.

상이한 두 저작의 영향

대체로 전자의 저작들은 『야소회사서간집』, 뒤 알드의 『중화제국전지』, 『북경야소회사연구기요』 등의 명저로서 대부분 중국 문화에 대해 깊은 공감을 표하고 있다. 그래서 백과전서파 가운데 돌바하, 볼테르, 뿌와브르(Poierre Poivre), 케네 등이 그 영향을 받아 대대적으로 중국 문화 찬미론을 제창하고 나섰던 것이다. 그러나 여행객들의 저작의 경우는 그들이 중국 내지에 깊숙이 들어갈 수 없었기 때문에 변경의 빈곤하고 궁벽한 촌락들을 보았을 뿐이었다. 그래서 중국 문화에 대해 당연히 반감을 가질 수밖에 없었다. 이로 인해 백과전서파 가운데 몽테스키외, 루소가 그 영향을 받아 중국 문화의 반대론을 주장하기에 이른 것이다. 그러나 대체로 찬성 쪽으로 기운 사람이 그래도 많았다고 할 수 있다. 라이히바인은 『중국과 유럽』에서 일찍이 백과전서파와 중국 사상의 관계를 다음과 같이 개괄하고 있다.

> 당시 『백과전서』(*Encyclopaedia*)의 중국 철학자에 관한 견해는 직접적으로 볼테르와 디드로의 『백과전서 자전』(*Dictionnaire encyclopédique*) 가운데 중국에 대한 다음과 같은 논조를 받아들인 것이다. "중국 민족은 극히 일치단결하여 역사적 전통, 정신, 예술, 학문, 정치, 철학 각 분야에서 모든 기타 아시아 민족을 압도하고 있다. 일부 학자들의 의견에 따르면 그들의 우수한 점은 심지어 유럽의 가장 개명한 민족조차 겨룰 수 없을 정도라고 한다." 엘베티우스가 저술한 『정신론』(*De l'Esprit Discours*, 제13장, 제14장)

에서도 역시 이와 비슷한 주장을 발견할 수 있다. 또한 뿌와브르는 『한 철학자의 여행』(*voyages d'un philosophe*, 148쪽)이란 저술 속에서 중국을 더욱 찬미하고 있다. 그는 이렇게 말했다. "만일 중국의 법률을 가져다가 각 민족의 법률에 적용한다면 지구는 곧 광휘 찬란한 세계로 변할 것이다. 여러분이 북경에 가서 최강의 권력자(황제)를 한번 우러러 보라! 그가 그야말로 천상의 아름답고 충만한 이미지를 상징하고 있음을 확인하게 될 것이다."[27]

우리는 여기서 일부러 중국 문화를 제창하고자 하는 것이 아니며, 또한 중국의 과거 정치가 최상의 정치였다고 믿는 것도 아니다. 그러나 백과전서파의 영도 아래에 있었던 당시의 프랑스 사상계는 매우 명백하게도 중국 문화를 '이상화'하고 있다. 그들은 매우 분명한 의도를 가지고 중국 문화를 높이 끌어올려 대혁명 운동의 이상적 목표로 삼았다. 찬미론자는 말할 필요도 없고 비판론자나 반대론자 역시 모두 직·간접적으로 중국 문화의 영향을 받았던 것이다. 몽테스키외 또한 일찍이 중국 문화의 우수한 점을 지적했다. 루소는 문명과 행복을 언급할 때는 비록 중국에 반대하는 태도를 취했지만 '중농重農'을 주장할 때는 언제나 중국 문화의 찬미론자가 되었다. 백과전서파와 중국 문화의 미묘한 관계를 이해한다면 중국 철학이 프랑스 혁명사에 남긴 커다란 공헌을 이해하게 될 것이다.

3) 백과전서파의 중국 문화관

이제 백과전서파가 중국 문화에 대해 취한 태도를 살펴보도록 하자. 찬미의 입장이든 반대의 입장이든 모두가 중국 문화로부터 지극히 큰 영향을 받았음은 틀림없는 사실이다.

돌바하(Baron d'Holbach, 1723~1789)

ⓐ 돌바하의 살롱

데보린(Deborin)은 『근대유물론사』에서 돌바하에 관해 한 장을 따로 할애해 서술하고 있다. 거기서 그는 대혁명 시대 돌바하가 마련한 살롱(salon)에는 항상 많은 학자들이 모여들어 물질론 사상의 중심이 되었다고 설명했다.

> 엘베티우스, 디드로, 루소, 그림, 달랑베르 등은 매주 목요일과 토요일에 모두들 여기에 모였다. 그들은 언제나 여기서 정치적, 철학적 그리고 문학적 문제에 관해 담론을 나누었다.[28)]

> 살롱은 조직적인 정당이 없었던 당시의 상황에서 매우 큰 의미를 가진다. 왜냐 하면 그것이 정당을 대신할 수 있었음은 물론 동일한 견해와 사상을 가진 사람들끼리 뭉칠 수 있게 해 주는 조직의 중심이 되었기 때문이다. … 모든 활동은 주로 문자의 형태로 표현되었다. 그렇지만 분명하게 이러한 형태의 저술 활동은 교회, 전제專制, 승려 등에 대한 대담한 공격에 속하는 것이었다.[29)]

> 돌바하의 살롱은 진실로 제3계급과 그들의 프랑스 구제도에 대한 사상투쟁에 있어서 대본영을 이루었다. … 이와 같은 혁명은 18세기 살롱을 중심으로 발생했으며 무엇보다 먼저 돌바하의 살롱에서 탄생되었다.[30)]

ⓑ 유물론의 성서, 『자연체계』

돌바하는 비록 독일 사람이었지만 거주지를 파리로 옮겨 프랑스 여자와 결혼했다. 그리고 일생 동안 프랑스에서 살았기 때문에 프랑스인의 국민성 속에 융화되었다. 그의 부친은 원래 대자본가로 그에게 많은 재산을 남겼다. 그는 이 거대한 유산을 지식 세계의 사상 운동에 사용함으로써 극대한 효과를 거두었다. 또한 데보린이 "그의 일부 저작은 전 세계의 무신론 문헌 가운데 유일한 하나의 종種이다"[31]라고 말한 것처럼 그는 유물론자였다. 이와 같이 과학 사상과 혁명 사상을 풍부하게 갖춘 인물이 중국 철학을 제창하자 영향력이 막대했다.

그는 1770년에 'Mirabaud'라는 가명으로 『자연체계, 또는 물질적·정신적 세계의 법칙에 관하여』를 발표했다. 이 책은 프랑스를 떠들썩하게 했는데 서문 가운데서 "교인들은 이성에 대해 용기와 존경심을 나타냈다"고 주장했다. 모두 2부로 나누어져 있는데 제1부는 일반적 기초와 인성론이며 제2부는 신학으로 되어 있다. 책 전체에 걸쳐 단연코 신학을 배척한 나머지 전통 제도(특히 교회와 天啓的 신앙), 도덕적 내용과 이상에 대해 완전히 멸시했다. 그는 세계 어디를 막론하고 물질과 운동을 떠나서는 어떠한 사물도 존재하지 않는다고 생각했다. 그리하여 직접적으로 신의 개념을 공격하여 종교의 질곡으로부터 인류를 해방시켜야 한다고 주장했다. 이 책 속에는 이미 혁명의 칼날이 잠겨 있었고 마침내 프랑스 혁명은 이 원리를 근거로 삼게 되었다.

랑게(F. A. Lange)는 『유물론의 역사와 현대에서의 그 의의 비판』에서 다음과 같이 말했다. "자연과 그 딸인 덕·이성·진리는 최후의 유일한 신으로 일컬어졌으며 향불을 켜고 제사지낼 만한 가치를 갖게 되었다. 『자연체계』는 일체의 종교를 파괴한 이후, 하나의 시적 고양에 의해서 자신을 일종의 종교로 변화시켰다."[32] 이와 같은 종교는 의심할 것도 없이 '이성적 종교'이며 바로 허버트가 제창한 이성 여신의 전주곡에 다름 아니었다. 그런데 여기서 주의할 점은 이 '유물론의 성서' 역시 근본하고 있는 바가 있다는 것이다. 이 반종교적 무신론자이자 유물론자였던 그의 배후의 참 모습은 바로 중국 문화의 찬미론자였다는 사실이다. 그는 유가가 가지고 있는 반종교적 특징으로 인해 특별히 유가에 접근하게 되었다. 그래서 그는 유가의 도덕으로 기독교의 도덕을 대체하자고 주장했다.

ⓒ 『사회체계』 속의 중국 도덕정치론

1773년 그가 지은 『사회체계』(*Système Social*, 또는 *Principes naturels de la morale et la politique, avec un examen de l'influence du gouvernement sue les moeures*, 이 책은 원래 2권이었지만 후에 3권으로 런던에서 출판되었다)는 그림(Grimm)의 비판으로 인해 『자연체계』에서와 같은 감동과 영향은 미치지 못했지만 역시 그와 동일한 입장에서 서술된 것이다. 이를테면 "고대의 울타리를 전복시키는 데 있어서 인류의 약점은 일찍이 그 때에 이르러서야 비로소 인지되었고 인류로부터 영광을 빼앗아간 악덕과 정욕의 이 울타리를 없애버린 후에 저자는 다만 '새로운 것'으로써 그것을 제고할 필요가 있음을 더욱 절실하게 느꼈다."[33] 이 '새로운 것'이란 무엇인가? 의심할 것도 없이 바로 중국인이 주장한 정치와 도덕의 관계인 것이다. 중국의 도덕 원리와 정치 체계에 관해서 돌바하는 극찬을 아끼지 않았으며 그것을 유럽의 모범으로 삼자고 주장하였다. 유교가 돌바하에게 끼친 영향을 오래흔조의 『돌바하와 유교』[34]에 아주 자세하게 설명되어 있다. 여기서는 아래와 같은 하나의 예만 들어서 보도록 하자.

중국은 주지하다시피 세계적으로 유일하게 정치의 근본법과 도덕이 서로 결합된 국가라 할 수 있다. 유구한 역사를 자랑하는 이 제국은 통치자들에게 국가의 번영은 반드시 도덕에 의지해야 한다는 사실을 알려주고 있다. 이 광대한 땅에서 도덕은 일체의 합리적인 사람들의 유일한 종교가 되었다. 그들에게 있어서 도덕과 과학의 발전적 연구는 직위 혹은 입신출세를 획득하는 유일한 방법이었기 때문이다. 우리 사회의 경우 이러한 종류의 학문은 소수 이름 없는 특수자의 연구 대상일 뿐 국가 사무를 지배하는 사람들과는 상관없는 일이 되었다. … 중국의 법률은 성지聖智가 충만할뿐더러 심지어 중국을 정복한 만주인까지도 굴복시키고 말았다. 요컨대 이성이 군주에게 끼친 권력은 불가사의한 효과를 나타내어 중국의 정복자마저도 다시 굴복하게 만들고 만다. … 티무르(Timur, 帖木兒)는 비록 농가와 촌락은 무너뜨렸지만 진리의 영구한 기초 위에 건립된 성인 공자의 도덕은 오히려 이 세차게 몰아치는 비바람에 저항하여 의연히 보존되었으며 야만인 정복자로 하여금 거기에 역시 존경을 표시해 정부 정책의 목표로 삼게 만들었다. … 그렇지만 계몽 정부가 만약 지극히 유익한 이 교훈에 대해서 쓸데없이 빈말만 하고 실천하지 않는다면 일반인의 마음에 일시적인 인상을 남기는 데 그칠 것이다. … 이처럼 찬미할 만한 가치가 있는 습관에 대해 조금이라도 고려해 보고자 한다면 우리들은 다음과 같은 사실을 즉시 알 수 있다. 즉 유덕한 군주는 어떻게 해서든지 그 나라의 풍속을 적극적으로 개량하고 악덕을 제거해 도덕적 지배의 기초를 세워야 한다는 점을 말이다. … 여기서 우리는 모종의 도덕, 특히 효도는 마치 종교와도 같다는 사실을 확인할 수 있다. 또한 어떠한 나라를 막론하고 중국과 같이 산업이 발달한 나라는 없을 것이다.[35)]

이러한 도덕 정치의 완전한 실현은 결코 세습적 군주 정치를 의미하지 않는다. 그것은 다름 아닌 요순적 이상 정치를 의미한다. 그래서 돌바하는 이렇게 말한다.

> 중국의 한 천자는 자신의 아들이 위대한 군주의 자격이 없음을 발견하고서 재덕을 겸비한 시민 가운데 그 후계자를 선출하도록 했다. 그는 이렇게 말했다. "나는 결코 아들의 행복을 위해 백성이 불행해지는 것을 바라지 않는다. 나의 아들이 불행하게 되더라도 모든 백성이 행복해지기를 바랄 뿐이다."[36]

그는 『사회체계』 가운데서 중국의 예를 수없이 거론하고 있으며, 특히 제2권 86쪽 이하에서는 "유럽 정부는 중국을 배우지 않으면 안 된다"[37]고 공언하였다. 그리고 중국 연구자의 편의를 위해 4종의 책을 필독서로 추천했다. 이것만 보더라도 중국 사상이 그에게 얼마나 중대한 영향을 끼쳤는지 충분히 짐작할 수 있다.

몽테스키외-『법의 정신』 중 중국 문화의 득실론

몽테스키외(Montesquieu, Charles de, 1689~1755)는 18세기를 개척한 선구자 가운데 한 사람이다. 그가 저술한 『법의 정신』(*L'Espirit des Lois*)은 유럽 전역에 널리 전파되었고 이후 혁명의 씨앗이 되었다. 그는 이 저작의 목적이 세계 각 민족의 법률을 연구하는 것이라고 말했다. 넓은 시각에서 볼 때 이러한 법률은 인류의 이성이며 각 민족의 법률은 인류 이성의 구체적 응용인 것이다. 그는 『법의 정신』 제1권 1장 첫머리에서 법에 대한 정의를 내리고 있다.

> 넓은 의미에서 볼 때 법法이란 사물의 본성에서 유래하는 필연적 관계

를 말한다. 이런 의미에서 모든 존재는 곧 그 법을 가진다. 신神은 신의 법을 가지고, 물질계는 물질계의 법을 가지며, 인간보다 뛰어난 지적 존재(天使)도 그 법을 가지고, 짐승은 짐승의 법을 가지며, 인간은 인간의 법을 가진다.[38)]

이와 같은 이성적 생각은 중국 사상의 영향을 받았다고 말하지 않을 수 없다. 송유는 "천리天理 두 글자는 모두 나 자신이 직접 체험해 낸 것이다"라고 말했다. 천리는 곧 만물 자연의 법칙이므로 무릇 일물一物이 있으면 반드시 일리一理가 있게 된다. 위로는 무극과 태극, 그리고 아래로는 한 포기 풀과 한 그루의 나무, 곤충의 미물에 이르기까지 역시 '리理'가 있다. 이 '리理'란 곧 '법法'으로서 법法·리理는 본래 두 가지가 아님을 알 수 있다. 그러나 많은 문화사가들은 몽테스키외를 중국 문화에 반대하는 학자로 인식한다. 이것 역시 이유가 없는 것은 아니다. 라이히바인은 『중국과 유럽』에서 다음과 같은 몇 가지 점을 제기하고 있다.[39)]

첫째, 『법의 정신』에서 몽테스키외는 단지 자신의 국가 원리의 관점에서 중국에 접근하고 있다. 중국의 정치 제도가 얼마나 우아하고 아름답든 관계없이 그의 삼권분립설과 일치하지 않았다는 이 점이 이미 그의 중국 문화에 대한 태도를 결정하게 되었다.

둘째, 중국에 관한 그의 자료들은 대부분 일반 상인들의 보고를 통해 수집된 것이었다. 이 상인들이 중국에서 접촉한 인사들은 단지 중국의 상인에 불과했기 때문에 중국 문화에 대해서는 전혀 연구가 이루어지지 못했다. 그러므로 그들은 중국인이 매우 교활하다는 것을 빼놓고는 달리 중국에 대해 설명할 내용이 없었던 것으로 보인다. 이로 인해서 몽테스키외 역시도 이 상인들의 보고를 근거로 선교사들의 보고가 믿을 수 없다고 단언했던 것이다.

셋째, 또한 몽테스키외는 중국 문화 속에서 하나의 실례를 찾아 기후와 지리가 정치와 밀접한 관계가 있다는 그의 주장을 증명하려 했다. 그는 극동의 기후가 노예근성의 국민을 만드는 데 적합하다고 생각하였다. 그런데 만약 그의 말처럼 기후 환경이 노예근성의 국민을 만드는 것이라면 어떻게 중국의 상고 시대 군왕들은 그렇게 훌륭한 법률을 제정할 수 있었을까? 그는 말하기를, 대체로 실업이 발달된 곳에는 반드시 온화한 정치가 발생한다. 중국의 복건福建과 강서江西는 유명한 칠기와 자기의 공업 중심지이기 때문에 중국 정치와 법률이 모두 그 영향을 받아서 훌륭한 제도로 변하게 되었다는 것이다.

첫 번째 경우는 삼권분립설의 입장에서 중국 문화를 비판했기 때문에 지나치게 주관적이다. 두 번째 경우는 상인의 보고에 의거하여 예수회파 선교사의 부정확성을 증명했기 때문에 편견에 치우치고 말았다. 세 번째 경우는 중국을 예로 들어 기후가 정치에 미치는 영향을 증명하고 있는데 사실상 그가 수집한 자료들은 한 가지도 실증될 수가 없다. 그런데 단지 이를 근거로 몽테스키외를 완전히 중국 문화의 반대자로 단정하는 것은 너무 성급한 면이 있다. 『법의 정신』을 한번 훑어보면 중국 문화에 대한 반대와 찬성이 동시에 존재함을 알 수 있다. 이처럼 명확하게 결론을 내리지 못했기 때문에 양자 사이에는 영원히 풀리지 않는 모순이 존재하게 되었다.

ⓐ 중국 문화의 결점

몽테스키외는 앤슨과 여행가 드 마랑(de Mairan)의 저작에 의거했기 때문에 중국 문화를 바라보는 그의 견해 역시 결점에 관한 것이 더 많았다. 이를 요약하면 다음 세 가지로 나눌 수 있다.

① 풍속의 폐해

우리 선교사들은 중국의 광대한 제국에 관해 말하기를, 그 원리 속에 공포와 명예와 덕행을 함께 뒤섞은 훌륭한 정치 체제라고 하였다. 그렇다면 내가 세 가지 정체의 여러 원리를 정한 것은 쓸데없는 구별이 되고 만다. 그러나 무슨 일이든 회초리로 때리지 않고서는 시킬 수 없는 국민에게 소위 명예라는 것이 어떤 것인지를 나는 모르겠다. 게다가 우리 상인들이 전하는 내용은 선교사가 말한 그 덕성과는 상당히 다르다. 중국의 대관大官들이 행하는 약탈 행위에 관해 이 사람들이 하는 말을 들어보는 것이 좋을 것이다. 위대한 항해가 앤슨 경이 좋은 증인이 되어 줄 것이다.[40]

또한 제19권 10장에서 중국인의 풍속에 관해 이렇게 말했다. "중국은 여러 민족이 혼합되어 있다. … 그들은 생업이 안정되어 있지 않아서 먹고사는 문제를 해결하기 어렵다. 그러므로 이익을 탐하는 마음이 심하고 남의 것을 빼앗으려는 생각이 강하다. 그 나라의 상인들도 백성과 마찬가지로 믿을 수 없다."[41] 제20장에서는 중국 습속의 역설적인 면을 논하면서 "기묘한 일이 있는데 그것은 그 생활이 완전히 예禮에 의해 인도되고 있는 중국인이, 그럼에도 불구하고 세계에서 제일 부정한 국민이라는 점이다"[42]라고 했다. 아울러 제13장에서는 "동방의 나라 가운데 중국이라는 곳이 있는데 그들의 풍속과 예교는 예전부터 변하지 않는다. 특히 남녀 사이의 규범이 매우 엄격하다. 예컨대 남녀 간에는 직접 물건을 주고받지 않고 서로 자기소개를 하지 않으며 서로 안부를 묻지 않는다. 또한 문지방 안의 말이 밖으로 새어나가지 않으며 문지방 밖의 말이 안으로 들어오지 않아야 한다. 이러한 풍속은 어렸을 때부터 가르치는데 이른바 『예기』의 「소의少義」와 「내칙內則」편이 그것이다"[43]라고 했다. 이처럼 온화하고 고상한 예속禮俗은 마땅히 찬미할 만한 가치가 있다고 하였다. 그러나 몽테스키외는 또 다른 곳에서 "내가 중국의 선을 권장하는 책을 살펴보니 '혼자 살고 있는 여자를 만나서도 남자가 예의를 통해 자신을 단속하여 음란한 데 빠지지 않는다면 이것은 곧 절조가 있는 것이며 세상에서 보기 힘든 일이다'라고 하였다. 이 내용으로 볼 때 그 백성의 기질이 어떠했는지 알 수 있으니 미연에 방지하지 않으면 안 되었던 것이다"[44]라고 했다.

② 사치의 폐해

제7권 7장에서 중국의 사치에 대한 폐단을 다음과 같이 논하였다.

중국의 역사를 보면 잇달아 22개의 왕조가 있었다는 사실을 알 수 있다. 그것은 무수했던 특수한 경우는 꼽지 않더라도 중국이 22개의 전반적인 혁명을 겪었다는 것을 의미한다. 최초의 세 왕조는 현명하게 통치되었으며 그 지배 영역도 후대에 비해서 좁았기 때문에 상당히 오래 지속되었다. 그러나 일반적으로 이들 왕조는 모두 처음에는 상당히 잘 되어가고 있었다 할 수 있다.

중국에서 덕성·조심·경계심을 필요로 하는 것은 그 왕조의 시초에는 그것들이 있었지만 말기에는 그것들이 부족해진 데서 엿볼 수 있다. 사실 전쟁의 고통 속에서 자랐으며 쾌락에 빠진 일족을 옥좌에서 끌어내리는 데 성공한 황제들이, 그토록 유용함을 몸소 알게 된 덕성을 유지하려 하고 그토록 몰락을 그 눈으로 직접 본 쾌락을 두려워하는 것은 당연한 일이었다. 그러나 이 최초의 3대 내지 4대의 황제 뒤에는 부패·사치·나태·쾌락이 후계자를 사로잡아 버린다. 그들은 궁전에 틀어박히게 되어 그 정신은 약해지고, 그 수명은 짧아지고, 가계家系는 쇠퇴한다. 대관들이 고개를 쳐들게 되고 내시內侍가 신뢰를 얻는다.

사람들은 어린아이 외에는 옥좌에 앉히지 않는다. 궁전은 모든 제국 백성의 적이 된다. 궁전에서 사는 무위도식한 자가 일하는 국민을 파멸시킨다. 황제는 횡령자에게 암살되거나 멸망당하고 그 횡령자가 왕조를 세우는데 그 3대와 4대째의 후계자는 또 다시 궁전에 틀어박히게 된다.[45]

③ 전제專制의 폐해

불경죄를 그 예로 들면 제12권 7장에 다음과 같은 말이 있다.

중국의 법은 천자에 대해 경의를 갖지 않는 자는 누구든지 죽음으로 처벌되어야 한다고 정해 놓았다. 그러나 그 법은 이 경의를 갖지 않는다는 것이 무엇을 의미하는가를 정해 놓지 않았기 때문에 어떤 일이든 바라는 대로 사람의 생명을 빼앗고 바라는 대로 가족을 몰살시키기 위한 구실이 될 수 있다.

예를 들어 궁정 신문을 만드는 직책에 있던 두 사람이 어떤 사실에 대해 사실이 아닌 정황을 기록하였는데 궁정 신문에 거짓을 싣는다는 것은 궁정에 대해 경의를 갖지 않는 소행이라 하여 사형에 처해졌다. 어떤 황족은 황제가 주필朱筆로 서명한 각서에 잘못하여 무엇인가를 써넣는 바람에 황제에 대해 경의를 가지고 있지 않은 자로 지목되었다. 그로 인해 그의 가족은 전대미문의 무서운 박해를 받았다. 불경죄가 명확성을 잃는다는 것은

그것만으로도 정체가 전제주의로 빠지기에 충분하다.[46]

또한 아버지가 자식의 죄 때문에 문죄당하는 경우가 있다. 제6권 20장에는 "중국에서는 자식의 죄 때문에 아버지가 처벌된다. 이것은 페루의 습관이기도 했다. 이것 역시 전제적 관념에서 유래하는 것이다"[47]라고 했다. 제15권 18장에는 환관을 논하는 곳이 있다. "중국의 역사에는 환관으로부터 모든 문무의 직무를 빼앗기 위한 많은 법을 볼 수 있으나 그들은 언제나 다시 돌아온다. 동양에 있어서의 환관은 일종의 필요악인 것 같다."[48] 역시 그 전제의 폐해를 말해주는 장면이라 하겠다.

ⓑ 중국 문화의 장점

중국 문화에는 결점이 있듯이 또한 장점도 있다. 몽테스키외는 상인의 보고를 통해 예수회파 선교사의 부정확성을 증명했지만 변함없이 늘 신부 뒤 알드와 페레닌(Perennin)의 서한을 인용하여 중국 문화의 좋은 점을 찬양했다. 아래 세 가지로 간략히 설명할 수 있다.

① 중농정책

제8권 21장에서 중국 제국에 대해서 다음과 같이 말했다. "아이를 버려도 중국에서는 줄곧 인구가 늘어나므로 그것을 키우기에 충분한 식량을 생산하기 위해 끊임없는 근로가 필요하다. 이것이 정부의 중대 관심사이다. 정부는 늘 모든 사람이 그 노동의 성과를 남에게 빼앗길 염려 없이 노동할 수 있도록 유의한다. 이것은 시정市政이기보다도 오히려 가정이 아니면 안 된다."[49] 그리고 제14권 8장에서는 중국의 좋은 관습을 일러 다음과 같이 말한다. "중국의 여행기는 해마다 황제가 하는 괭이질의 의식에 관해 말하고 있다. 이 공식적인 의식의 목적은 백성으로 하여금 부지런히 경작하게 만드는 데 있다. 그리고 또 황제는 해마다 가장 좋은 성적을 올린 농부에 관해 보고를 받고 그를 제8급의 관리로 삼는다."[50]

② 구황정책救荒政策

제13권 15장에서 다음과 같이 말한다. "동방의 군주들은 어느 지역이 수해를 입거나 가뭄을 당했을 경우 포고를 발표하여 그 지방의 조세를 면해주는데 이로써 은혜를 베푸는 것이다. 그러나 유럽에서는 군주의 포고는 그것을 읽기도 전부터 사람들을 괴롭힌다. 왜냐 하면 그 명령 가운데서 군주는 항상 군주의 필요에 관해서만 이야기하고 결코 우리들의 필요에 관해서는 이야기하지 않기 때문이다."[51] 또한 18장에서는 "큰 손해를 입은 여러 주에 조세를 면제한다는 동양의 대제국의 격률은 마땅히 군주 정체 국가(서방 군주)에도 보급되어야 할 것이다"[52]라고 하였다.

③ 근검정책

제7권 6장에서 이렇게 말한다. "중국에서는 여성이 아이를 많이 낳아 인구가 매우 늘어나므로 토지가 아무리 경작되어도 가까스로 주민을 부양할 수 있을 정도이다. 다른 공화국들과 마찬가지로 노동과 절약의 정신이 요구되는 것이다. 그러므로 필요한 공예에만 전념할 뿐 향락의 공예는 피해야 한다. 이것이 중국의 황제들이 내린 우수한 칙령의 정신이다. 당나라의 어떤 황제는 다음과 같이 말했다. '우리의 조상들은 다음의 말을 격언으로 삼고 있었다. 만약 밭갈이를 하지 않는 남자나 실을 뽑지 않는 여자가 있다면 제국 안에는 누군가 추위나 굶주림 때문에 괴로워하는 자가 있을 것이다.' 그리고 이 원칙에 입각하여 그는 수많은 사원을 헐게 하였다. 제21대 왕조의 제3대 황제는 어떤 광산에서 보석을 발견하여 그것을 가지고 온 자가 있자 그 광산을 폐쇄시켜 버렸다. 국민에게 의식衣食을 줄 수 없는 물건 때문에 국민을 일하게 하여 피로하게 만드는 것을 바라지 않았던 것이다.[53]

ⓒ 중국·유럽 문화의 비교

『법의 정신』이란 저술은 세계 각 민족의 갖가지 다른 풍속·습관과 법률을 연구한 것임은 물론 각종 법전과 기후, 토양이 발생시킨 밀접한 관계에 주의를 기울인 것이므로 이른바 지리사관地理史觀이라 해도 무방할 것이다.

① 아시아의 풍토

아시아의 형세는 고유한 의미에서 온대를 갖지 않는다. 오직 한대와 열대 제국만이 존재할 뿐이다. 이같은 기후는 사실 노예근성적인 국민을 만드는 데 알맞을 따름이며 그것은 유럽 각 국이 모두 온대가 매우 넓어서 자유를 중시하는 것과는 성격이 다르다.[54] 아시아의 형세는 합치는 데 유리하고 유럽의 형세는 분할하는 데 유리하다. 때문에 아시아의 통일은 쉽게 이루어지고 유럽의 통일은 이루어지기 어렵다. 아시아인은 복종이 그 습성이고 유럽인은 자유가 그 습성인 것이다. "아시아에서는 예종隸從의 정신이 지배하고 있으며 그것은 이제껏 그 곳에서 떠난 적이 없다. 이 지역의 역사에서 자유로운 정신을 특징지을 만한 표지란 단 하나도 찾아볼 수 없다. 거기서는 예종의 헤로이즘밖에 찾아볼 수 없는 것이다."[55]

② 특별한 치세술

중국의 예치주의禮治主義는 몽테스키외가 특히나 예찬해 마지않는 부분이다. 제19권 16장에는 다음과 같은 말이 있다. "중국의 입법자들은 국민이 평온하게 생활하도록 하는 것을 주된 목적으로 삼는다. 그들은 사람이 서로 존경해야 한다는 것, 어떤 점에서 다른 시민에게 의존하지 않는 시민은 없다는 것을 국민들이 항상 느끼기를 원한다. 그래서 그들은 예의의 규범에 최대의 범위를 준다."[56] 그리고 제17장에서는 중국의 특별한 치세술에 관해 이렇게 말했다. "중국의 입법자들이 행한 일은 이뿐만이 아니다. 그들은 종교·법·습속·생활양식을 혼동하였다. 이 모두가 도덕이고 이 모두가 덕성이다. 이 네 가지 점에 대한 규정이 이른바 예禮라고 불리는 것이다. 이러한 '예'의 엄밀한 준수에 관한 한 중국 정부는 성공을 거두었다. 사람들은 예를 배우느라 젊은 시절 전부를 바치고 예를 행하느라 전 생애를 소비한다. 학자는 그것을 가르치고 관리는 그것을 권장한다. 그리고 예가 인생의 모든 작은 행위까지 포함하기 때문에 예를 엄밀하게 준수시키는 방법이 발견될 때 중국은 잘 통치된다."[57] 또한 제19장에는 다음과 같은 말이 있다. "중국의 입법자들은 제국의 평온을 통치의 주된 목적으로 삼는다. 순종順從이 그것을 유지하는 데 가장 적절한 수단이라고 그들은 생각한다. 이 사상에서 그들은 조상에 대한 존경심을 갖게 해야 한다고 믿고 거기에 전력을 집중했다. 그리고 그들은 부모가 살아 있는 동안과 사후에 그들을 존숭하기 위해 무수한 전례와 의식을 정했다. 죽은 조상을 이렇듯 존숭하기 위해서는 살아 있는 그들을 존숭하도록 인도하지 않으면 안 되었다. 죽은 조상을 위한 의식은 종교와 많은 관계가 있고 살아 있는 부모를 위한 의식은 법·습속·생활양식과 많은 관계가 있다. 그러나 이것은 동일한 법전의 각 부분에 불과하고 이 법전의 범위는 극히 넓다. 조상에 대한 존숭은 필연적으로 조상을 상징하는 모든 것, 노인·주인·관리·

황제와 결부된다. 이 조상에 대한 존숭은 자식에 대한 사랑의 보답을 예비한다. 그리고 노인의 청년에 대한, 관리의 부하에 대한, 황제의 신민에 대한 보답을 예비한다. 이 모든 것이 전례를 구성하는데 전례가 국민의 일반 정신을 형성한다."[58]

③ 특별한 교의教義

중국은 종교가 없다. 하지만 특별한 교의, 즉 성인 공자의 도덕이 있다. 제24권 19장을 보면 다음과 같은 말이 있다. "공자의 종교는 영혼의 불멸을 부정한다. 그리고 제논의 교파도 이런 것은 믿지 않는다. 그런데 어찌된 일일까. 이 두 교파는 그 원리에서는 올바르지 않지만 사회에 대한 영향에서 보면 훌륭한 결과를 낳았던 것이다. 기독교와 불교는 영혼의 불멸을 믿는다. 그러나 이토록 신성한 교의에서 양자는 가공할 결과를 끌어냈다."[59] 그는 공가孔家는 불교에 비해 더 많은 장점을 가진다고 했다. 다음 글을 보면 이 점이 더욱 분명해진다. "중국의 입법자들은 사람을, 그들이 언젠가는 있어야 할 평온한 상태에 있어서가 아니라 생활의 의무를 완수할 수 있는 적당한 행동으로 고찰하고 그 종교와 철학과 법을 완전히 실용적인 것으로 만들었던 것인데 그들 쪽이 훨씬 더 합리적이다. 자연적 원인이 사람을 휴식으로 이끌면 이끌수록 도덕적 원인은 사람을 휴식으로부터 멀어지도록 해야 한다."[60] 그는 공자의 교의가 전제의 폐단을 어느 정도 보완할 수 있다고 했다. 제12권 29장에서 "중국의 사서오경과 같이 규율로 작용할 수 있는 신성한 서적이 있는 것이 좋다. 종교적 경전은 시민 법전을 대신해서 자의적인 권력에 일정한 제한을 준다."[61]고 하였다.

지금까지 서술한 내용에 의하면 몽테스키외는 결코 중국 문화의 완전한 반대자가 아님을 알 수 있다. 비록 그가 중국 문화의 결점을 보기는 하였지만 중국 문화의 좋은 점도 함께 보았던 것이다. 그가 "중국의 국내 상업은 유럽 전체의 상업보다 크다"[62]는 뒤 알드 신부의 말에 반대하지 않았던 점은 실로 그의 탁견이 아닐 수 없다. 중국 문화의 결점이 비록 많기는 하지만 풍속의 폐해는 특별한 정치술로 구제할 수 있고 사치의 폐해는 근검 정책으로 고칠 수 있으며 전제의 폐해는 공자의 교의로 보완할 수 있다고 했다. 그래서 『법의 정신』이라는 저술 속에는 중국 문화의 우수한 점을 찬양하는 곳이 많이 발견된다. 엄복嚴復은 『법의 정신』에 대해 평가하면서 몽테스키외를 극력 칭찬해 마지않았다. 그는 "몽테스키외의 이 말은 우리의 육경六經과도 같다. 일찍이 서사西士의 동래에 있어서 명말明末과 국초의 예수회파 사람들을 능가하는 인물은 가히 없을 것으로 보인다. 그리고 유럽인 가운데 동쪽의 소식에 가장 밝은 인물로는 프랑스의 몽테스키외, 볼테르, 그리고 당시의 디드로 제공諸公만한 이가 없을 듯하다. 그 저작이 다 있으므로 다시 대조해 보아도 좋으리라"[63]고 하였는데, 이 말은 그야말로 몽테스키외의 중국 문화관에 대한 결론을 대신할 만하다.

볼테르(Voltaire, 1694~1778)

몽테스키외가 중국 문화를 비판하는 입장에 섰던 프랑스 계몽운동의 최대 권위자라면 볼테르는 이와 반대로 중국 문화의 가치를 극단적으로 찬양한 인물이다. 중국의 철학, 도덕, 정치, 과학은 그의 일설을 통해 모두 진선진미한 존재로 탈바꿈되었다. 그는 10세의 나이에 예수회파에 속해 있던 루이 르 그랑 대학(College Louis-le Grand)에 입학했지만 일생을 통해 무신론자 혹은 반종교 문화의 대변자가 되었다. 그렇다면 그는 왜 이렇게 중국 문화를 찬미하고 나섰을까? 그것은 중국 문화가 성경 이전의 문화이자 성경 이외의 문화였기 때문이다. 그는 중국 문화의 내용을 연구함으로써 그것이 유럽과 같지 않은 일종의 새로운 문화라는 사실을 발견했다. 이러한 신문화는 기독교와 전혀 달라서 영혼 불멸이나 내세 생활을 말하지 않았다. 공자 자신도 신 혹은 예언자로 자처하지 않았으며 신비에 현혹되지 않고 단지 도덕만을 말했을 뿐이다. 한마디로 진리와 미신을 혼동하지 않았다는 말이다. 그러므로 공자와 기독교를 대비시켜 보면 기독교는 모두 허위적이고 미신적이어서 결과적으로 인류에게 중대한 불행을 가져다준다는 것이다. 이 때문에 볼테르는 근본적으로 종교를 폐기해야 하며 인류의 행복과 평화 구현을 위해서는 유교가 가장 바람직하고 가장 합당한 인류의 이성적 철학이 되어야 한다고 하였다.

우리는 볼테르를 유물론자로 오해해서는 안 된다. 그는 엄격하게 말해서 단지 중국 문화의 영향 아래 있는 범신론자자연종교론자일 뿐이다. 그러나 범신론은 헤켈(Haeckel)이 '예의 바른 무신론'일 뿐이라고 말한 것처럼 사람들에게 매우 쉽게 오해를 받는다. 그래서 당시 프랑스 선교사들은 그를 무신론이라 하여 공격했으며, 또한 유물론자들은 그를 유신론이라며 공격하였다. 물론 그가 이미 프랑스 선교사에게 무신론으로 공격을 받고 있는 이상 그가 정통파 유신론자라고 볼 수는 없을 것이다. 볼테르가 종교를 공격하는 논조는 그의 저작 어디서나 볼 수 있다.[64] 그는 교회당을 공격하여 자칭 기독교를 대표한다는 사람들에게 통렬한 비판을 가했다. 또한 교회당에서 부회하는 교의에 대해서도 성경이 만약 하나님으로부터 왔다면 그 하나님은 너무 무지몽매하다고 생각했다. 첫째로 그(하나님)는 물리物理를 알지 못하며, 둘째로 지리地理 역시 알지 못하며, 셋째로 연대학을 모르기 때문이라는 것이다. 그가 보기에 성경은 결코 하나님이 지은 것이 아니다. "사실 말하자면 일개 실성한 무지한 자가 극도로 열악한 환경에서 쓴 저작"이라며 구약, 신약이 모두 이와 같다고 했다. "이처럼 황당한 이야기를 자연스런 일로 받아들여 믿기 위해서는 반드시 우리들이 현재 가지고 있는 모든 이성과 상반된 이성을 가지고 있어야 하며 그렇지 않는다면 이는 불가능한 일이다." 볼테르는 역사적 방법을 통해 기독교를 고찰해야 한다고 주장하면서 "기독교는 동방의 색채를 띤 소크라테스에 불과하다"고 하였다. 이것은 당연히 일반적으로 인식되고 있는 신론神論이 아니다. 우리는 여기서 다음과 같은 질문을 던질 수 있다. 볼테르가 정통파 종교에 속하지 않는다면 그의 종교는 도대체 어디에 속하는가?

ⓐ 중국인의 종교와 전례 문제

내가 세심하게 그의 신학에 대한 견해를 연구한 결과 그의 종교는 '철학적 종교'로서 '도덕'으로 '종교'를 대체하자는 것임을 알게 되었다. 볼테르는 다음과 같이 시인하고 있다. "도덕은 신으로부터 온 것이므로 어디서나 예외가 없지만 신학은 사람에게서 온 것이므로 어디서나 같지 않을 뿐만 아니라 또한 가소롭기까지 하다."[65] "너는 너의 모든 것을 기꺼이 철학화할 수 있을 것이다. 하지만 네가 작은 촌락을 관리한다면 반드시 종교를 필요로 하게 될 것이다."[66] 그는 무신론에는 반대했다. "우리들에게 도덕을 베풀어 준 천신을 인식하지 못한다면 어떻게 사람들이 도덕을 가질 수 있겠는가?"[67]라고 하며 정통파 종교는 필요없다 하더라도 도덕적 신은 있지 않을 수 없다고 했다. 볼테르의 종교에 대한 근본적인 견해는 스피노자와 매우 가깝다. 그러므로 그것을 '철학적 종교'라 부를 수 있으며 이 '철학적 종교'의 근원은 중국에서 구하지 않을 수 없다. 레브브륄에 따르면 볼테르는 매우 공개적으로 이 점을 말했다고 한다.

이와 같은 유신론이 현재 필요하며 부흥되어야 하는가? 볼테르는 이 질문에 '그렇다'고 대답할 것이다. 그는 중국인을 예로 들면서 중국은 역사가 오래된 나라이며 그 영민하고 영속적인 제도는 극히 경탄할 만하고 그 종교는 진정한 유신교라고 했다. 수천 년 동안의 중국 상류 계층의 종교는 무엇이었을까? 제천과 정도 숭배에 있어 비록 하류 계층에서는 여전히 미신의 수준에 머무르고 있지만 교육을 받은 모든 사람들은 예로부터 모두 유신론자였던 것이다. 우리들이 공교孔教를 서방의 종교에 견주어 종교라고 시인하는 것은 잘못이다. 공자는 신비를 말하지 않았기 때문이다. 하지만 공자야말로 완전한 유신론의 모범이었다.

유신론은 일종의 상상적 종교가 아니다. 이것은 로마의 천주교를, 그리고 모든 기독교를 포괄할 뿐만 아니라 모든 인류를 포괄한다. 이러한 종교가 모든 교회와 연결된다면 진실로 보편적인 교회가 이루어질 것이니 이것이 바로 인도人道인 것이다. 유신론자의 종교는 가장 오래되고 가장 보편적인 종교이다. 왜냐 하면 하나님에 대한 숭배는 세계의 모든 체계 앞에 존재하기 때문이다. 우리들이 중국인과 같을 수 없는 것은 참으로 불행한 일이다.[68]

그런데 우리를 놀라게 만드는 것은 볼테르가 중국의 유신론을 가지고 정통파 종교를 공격할 당시 백과전서파는 중국의 범신론을 일변시켜 무신론으로 읽고 있었다는 사실이다.

볼테르의 중국 종교관은 동시대의 백과전서파와 비교해야만 비교적 정확하게 이해될 수 있는데 그는 공자를 무신론이라고 인식하지 않았다. 전례 논쟁이 매우 격렬할 당시 도미니크회(Dominicans, 1631년 來華)와 프란시스코회(Franciscans, 1633년 來華)는 공자의 신도들은 관리나 유자儒者를 막론하고 모두가 무신론자라고 주장했다. 프랑스에서 파견한 주교 매그로(Charles Maigrot)는 『논어』의 "하늘이 나에게 덕을 주었다(天生德於予)"는 구절을 근거로 들어 공자가 무신론자임을 증명하였다. 1700년 10월 소르본(파리) 대학은 중국 사람이나 관리가 유신론자라고 믿는 사람은 모두 이단이라고 선언하였다. 그들이 중국인을 무신론자로 인식한 까닭은 물질적 하늘 즉 창천蒼天을 예배했기 때문이다. 그런데 당시 볼테르는 이 논쟁에 지극히 큰 흥미를 느꼈고 세 가지 견지에서 자신의 결론을 내리고 있다.[69)]

첫째, 볼테르는 전례 문제를 해결하기 위해서는 먼저 중국의 '천天' '상제上帝' 등의 자의를 연구해야 한다고 했다. 그는 역대 천자의 칙어勅語 속에 이와 같은 문구가 많이 있음을 발견하고 건륭 조칙詔勅 속에서 인용되고 있는 "천지지심天地之心"이라는 공자의 격언이 유럽어로 번역되면서 무신론적 의미를 담게 되었다고 분석했다. 사실 이 격언으로 보면 공자는 결코 천계를 통치하고 있는 상제의 존재를 부인하지 않았다. 공자가 누누이 반복하는 '천天'은 황천皇天이지 창천蒼天이 아닌, 즉 창천을 통치하는 상제의 의미를 함유한다는 것이다. 그리고 옹정雍正의 조칙, 1770년 네르친스크(Nerchinsk) 조약 기념비명, 강희묘의 편액扁額 등을 통해 중국 정부에서 신의 존재를 인정하고 있으며, '천'·'상제'는 의심할 것도 없이 신의 다른 명칭이라는 사실을 알 수 있다고 하였다. 그는 곰드의 『중국현상신지』에 나오는 다음과 같은 말을 거론하고 있다. "이 나라 백성은 2천 년 동안이나 진신眞神의 지식을 보존하고 있다. 유럽이 미신에 빠져 부패하고 있을 때 중국인은 이미 가장 도덕적인 순수 종교를 실천했다."

둘째, 그는 귀류법을 통해 공자와 중국인이 무신론자라는 주장이 잘못임을 증명하고자 했다. 회의파의 영수 피에르 베일은 무신론자도 사회를 형성할 수 있다고 주장했지만 프랑스의 도덕론자와 종교인들은 이 주장에 반대하여 베일의 말이 헛소리에 불과하다고 했다. 그러나 그들은 동시에 공자 혹은 유자를 무신론자로 인식함으로써 중국 사회가 4천 년의 유구한 역사를 가지고 있다는 점을 설명하지 못하게 되었다. 이것은 부인할 수 없는 사실이었다. 만일 중국인을 무신론자로 치부한다면 그들 사회의 존속은 그야말로 불가능한 일이 되었을 것이다. 볼테르는 이것이 공자·유자가 결코 무신론자가 아니라는 점을 증명하는 것이며, 공자 혹은 중국인을 무신론자라고 비난했던 프랑스의 도덕론자와 종교인들이 자체 모순적 논조에 빠지고 있음을 증명해주는 것이라고 여겼다.

셋째, 그는 중국에서 오랫동안 머물렀던 예수회파 선교사 후케의 말을 인용하여 중국에서는 무신론을 믿는 철학자가 거의 보이지 않는다고 말하고 있다. "중국 철학자는 도덕을 중시한 나머지 신에 대한 지식을 필요로 하지 않았다. 그렇기 때문에 중국 철학자는 유물론으로 흘렀다. 그러나 유물론자라고 해서 반드시 무신론자라고 말할 수는 없으니 많은 교부들이 신과 천사를 육체적 존재로 믿었다고 해서 그들이 신을 믿지 않았다고는 할 수 없는 것과 같다. 그러므로 중국인이 우상을 숭배한다고 말하는 것은 중국 의례에 대한 매우 큰 오해이다. 유럽인은 본국의 풍속 습관을 가지고 중국의 풍속 습관을 판단하므로 자주 이와 같은 현상이 발생하게 된다. 그러나 사실 신앙의 자유는 중국의 국가 정책이었다. 도교, 불교, 라마(Lama)교 등 많은 미신적 종교들이 국내에 흘러들었지만 모두 순수한 우상교에 지나지 않아 하층 사회에서만 유행되었다. 상층의 유자들과 하층 사회의 신앙 차이는 마치 두 계층 사이의 음식물만큼이나 달랐다. 중국 정부는 오로지 사회의 기풍을 유지하는 일에만 관여했으며 하층 사회가 국법을 준수하기만 한다면 그들의 생활에 지나치게 간섭하지 않았다." 이어서 볼테르는 중국 선교사들의 과학과 관련된 논쟁들은 사실상 추태를 전부 드러내는 행위라고 지적하고 있다. 그는 옹정제의 쇄국·금교 주장에 매우 동정하는 입장을 취했다. 선교사들은 "로마 교황이 중국에 파견한 군사 스파이"가 틀림없으니 처음부터 싹을 잘라 후환을 없애기 위해서는 단호한 수단을 취해야 한다고 했다. 그러므로 옹정제가 취했던 일련의 조치들은 그가 중국 최고의 명군임을 증명해주는 것이라고 생각했다. 마지막으로 볼테르는 유교가 종교가 아님은 물론 또한 미신이 아님을 더욱 역설했다. 그러므로 단순한 종교 논쟁, 심지어 종교 전쟁을 야기시킬 필요가 없다는 것이다. 그는 유교에 대해 지극히 경탄했다고 할 수 있다.

볼테르는 유교를 찬미했기 때문에 유럽의 중국 선교 행위에 반대했다. 그의 입장에서 보면 유럽의 기독교도는 사실 중국을 무신론이라 해서 질책할 자격이 없었다. 유럽 종교는 근본적으로 통일되지 못했고 이러한 파벌 사이의 분쟁 탓에 선교사들을 파견해 선교 활동을 전개하고 있었기 때문이다. 이것은 참으로 유럽의 중대한 결점이 아닐 수 없다. 그래서 그는 "우리들은 중국에 대해 찬미하고 부끄럽게 생각해야 하며 더욱이 그들을 모방해야 한다"고 큰 소리로 외쳤던 것이다.

ⓑ 중국 문화의 찬미론

위에서 서술한 것처럼 중국인은 종교적 허위의식에 빠지지 않았기 때문에 역사와 문학에 있어서도 역시 허위의 방향으로 타락하지 않았다. 중국의 종교, 역사, 문학은 모두 인류의 종교, 인류의 역사, 인류의 문학이 되었다. 이 점이 곧 볼테르가 중국 문화를 극단적으로 찬미하는 원인이 되었다. 그는 일찍이 공자와 기독교의 차이점에 주의를 기울였다. 공자의 "자기가 하고 싶지 않은 일을 남에게 시키지 말라(己所不欲, 勿施于人)"는 말은 그리스도에서는 일찍이 언급한 적이 없으며, 그리스도는 단지 사람의 악행을 금지시키는 데 그쳤지만 공자는 사람에게 선행을 권장하는 데까지 이르렀다고 했다. 그는 특히 "정의로써 원수를 대하며 은덕은 은덕으로써 갚아야 한다(以直報怨, 以德報德)"는 공자의 격언을 높이 평가하고 다음과 같이 자신의 생각을 피력하고 있다. "서방 민족은 격언이나 교리가 어떻게 되었든 관계없이 이 순수 도덕과는 비교될 수 없다. 공자는 항상 인의를 말하며 만일 사람들이 이러한 도덕을 실행하기만 한다면 지상은 어떠한 투쟁도 존재하지 않을 것이라고 하였다." 그래서 공자는 지극히 성스럽고 현명한 철학자이며 인류의 행복은 공자의 이 한 마디 말에 달려 있다고 하였다. 1760년 4월 25일 볼테르는 데피니 부인(Madame d'Epiney)에게 보낸 한 통의 편지 속에서 공자를 천지의 영기靈氣가 집중된 존재로 극찬하면서 그는 진리와 미신을 분별하여 진리 쪽에 섰다고 하였다. 그는 또한 제왕에게 아첨하지 않는 것은 물론 음색淫色을 좋아하지 않아 천하 유일의 사표가 된다고 했다. 볼테르는 공자를 매우 숭배했기 때문에 그 자신의 예배당에 공자의 초상화를 걸어 놓고 아침저녁으로 예배를 올렸다. 그는 "공자는 괴변, 폭력, 반란, 귀신 등에 대해서는 말하지 않았다(不語怪力亂神)"와 "가르침에 차별이 있을 수 없다(有敎無類)"는 말을 특히 좋아했다. 그리고 다음과 같은 한 편의 시를 지어 성인의 초상화를 찬미하고 암암리에 기독교를 비꼬았다.

> 공자! 진리의 해석자,
> 그는 세인들을 미혹되지 않게 하여
> 인심을 일깨웠도다.
> 그는 성인의 도를 말하되
> 결코 예언자와 같은 방법을 쓰지 않았다.

이런 까닭에 그를 믿는 사람은
본국이나 외국에 모두 존재한다.
(De la Chine: Dictionnaire philosophique)

그의 『풍속론』(*Essai sur les Maeurs*)에는 중국 문화를 찬미하는 아래의 명언이 담겨 있다.

유럽의 왕족상인이 동방에서 발견한 것들은 모두 재부를 탐하는 데만 집중되어 있다. 그러나 철학자는 거기서 하나의 새로운 도덕적이고도 물질적인 세계를 발견한다.[70)]

그는 공자에 대해서도 일단의 우호적인 비평을 가하고 있다.

나는 공자의 많은 서적을 읽고서 필기를 하곤 했는데 그가 말한 것은 단지 극히 순수한 도덕임을 느꼈다. 기적을 말하지 않음은 물론 공허하고 허황된 것 역시 설교하지 않았다.[71)]

볼테르가 중국을 찬미하게 된 중요한 이유 가운데 하나는 중국이 4천 년 이상의 역사를 가지고 있다는 사실이었다. 그는 기독교 각 종파의 선교사마다 중국 문화에 대한 갖가지 이론이 존재하기는 하지만 중국이 이미 4천 년 이전에 건국된 나라라는 점만은 모두가 인정하고 있다고 했다. 그래서 볼테르는 중국과 같이 이른 시기의 왕국은 유럽에서는 존재하지 않았을 것이라 생각했다. 중국에서 정치 제도가 완성될 당시 프랑스인은 아직도 동물과 같은 생활수준에 머물러 있었다고 생각했다.

가장 흥미로운 점은 볼테르가 '전반적인 중국화주의자'였기 때문에 중국 문화의 각 분야에 대해 아낌없는 찬사를 보냈고 중국의 물질문명 역시 실지로 유럽을 능가하는 힘이 있다고 여겼다는 것이다. 예를 들어보자.

① 인쇄술: 중국의 목판 인쇄는 우리가 보아도 유럽의 인쇄술과 비교해 여러 가지 우수한 점이 있다. 첫째, 인쇄자가 활자를 주조하지 않아도 된다. 둘째, 서적이 쉽게 훼손되지 않을 뿐만 아니라 목판 또한 손쉽게 보존할 수 있다. 셋째, 인쇄 후에도 착오가 있으면 정정하기 쉽다. 넷째, 인쇄자가 필요한 부수만큼만 인쇄할 수 있어서 유럽이 너무 과다하게 인쇄하여 종이를 낭비하는 것과는 비교가 되지 않는다.

② 도자기: 중국 도자기는 유럽인에게 매우 소중하게 여겨졌다. 유럽은 17세기 말에 비록 그 모조법을 알게 되었지만 값이 너무 비싸서 그다지 보편화되지는 못했다.

③ 유리: 중국인은 유럽인보다 먼저 유리의 제작법을 알았다. 비록 중국 유리가 유럽만큼 아름답거나 투명하지는 못하지만 프랑스 한 군관의 믿을 만한 말에 따르면 광동에 있을 당시 매우 투명한 유리창 장식을 발견한 적이 있다고 했다.

④ 양잠술과 방직술: 중국은 잠사蠶絲의 원산지이다. 뿐만 아니라 양잠술과 방직술 역시 중국으로부터 페르시아로 전해진 것이다. 그밖에 종이, 종鐘, 차車의 발명 역시 중국인의 공헌이다.

⑤ 건축: 건축으로 말하자면 기원전 300년경에 이미 만리장성을 축조했다. 그러므로 고대 건축은 이미 유럽인보다 더욱 발달했음을 알 수 있다. 인공으로 운하를 개척해서 전국을 연결한 사실만 해도 세계에서 유래가 없는 일이다. 로마인 역시 이처럼 큰 계획은 결코 세워본 적이 없었다.

중국의 물질문명을 찬미한 후 볼테르는 다음과 같은 결론을 내렸다. "중국인은 비록 유럽인과 같이 예술적 궁전을 치장해본 적은 없지만 이러한 예술적 궁전은 모두 그들로부터 건설되기 시작한 것이다."

그는 중국 문화를 찬미하기 위해 심지어 유럽인이 중국 풍속에 내린 악평까지도 변호하기를 꺼리지 않았다. 유럽인의 간통보다는 차라리 중국의 일부다처제가 낫다고 한 것이 그 예이다. 더구나 중국은 제너(Jenner, Edward, 1749~1823)가 발명한 우두 접종 이전부터 벌써 '종두법'에 대해 알고 있었고 정치 법률의 측면은 더욱 말할 필요가 없다고 강변했다.

중국의 정치 관념은 볼테르의 입장에서 볼 때 두 가지 우수한 점이 있었다. 첫째는 중국 백성은 군주 혹은 관리를 자신의 가장과 똑같이 간주해서 그들을 위해 온 힘을 다한다는 점이고, 둘째는 정부 당국은 백성 의 복지에 관심을 기울여 그들의 복리 증진을 자신의 첫 번째 임무로 여긴다는 점이다. 그래서 황제나 정부는 항상 도로 수리, 운하 개척, 학술과 공업 보호에 심혈을 기울였고 백성 역시 자신도 모르게 경의를 표시함으로써 순종의 미덕을 키워나갔던 것이다. 이러한 순종은 결코 전제로부터 온 것이 아니었다. 볼테르는 전제정치와 중국의 정치 관념을 다른 것으로 여겨 전제정치를 다음과 같이 정의 내리고 있다. "전제정치라 함은 군주가 법률을 지키지 않고 임의대로 백성의 생명과 재산을 빼앗는 정치를 말한다."

그러나 중국의 행정 조직을 살펴보면 각 부분은 서로 밀접하게 연결되어 있으며 관리는 모두 몇 차례의 엄격한 시험을 거친다. 황제 역시 비록 고고한 자리에 위치하고 있지만 제멋대로 전제專制를 행할 수는 없다. 특히 중국은 간의諫議 제도가 설치되어 있어 전제 국가와는 원래부터 거리가 멀었다. 한마디로 볼테르가 볼 때 중국의 정치 조직은 사실상 세계에서 가장 완벽한 체제에 다름 아니었던 것이다. "인류의 지혜로는 중국 정치보다 더 우량한 정치 조직을 생각해낼 수 없을 것이다."

중국 법률의 경우는 '인애仁愛'의 관념이 더욱 충만해 있다. 중국에서는 아무리 외딴 지방이라고 할지라도 관청 혹은 어전御前 회의의 재판을 거치지 않고는 비록 천민이라 할지라도 사형을 집행할 수 없었다. 그래서 그는 "중국의 이러한 법률을 듣기만 해도 나는 중국이 세계에서 가장 공정하고 가장 인애한 민족이라고 주장하지 않을 수 없다"고 하였다.

볼테르가 가장 경탄해 마지않았던 것은 이처럼 세계상 가장 우량한 중국 법률이 4천 년 동안이나 실존해 왔다는 사실이다. 바꾸어 말하면 그것은 기원전 2천 년부터 이미 존재했고 그의 시대에 이르기까지 별다른 변화가 없었으니 이 점만 보아도 세계상 가장 훌륭한 민족임이 증명된다고 말하지 않을 수 없다는 것이다.

ⓒ 『중국고아中國孤兒』 극본의 중국 문화관

볼테르의 저작은 매우 많지만 전집 97권 가운데 오로지 중국 문화와 중국 사상을 논한 것은 아래의 두 책이다.

① 『풍속론風俗論』(*Essai sur les maeurs*)
② 『중국고아극본中國孤兒劇本』(*Orphelin de la Chine*)

첫 번째 책은 중국 문화의 아름다움을 극언함으로써 몽테스키외의 중국 문화 비판에 대해 반박했으며, 두 번째 책은 중국의 도덕을 선양하여 루소의 '문명의 발달은 인류의 행복이 아니다'라는 중국 문화관을 반박하고 있다. 그러므로 이 극본 제1판에서는 의도적으로 루소의 저 유명한 서신을 앞부분에 배열해 놓고 있다.72) 이제 이 극본을 본격적으로 소개해 보도록 하겠다.

18세기 유럽의 지식 계층은 중국 철학에 주목했을 뿐만 아니라 중국 문학에 더 관심을 가졌다. 볼테르가 그 좋은 예이다. 그는 중국과 유럽 문학을 비교해 중국 문학이 유럽 문학보다 더 실증적이고 철학적이라고 생각했다. 특히 연극은 문화의 표준이 되므로 이 원칙을 중국에도 적용시킬 수 있다고 했다. 중국 연극의 기원은 3,000년 전인 그리스의 연극보다 한참 뒤지고는 있지만 중국인은 결코 그리스로부터 예술을 전해 받은 일이 없다. 그들은 그리스인의 존재를 알지 못했다. 중국인은 독자적인 힘으로 희극을 창조하여 인류의 행동을 배우의 몸짓과 혹은 대사를 통해 여실히 묘사하고 연극을 권선징악의 수단으로 삼았다. 이것은 가히 중국 희극의 특징이라 말할 수 있다.

원곡元曲 『조씨고아趙氏孤兒』를 한 예로 들어보자. 이 연극의 원명은 『조씨고아대보수趙氏孤兒大報讎』 혹은 『조씨고아원보원趙氏孤兒寃報寃』으로 원元의 극곡가 기군상紀君祥이 지은 것이다. 그 줄거리는 『사기史記』에 나오는 춘추春秋 진晉나라의 장군 도안고屠岸賈의 고사를 극화한 것이다. 18세기에 프랑스어로 번역되었고 후에 다시 영어, 독일어, 러시아어 등 각 나라의 문자로 번역되었다. 50년 동안 유럽에서 모작 혹은 개작되었는데 영문 두 편과 프랑스어, 독일어, 이탈리아어 각각 한 편씩이 있다. 그 가운데 볼테르의 『중국고아극본』이 가장 유명한 개작 중의 하나이다. 후등말웅의 『볼테르의 비극 '중국고아中國孤兒' 연구』73)와 진수이의 『18세기 유럽 문학 속의 '조씨고아'』(『十八世紀歐洲文學裏的趙氏孤兒』)74)에 자세히 보인다.

볼테르는 본래부터 중국 문화를 찬미했기 때문에 중국 문학에 대해서도 예외가 아니었다. 그는 희극의 권선징악적 철학이 합리적이라는 데 동의하여 중국 희극의 가치를 매우 높게 치켜세웠다. 그 가운데 그가 알고 있는 대표작이 다름 아닌 『조씨고아』였다. 그러나 이 연극의 원본은 지나치게 복잡하고 연애적 요소가 결핍되어 있으며 삼일률三一律(시간·장소·줄거리의 일치)에도 맞지 않았기 때문에 전면적인 각색과 개작이 필요했다. 결국 원나라를 배경으로 타타르인(Tatar, 韃靼人)과 중국인의 풍속 습관을 묘사하는 내용으로 개작하여 모두 5막으로 만들었다. 특히 중요한 것은 그가 이 연극 속에서 중국의 도덕적 인생관을 표현하고 있다는 점이다. 그는 다음과 같이 말했다.

나는 감히 말하건대 내가 역사적 사실에 근거해 창작한 시 『앙리아드』(*la Henriade*)로부터 『자이르』(*Zaire*) 그리고 이 중국 작품에 이르기까지 그 성과가 좋든 나쁘든 간에 이 선善의 고취라는 주제가 줄곧 내게 영감으로 작용했다. … 이와 같은 작업 속에서 나는 내 삶의 40여 년을 보낸 것이다.[75)]

『중국고아』에는 원래 '5막 공자의 윤리'라는 부제가 있었다. 그는 프랑스인들이 이 극본을 통해서 중국인의 도덕 생활이 예수회 선교사의 저작에서 언급된 것보다 훨씬 낫다는 점을 깨닫기를 바랐다. 진수이는 그 가운데 칭기즈칸이 중국 문화를 찬양하는 대목에 특히 주목하면서 볼테르의 주요한 뜻이 곧 "중국 정부가 비록 정복되고 말았지만 중국 문명이 변함없이 우위에 있었기 때문에 피정복자는 타타르인이지 중국 백성이 아니었다"라는 생각에 있었다고 하였다. 이를 통해 볼테르가 중국 문화에 대해 얼마나 찬미하고 변호하는 태도를 가졌는지 충분히 짐작할 수 있다.

디드로(Diderot, Denis, 1713~1784)

ⓐ 백과전서 사조

백과전서파는 마치 '철학자'의 군대나 다름없었다. 돌바하와 볼테르의 지휘 아래서 그들은 의식적 혹은 무의식적으로 모여 공동 업무를 수행하였다. 그들 대부분은 전력을 모아 천주교를 공격했으며 광범위하게 선전 활동을 전개해 기독교 자체를 공격했다. 그들은 기독교의 우주관과 인생관을 배척했다. 그들이 보기에 그것은 거짓일 뿐만 아니라 미신적인 것임에 틀림없었다. 그들은 천주교회가 주장한 사회 질서를 저주했고 그것을 불공평하고 억압적인 것이라 생각했다.[76] 그들은 또한 하나의 공통된 특징을 가지고 있었는데 바로 외국의 것을 좋아했다는 점이다. 그들 가운데 어떤 이들은 고대의 중국 인물, 특히 공자의 명의를 빌려 그들의 혁명을 실행하고자 했다. 예를 들어 『중국간첩中國間諜』이란 책은 바로 중국 문화로 프랑스인을 선동해서 정부에 반항하려는 것이었다.

백과전서파 가운데 어떤 사람도 전능한 하나님을 인정한 경우는 없었다. 같은 맥락에서 중국 문화의 참가치를 인정하지 않은 사람 역시 없었다. 돌바하에서 볼테르, 디드로, 뿌와브르, 엘베티우스에 이르기까지 모두 이와 같았다. 특히 디드로는 그 가운데서도 가장 격동적인 영혼을 가진 철학자였으며 그의 호기심은 그로 하여금 『백과전서 자전』 속에서 중국 민족의 모든 우수한 점에 동의하도록 만들었다.

ⓑ 디드로의 중국 문화관

디드로는 의심할 것도 없이 백과전서 사조의 주역이었다. 그는 8·9세 때 자신의 고향에 있던 예수회 학교에 입학했고 12세 때는 일찍이 정식으로 수도사가 되었다. 예수회는 디드로의 영민함을 알고 온갖 방법을 강구해서 그가 자신들을 위해 진력하도록 하였다. 그러나 이 저항 정신이 강한 인물이 훗날 뜻밖에도 하나님의 존재를 부인할 줄을 누가 알았겠는가? 디드로의 중국에 관한 지식의 근원은 그가 젊었을 때 받았던 예수회의 교육과 무관하지 않았다. 그러나 중국이 태고太古 시대에 건국된 국가라는 중국 선교사들의 이론에는 회의적인 태도를 취했다. 그들에 따르면 복희씨가 중화 제국을 세운 것은 4,000년 전, 바꾸어 말해서 예수 탄생 2,954년 전의 일이라고 하였다. 디드로가 보기에 이러한 추측은 두 가지 이유에서 신빙성이 없었다. 첫째, 복희가 감천感天에 의해 태어났다고 한 것은 도리에 맞지 않는 전설에 불과하며 역사적 사실이라고 할 수 없다는 것이다. 둘째, 연대학상 관찰해 보아도 중화 제국은 4,000년 전으로 거슬러 올라갈 수 없으며 이 점에 관해서는 롱고바르디, 후케, 프레레 등의 견해를 통해 증명할 수 있다고 하였다.[77] 그의 결론은 중국 최초의 천문 관측, 즉 역법의 완성은 요堯의 치세 전 150년의 일이고 이것은 가이특리아加爾特利亞의 천문 관측과 완전히 일치한다고 생각했다.[78] 이 사실로 볼 때 중국 천문학과 가이특리아의 천문학은 일맥상통하며 양국의 기원 역시 서로 일치함을 알 수 있다는 것이다.

그러나 디드로는 결코 이것을 이유로 중국 문화의 참가치를 부인하지는 않았다. 중국의 인구 과잉으로 인해 발생한 결과를 논하는 과정에서 비록 중국 상인의 교활성에 대해 냉혹한 비판을 가하기도 하였지만 대체적으로 그는 중국 문화를 찬미하는 입장을 취했다. 『백과전서』 속에 담겨 있는 중국인에 대한 그의 논조는 다음과 같다.

> 중국 민족은 그 역사의 유구함, 문화, 예술, 지혜, 정치, 그리고 철학의 취미에 있어서 모든 민족보다 우위에 있지 않은 것이 없다. 일부 학자의

의견에 따르면 그들의 모든 우수한 점은 더 나아가서 유럽의 가장 개명된 민족과도 다툴 정도라 한다.[79)]

ⓒ 공교孔教의 근본 개념

그는 중국 문화가 어떤 민족보다도 우위에 있으며 유럽의 가장 발달한 민족과 비교해도 손색이 없음을 인정했다. 특히 그를 탄복케 만든 것은 공자의 이성교理性教였다. 공자의 학설은 간결하고 사랑스럽기까지 하다고 찬미하는가 하면, 유교는 단지 '이성' 혹은 '진리'만을 가지고 치국·평천하한다고 찬미함으로써 암암리에 기독교의 존재 이유를 부정하고 나섰다. 그는 『백과전서』 속에서 중국 철학의 간사簡史를 설명하면서 전국戰國 이전 공孔·노老로부터 명말에 이르기까지 매우 중립적인 태도를 견지했다. 그리고 간단하게 중국 『오경五經』을 소개하는 것은 물론, 공자교의 근본 개념을 24조목에 달하는 격언을 통해 설명하면서 공교孔教는 기적과 영감을 말하지 않으며 순수 윤리학·정치학의 범위를 벗어나지 않는다고 했다. 그의 결론은 이렇다. "공자가 중국의 소크라테스인지 아니면 아리스토텔레스인지는 매우 결정하기 어렵다. 이러한 문제는 중국 언어에 대한 조예와 관계가 있다. 전장前章의 공자 작품 일부분에 대한 소개에 따르자면 공자는 자연과 그 원인의 연구자라기보다는 인간 세상과 그 습속의 연구에 노력한 사람이라고 해야 할 것이다."

공자의 교의는 천부적 이성을 보존하는 것을 성인의 특징으로 삼고 천부적 이성을 보충하는 것을 현인의 특징으로 삼는다. 덕치주의는 두 가지 목적이 있다. 첫째는 이성으로 선악과 진위를 판별하는 것이고 둘째는 '몸을 닦고'(修身), '집안을 가지런히 하고'(齊家), '나라를 다스리고'(治國), '천하를 화평하게'(平天下) 하는 것이다. 이처럼 이성을 존중하는 정신, 이것이야말로 철학자 디드로의 정신이며 동시에 그의 주위를 둘러싸고 있는 백과전서파의 정신이기도 했다.

루소(Rousseau, Jean-Jacques, 1712~1778)

루소 역시 베일(Pierre Bayle)을 계승하여 당시의 정통 종교에 반대하였다. 그러나 그는 결코 유물론자가 아니었다. 그는 만년에 다음과 같이 말한 적이 있다. "나는 유물론자가 아닐 뿐만 아니라 잠시라도 유물론자가 되고 싶어했던 때를 기억할 수 없다."[80] 그는 "바위에게는 감각을 줄 수 있지만 사람에게는 영혼을 줄 수 없다"는 유물론자의 태도를 공격하였다. 이렇듯 그의 영혼은 신앙을 갈망하였다. "신앙 없이는 결단코 실재적 도덕 역시 존재할 수 없다"는 그의 말에, 어떤 평자는 "이 말은 백과전서파 가운데 어느 누구도 이해할 수 없었다"[81]고 하였다. 이것으로 볼 때 루소는 프랑스 선교사가 무신론자라며 공격한 그러한 유형의 인물이 결코 아니었다. 그렇다고 해서 그를 정통적 유신론자라고 말할 수는 없다. 그의 종교는 볼테르와 같이 철학적 종교, 범신적 종교였기 때문이다. 루소는 하나님은 마음의 내부에서 나타나기도 하고 그의 공작을 통해 우주 가운데 나타나기도 한다는 데 동의하였다.[82] 이러한 형태는 바로 우주宇宙가 곧 신神이고 신이 곧 우주라는 범신론汎神論에 다름 아닌 것이다. 그리고 이 범신론은 그야말로 철학적 종교의 특성이며 그 근원을 중국에서 구하지 않을 수 없는 것이다. 그것이 중국의 영향이었음을 루소 자신이 동의하지 않는다고 하더라도 말이다.

루소가 위대한 정감파情感派의 영수라는 사실은 누구나 알고 있다. 그는 정서가 결여된 합리론과 주지주의主知主義에 반대했던 '감정과 마음의 사나이'였다. 그러므로 루소의 중국 문화에 대한 태도는 백과전서파와는 달랐다. 그의 저서 『학예론學藝論』(*Discours sur les science et les arts*) 속에서 그는 예수회 선교사의 중국에 관한 관찰이 정확했음을 인정하면서도 그 이유에 대해서는 서술하지 않고 있다. 중국의 학예는 고대부터 매우 발달해 중국은 확실히 문명 최고의 고국古國이었다고 했다. 하지만 문명이 반드시 행복의 표징이라고는 할 수는 없으며 문명의 진보가 결코 중국인의 악덕을 바로잡아 준 것은 아니라고 하였다. 또한 중국인이 이민족의 침략에서 벗어나게끔 하지도 못했다고 여겼다. 그는 중국을 예로 들어 그의 독특한 '문명부정론'을 실컷 토로하고 있다.

> 만일 과학이 진실로 사회의 풍기를 순화시키고 사람들이 조국을 위해 피를 흘리도록 가르칠 수 있으며 사람들에게 용기를 북돋을 수 있다면 중국 국민은 지혜롭고 자유로우며 그리고 정복할 수 없다고 확신할 수 있다. … 만일 대신들의 식견이나 법률에 의해 언명된 예지는 물론 저 광대한 제국의 무수한 거주민들조차도 우매하고 막돼먹은 야만인의 정복에 대항하여 이 왕국을 지켜낼 수 없다면 그들의 문인 학사가 다 무슨 소용이 있겠는가?[83)]

"만약 학문이 도덕을 제고시킬 수 있었다면 그래서 사람들에게 나라를 위해 희생하고 노력하도록 교육시켰다면 중국 백성은 응당 현명해지고 자유로울 수 있었음은 물론 절대로 적에게 정복당하지 않았을 것이다. 그러나 이 대국의 재상이 얼마나 현명하든, 국법이 얼마나 훌륭하든, 인구가 얼마나 많든 간에 국가를 보호해서 무지몽매한 야만인으로부터 정복당하지 않을 수는 없었던 것이다. 그러니 이들 석학들이 무슨 도움이 되겠는가?" 루소에게는 이러한 의문이 있었기 때문에 그가 비록 중국 문명의 진보를 인정하기는 하였지만 그것은 오히려 그의 '문명부정론'에 꼭 맞는 실례가 되었다. 루소에게 있어서 중국 사상의 영향은 완전히 반동적으로 작용했던 것이다.

이상 살펴본 내용에 따르면 프랑스 백과전서파 학자들의 중국 문화에 대한 태도는 비록 몽테스키외, 루소 등의 반대론과 디드로의 비판론이 있기는 하였지만 대체로 보아 긍정적인 것이었다. 한마디로 18세기는 볼테르의 시대로서 중국 철학의 '리理'를 가지고 기독교의 '신神'을 대체하고자 한 시대였다고 할 수 있다. 또한 백과전서파는 의심할 것도 없이 계몽운동의 최대 권위자인 볼테르가 중심이 되어 중국 문화의 찬미론이 대세를 이루었다고 하겠다. 엘베티우스 부인(Me Helvetius)의 살롱, 데피니 부인(Me d'Epiney)과 돌바하 남작(Baron d'Holbach)의 살롱에서 그들이 혁명에 심취해 있을 당시 그들은 외국의 것, 중국 철학의 힘을 빌었으며 '공자'란 이름이 바로 그들 혁명 사업의 좋은 제목이 되어 주었다.

3. 중농학파重農學派

유럽의 계몽운동에서 중농학파(Physiocrats)를 빼놓을 수는 없다. 중농학파는 사실상 계몽운동의 정치·경제학적 표현이었기 때문이다.[84] 주지하다시피 프랑스 혁명 사조의 새로운 철학자였던 돌바하, 볼테르, 디드로 등은 다각적으로 용감하게 유물주의, 무신주의를 제창하고 나섰다. 이러한 주장들은 프랑스 대혁명의 철학적 기초를 준비하고 조성하는 데 특성이 있었다. 크로포트킨은 프랑스 대혁명에 대해서 "튀르고

(Anne Robert Jacques Turgot)와 아담 스미스의 경제 문제 및 정치 조직 중 재산 작용 문제에 대한 연구가 역시 사람들의 주의를 끌었다"[85]고 말하고 있다. 튀르고는 중농학파에 속한 인물이고 아담 스미스 역시 중농학파의 영향 아래 있던 인물이다. 이들 중농학파 또한 중국 사상의 영향을 받았다. 그러니 프랑스 혁명에 있어서 정치·경제 사조 역시 중국 사상의 영향을 받았다는 사실을 증명해주는 것이다.

1) 중농학파의 중국철학적 기초

지드(Gide)와 리스트(Rist)가 저술한 『경제학설사經濟學說史』(*Histoire des Doctrines Économiques depuis les physiocrates jusquânos Jours*, 1907)에서는 중농학파와 중국 사상의 관계를 다음과 같이 지적하고 있다.

> 중농학파는 주권을 세습적 군주에게 기탁했다. 그것은 봉건제도 아래의 토지 소유권과 관계가 있고 토지의 소유권은 세습과 결부되어 있으므로 주권 역시 세습에 속하게 된 것이다. 이런 점에서 중국 군주는 그야말로 중농학파의 이상적 대표라 말할 수 있다. 중국 제왕은 천자天子라는 말에서 알 수 있듯이 바로 자연 질서를 대표하는 인물이었다. 매년마다 천자가 몸소 밭을 가는 모습을 보여 농업을 높이고 근본에 힘쓰고 있음을 나타내었다. 그러나 실제로는 백성이 그 일에 종사했으며 천자는 단지 예교만을 따르고 무위수공無爲垂拱할 따름이었다.[86]

중농학파에 대한 중국 사상의 영향은 결코 여기서 그치지 않는다. 중농학파는 일찍이 당시의 프랑스 혁명 영수들에게 매우 큰 영향을 미쳤다. 그러나 그것은 이처럼 계몽전제주의의 표상인 중국 군주를 주장하는 데 있는 것이 아니라 경제 자유의 원칙을 실현하는 혁명 법칙 속에 있었다. 케네는 황태자에게 간서諫書를 올려 태자가 국왕이 되면 법치에 모든 것을 맡기고 무사無事를 행하기를 바랐다. 튀르고 역시 군주의 권력을 이용해 그의 산업 자유 계획을 실시하려 했다. 그러나 루이 16세의 적극적인 도움이 뒤따라 주지 않아서 끝내는 실패하고 말았다. 그들의 '합법 전제'(legal despotism)의 주장은 도도한 혁명의 흐름에 대항할 수 없었던 것이다.[87] 그래서 중농학파는 혁명적이 되고 말았으며 "중농주의는 진흙으로 한 층의 얇은 막을 덮어 혁명의 세균을 내포하고 있었다"는 평가를 받기에 이르렀다. 마르크스는 튀르고의 활동이 결국 "프랑스 혁명을 촉진시켰다"[88]고 규정 내렸다. 우리가 여기서 특히 관심을 가져야할 것은 바로 이 혁명의 경향이 중국 고대 정치경제 사상의 영향을 받았다는 사실이다.

자연법

중농학파라는 이름은 그리스의 '자연'(φUoιs)과 '주재'(kραΥos)라는 두 단어가 합쳐져서 이루어진 말로서 자연력(the power of nature)을 뜻한다. 따라서 그 학설의 근본은 이른바 '자연법'(Natural laws) 혹은 '자연질서' (Natural order)이다. 그러나 중농학파는 그리스의 영향을 받은 것이 아니다. 케네와 보도가 '그리스의 문화가 중국만 같지 못하다'고 주장했던 점에 조금만 주의를 기울인다면 곧 그 사실을 알 수 있다. 그러므로 자연법 관념은 의심할 것도 없이 중국에서 온 것이라고 하겠다.

중농학파 뒤퐁 드 느무르(Pierre Samuel Du Pont de Nemours, 1739~1817)는 중농주의를 '자연법의 과학'이라 칭함으로써 자연법을 가지고 신의 공능을 대체하였으며 그것을 일체 사회 현상을 초월하여 영원히 존재하는 법칙으로 삼았다. 인류는 마땅히 이러한 법칙을 존중해야 하며 우리의 생활을 그것과 합치되게 해야 한다. 그것이 하늘의 뜻이기 때문이다. 인류의 행복은 자연법을 따르느냐 그렇지 않느냐에 달려 있다. 자연법을 따를 경우 사람들은 더 큰 자유를 소유하게 되고 더 큰 권리를 누리게 되므로 정부의 간섭을 받는 것보다 훨씬 더 행복한 생활을 누릴 수 있다. 이것이 그들이 표방했던 이른바 자유방임주의였다. 그렇다면 이 자연법은 무엇인가? 케네는 그것이 중국의 천리天理·천칙天則, 즉 중국 선철先哲이 말한 '도道'(Tao)라고 여겼다.

조세법

자연 법칙에 비추어 보면 토지는 재산의 유일한 원천이다. 그러므로 토지 소유자가 조세의 책임을 전부 부담해야 하며 일반 시민들의 과중하고도 잡다한 세금은 모두 면제되어야 한다. 이러한 중농학파의 토지 단일세 주장은 근대의 인물 조지(Henry George)에게서 근본한 것이다. 하지만 이 학설은 중국 고대의 경제 사상, 특히 『주례周禮』의 영향을 받았다고 할 수 있다. 옹켄(Oncken)은 『케네전집』 중 중국 고서집을 논하면서 이 점을 언급하고 있다.[89] "케네는 중국의 세제를 매우 깊이 연구하였다. 특히 『주례』의 균전공부均田貢賦의 세법을 매우 추숭했다. 밭의 생산량에는 많고 적음의 차이가 있고 토지의 생산력에도 역시 차이가 있으므로 일률적으로 논할 수 없다고 그는 생각했다. 그는 이상적인 세제는 마땅히 지주에게 전부田賦를 바치게 하고 경작인에게는 면세하는 것인데 오직 중국이 역대로 이 우수한 제도를 갖추고 있었다고 말했다."[90]

중농정책

중농학파는 이른바 인위적 제도인 중상주의重商主義에 반대해서 특별히 농업에 중점을 두었다. 오직 농업만이 모든 국가 재정의 원천이며 화폐, 상업, 운수, 공업 등은 국민의 행복을 증진시키는 진정한 원천일 수 없다고 생각했다. 따라서 토지 경작에 종사하는 농민들은 물품 제조에 종사하는 공인보다 우월한 지위에 있어야 한다. 농민은 백공에 의지하지 않고도 생존할 수 있지만 백공은 농민에 의지하지 않으면 생존할 수 없기 때문이다. 그러므로 농민만이 유일한 생산 계층이며 모든 재정의 유일한 원천이라 할 수 있다. 케네는 "농민이 곤궁하면 국가가 곤궁해지고 국가가 곤궁하면 국왕 역시 가난해진다"고 했는데, 이것은 유가儒家의 "백성이 풍족하면 임금께서 그 누구와 더불어 부족하실 것이며 백성이 부족하면 임금께서 누구와 더불어 풍족하시겠습니까(百姓足, 君孰與不足, 百姓不足, 君孰與足. 『論語·顔淵』)"라는 말과 완전히 일치한다. 그래서 케네의 동시대 비평가는 그가 새로운 발명을 한 것이 아니라고 말한 적이 있다. "케네의 이론, 즉 농업을 재정의 원천으로 삼자고 한 것은 소크라테스·복희·요·순·공자가 일찍부터 이미 설명한 것이다."[91)]

이상에서 살펴보았듯이 중농학파의 근본 사상, 즉 자연법, 조세법, 중농정책은 모두 중국의 영향임을 알 수 있다. 중농학파가 중국 철학을 기초로 하고 있음은 더 이상 자세히 증명할 필요도 없이 자명해졌다고 하겠다.

2) 유럽의 공자, 케네(François Quesnay, 1649~1774)

프랑소와 케네는 중농학파의 창시자이다. 마르크스가 말한 것처럼 "현대 정치·경제학의 시조" 중 한 사람인 것이다. 그의 중농주의 저작은 백과전서 속에 '농민'(Fermiers)과 '곡물'(Grains)이라는 두 제목(1756, 1757)으로 실려 있으며 뒤퐁(Dupont)이 편찬한 『중농주의』(*Physiocratie)* 속에는 그의 자연 법칙에 관한 논문이 들어 있다. 이것 외에도 『격언格言』(*Maximes générals de gouvernement économique d'un royaumeagricole*, 1758), 그리고 같은 시기에 출판한 『경제표經濟表』(T*ableau Économique avec son explanation, ou oxtrait des ÉconomiesRoyrle de Sully*), 『질문質問』(*Les Question*, 1759) 및 기타 간단한 잡문(小品)이 있다. 여기서 우리가 특별히 주목할 것은 중국 문화와 관계 있는 그의 저작들이다.

『중국전제정치론』

1767년 케네는 익명으로 『중국전제정치론』(*Le Despotisme de la Chine*)을 발표했는데 현재 『케네전집』(*Auguste Oncken: Oeuvres Complètes de F. Quesnay*, Paris, 1888, 563~660쪽)에 수록되어 있다. 책 전체에 걸쳐 중국의 정치 문화를 논하고 있으며 모두 8장으로 구성되어 있다.

1장 해설
  ① 서문, ② 중화 제국의 기원, ③ 중화 제국의 영토와 번영, ④ 시민 계급, ⑤ 군사의 세력
2장 중국의 기초법
  ① 자연법, ② 경전과 제1계급의 사원법, ③ 제2계급의 사원법, ④ 중국인의 과학, ⑤ 교육, ⑥ 학자의 연구, ⑦ 농업, ⑧ 농업에 부속된 상업
3장 중국의 실정법
4장 조세법
5장 군주권

6장 행정 제도

① 행정, ② 형법, ③ 관리

7장 중국 정치 제도의 결점

8장 중국 헌법과 번영 정체를 만드는 자연법의 비교

케네는 프랑스 예수회 선교사들이 편찬한 『중화제국전지』와 『야소회사서간집』, 곰드의 『중국현상신지』, 여행객의 저작에 의거해 '자연법'이 중국 윤리 도덕의 기초는 물론 중국 정치 제도와 사회 제도의 기초가 되었다고 주장하였다. 그는 중국의 전제정치를 적극적으로 변호하면서 전제군주(despote)라는 말에는 사실 두 가지 의미가 있다고 생각했다. 하나는 국법에 의해 주권을 행사하는 합법적인 전제이고, 다른 하나는 군주의 자의에 따라 백성을 압제하는 비합법적인 전제이다. 전자는 중국이 그 예이고, 후자는 'monarque,' 'roi,' 'emperour' 등의 단어들이 의미하는 전제군주와 같다고 했다. 중국의 문화 제도는 모두 자연법에 의거한다. 황제 자신 역시 이 확고부동한 대법을 확실히 엄수하기 때문에 중국의 전제정치는 결단코 압제정치라 할 수 없다. 중국인의 최고 신앙은 이른바 '상제上帝,' '천天'이다. 상제는 만물을 창조하는 동시에 만물의 부모가 된다. 황제는 곧 상제의 지상 대리인인 것이다. 국가를 통치하는 것으로 말하면 군주라 불리고 백성을 교화하는 것으로 말하면 사표師表로 존칭되며 상제上帝를 제사하는 입장에서 보면 사제司祭에 불과하다. 황제의 유일하고도 중요한 일은 자신을 희생해 상제에게 봉사奉祀하는 데 있다. 이러한 형식에 비추어 볼 때 중국 황제가 비록 전제군주이기는 하지만 황제 역시도 사실상 천리天理의 지배와 속박을 받아야 했다. 케네는 이것이 바로 '합법적 전제정치'(despotisme légal)이며 세계에서 가장 훌륭한 정치 형식이라고 결론 내렸다.

이와 같은 합법적 전제의 이론은 비록 루소의 불만을 사기도 했지만 그의 책 자체에 있어서는 사실상 여러 가지 중농학파의 근본 관념 형성에 공헌하였다.

첫째로 그는 중국의 중농주의를 지적해 농민에 대한 존경이 일반적이며 역대 군주들은 모두 농업을 중시했다고 하였다. 특히 농사를 장려하는 옹정제의 정책을 구체적으로 묘사하였다. 그는 여러 차례 『성유광훈聖諭廣訓』 16조 중 농업을 중시하는 네 번째 조를 인용하여 유럽 여러 나라들이 아직도 농업의 가치에 주의를 기울이지 않는 것을 탄식했다. 둘째로 중국에서는 도덕과 정치가 서로 일치된다고 지적하면서 도덕과 정치는 나눌 수 없고 윤리학과 정치학이 끝내는 동일한 학문이라고 했다. 셋째로 중국의 자연과학 즉 천문학, 지리학, 물리학 등은 모두 인문과학 즉 수사학, 사학, 법학, 정치학, 윤리학에 비해 발전하지 못하고 있음을 지적했다.

중국인은 인류 생활 내지 사회 행복과 직접적으로 관련된 학문만을 존중하였다. 그 결과 인문과학이 사회적 실학이 되어 기형적으로 발달했고 자연과학은 정체된 상태를 드러내 보였던 것이다. 이와 반대로 유럽은 자연과학이 극히 발달해 인문과학의 연구가 크게 퇴보하는 현상을 보이고 있다. 그러므로 유럽은 마땅히 중국을 본받아 자연과학과 인문과학의 평행적 발전을 꾀해야 할 것이다. 특히 우리의 이목을 끄는 것은 이 책 제8장에서 내린 다음과 같은 결론이다. "중국 문화는 모두 천리·천칙에 의거하며 천리·천칙은 '자연법'을 벗어나지 않는다. 중국은 천리·천칙이라는 이름 아래 자연법을 준수하기 때문에 중국의 정치·사회 제도는 만고불변의 자연법의 상징이 된다. 이처럼 중국의 문물제도는 자연의 유구불변한 성질을 공유하기 때문에 4,000년 동안이나 번영을 지속시킬 수 있었다." 이런 점에서 중국인은 스스로 자부심을 가

질만하다고 그는 생각했다.[92)]

『경제표經濟表』

중농학파의 경제학자들은 1758년 케네에 의해 간행된 이 『경제표』를 가장 위대한 과학의 산물로 생각했다. 미라보(Mirabeau, Marquis de, 1715~1789)는 다음과 같이 말한 적이 있다. "유사 이래 삼대 발명이 존재하는데 첫째는 우편물의 발명이고 둘째는 화폐의 발명이며 셋째는 이 둘의 결과인 『경제표』의 발명이 그것이다." 마르크스 또한 『철학의 빈곤』에서 이 도표에 관해 칭찬을 아끼지 않았다. "케네 박사는 하나의 과학적 경제학을 성공시켰으니 경제학을 그의 유명한 『경제표』 가운데서 개괄했던 것이다." 그러나 지금까지 이 경제학 도표를 연구한 것을 보면 이 『경제표』와 중국 문화의 관계에 주의를 기울인 경우는 극소수이다. 케네의 동시대 학자 끌레르(N. G. Clere)는 이 도표가 간행된 지 10년 후에 지은 『대우大禹와 공자孔子』(*Yu le grand, et Confucius*, 1769)라는 글에서 이 점을 언급하고 있다.

> 중국 입법가의 연구와 저작 속에 포괄된 그 항구 불변한 탁견은 유럽과 세계에서 전혀 견줄만한 사상이 존재하지 않는다. … 자연 질서의 원칙은 10년 전에 이미 유럽에서 발견되었으며 프랑스에서는 이미 이 원칙을 응용하는 천재까지 등장했다. 향후 사회 제도는 모두 『경제표』를 시금석으로 삼아 한번 시험해볼 만하다. 이 저작에 세심한 연구를 기울이기만 한다면 정치를 가리는 운무를 말끔히 쓸어버릴 수 있을 것이다.

보도는 『경제표』를 존중한 나머지 다음과 같은 생각에 이르렀다. "이 표는 몇 개 안되는 숫자를 통해 경제 원리를 명백하게 해석해 냈다. 마치 복희가 64괘로 철학의 요의를 명백히 해석해 내는 것과 같다." 또한 케네가 세상을 떠났을 때 그의 제자 미라보(The elder Mirabeau)는 일련의 애사를 발표하였는데 뜻밖에도 케네의 『경제표』가 완전히 공자를 계승한 것으로 인식했다.[93)]

> 공자의 가르침의 목적은 인류의 천성을 회복하여 더 이상 우매와 정욕에 가리지 않게 하는 것이다. 때문에 그는 사람들에게 하늘을 경외하게 함은 물론 사람을 사랑하도록 가르쳤고 물욕物欲과 싸워 이기도록 가르쳤다. 또한 정욕에 의해 행위를 판단하지 않고 응당 이성을 표준으로 삼게 했다. 무릇 이성에 맞지 않는 것은 행동하지도 생각하지도 말하지도 못하게 하였다. 종교 도덕의 아름다움이 여기에 이르렀으니 진실로 다시 더할 것이 없었다. 그러나 우리가 행동을 통해 성취해야 할 중요한 부분이 있으니 바로 이 도덕 교훈을 세계에 널리 실행시키는 일이다. 이 역시 나의 스승의 작업이었다. 그는 이미 자연이 부여한 비전秘傳을 밝게 드러냈으니 이것이 바로 『경제표』이다.[94)]

케네의 중국 숭배

우리들은 이제 케네가 공자 학설을 계승한 인물이라는 점, 그리고 왜 중농학파가 그를 '유럽의 공자'(The Confucius of Europe)로 존칭하고 있는지도 알게 되었다. 라이히바인은 다음과 같이 지적하고 있다. "케네의 젊은 시절 저작 중에는 고의로 그의 재료를 감추어 비밀로 하였지만 만년에 지은 정치 경제에 관한 이론은 우리들이 한번 슬쩍 보아도 그것이 중국에서 온 것임을 쉽게 알 수 있다." "그는 본래 루이 15세의 총희 퐁파두르 부인 가家의 의사였는데 이 부인은 중국 문화를 숭배하던 여자였다. 또한 파리는 당시 예수회 선교사가 모이는 중심지였다.

1750년을 전후로 이 선교사들은 모 중국 학자와 함께 파리에 왔다. 그 중국 학자는 이곳에서 13년 동안이나 머물면서 당시 유럽 학술계의 주요 인물이 되었으며 케네 역시 그와 상당한 친분이 있었던 것으로 보인다. 이와 때를 같이해서 파리대학에는 중국사 과목이 개설되었다."[95] 이처럼 유럽의 공자 케네에게는 중국의 철학·문화와 접촉할 기회가 많았다. 그러므로 그의 명저 『경제표』는 그의 중국 사상의 결정체라 할 수 있으며 의심할 것도 없이 중국 자연주의의 영향을 받은 것이다. 그것은 또한 유럽의 고전경제학에 있어서 제2기 경제학을 수립하는 기초가 되었다.

특히 주의할 것은 케네가 무조건적으로 중국 문화에 동의함으로써 몽테스키외의 『법의 정신』에 나타난 중국 악평에 반대해 변호를 아끼지 않았다는 점이다. 그는 루소에 반대하기 위해 항상 『논어』의 다음 구절을 인용했다. "내 일찍이 종일토록 먹지 않고 밤새도록 자지 않으면서 생각에 잠겨보았으나 유익함이 없었으며 배우는 것만 같지 못했다(子曰, 吾嘗終日不食, 終夜不侵, 以思無益, 不如學也. 『論語·衛公』)." 더구나 중국을 그리스보다 더 존중한 나머지 그리스 철학이 중국보다 나은 것이 없다고 하면서 『논어』만 가지고도 그리스의 칠현七賢을 타도할 수 있다고 했다. 중농학파의 동지 보도는 이러한 주장을 더욱 극단적으로 밀고 나가 "공평, 선악과 자연의 질서는 그리스 공화국 사이에는 일찍이 없는 것이었다. 그리스 속에 실려 있는 것은 모두 인류 평화의 파괴, 쾌락의 옛 자취뿐이다. … 현대의 순정한 사상가라면 그리스의 철인과 정객에게 맞장구를 치며 이러한 정치 조직을 인류의 걸작으로 받아들여 그것을 다시 실행할 리가 없다"[96]고 여겼다. 중농학파는 중국을 너무나 존중한 나머지 당시 프랑스 국왕 루이 15세로 하여금 1756년에 중국 습관을 모방하여 친히 '적전籍田'을 경작하는 의식을 거행하도록 했다.[97] 이는 그야말로 중대한 영향인 것이다.

3) 튀르고(Turgot, A. R. J., 1727~1781)

튀르고는 중농학파의 정치적 영수로 유명하다. 그의 주장은 케네에 비해 훨씬 단호하며 그가 중국 문화와 맺고 있는 관계 역시 더욱 명료하다. 그는 1769년과 1770년 사이에 당시 프랑스에 머물고 있었던 중국의 두 학생에게 주기 위한 선물로 『부의 형성과 분배에 관한 성찰』(*Reflexions sur La Formation et La Distribution des Richeses*)이라는 저서를 출판하였다.

『부의 형성과 분배에 관한 성찰』

이 책의 영역본은 1793년 런던에서 출판되었고 1893년에 다시 새로운 번역본이 출판되어 맥밀란(Macmillan) 출판사의 경제학 고전 시리즈(*Economie classics*)에 포함되었다. 원역본에 실려 있는 서문에서는 이 책의 출판 상황에 대해 다음과 같이 기술되어 있다. "당시 프랑스에 머물고 있던 중국 학생 두 사람은 프랑스 국왕에게 학비의 혜택을 받아 장차 모국으로 돌아가려던 참이었다. 튀르고가 이 책을 저술한 것은 이 두 사람에게 선사하기 위해서였다. 대체로 당시 프랑스의 경제학자들은 모두 중국을 공명한 정치가 이루어진 나라로 인식하였다(토크빌의 『古國』(*L'Ancien Régime*), 제3권, 3장 참조). 두 사람에게 학비를 주었던 것도 그 나라의 실정을 서로 교환하기 위한 의도에서였다. 그래서 튀르고는 특별히 일련의 문제들을 준비하여 해답을 찾도록 하는 동시에 이 책을 기증하여 그들이 이러한 문제의 목적을 보다 깊이 이해하도록 했던 것이다."[98] 이제 튀르고의 서신을 참조해 보도록 하자. 1766년 12월 9일, 뒤퐁에게 보낸 그의 글에는 이와 같은 사실이 분명하게 드러나 있다.

> 나는 어떤 중국 학생을 위해 약간의 문제를 설정하고 이미 초안을 잡아놓았습니다. 또한 그들이 이러한 문제의 목적과 의의를 명료하게 이해하도록 하기 위해 한 편의 논문을 지어 사회의 여러 가지 노력과 부의 분배 상태를 자세하게 분석했습니다. 이 글에서 내가 서술한 것은 단지 순수한 사상적 부분에 불과하므로 이른바 『경제표』(*Tableau économique*)의 요점은 그 속에서 구할 수 없을 것입니다. 그밖에 아직도 많은 문제가 있으니 역시 상세하고 빠짐없는 토론을 통해 완벽을 기해야 할 것입니다. 자본의 조성과 활동, 그리고 화폐의 이자 등은 비교적 상세하게 해석되어 있습니다.[99]

이 책은 모두 101절로 되어 있다. 그 가운데 한 절에서는 중국을 예로 들어 금·은과 기타 물품의 상대적 가치의 변화에 대해 논급하였다.[100] 그러나 무엇보다도 가장 중요한 주장은 모든 노동자 가운데 농민만이 이른바 생산액이 임금을 초과할 수 있으니 모든 부의 유일한 원천이라고 말한 것이다. 이러한 주장은 중국의 영향을 받았음이 분명하다고 하겠다.

『중국문제집中國問題集』

튀르고는 예수회 선교사의 서한집과 기타 서적들을 섭렵하였고 당시 프랑스에 머물고 있던 중국의 두 청년 학자 즉 고류사高類思·양덕망楊德望과 가깝게 지냈다. 그리고 이러한 경험들은 그가 중국 문화 연구에 흥미를 갖는 데 중요한 계기가 되었다. 그래서 고高·양楊 두 청년이 본국으로 돌아갈 즈음에는 『부의 형성과 분배에 관한 성찰』이라는 저술을 특별히 집필했을 뿐만 아니라, 따로 52가지 의문을 제기해 두 청년 학자가 귀국할 때 만족할 만한 회답을 줄 것을 요구했다. 이 『중국문제집』은 현재 『튀르고전집』에 수록되어 있다.[101] 그 내용을 보면 다음과 같다.

① 부富, 토지의 분배, 경작에 관한 의문 30조.
② 기술에 관한 의문, 즉 제지술 9조, 인쇄술 3조, 직물 3조.
③ 박물博物에 관한 의문 4조.
④ 역사에 관한 의문 3조.

부, 토지의 분배, 경작에 관한 의문에서는 중국의 토지·자본·노동 및 농업 경제상의 갖가지 문제를 제기하고 있다. 기술에 관한 의문에서는 중국의 제지술, 인쇄술, 모직물의 원료, 제작법 등 각종 문제를 제기했다. 박물에 관한 의문에서는 박물학상 중국의 지질, 도자기의 원료에 대해 물었으며 종이, 묵, 직물, 암석 등의 견본을 요구했다. 특히 찻잎, 종자를 유럽에 부쳐줄 것을 희망했다. 마지막으로 역사에 관한 의문에서는 중국에 살고 있는 유태인, 묘족, 타타르인 등에 대한 문제를 제기했다.[102] 튀르고가 프랑스 재정 총감의 자격으로 중국의 여러 가지 문제에 주의를 기울였다는 것은 정말 대단한 일이 아닐 수 없다.

튀르고의 중국 문화 접촉

ⓐ 최초의 유학생

예수회 선교사들이 선교차 동점東漸한 이래 수많은 중국 교인들이 그 선교사를 따라 혹은 그들의 추천에 의해 프랑스로 갔다. 코르디에가 『18세기 중국과 프랑스』에서 고증한 결과에 의하면 가장 최초의 유학생으로 심복종沈福宗(Chin-Fong-Thong), 황성黃姓(Arcade Hoang), 호약한胡約翰(Jean Hou) 등이 있다.[103]

① 심복종은 강소江蘇 강녕江寧 사람이다. 1680년 쿠플레를 따라 유럽으로 갔다. 영국에서 옥스퍼드대학 도서관장 토마스 후드(Thomas Hude)를 도와 그의 명저 『중국도량형고中國度量衡考』(옥스퍼드, 1688년)를 완성했으며 중국 장기를 연구했다. 1685년 영국의 제임스 2세(James II) 등극 전례에 참가한 적이 있다.

② 황성은 복건 흥화興化 사람이다. 사천四川 최초의 장로 이아利俄(Artus de Lyonne)를 따라 유럽으로 향하여 파리의 국외선교학교 연구실에서 체류했다. 프랑스 여자와 결혼했고 1716년 파리에서 사망하였다. 당시 프랑스 사람들은 중국 학술을 환영했으므로 황성에 대해서도 매우 환영하는 뜻을 표시하였다. 기뉴(J. De guigne)는 그의 명저 속에서 '황성소사'를 기술하고 있는데 이것 역시 프랑스 대혁명 이전 루이 14세, 15세가 중국 학술을 얼마나 제창했던가를 말해 주는 것이라 하겠다.

> 루이 14세 시대에 황씨(Hoange) 성을 가진 중국인이 프랑스로 왔다. 장로 비농(Abt Bignon)이 그를 황가 도서관에서 일하도록 하여 일찍이 여러 편의 논문을 썼다. 불행하게도 병으로 세상을 떠나 졸업은 하지 못했다. 푸몽(Fourmont) 선생은 당대에 이름난 학자로서 박학하고 명망이 있었다. 일찍이 그에게 황성의 유저遺著를 심사하라는 명이 떨어질 정도였다. 그 뒤로 오랫동안 곤란을 겪은 후에야 비로소 『중법자전中法字典』의 편찬 계획을 세우게 되었다. 중국 자전을 완성하고 중국 명물에 대해 많은 정보를 수집하기 위해 중국 서적을 다방면으로 구매하였다. 이어 루이 15세(1715~1774)

가 전업前業을 계승해 중국 학문을 장려하는 시책을 폈다. 공인에게 중국 동질銅質 자형 12만 매枚를 주조할 것을 명하여 문법서와 자전 인쇄용으로 제공하였다. … 우리 황제 루이 14세와 루이 15세의 간곡한 제창은 그야말로 성대한 사업이라 하지 않을 수 없다.[104)]

③ 호약한은 1721년 후케를 따라 유럽에 갔다. 프랑스 국왕 루이 14세가 많은 서적을 중국에 증정했기 때문에 중국 황제 역시 후케를 보내 중국 서적 4,000책을 프랑스 국왕에게 증정하도록 했는데 이때 호약한이 이 중문 서적의 해석자로 파견되었던 것이다.

이상 세 사람은 모두 중국과 유럽의 문화적 접촉에 어느 정도 기여한 점이 있었지만 구체적 활동에 대해서는 알려진 바가 없다. 단지 튀르고와 관계를 맺었던 중국의 두 청년, 즉 고류사와 양덕망만이 오랫동안 경제학사 연구에 참고 자료가 되고 있다. 자세한 사항은 후등말웅의 『지나 사상의 프랑스 전래』(549~554쪽) 및 이영림李永霖의 「경제학자 튀르고와 중국 두 청년학자의 관계」(「經濟學者杜爾克與中國兩青年學者之關係」, 北京大學社會科學季刊』 제1권 제1기)에 보인다.

ⓑ 고류사와 양덕망

고류사高類思(Louis Ka Kao)는 1733년(옹정 11년) 생이며 양덕망楊德望(Etienne Yang)은 1734년(옹정 12년) 생이다. 두 사람 모두 북경에서 태어나 자랐고 부모가 기독교도였던 탓에 일찍이 북경교회학교에서 공부했다. 1751년 7월에 파견되어 유럽으로 가게 되었다. 광동과 마카오를 거쳐 1754년에야 비로소 진성陳姓(Louis Tcheng)과 함께 인도공사의 배에 동승하여 프랑스로 갔다. 프랑스에 도착한 이후, 라 플레슈(La

Flèche)의 궁정학원(College Royale)에 입학해 프랑스어와 라틴어를 배웠고 신학·논리학 등을 연구했다. 1760년 파리로 돌아와 수도사가 될 것을 간청했지만 예수회파 회장은 중국에 있는 예수회파 선교사들의 의견을 참작해 허락하지 않았다. 1763년 예수회파가 해산되자 브로크빌(l'abbé de Broqueville), 라 크루와(P. La Croix) 등의 보호를 받았고 생트 플로렌틴(Le Comte de Sainte Florentin) 백작의 주선을 얻어 프랑스 정부로부터 750리브르(Livres)의 연금을 받아 신학 연구를 계속할 수 있었다. 1764년 프랑스 정부가 연금의 종결을 고하자 고高·양楊 두 청년은 드디어 귀국할 결심을 했다. 그들은 인도공사의 기선을 타고 귀국할 생각으로 당시 공사 사무의 처리를 겸하고 있던 베르틴(Bertin) 재상에게 탑승을 부탁하게 되었다. 그러나 베르틴 재상은 인재를 아끼는 마음과 양국의 학술적 교류를 위해 루이 15세에게 이들의 유학 기간을 1년 연장할 것을 주청했다. 더 나아가 프랑스 미술 공예품과 최신 제품 즉 장식 유리, 도자기, 휴대 인쇄기, 전기 기계, 망원경, 사진기의 어둠상자, 현미경, 금시계 등을 하사하였다. 두 청년은 중국과 프랑스 미술 공예의 차이점을 연구하기 위해 리옹(Lyon), 도피네(Dauphiné)의 여러 공장을 견학하였다. 또한 유명한 교수 브리송(Brisson)과 카데(Cadet)를 따라 물리, 박물, 화학을 연구했으며 회화와 동판銅版 조각술을 배워 귀국 후 통신에 일조하고자 했다. 그들은 1765년 1월 16일에 이르러서야 비로소 국왕의 호의를 얻어 귀국할 수 있었다. 튀르고가 두 청년에게 증여한 『중국문제집』과 『부의 형성과 분배에 관한 성찰』이라는 두 책은 이때 쓰인 것이다.

두 청년은 1765년에 프랑스·인도공사의 슈와줄(Le Choisoul) 기선을 타고 귀국해서 이듬해(건륭 31년) 1월 하순 북경에 도착하여 북경 선교사들의 환영을 받았다. 그들은 두 청년의 중국 문화 연구에 협조했고 프랑스에서 출발할 당시 예수회파 선교사들이 제출한 갖가지 문제에 대해 순서대로 회답하였다. 1772년에는 『중국병법론中國兵法論』(*l'Art militaire des Chinois*)과 『미곡보존법米穀保存法』(*Conversation des grains*)을 제도해 출판했고 많은 원본을 계속해서 보내주었다. 『북경야소회사 연구기요』 제1권 중에는 고류사가 독자적으로 연구한 「중국고대론中國古代論」(*Essai sur l'antiquité des Chinois*)이 수록되어 있는데 이 글은 재상 베르틴에게 바치기 위해서 쓴 것이다.

고류사는 1780년(건륭 45년) 북경에서 사망하였고 양덕망은 강서성江西省에서 복무하다가 1787년(건륭 52년)에 세상을 떠났다. 이 두 청년의 생애에 대해서는 코르디에의 『18세기 중국과 프랑스』에서, 그리고 그림(Grimm)의 『문학통신文學通信』(*Correspondance littérairet, lettre, décembre*, 1785, 288쪽)에 서술되어 있다.[105] 튀르고는 1766년 12월 9일 뒤퐁에게 글을 썼다. 그리고 1770년 11월 12일 푹코(Fuckor)에게, 1774년 5월 5일 카일라르드(Caillard)에게 각각 글을 썼다. 여기서 그는 이 두 책, 즉 『중국문제집』과 『부의 형성과 분배에 관한 성찰』이라는 저술이 중국의 두 청년 학자를 위해 마련된 것임을 스스로 밝히고 있다. 특히 두 번째 책은 당시 프랑스에 있던 중국인의 희망에 따라 그들로 하여금 본국의 경제 상태와 그 제도에 관한 문제를 분명하게 이해시키기 위해 쓰인 것이다. 그가 뒤퐁에게 보낸 글(앞에서 이미 인용하였다)을 통해서 볼 때 튀르고가 중국 두 청년의 힘에 의탁해서 중국 경제 상태에 대한 보다 깊이 있는 고찰을 시도했음을 알 수 있다. 이것은 결코 의심할 수 없는 사실인 것이다.[106]

ⓒ 아담 스미스의 중국관

튀르고의 저작은 또한 이후 아담 스미스에게 영향을 주었다. 스미스는 1764~1766년 프랑스에 머물던 시기에 항상 튀르고와 왕래하던 사이였다. 그의 명저 『국부론』(*Wealth of nation*) 역시 튀르고의 『부의 형성과 분배에 관한 성찰』이라는 저술과 서로 유사한 면이 있다. 로저스(T. Rogers), 캐넌(E. Cannan)과 같은 많은 경제학자들은 그의 사상이 어딘가에 근원을 두고 있다고 생각했는데 사실상 스미스의 근본 사상, 예컨대 자유방임 등의 주장은 상당 부분 중농학파의 유산을 받아들인 것이므로 그 학설 역시 중국의 경제 사상과 간접적으로 관계를 가졌다고 할 수 있다. 『국부론』 가운데 많은 부분은 중국을 소재로 하여 응용한 것이다.

그는 다음과 같이 생각했다. "중국은 세계에서 가장 부유한 국가이다. 토지가 매우 비옥하며 경작 방법도 우수하다. 인구가 크게 번창하였고 백성들은 매우 부지런하다. 그러나 오래 전부터 정체되어 정지 상태에 머무르고 있다. 오늘날 여행자들의 중국 경작과 인구 상황에 관한 보고를 보면 500년 전에 그 나라에서 타향살이를 했던 마르코 폴로의 기록과 거의 차이가 없어 보인다. 이것으로 추측하건대 중국의 부는 아마도 마르코 폴로가 여행했던 시대 이전부터 매우 오랫동안 이미 그 나라의 법률 제도가 허용하는 한에서 최대로 발전했을 것이다."[107] "중국의 부는 결코 유럽 각국이 미칠 수 있는 정도가 아니다. 그래서 양쪽 생활필수품의 가치는 크게 차이가 난다. 중국의 쌀값은 유럽 각지의 소맥 가격에 비해 확실히 저렴하다. … 노동자의 보수는 더욱 큰 차이가 있다. 유럽은 대부분 아직도 진보 상태에 놓여 있지만 중국은 정체된 상태에 있기 때문이다. 그래서 노동자의 실지 보수는 유럽이 중국보다 높지 않을 수 없는 것이다."[108]

이것은 얼마나 객관적인 고찰인가? '중국'에 대한 중농학파의 관찰은 주관에 치우쳐 있었지만 스미스 시대에 이르러서는 사실에 근거한 과학적 관찰의 대상이 되었던 것이다. 이것은 유럽 학술계의 일대 진보가 아닐 수 없다. 그리하여 경제학설사에 있어서 그야말로 철학 시대는 가고 과학 시대가 도래하게 되었다.

4) 여론餘論

마지막으로 18세기 중국 사상이 프랑스에 끼친 영향으로 신진 학자가 민권주의를 환기시킨 일을 부연하고자 한다. 당시 정부 당국은 새로운 사상의 발전을 억압하기 위해 한동안 공자 학설을 이용해서 군권설을 변호하고 나섰다. 예컨대 중국 사상에 자못 흥취를 가졌으며 『북경야소회사연구기요』를 발행하는 데 지지를 아끼지 않았던 베르틴 재상이란 인물이 있었다. 그는 루이 15세 말기, 반항심으로 가득 찬 국민의 아우성을 감지한 나머지 혁명의 발발을 제지하기 위해서 일찍이 '중국 사상을 프랑스 국민에게 이식시킬 것'을 주장하는 상소를 올렸다. 루이 15세 역시 그의 의견에 찬성하고 나섰으니 이것은 그야말로 하나의 역사적 아이러니라 할 수 있다.[109] 그렇다면 베르틴은 왜 중국 사상을 이용하자고 주장했을까? 중국의 정치 철학은 근본적으로 백성이 군주에게 절대 복종해야 한다고 여기기 때문이다. 그러므로 그의 의도는 당시 상황에서 합당하기 그지없었다. 그러나 중국 사상에 대한 루이 15세의 이와 같은 접근은 당시 중국 사상을 환영했던 일반 지식인 계층의 이해방식과 근본적으로 차이가 있었다. 루이 15세와 베르틴 재상이 그야말로 군주 전제정치의 붕괴를 막기 위해 중국 사상을 제창한 것이라면, 백과전서파에서는 루이 왕조의 압제정치를 전복시키고 기독교를 타도하기 위해서 중국 사상을 제창한 것이었다. 이처럼 목표가 달랐기 때문에 타협의 가능성 역시 없었음은 당연한 일이었다.

그 결과 중국 사상이 반동파에게 한때 이용되기도 했지만 프랑스 혁명은 결국 피할 수 없는 기정사실이 되고 말았다. 중국의 무신주의, 유물주의, 자연주의의 영향을 받은 '백과전서파'가 결과적으로 승리함으로써 마침내 루이 왕조를 타도하고 프랑스의 대혁명을 일으켰던 것이다. 우리들이 이미 프랑스의 혁명 사업에 깊은 관심을 가진 이상, 중국 사상이 프랑스 혁명에 끼친 영향에 주의를 기울이는 것은 자연스러운 일이 아닐 수 없다. 혁명이 역사를 추동하는 원동력이라고 한다면 중국의 철학 사상은 그야말로 프랑스 대혁명을 추동했던 원동력이 되었던 것이다.

제6장
중국 철학과 독일 혁명

1. 독일 고전철학의 혁명적 성격

1) 정신 혁명의 의의

고전철학의 배경

유럽의 18세기는 이른바 계몽 시대이자 철학 시대이다. 로베스피에르가 주도했던 정치 혁명 외에 프랑스에도 물론 철학 혁명이 있었지만 그것은 어디까지나 프랑스 혁명의 예비적 단계에 불과했다. 따라서 당시 철학 시대를 이끌었던 최대 공헌으로는 무엇보다도 독일을 꼽아야 할 것이다. 이 사실은 크로체(Croce)의 『미학美學』에 잘 설명되어 있다.

> 18세기 말과 19세기 상반기, 독일의 철학적 행보에는 여러 가지 중요한 문제점이 발견되고 있는 것이 사실이다. 그러나 그 누적된 바로 논한다면

그것은 사실상 수십 년 동안의 유럽 사상사를 충분히 뒤덮고도 남는다고 하겠다. 독일에 비한다면 다른 나라의 동시대 철학 저작은 부차적인 지위로 물러나지 않을 수 없다.[1)]

『순수이성비판』의 사회적 의의

독일의 관념론 철학 운동은 18세기 말부터 19세기 상반기에 유럽 사상계에서 발생한 위대한 정신 혁명이었다. 하이네가 『독일의 종교와 철학의 역사』에서 말한 것처럼 이 혁명이야말로 로베스피에르가 미칠 바가 아니었다. 그는 칸트를 로베스피에르와 대비시켜 다음과 같이 설명했다. "그는 로베스피에르와 많은 유사점이 있다. 이 두 인물은 서로 비교될 만하다. 우선 눈에 띄는 것으로 첫 번째 공통점은 외고집, 예리한 인식, 시정詩情의 결핍, 그리고 얼음같이 차가운 그들의 솔직성이다. 그 다음으로 볼 수 있는 공통점으로는 그들의 회의적懷疑的 재능을 들 수 있다. 다만 칸트가 그것을 사상에 이용함으로써 '비판'이라 일컬었던 반면, 로베스피에르는 그것을 사람에게 이용함으로써 '공화주의적 도덕'이라 불렀다는 점이 다를 뿐이다. … 자연은 그들에게 저울을 가지고 커피와 설탕의 무게를 저울질하도록 하였지만 운명은 그들에게 다른 것을 저울질하도록 만들었다. 그들은 천칭 저울판에 제왕을 올려놓는가 하면 신을 올려놓기도 했다. … 그리고 그들은 그 일을 정확하게 해냈다."[2)] 하이네의 설명대로 프랑스 혁명이 제왕을 저울질한 끝에 제왕을 사형 판결했다면 독일의 정신 혁명은 하나님을 저울질한 끝에 하나님을 사형 판결했다고 말할 수 있다.

한편 『순수이성비판』은 그야말로 칸트의 가장 중요한 저작이며 그의 다른 저작들은 이 책에 대한 주석으로 보아도 무방할 듯하다. 그렇다면 이처럼 중요한 그의 저작이 주는 사회적 의미는 무엇일까? 하이네는 다음과 같이 말하고 있다.

칸트가 우리에게 증명해 보인 사실은 우리들이 물 자체에 대해서는 추호도 아는 바가 없다는 것이다. 오직 사물이 우리들의 정신에 반영되었을 때에만 우리는 겨우 그것의 일부를 알 수가 있다. … 『순수이성비판』에서 … 칸트는 사물의 현상과 사물의 본체 사이에 차별을 설정했다. 단지 사물이 현상을 통해 우리의 의식에 나타날 때에만 우리들은 비로소 그 사물이 무엇인지 알 수가 있다. 모든 사물에 있어서 그 본체는 결코 우리들에게 나타나지 않는다. 이 때문에 칸트는 사물의 나타난 모습을 '현상'이라 했고 사물의 본체를 '실체'라고 했다. 우리는 현상이라고 일컬어지는 사물에 대해서는 알 수가 있지만 실체라고 일컬어지는 사물에 대해서는 조금도 알 수가 없다. 이 '실체'야말로 의문적인 존재가 아닐 수 없다. 우리들은 그것을 존재한다고도 존재하지 않는다고도 말할 수 없다. 사실 '실체'란 우리들이 인식 가능한 사물을 나타내기 위한 말이다. 다만 우리들의 판단상 우리들이 인식할 수 없는 사물은 느낄 수가 없기 때문에 '현상'이라는 글자를 보충해서 사용한 것이다.

칸트의 의견에 비추어 보면 '신'이란 하나의 실체이다. 그의 논증에 따르자면 우리가 지금까지 '신'이라고 부르던 그 선험적 이상체는 단지 허구에 불과할 뿐이다. 그것은 자연의 착각에 의해 성립했다. 실제로 칸트는 다음과 같이 표명한 적이 있다. 실체, 즉 '신'에 대해서 우리들은 조금도 알 수가 없을 뿐 아니라 신의 존재에 관한 어떠한 증명도 불가능하다는 것이다. 우리들은 『순수이성비판』 위에 '일체의 희망은 모두 포기되어야 한다'는 단테의 명언을 꼭 기록해 두어야 할 것이다.[3)]

『순수이성비판』 속에서 독일의 정신 혁명이 일어난 이후부터 '신'의 종교적 존재는 철학적 존재로 일변했다. "독일은 칸트에 의해 철학의 궤도로 이끌어졌으며 철학은 국민적 사업이 되었다. 일군의 탁월하고도 위대한 사상가들이 마치 마법으로 불러일으킨 것처럼 독일 땅 위에 출현했던 것이다."[4)]

철학으로 종교를 대체하자는 설

칸트에서부터 피히테, 셸링, 헤겔에 이르기까지 어떤 경우는 '신'을 도덕적 존재(칸트)로 여기는가 하면, 어떤 경우는 '신'을 보편적 자아(피히테)로 여겼으며, 또 어떤 경우는 신을 세계를 구성하는 통일적 절대관념(헤겔)으로 여겼다. 요컨대 '이성'을 '신'으로 삼는 이러한 경향이야말로 정통적 종교를 철학적 종교로 대체하는 것이니 모두 중국 철학의 영향을 받았다고 말하지 않을 수 없다. 하이네는 칸트, 피히테, 헤겔과 같은 철학의 '반종교' 운동 뒤에는 일정한 사상적 배경이 있었다고 서술한 적이 있다.

> 혁명의 거센 물결이 파리에서 이 인류의 대양 속으로 솟구쳐 나갈 당시 라인(Rhine)강 유역 독일인의 심장 역시 고동쳤다. … 그러나 그들은 너무나도 고립적인 상태로 중국이 만든 불상 아래에 서 있었다. 이 불상은 전혀 감각이 없는 도자기, 차그릇, 커피병, 그리고 어떠한 물건에 대해서도 모두 모르는 것이 없는 것처럼 고개를 끄덕였다. 우리의 가련한 선각자들은 그 혁명에 동조했다는 이유로 최악의 박해를 받지 않으면 안 되었다. 시골에 있던 귀족과 수도승의 무리들은 그들에 대해 가장 야만적이며 가장 비열한 간계를 채택했다. 진보적 인물 가운데 두세 사람은 파리로 도망하여 빈곤과 막다른 궁지 속에서 헤매다가 시들어 사라져갔다.[5)]
>
> 만약 나폴레옹과 그의 프랑스인이 매우 신속하게 우리 독일인을 정복하

지 않았더라면 독일에 기거하고 있던 자유주의자들에게는 더욱 참혹한 운명이 찾아왔을 것이다. … 우리의 철학자들은 그들의 이념과 함께 단두대 위로 보내졌을 것이며 마차 바퀴 아래서 치어 죽었을 것이다.[6]

이 글은 당시의 독일 철학자들이 얼마나 고립적으로 고군분투했는지를 우리에게 잘 말해주고 있다. 특히 주의할 만한 것은 "그들은 중국이 만든 불상 아래에 서 있었는데 이 불상은 전혀 감각이 없는 도자기, 차 그릇, 커피병, 그리고 어떠한 물건에 대해서도 모두 모르는 것이 없는 것처럼 고개를 끄덕였다"라는 몇 구절이라고 생각된다. 이것은 독일의 정신 혁명을 완전히 이해하기 위해서는 철학의 발생지인 중국을 전제해야 한다는 사실을 말해주는 것이라 하겠다.

2) 정신 혁명과 정치 혁명

18세기 유럽학자의 정치사상적 중국화

중국 사상이 독일에 끼친 영향은 한편으로 관념론 철학의 정신 혁명을 일으켰으며 다른 한편으로는 계몽전제주의의 정치 개혁을 가져왔다. 전자는 아직 사람들의 주의를 받지 못하고 있지만 후자에 관해서는 이미 오래혼조가 그의 저서 『유교가 독일 정치사상에 끼친 영향』에서 서술하고 있다. 실제로 독일뿐만 아니라 프랑스 중농학파의 시조 프랑소와 케네의 『중국전제정치론』은 유교의 프랑스 정치 사상에 대한 영향을 보여주는 예이다. 그러나 이러한 형태의 영향은 당시 프랑스의 일부 사람들에 의해 저항을 받았다. 예컨대 "루소는 극히 분개하여 중농학파가 황제에게 아첨하는 행위, 즉 '합법전제合法專制'가 비열한 짓이라고 질타했다."[7] 이것은 계몽전제주의가 결국 18세기 대혁명의 사조와 합치되지 못했음을 보여주는 예라 하겠다. 볼테르는 당시 계몽되지 않은 프랑스 정치에 맞서 중국의 계몽 정치를 제창하고 나섰다. 그는 유럽의 각 군주에게 건륭乾隆은 좋은 귀감이 된다는 점을 설명하고 다녔으며 건륭의 시를 프로이센 왕에게 보내 주기도 하였다. 그렇지만 이와 같은 정치 개혁의 주장 역시 대혁명의 조류를 막아내지는 못했다. 그러나 독일의 경우는 오래흔조가 말한 바와 같이 그 사정이 프랑스와는 달랐다. 즉 라이프니츠와 볼프가 일찍이 중국의 계몽전제주의를 제창하였고, 또 한편 간접적인 유교 신도였던 프리드리히 대제가 정치적 수완을 발휘해서 귀족 정치의 폐해를 일소시켰다. 이로 인해 유교가 독일의 실제 정치에 큰 영향을 미치게 되었다.

중국의 정치 사상과 유럽의 계몽전제

1908년 안드레아는 『중국과 18세기』(*China and achtzehnte Jahrhundert*)라는 저술 속에서 18세기 독일 국학자 유스티(Justi)가 주장한 '경찰국가'는 사실상 중국 사상의 영향을 받아서 이루어졌음을 증명했다.[8] 오래흔조는 참으로 기상천외하게도 프로이센의 국가사회주의 역시 유교 정치사상의 영향임을 증명하고자 했다.[9] 그의 말에 따르면 프리드리히 2세가 유교의 영향을 받았다는 것이다. 이러한 그의 억지 주장은 중국의 군권주의君權主義만 알고 중국의 민권주의民權主義는 알지 못한 결과이며, 중국 사상의 부차적인 영향만 알고 중국 사상의 주요한 영향 즉 정신 혁명의 영향은 알지 못한 결과라 하겠다. 사실 독일의 관념론 철학자치고 프랑스 혁명에 동정을 표하지 않은 사람은 없었다. 칸트는 본디부터 자유사상의 제창자이자 프랑스 혁명에 대해 동경하는 마음을 가지고 있었기 때문에 그 소문이 널리 퍼져 프랑스의 입법자와 평화의 건립자로 초빙되어 갔을 정도였다.[10] 또한 헤겔은 튀빙겐 대학 시절 프랑스 혁명에 공감했던 까닭에 일찍이 셸링 및 많은 동학들과 함께 어느 화창한 봄날 튀빙겐 시장에서 자유 기념수를 심기도 하였다. 일반적으로 알려진 일군의 철학자들은 비록 하나님의 사형을 판결하기는 하였지만 그렇다고 황제에게 아첨하지도 않았다. 그러므로 중국 사상이 그들에게 끼친 영향은 당연히 계몽전제주의 정치 주장보다 더욱 의의와 가치가 있다고 하겠다.

프리드리히 대제의 중국 문화관

계몽전제정치의 영향에 대해서는 더 이상 번거로운 설명을 피하기로 한다. 이러한 정치적 영향이 봉건 사회의 잔재를 반영하고 있을 뿐만 아니라 그 근거 역시 그리 많지 않기 때문이다. 확실히 18세기의 계몽전제군주, 예컨대 프로이센의 프리드리히 2세(Friedrich II), 러시아의 카더린 2세(Catherine II), 오스트리아의 마리아 테레사(Maria Theresa)는 모두 중국 정치 사상과 직접 또는 간접적으로 관계를 맺고 있었다. 특히 '철학자 프리드리히'(Fréderic le Philosophe)로 자칭하고 나섰던 프리드리히 대제 역시 중국 철학의 영향을 받아 계몽전제의 이상적인 철인왕(le rol-philosophie)이 되고자 희망했다. 이처럼 계몽전제를 자임하고 나섰던 이 국왕은 유년 시절에 라이프니츠와 볼프의 영향을 받았으며 중년 시기에는 볼테르와 달랑베르의 영향을 받았다. 하지만 그의 근본 주장은 돌바하의 『자연체계』의 유물론을 극력 배척하는 입장이었다. 그는 중국 문화에 대해 회의적 태도를 취했다. 라이히바인은 일찍이 다음과 같이 지적했다.

> 우리들은 이처럼 극단적으로 중국을 숭배하는 분위기 아래에서 그와는 달리 거기에 회의를 표했거나 상반된 뜻을 보였던 인물들을 살펴볼 수 있

다. 프로이센의 프리드리히 대제는 비록 볼테르와 막역한 사이였음에도 불구하고 중국 문화에 대해 회의적인 태도를 지닌 인물임에 틀림없었다. 이 사실은 두 사람의 여러 서신 속에서 살펴볼 수 있다. 프리드리히 대제는 1776년의 서신에서 여러 가지 정무로 너무나 바빴기 때문에 중국 문화의 문제를 연구할 겨를이 없었다고 말했다. 또한 같은 해 4월의 편지 속에서 볼테르의 그와 같은 중국 문화 숭배 태도는 사실 목적이 따로 있다고 분명히 밝혔다. 그는 이렇게 말했다. "그대(볼테르)의 의도는 사실 고대 로마의 유명한 역사가 타키투스(Tacitus)와 동일한 점이 있다. 타키투스는 자국민의 도덕 수양을 진작시키기 위해 의도적으로 게르만 조상의 신실함과 극기 공부를 모범으로 삼았다. 기실 그 때의 게르만인이 언제 이처럼 찬탄을 받아본 적이 있었던가!"[11]

이처럼 중국 문화에 회의적 시각을 가졌던 이 프로이센의 명왕名王이 오래흔조가 주장하는 유교가 독일의 중국 실제 정치에 미친 영향의 유일한 예증이라는 점에서 그 근거가 취약함을 알 수 있다. 또한 프리드리히 대제가 진정한 계몽전제군주였는지 조차도 분명하지 않다. 매콜리(T. B. Macauley)는 이 위대한 군주의 전기문에서 "그 사람됨이 겉으로는 좋게 보일지도 모른다. 하지만 실제로는 경멸적이고 악의에 찬 폭군이 아닌지 몹시 의심스럽다"[12]고 혹평했다. 이 사실은 볼테르가 그로부터 곤욕을 치른 일을 생각해 보아도 쉽게 짐작할 수 있다. 우리들은 18세기 유럽의 계몽전제군주를 부러워할 필요도 없으며, 더욱이 중국 사상이 이 계몽전제군주에게 끼친 영향에 대해 흥미진진해 할 필요도 없다. 왜냐 하면 이것은 그다지 신빙성이 없는 역사에 속하기 때문이다.

단지 18세기 말 독일의 철학자 칸트가 그의 『순수이성비판』을 통해 환기시킨 그 위대한 정신 혁명은 그야말로 근대 철학 체계의 원천을 이루고 있음을 기억하는 것으로 충분하다. 그것이 중국 사상으로부터 받은 영향이야말로 대서특필할 만한 사건인 것이다.

3) 정신 혁명의 각 방면

괴테의 중국 문화관

독일의 정신 혁명은 비단 철학적 측면만이 아니라 문학적 측면에서도 중국 사상의 영향이 드러난다. 괴테(Goethe, 1749~1832)가 그 좋은 예라고 하겠다. 이 내용은 라이히바인(Reichwein)의 『중국과 유럽』,[13] 빌헬름(Wilhelm)의 『괴테와 중국 문화』,[14] 진전陳銓의 『중국 순수문학이 독일문학에 미친 영향』(『中國純文學對德國文學之影響』)[15]이라는 저서들 속에 매우 상세하게 서술되어 있다. 여기서 간략하게나마 소개해 보고자 한다.

주지하다시피 괴테는 일찍이 뒤 알드의 『중화제국전지』를 읽은 적이 있는데 이 책은 1736년 프랑스어로 출판되었다가 1749년에는 독일어로 번역되었다. 그 속에는 원곡元曲 『조씨고아趙氏孤兒』, 『금고기관今古奇觀』 등 단편 소설 4편과 10여 편의 『시경詩經』의 시詩가 들어 있다. 이러한 사실은 모두 괴테와 중국 문화의 상관성을 말해 주는 것이다. 1781년 1월 10일 괴테의 일기 속에는 한 구의 기이한 탄사가 보인다.

> "오, 문왕이여!(O Ouen Ouang)"

이것은 곧 그가 『중화제국전지』 제2권을 읽었다는 좋은 증거가 된다. 또한 1796년 그는 실러(Schiller)에게 보내는 편지 속에서 중국 소설인 『호구전好逑傳』을 언급하고 있다. 1813년 10월 2일부터 16일까지의 일기에는 모두 'Sinica'(중국)라는 문구가 기입되어 있다. 그 때가 바로 괴테가 중국에 대해서 가장 감흥을 가지던 시기이며, 또한 독일이 생존을 다투던 가장 위급한 시기였다. 괴테는 원곡 『노생아老生兒』, 『조씨고아』, 『호구전』, 『옥교리玉嬌梨』, 『화전기花箋記』, 『금고기관』, 『백미신영百美新詠』을 읽었을 뿐더러 바이마르(Weimar) 대도서관에서 많은 중국 여행객의 저작, 예컨대 마르코 폴로의 『동방견문록』, 기뉴의 『북경유기北京遊記』, 배로(Barrow)의 『북경에서 광주에 이르기까지의 여행기』(由北京至廣州旅行記) 등을 빌린 것으로 보아 그가 중국 문화에 매우 경도되었음을 알 수 있다. 엑커만(T. P. Eckerman)은 일찍이 1823~1832년에 괴테와 나눈 담화를 기록했는데 그 가운데 중국 소설을 언급한 부분이 있다.

> 괴테의 집에서 식사를 하면서 그와 대화를 나눈 적이 있다. "나는 당신과 헤어진 뒤로 … " 그는 계속해서 말을 이었다. "요즘 며칠 동안 많은 종류의 책을 읽었습니다. 특히 중국 소설 한 권을 접하게 되었는데 아직도 그 책을 읽는 중입니다. 내용이 매우 흥미진진합니다." 내가 말했다. "당신은 중국 소설을 읽고 있습니까? 아마도 매우 색다른 내용이겠지요?" 이에 괴테는 "일반 사람들의 선입견처럼 결코 그렇게 특이하지는 않습니다"라고 하면서 말을 이었다. "그들은 거의 우리와 똑같은 방식으로 생각하고 행동하며 느낍니다. 독자들은 오래지 않아 그들이 곧 자신과 유사한 사람이라는 것을 깨달을 것입니다. 그들의 세계는 모두가 더욱 깨끗하고 청순하며 태도가 고상하고 우아할 따름입니다. 그들은 모두 합리적이고도 시민적이어서 그다지 열정과 시적 격앙은 없는 편입니다. 때문에 나의 『헤르만과 도로테아』(*Hermann und Dorothea*) 외에 리처드슨(Richardson)의 영국 소설과 비슷한 점이 매우 많습니다. 하지만 양자는 또한 차이가 있습니다. 말하자면 그들에게 있어서 외부의 자연계는 항상 사람의 형상(Figur)과 더불어 살아가고 있습니다. 그들은 항상 금붕어가 연못에서 헤엄쳐 뛰놀고 새가 가지

위에서 우는 것을 듣습니다. 낮은 항상 맑고 상쾌하며 밤은 항상 청명합니다. 자주 달을 말하지만 달은 결코 풍경을 바꾸는 법이 없이 낮과 같이 밝게 상상됩니다. 그리고 집안의 모습 역시 그들의 그림과 같이 정결하고 아름답습니다. 이를테면 '나는 사랑스러운 여자들의 웃음소리를 들어보았다. 내가 그녀들을 보았을 때 섬세하고 아름다운 등나무 의자 위에 앉아 있었다'고 말합니다. 당신은 여기서 극히 귀여운 정경을 떠올릴 수 있을 것입니다. 극도의 편안함과 섬세함을 연상하지 않는다면 단연코 등나무 의자를 생각해낼 수 없기 때문입니다. 그리고 무수한 전설들이 항상 이야기 속에서 속담처럼 인용됩니다. 가령 한 여자의 이야기가 나온다고 합시다. 그러면 그 여자는 의례 다리가 가볍고 가늘고 섬세하여 꽃 위에 올라서더라도 꽃이 부러지지 않습니다. 또한 한 청년이 등장하면 그의 현덕賢德과 재주가 이를 데 없이 뛰어나 30세에 황제와 담화하는 영광을 얻습니다. 또한 한 쌍의 연인이 등장하면 그들은 의례 오랫동안 교제하면서도 서로의 감정을 자제합니다. 간혹 그들이 부득이하게 한 방에서 밤을 함께 보내더라도 밤새 이야기만으로 시간을 보낼 뿐 서로 접촉하지는 않습니다. 이처럼 무수한 전설들은 모두 예의 바르고 도덕적입니다. 바로 이러한 일체 사건 속의 엄숙한 절제 때문에 중국은 몇 천 년 동안이나 계속 존재할 수 있었던 것입니다." 내가 말했다. "당신이 읽고 있는 소설들은 중국 소설 중에서 극히 좋은 작품이 아닙니까?" 이에 괴테는 "결코 그렇게 좋은 작품만은 아닙니다"라고 대답하며, "이와 같은 소설이 중국에는 수천 종이나 존재합니다. 우리들의 선조가 수풀 속에서 생활하던 때에도 그들은 이미 소설을 가지고 있었습니다"라고 했다.[16)]

『파우스트』 속에 표현된 중국 사상

괴테는 중국 소설에서 중국인의 '일체 사건 속의 엄숙한 절제'를 꿰

뚫어 보았고 중국인의 이른바 '예의 도덕'은 곧 공자의 인생관임을 간파하였다. 주지하다시피 괴테는 위대한 작가이다. 그는 중국 문화의 정화를 발견하는 데 그치지 않고 더 나아가서 중국 소설을 본받는 데 힘썼다. 이를테면 원곡 『조씨고아』의 내용은 괴테의 손을 통해 『엘페노르』(*Elpenor*)라는 제목의 희곡으로 바뀌었다. 실러 역시 중국 문화에 흥미를 느낀 나머지 공자의 『논어』 일부분을 번역하였다. 또한 『호구전好逑傳』을 번역하기도 하였다. 중국의 서정시는 괴테에게 더욱 큰 영향을 주었다. 괴테는 1727년 1월 31일 이후의 일기에서 자신이 중국의 시를 연구했다는 사실을 언급하고 있다. 또한 독일어로 중국의 시를 번역하여 『중국의 시』라는 제목을 붙였다가, 다시 『중국여시인中國女詩人』으로 고쳤다고 말하고 있다. 그는 『백미도영百美圖詠』에 의거해서 매우 유명한 『중덕계일즉경中德季日卽景』을 완성시켜 중국의 근본 정신을 시 속에 충분히 표현했다. 가령 제11수에서는 우주상의 만사만물은 시시각각으로 모두 변화하지만 그 변화하는 가운데도 또한 변하지 않는 것이 있다고 했다. 그런데 이 대목은 그야말로 중국 『역경』의 영향이라고 하지 않을 수 없다. 한편 라이히바인에 의하면 괴테의 중국 문화에 대한 태도는 전기와 후기로 나누어 볼 수 있다고 했다.[17] 젊은 시절 중국 문화에 대한 그의 소견은 단지 피상적인 것에 불과했으며 중국 문화에 대한 진정한 인식은 1813년 이후(그는 이미 70세의 고령이었다)의 일이라는 것이다. 그는 중국의 온유하고 돈후한 인생관에 대해 매우 찬미적인 태도를 취하면서 유럽보다 우수하다고 생각했다. 하지만 괴테는 어디까지나 유럽인이었으므로 그리스 문화가 그 체體가 되어야 하고 중국 문화는 단지 용用이 되어야 한다고 생각했다. 빌헬름은 일찍이 동서 문화의 융합을 강변하는 그의 시詩를 인용하고 있다.

동서 두 대륙은
더 이상 갈라질 수 없다.
누구인가, 박식한 사람들이여!
마땅히 이것을 알아야 한다.
두 세계를 서로 연구하는 것이
곧 나의 희망이요,
동서가 서로 교류하는 것이
또한 나의 희망이다.

또한 괴테의 『파우스트』(*Faust*)에 등장하는 '결정結晶된 인간 족속'(Crystallized humanity)은 곧 중국인을 말하는 것으로 괴테가 만년에 희망한 경지였다.[18]

메피스토펠레스:
그는 장수한 사람인지라,
많은 경험을 쌓았다네.
장수하는 사람에게 이 세상은
단연코 신기한 일이란 없네.
예전 내가 여행할 적에
결정된 인간 족속을 본 적이 있네.[19]

괴테의 시와 소설 속에 표현된 사상은 사실 독일의 정신 혁명이 문학 속에 표현된 것이라 할 수 있다. 그러므로 괴테가 그의 문학 속에서 중국 사상을 표현하고 있다는 사실은 독일은 정신 혁명이 중국 사상의 영향을 받았음을 말해 주는 것이라 하겠다.

2. 고전철학과 중국 문화

1) 고전철학의 대표 인물

라이프니츠 - 볼프 학파

독일의 계몽운동은 관념론 철학이 중심을 이룬다. 관념론 철학의 기원을 거슬러 올라가면 직접적으로는 라이프니츠와 볼프의 영향에 닿고, 간접적으로는 중국 사상의 영향에 닿아 있음을 알 수 있다. 칸트의 초기 사상은 사실 라이프니츠 - 볼프 학파에 속한다. 칸트는 원래 할레 출신인 볼프의 사숙 제자였다. 볼프는 일찍이 『신앙과 이성의 합일』이라는 논문을 저술해 사람들에게 찬사를 받은 바 있다. 칸트의 초기 저작에는 그가 라이프니츠와 볼프의 영향을 받았다는 사실이 곳곳에 드러나 있다. 또한 『순수이성비판』에서는 볼프의 철학을 적극적으로 옹호하는 입장을 보인다.[20]

> 비판이 지시하는 계획의 수행, 즉 장차 이룩해야 할 형이상학의 체계에 있어서 우리들은 저 유명한 볼프, 독단적 철학자 중에서도 가장 위대한 이 철학자의 엄밀한 방법에 따라야 할 것이다. 볼프는 원리를 법칙에 따라서 확립하고 개념을 명료하게 한정하며 증명을 엄밀히 검토하고 추론에 있어서의 대범한 비약을 방지함으로써 학문의 확실한 길을 얻을 수 있다는 실례를 처음으로 보여준 인물이다(그의 이러한 실례에 의해서 그는 독일에 있어서 오늘날까지도 사라지지 않고 있는 철저한 연구 정신의 창시자가 되었다). 그렇기 때문에 그는 기관, 즉 순수 이성 자체를 비판함으로써 미

리 이 학문의 영역을 정리해 두는 데는 채 이르지 못한 것이다. 그런데 이러한 결함은 볼프 자신의 책임이라기보다는 오히려 당시의 독단론적인 사고 방식에서 유래한 것으로 이에 대해서는 그와 동시대의 철학자 혹은 그 이전의 모든 철학자도 서로 비난할 수 없다고 하겠다. 볼프의 학문적 방법뿐만 아니라 동시에 순수 이성 비판의 방법까지도 부인하는 사람들은 학문에 특유한 구속을 모두 떨쳐 버리고 노력을 장난으로 바꾸고 확실한 인식을 억견으로, 또한 애지愛知(Philosophie)를 애설愛說(Philodoxie)로 바꾸는 것만을 생각하고 있는 사람들이다.[21)]

주지하다시피 볼프는 독일어를 통해서 매우 대중적으로 중국 철학을 선전한 인물이다. 그가 비록 순수 이성의 비판을 생각해내지 못했다고는 하지만 그는 중국의 이성주의를 응용해 비판의 기초로 삼음으로써 위대한 철학자가 되었다. 또한 독일의 관념론 철학이 그 영향을 받았음은 결코 의심할 수 없는 사실이다. 이것은 곧 관념론 철학자들이 설사 중국 사상과 직접적인 관계는 없다고 하더라도 간접적인 관계마저 부정할 수는 없음을 보여주는 예라고 하겠다.

칸트(Immanuel Kant, 1724~1804)

독일의 위대한 철학자 칸트는 출생지인 쾨니스버그(Königsberg) 대학에서 볼프의 철학을 연구했으며 그가 겪은 학문적 불운 역시 볼프와 큰 차이가 없었다. 그의 노년 시절 프리드리히 사후死後에 나타난 반동이 그에게 잠시나마 고뇌를 안겨 주었다. 1794년 10월 1일 프리드리히 빌헬름 2세는 내각 명령을 내려 그의 자유주의적 종교철학을 비난하기에 이르렀던 것이다. 만일 그가 계속해서 이러한 경향으로 흘렀다면 더욱 강력한 법률적 조치가 그에게 가해졌을 것이다. 칸트는 성명서를 통해 금일 이후부터는 종교 문제에 관해서 쓰지도 않고 더 이상 말하지도 않겠다고 했다. 칸트가 비록 볼프와는 달리 공자 철학에 대해서는 언급하지 않았지만 그의 이러한 이성파 철학과 종교 신앙의 다툼은 동일선상에서 철학 문화와 종교 문화의 투쟁을 대표하는 것이라 하겠다. 그의 사상은 의심할 것도 없이 간접적으로 중국 사상의 영향을 받은 것이다. 칸트의 저작 『영구평화론』 중 제2장에는 일단의 중국에 관한 장주長註가 있는데 "중국의 다신교는 곧 무신론이다"[22]라는 주장을 펴고 있다. 아울러 고대 중국과 유럽의 교통 문제에 대한 그의 언급은 칸트가 중국 문화에 얼마나 관심이 있었는지를 보여주는 예라 하겠다.

한편 라이프니츠의 이진법은 앞에서도 설명했듯이 중국 사상과 밀접한 관계를 맺고 있다. 그런데 이 이진법은 사실상 일종의 관념론적 변증법으로서 칸트는 그것에 기초해 '이율배반二律背反'의 변증법적 사유를 이끌어냈다. 칸트로부터 피히테·셸링·헤겔에 이르기까지 모두가 라이프니츠의 변증법적 영향을 통해 간접적으로 중국 사상의 영향을 받았던 것이다. 피히테의 이른바 "개인의 철학은 다름 아닌 그 사람의 인격의 표현이다"라는 말은 그야말로 실천을 중시하는 중국 문화의 근본정신을 표현한 것이라 하겠다.

셸링(F. W. Joseph von Schelling, 1775~1854)

셸링의 철학을 그의 동시대 사람은 '동방주의'라고 일컫기도 했다. 가령 포이에르바하(Feuerbach)는 1839년에 지은 『헤겔철학비평』의 서두에서 셸링과 헤겔의 차이를 다음과 같이 언급했다.

> 동방인은 통일 때문에 차별을 간과하고 서방인은 차별 때문에 통일을 소홀히 한다. 또한 동방인은 영원불변에 대해서 냉담한 것은 물론 심지어

무감각 상태라고 할 정도로 둔하기 짝이 없다. 이에 비해 서방인은 그 차별과 다양한 감각성에 대하여 마치 환상가처럼 열광한다. … 셸링 철학은 본래 외래종, 즉 고대 동방과 동일성을 가지면서 게르만 땅에서 잉태되었다. 이 때문에 셸링 학파는 동방적인 성향을 띠었고 그것은 또한 그 학파의 본질적 성향이 되었다. 이와는 반대로 서방에 대한 편향과 동방에 대한 경멸은 헤겔 철학 및 그 학파의 두드러진 특징이 되었다.[23]

여기서 셸링과 헤겔의 차이는 중국주의와 그리스주의의 차이라 하겠다. 셸링의 중국 철학적 경향, 즉 고대 동방과의 동일성은 역시 자세한 검증을 하지 않아도 자명한 것이다.

2) 헤겔의 중국론

『역사철학』 속의 중국

헤겔(G. W. F. Hegel)이 비록 서방주의자이긴 하지만 유럽의 철학 시대는 사실 헤겔에 이르러 그 정점에 도달함으로써 일대 전환을 가져왔다고 할 수 있다. 헤겔 이후는 이미 과학 시대이지 철학 시대가 아니다. 이것은 나의 견해만이 아니라 엥겔스(Engels, Friedrich, 1820~1895)가 포이에르바하를 논하면서 언급한 유명한 말이다. 헤겔의 입장에서 본다면 그가 비록 동방주의를 경멸했다고는 하지만 동방 사상과 전혀 관계가 없는 것은 아니다. 헤겔이 중국 사상에 어떤 태도를 취했는지에 대해서는 비트포겔(K. A. Wittfogel)이 지은 『헤겔의 중국관』에 자세히 언급되어 있다.[24] 헤겔은 중국 문제에 특별한 관심을 가지고 있었다. 당시 유럽의 혁명가들이 중국 사상에 심취했음은 물론 심지어 중국 열풍에 휩싸였으므로 그 역시 중국을 각별히 중시하지 않을 수 없었던 것이다. 헤겔의 중국 사회에 대한 찬미는 거의 볼테르와 막상막하일 정도이다. 그는 『역사철학』에서 다음과 같이 말하고 있다.

> 중국에는 황제를 빼놓고는 원래 특권 계급이라든가 귀족은 존재하지 않는다. 단지 황자皇子들과 대신의 자식 등이 약간의 특권을 가질 뿐이고 그것마저도 신분·출생에 의한 특권이라기보다는 오히려 그의 지위에 의한 것이다. 그밖에는 모두 일률적으로 평등하며 행정의 수완을 가지는 자만이 정무政務에 참여하는 데 지나지 않는다. 이런 이유로 높고 중요한 자리는 학문적 교양이 있는 자들이 차지하게 된다. 그러므로 중국이란 국가는 흔히 우리가 모범으로 삼을 만한 하나의 이상으로서 거론되는 것이다."[25]

그러나 헤겔은 프랑스의 볼테르와 같은 부류에 속하는 사람이 아니었다. 그는 평등을 중시하지 않았다. 그의 『역사철학』에서 동방 세계, 예컨대 중국은 그의 이론적 기점에 불과했다. 그는 중국의 역사에는 발전성이 없다고 했다. 헤겔의 관점에서 중국이란 단지 하나의 '계급도 신분도 없는 국가'일 뿐이었다. 이런 이유로 그는 중국을 발전의 가장 낮은 단계에 위치시켰고 중국에 대해 제멋대로 악평을 가했던 것이다.

그렇지만 우리는 다음 사실에 주의를 기울여야 할 것이다. 헤겔이 비록 동방주의에서 서방주의로, 즉 철학 문화에서 과학 문화로 옮겨가는 과도기적 인물이라고는 하지만 그는 사실 중국의 사상·역사에 대해 매우 치밀한 연구를 수행하였다. 비트포겔이 말한 것처럼 "헤겔이 구체적으로 중국을 알 수 있게 된 것은 순전히 프랑스 예수회의 노력 때문이다. 헤겔은 일찍이 『통감강목通鑑綱目』을 읽었을 뿐만 아니라 백과전서 중 예수회 선교사가 수집한 『중국집람中國集覽』을 읽었다. 여기서 그가 얻었던 성과는 여러 단편적인 정치적 기록들보다 훨씬 많았다. 이집람 속에 수집된 고대 중국 문헌의 번역서 외에도 헤겔은 기타 각종 번역서들을 구비하고 있었다. 또한 아벨 레뮈자가 번역한 소설 『옥교리玉嬌梨』(Ju-Kiao-Li)를 읽은 적도 있다. 헤겔은 이와 같은 갖가지 참고 자료를 통해서 많은 지식을 갖추었다고 스스로 느꼈다. 그래서인지 '우리는 이제 중국을 이미 확실히 잘 인식한다. 우리는 중국 문학과 그것의 전체적인 생활, 그리고 역사의 깊은 지식까지 이미 소유하고 있다'고 했다."

중국 문화의 장단점

헤겔은 중국의 문학과 예술을 매우 찬미하고 있는데 여기에도 우리는 주의를 기울일 필요가 있다. 그는 "우리가 소장하고 있는 중국의 시詩 중에는 온유한 연애 관계를 묘사한 것이 있는가 하면 겸손·수치·양보·따뜻함이 표현되어 있기도 하다. 사람들은 그것을 유럽 문학의 훌륭한 작품들과 서로 비교해 볼 수 있을 것이다."

그러므로 예술에 대해서도 그는 더욱 중국 문화를 찬미했다.

> 그들이 여기서 보여주고 있는 기술, 예컨대 매우 정교한 조각 기술로 얇디얇은 동판에 모조한 곤충집은 비할 바 없이 탁월하다. 이처럼 뛰어난 야금 주조 기술을 이용해 그들은 무려 15피트 높이의 탑을 만들어 냈다. 이 탑에는 9층에 걸쳐 수많은 장식품들이 매달려 있다. 자기瓷器 공정의 섬세하고 아름다움은 누구나 다 아는 사실이다. 또한 폭죽은 영국인의 보고에 따르면 매우 기술적이면서도 찬란한 빛을 발산한다고 한다. 무용은 주요한 연구 대상이 되었음은 물론 매우 완성도가 있다. 그들의 원예술園藝術 역시 유명해서 매우 아름다운 화원을 이루고 있다. 특히 둘러싸인 담장가의 호수, 강, 별장, 욕장 등은 더없이 훌륭하다. 그들은 이미 예술을 통해

자연을 보조했던 것이다.[26]

헤겔은 물론 중국의 예술은 이상이 결핍되어 있다고 지적하였고, 또한 중국 정신의 근본 결점으로 과학의 결여를 지목하였다. 예컨대 그는 공자의 도덕에 관한 저작이 보여주는 솔로몬의 격언과도 같은 서술 방식이 훌륭하지 않은 것은 아니지만 결국 과학적이지는 못하다고 생각했다. 이러한 점은 페늘롱의 중국 문화 비판의 영향을 받은 것으로 보인다. 또한 라이프니츠가 중국 문자를 이용해 보편 문자를 개발할 수 있다고 말한 것에 관해서 헤겔은 다음과 같이 생각했다. "중국에서 쓰이는 문자는 표상(관념) 그 자체를 기호에 의해 나타내는 것이다. 이것은 언뜻 보기에 큰 장점을 가지고 있는 듯하여 많은 위대한 사람들, 특히 라이프니츠를 감탄시켰다. 그러나 사실은 그와 정반대이다." 그는 여기서 많은 증거를 들고 있는데 이것 역시 유럽 학술이 진보했음을 보여주는 대목이라 하겠다. 총괄하건대 비록 헤겔이 서방주의자이기는 했지만 그는 분명 중국에 관심을 기울였고 심지어 중국을 찬미하기까지 했다. 이것은 간과할 수 없는 사실이다.

더욱이 그의 근본적인 사유 방법은 바로 변증법이다. 일찍이 포이에르바하가 셸링을 비판했던 것과 같이 이것은 중국의 사유 방법이 게르만족의 땅 위에서 배태된 것이라고 말할 수 있다. 헤겔은 그의 『역사철학』에서 변화의 범주를 말할 때 갱생하는 새를 가지고 비유하면서 이것은 동방의 가장 위대한 사상이자 동방 형이상학의 최고의 사상이라고 여겼다. 이것으로 보더라도 그의 철학은 여전히 동방주의적 흔적을 벗어나지 못하고 있음을 알 수 있다.

헤겔 이후 포이에르바하에서 마르크스에 이르기까지는 완전히 철학 시대에서 과학 시대로 전환될 때라고 해야 할 것이다. 마르크스는 『경제학비판서문』에서 경제의 발전 단계를 말하면서 '고대적, 봉건적, 그리고 자산 계급적' 생산 양식 앞에 특히 이른바 '아시아적' 생산 양식이 있다고 했다. 이것은 의심할 것도 없이 헤겔의 영향이다. 마르크스는 1850년 1월에 일어난 태평천국혁명을 논하면서 중국 사회주의를 유럽 사회주의와, 헤겔 철학을 중국 철학과 비교하고 있는데 우리는 여기서 독일 관념론 철학이 어떻게 중국과 관계를 맺었는지 한층 더 절감할 수 있다. 그러나 헤겔은 결국 철학 시대에서 과학 시대로 진입하는 과도기적 인물이다. 과학 문화가 대두함에 따라 중국 사상의 유럽에 대한 영향은 그야말로 공을 이루고 은퇴하는 시기로 접어들었다.

3. 쇼펜하우어의 중국 문화관

1) 『자연의 의지』에 나타난 중국 문화

헤겔이 서방주의자라고 한다면 쇼펜하우어(Arthur Schopenhauer, 1788~1860)가 제창한 자연 의지의 철학은 의심할 것도 없이 그를 동방주의자로 보게 만든다. 쇼펜하우어는 헤겔과 함께 베를린 대학에 있었지만 당시 기세가 드높았던 헤겔 철학과는 반대의 길을 걸었다. 그는 칸트를 계승했으면서도 칸트의 철학이 절반의 성공밖에 이루지 못했다고 여겼다. 그는 세계는 의지가 만드는 것이라 주장함으로써 "이 세계는 곧 나의 표상이다"라고 했다. 그의 명저인 『의지와 표상으로서의 세계』(*The World as Will and Idea*)는 지금까지 인도 불교의 영향을 받은 것으로만 생각되어 왔다. 그러나 당시 유럽에는 아직 인도 사상이 널리 알려져 있지 않았으므로 역시 중국으로부터 간접적으로 유럽에 전입된 것으로 볼 수밖에 없다. 헤겔은 중국 사상의 영향을 인정하지 않았지만 쇼펜하우어는 스스로 그와 주자朱子의 학설이 서로 비슷하다고 시인했다. 이것이 바로 그가 중국 사상과 밀접한 관계에 있다는 점을 말해 주는 대목이라 하겠다.

그에게는 사람들의 주목을 거의 받지 못한 한 권의 책, 즉 1836년 출판되었다가 1854년에 재판된 『자연의 의지』[27]라는 저서가 있다. 이 책은 경험 과학의 여러 분야를 언급한 것으로 모두 10장으로 구성되어 있으며 본문의 내용은 다음과 같이 나뉜다.

① 생리학과 병리학　② 비교 해부학
③ 식물 생리학　④ 물리 천문학
⑤ 언어학　⑥ 동물과의 교감과 마술
⑦ 중국학　⑧ 윤리학

여기에서 특히 주목되는 점은 이 책이 '중국학'을 하나의 장으로 구분하여 경험 과학, 예컨대 생리학, 해부학 등과 함께 병렬시켰다는 사실이다. 이것으로 볼 때 그가 중국을 얼마나 중요하게 생각했는지 잘 알 수 있다.

2) 유교, 불교, 도교에 대한 평가

그가 기술하고 있는 '중국학'의 내용을 살펴보면 17·18세기 예수회 선교사의 보고에 의거해 중국의 종교 현황을 인식했음을 알 수 있다. 그는 일반적인 자연 숭배와 영웅 숭배, 그리고 그 밖의 주요 세 종교를 설명하고 있다.

① 도교道敎: 노자를 시조로 삼는다. 이른바 '도'란 만유의 세계 정신을 포괄하며 요지는 불교와 비슷하다.

② 공교孔敎: 학자와 정치가에 의해 숭배된다. 그 책은 특이한 점 없이 평범하다. 정치적 의미가 짙게 깔린 도덕 철학의 성격을 가지고 있으며, 형이상학적 기초가 결여되어 있다.

③ 불교佛敎: 일반 백성들에 의해 신앙되는 고상한 종교로서 이론적 설명이 출중하고 내용이 충실하다. 신앙자의 숫자만 보더라도 세계에서 가장 우월한 종교임에 틀림없다.

쇼펜하우어는 중국에는 세 가지 종교가 있지만 그 중에서도 불교가 가장 발달되어 있다고 생각했다. 다만 삼교三敎는 결코 서로 충돌하는 일이 없기 때문에 '삼교합일'이란 말이 있다고 했다. 중국 군주는 대체로 삼교를 모두 믿는데 최근 황제가 특별히 불교에 귀의했다고 전한다고 하였다. 쇼펜하우어는 불교에 대해 가장 흥미를 느꼈다. 그는 부주附註에 유럽의 글 가운데는 불교에 관한 역서와 저작이 매우 흔하게 보인다고 언급하면서 독자를 위해 대략적인 것들을 소개했다.[28] 그러나 그가 비록 불교의 영향을 받았다고는 하지만 그의 불교 지식은 여전히 '중국학' 내에서 얻은 것일 뿐이었다.

3) 쇼펜하우어가 주자 철학에서 받은 영향

쇼펜하우어가 비록 공교孔敎를 비판하고는 있지만 주자 철학의 가치에 대해서는 인정하는 입장을 취하였다. 당시 예수회파 선교사들이 일으킨 중국의 전례 논쟁은 그에게도 영향을 끼쳤다. 『자연의 의지』에는

1826년 『아세아저널』 제22책에 게재된 「중국의 창세론」이란 글이 인용되어 있다. 여기서 12세기 인물인 주부자朱夫子(Tschu-Fu-tze) 혹은 주희(Tschu-hi)는 그야말로 중국에서 가장 유명한 학자로서 그의 학설이 현재 중국 교육의 기초를 이룬다고 서술했다. 이 논문 41~42쪽에는 아래와 같은 말이 기록되어 있다.

> '천天'이라는 말은 모든 위대한 것 중에서 가장 위대한 것으로 인식된다. 그것은 지상의 모든 것과 비교해 보아도 가장 위대하다. 그러나 일반적인 용법에 있어서 이 말의 뜻은 그다지 명료하지 않다. 유럽에서 말하는 '하늘'(heaven) 역시 막연한 의미인데 중국은 더욱 심하다. 주자의 말에 의하면 하늘은 결코 죄악을 판결할 수 있는 인류 개인만 같지 못하지만 그렇다고 해서 하늘이 세상 사물에 대해 최고의 조절(control)을 할 수 없다고 말한다면 이것 역시 옳지 못하다고 하였다. 어떻게 해야 자연의 마음을 인식할 수 있느냐고 묻는다면 주자는 다음과 같이 말할 것이다. 자연의 마음에 지능이 없다고는 말할 수 없겠지만 자연의 마음과 인류의 사고는 결코 같지 않다고 말이다. 어느 곳에선가 그는 "하늘은 자연의 조절자 또는 지배자이며 최고의 권력을 가진 개념이다"라고 했다. 그는 또 다른 곳에서 다음과 같이 말했다. "만일 하늘에 마음이 없다면 틀림없이 소가 말을 낳을 것이며 복숭아나무에서 오얏꽃이 필 것이다. 따라서 거기에는 오히려 본래부터 정해진 것이 있다." "하늘의 마음은 그것이 실현되는 인의人意 속에서 증험할 수 있다."[29]

쇼펜하우어는 이 부분을 인용하면서 마지막 부분의 설명은 자신의 학설과 극히 부합되며 이것은 가히 놀랄 만한 사실이라고 했다. 이 논문은 그의 책 『자연의 의지』보다 8년이나 늦게 출판되었다. 만약 그렇지 않았다면 그의 학설이 장차 주자로부터 왔다고 인식될 수도 있는 일이었다. 쇼펜하우어는 일찍이 다음과 같이 말한 적이 있다. "새로운 사상에 대응하는 데는 세 가지 무기가 있다. 첫째는 내버려두고 상관하지 않는 것이고, 둘째는 그것이 통행될 수 없다고 말하는 것이며, 셋째는 이러한 사상은 '옛날부터 이미 있었다'고 말하는 것이다. 그러나 나의 근본 사상은 중국 서적에서 얻은 것이 아니다. 가장 좋은 증거는 내가 중국어를 알지 못한다는 점이다. 아직 알지도 못하는 중국 원서 속에서 이러한 사상을 얻었다고는 할 수 없기 때문이다. 나는 지금 직접적으로 중국어를 읽을 수 없음은 물론 번역서를 보는 것에도 역시 문제가 있다. 앞으로 중국과 유럽의 교통이 더욱 편리해진다면 좀 더 나은 설명을 할 수 있을 것으로 기대한다." 이상의 내용은 단지 쇼펜하우어의 말일 뿐이며 사실 주자 철학은 1735년에 이미 유럽에 소개되었다. 쇼펜하우어의 철학, 즉 자연 의지설에 있어서 그가 스스로 인정하든 인정하지 않든 간에 주자와 밀접한 관계를 맺고 있다는 점은 결코 의심할 수 없는 사실이다.

4) 결론

지금까지 서술한 내용을 통해 하나의 결론을 얻을 수 있다. 그것은 독일의 관념론 철학이 사실상 중국 사상의 영향을 받았다는 점이다. 이를 확대해 보면 18세기 유럽의 '철학 시대'는 사실 중국 철학의 영향, 특히 송유 이학의 영향임을 간파할 수 있다. 만일 이것이 틀림없는 역사적 사실이라면 한 시대의 획을 긋는 이 역사적 사실의 발견은 반드시 향후 중국·유럽 문화사와 사상사 연구의 모든 면모를 일신케 할 것이다. 〔終〕

주 석

제1장 유럽의 문예부흥과 중국 문명

1) Walter Pater, *The Renaissance*, New York Modern Library, 1919, 1~2쪽. "The word Renaissance, indeed, is now generally used to denote not merely the revival of classical antiquity which took place in the fifteenth century, and to which the word was first applied, but a whole complex movement, of which that revival of classical antiquity was but one element or symptom. For us the Renaissance is the name of a many-sided but yet united movement, in which the love of the things of the intellect and the imagination for their own sake, the desire for a more liberal and comely way of conceiving life, make themselves felt, urging those who experience this desire to search out first one and then another means of intellectual or imaginative enjoyment, and directing them not only to the discovery of old and forgotten sources of this enjoyment, but to divination of fresh sources there of new experiences, new subject of poetry, new forms of art, of such feeling there was a great outbreak in the end of the twelfth and the beginning of the following century."

2) J. A. Symonds, *Renaissance in Italy*, New York Modern Library, 1935, 제1장, 3~4쪽. "The word Renaissance has of late years received more extended significance than that which is implied in our English equivalent-the Revival of Learning we use it to denote the whole transition from the Middle Age to the Modern world; and though it is possible to assign certain limits to the period during which this transition took place, we cannot fix on any dates so positively as to say-between this year and that the movement was accomplished." 같은 책, 제17장, 443쪽. "What we call, for want of a better name, the Renaissance, was a period of transition from the Middle ages to the first phase of modern life. It was a step which had to be made, at unequal distances of time and under varying influences, by all the peoples of the European Community."

3) H. G. Wells, *The Outline of History, Being a plain History of Life and mankind*, New York, 1921, 제33장, 675쪽. "Now this story of Mongolian Conquests is surely the most remarkable in all history. The Conquests of Alexander the Great cannot Compare with

them in extent. And their effect in diffusing and broadening men's ideas, though such things are more difficult to estimate, is at least Comparable to the spread of the Hellenic Civilization which is associated with Alexander's adventure."

4) 張星烺, 『中西交通史料匯篇』, 2册, 2~6쪽. "몽고인의 서방 정벌에 따라 이전에 막혔던 길이 완전히 개방되어 각 민족은 한 자리에 모이게 됐다. 서방 정벌의 최대 결과는 전체 민족이 서로 옮겨 살도록 했다는 점이다. 공식적인 皇命 使臣들뿐만 아니라, 이름을 알 수 없는 상인, 선교사 및 군대 수행자 등 그 수를 헤아릴 수 없었다. … 이들 여행객이 귀국할 때 모두 동방의 각종 기술과 珍品을 가지고 왔다. 로마가 쇠퇴한 뒤부터 왕래 길이 막혀 중국인도의 生絲와 磁器가 사라진 지 오래되었는데 이때에 이르러서는 서구의 일상 용품이 될 정도였다. 그로 인해 호기심과 탐험심이 크게 발동되었다. 호기심과 탐험은 발전의 어머니이다. 당시 파리 대학은 타타르(Tatar)의 언어·문자·군사 상황에 대한 강좌를 마련할 것을 건의했다. 그 결과가 얼마나 중대했던가는 콜럼버스가 마르코 폴로가 말한 大汗國을 찾다가 예기치 않게 美洲 신대륙을 발견한 것만 보아도 쉽게 짐작할 수 있다. … 동서 두 문명에서 발원되어 형성된 사상은 타타르인에 의해 상호 교환됨으로써 크게 유익함이 있었고, 중세기 먹구름이 하늘에 가득 차 사람들이 하늘과 해를 바라볼 수 없을 때 몽고가 원정함에 따라 크게 광명이 드러났다. 당시 전쟁 중에 죽은 시체가 들과 성을 가득 메워 마치 인류의 참화인 것처럼 보였다. 하지만 청천벽력과도 같은 이 참변은 수백 년 동안 깊이 잠들었던 병든 나태의 꿈으로부터 깨어나게 했다."

5) 洪鈞의 『元史譯文證補』, 柯劭忞의 『新元史』, 多桑의 『蒙古史』 등을 참조하라.

6) H. G. Wells, *Outline of History*, 제33장, 675쪽. "We hear too much in history of the Campaigns and massacres of the Mongols, and not enough of their indubitable curiosity and zest for learning. Not perhaps as an originative people, but as transmitters of knowledge and method their influence upon the world's history has been enormous."

7) L. Thorndike, 『世界文化史』, 32장 참조.

8) Carter, *The Invention of Printing in China and its Spread Westward*, New York, 1925, Introduction, 1쪽. "Four great inventions that spread through Europe at the beginning of the Renaissance, had a large share in creating the modern world. Paper and printing paved the way for the religious reformation and made possible popular education. Gunpowder levelled the feudal system and created citizen armies. The Compass discovered America and made the world instead of Europe the theater of history. In all these inventions and others as well, China Claims to have had a Conepicuous part."

9) H. G. Wells, *Outline of History*, 제36장, 681쪽. "The popular imagination has always been

disposed to ascribe every such striking result to Marco Polo. He has become the type and Symbol for all such interchanges. As a matter of fact, these is no evidence that he had any share in these three importations. There were many mute Marco polo who never met their Rusticians, and history has not preserved their names."

10) 『後漢書蔡倫傳』. "自古書契多編以竹簡, 其用縑帛者, 謂之爲紙. 縑貴而簡重, 並不便於人, 倫乃造意用樹膚麻頭及敝布魚網以爲紙, 元興元年奏上之, 帝善其能, 自是莫不從用焉, 故天下咸稱蔡侯紙."

11) Chavannes, 馮承鈞 譯, 『紙未發明以前的中國書』, 『圖書館學季刊』, 第5號, 第1册을 참조하라.

12) B. Karlgren은 『中國語言學硏究』, 제5장, 96쪽에서 중국 종이와 유럽 문명의 관계를 서술하고 있다. 예컨대 "유럽에서 전반적으로 행해지고 있는 제지법은 13세기부터 이루어진 것이다. 이 시기 이전에는 양피지가 통용되었고, 인쇄술의 운용은 15세기의 일이다. 제지법이 전해지자 인쇄술도 오래지 않아 곧 널리 퍼지게 됐다. 이 사건은 서방의 문헌에 있어서 지극히 큰 의의를 함유한다고 하겠다."

13) Georg Jocob, 陳銓 譯, 「論東方對於西方文化之影響」, 『史地周刊』, 第79期. "蔡倫은 기원 후 약 100년에 태어났다. 그는 나무껍질, 삼, 해진 천, 낡은 그물을 가지고 종이를 만들었다. 751년(唐 玄宗 天寶 10年) 7월 아라비아의 국왕 지야드(Ziyad)는 중국 황제가 보낸 군대와 한바탕 전쟁을 치러 중국 군대를 격파하였다. 그때 종이를 만들 수 있는 많은 중국 군인을 포로로 잡아 사마르칸트(Samarkand)로 철군했다. 이들 중국인이 일을 시작한 지 오래지 않아서 羊皮와 기타 글씨 쓰는 데 사용되어 온 재료는 모두 쓰이지 않게 되었다. 『아라비안나이트』 속에 나오는 유명한 재상 法爾의 동생 加亞는 사마르칸트의 종이가 좋다는 말을 듣고서 곧바로 제지 산업을 바그다드(Bagdad)로 이식했다. 양피에서는 문서가 쉽게 개찬될 우려가 있었지만, 종이는 쉽게 위조할 수가 없었기 때문이었다. 당시 바그다드는 회교 세계의 중심이었던 터라 제지 산업은 점차 스페인으로 전해졌고 시칠리아(Sicily)에서 다시 歐美로 전파되었다."

14) Carter, *The Invention of Printing in China and its Spread Westward*, 84~85쪽을 참조하라. 종이가 중국에서부터 유럽으로 유입된 과정의 대요는 다음과 같다. ① 中國(105), ② 敦煌(150), ③ 樓蘭(200), ④ 尼雅(Niya, 250~300), ⑤ 吐魯番(399), ⑥ 사마르칸트(Samarkand, 751), ⑦ 바그다드(Bagdad, 793), ⑧ 埃及(약 900), ⑨ 이탈리아(1276), ⑩ 모로코(Morocco, 약 1100), ⑪ 스페인(1150), ⑫ 프랑스(1189), ⑬ 독일 뉘른베르크(1391), ⑭ 쾰른(Cologne, 1320?), ⑮ 영국(1494), ⑯ 美洲(1690)

15) Wells, *Outline of History*, 제34장, 718쪽. "Far more important is the question of the manufacture of paper. It is scarcely too much to say that paper made the revival of Europe possible. Paper originated in China, where its use probably goes to the second century B. C. ··· Good paper was not made in Christian Europe until near the end of the thirteenth

century, and then it was Italy which led the world. Only by the fourteenth century did the manufacture read Germany, and not until the end of that century was it abundant and cheap enough for the printing of book to be a practicable business proposition. Thereupon printing followed naturally and necessarily, and the intellectual life of the world entered upon a new and far more vigorous phase. It ceased to be a little trickle from mind to mind; it became a brood flood, in which thousands and presently scores and hundreds of thousands of mind participated."

16) Carter, *The Invention of Printing in China and its Spread Westward*, 제16장, 118쪽. "As the Mongol hordes moved eastward they were constantly in tough with peoples that knew how to print and as they adopted the culture of conquered lands, it was a culture based on printing that they adopted; As has already been pointed out, printing in China had just reached its highest point of achievement at the time of the Mongol Conquest, and during the period of Mongol Control three was no diminution in the number of printed books produced."

17) Carter, *The Invention of Printing in China and its Spread Westward*, 제16장, 119쪽. "In these Campaigns the Mongol armies came very Close to those places where the earliest block printing activities of Europe during the next century were carried on — Venice, prague, and the cities of Bavaria."

18) Carter, *The Invention of Printing in China and its Spread Westward*, 제16장, 117쪽. "China and Europe met—a China that for three centuries had been printing books—a Europe that was just waking up to the need of book. Just at the end of the period Mongol domination the first primitive block prints appeared in Europe. No Clear documentary evidence can be produced to show how block printing entered, but certain phases of the history of the Mongol period show points at which Europe was especially exposed to Far Eastern influence."

19) Carter, *The Invention of Printing in China and its Spread Westward*, 제16장, 120쪽.

20) 「동양의 서양 문화에 대한 영향」, 원문은 *Sinica*, VI Jahrgang(1931)Heff. 4에 실려 있다.

21) 陳元龍, 『格致鏡原·物原』. "魏나라 때 馬鈞이 처음 폭죽을 제조했고, 隋煬帝는 화약을 만들어 여러 가지 놀이를 했다."

22) Wells, *The Outline of History*, 제33장, 670쪽.

23) Georg Jocob, 陳銓 譯, 「論東方對於西方文化之影響」, 『史地周刊』, 第79期.

24) Carter, *The Invention of Printing in China and its Spread Westward*, 제12장, 92쪽.

25) F. Hirth, 馮攸 譯, 『中國阿刺伯海上交通史』, 商務印書館, 民國23年, 124~125쪽을 참조하라.

F. Hirth는 나침반이 중국에서 발명된 것이 아니라는 것을 고증했지만 桑原隲藏은 이를 반박했다.

26) Georg Jocob, 陳銓 譯, 「論東方對於西方文化之影響」, 『史地周刊』, 第79期.

27) Carter, *The Invention of Printing in China and its Spread Westward*, 제12장, 93쪽.

28) 朱彧, 『萍洲可談』. "해군은 지리를 알기 위해서 밤에는 별을 보고 낮에는 해를 본다. 분명하지 않을 때는 나침반을 본다." 이것이 곧 항해용 나침반이 사용되었다는 증거이다.

29) H. G. Wells, *Outline of History*, 제34장, 741쪽. "The high seas called for the sailing ship, and in the fourteenth and fifteenth centuries it appears keeping its course by the compass and the stars."

30) Auguste Comte, 石川三四郎 譯, 『實證哲學』, 하권, 제11장, 294~297쪽을 참조하라. 3대 발명을 보면 첫째는 나침반이고 둘째는 화약이고 셋째는 인쇄술이다.

31) H. G. Wells, *Outline of History*, 제34장, 749쪽. " … very largely through the Mongolian inventions of compass and paper, and under the stimulus of travel in Asia and of the grossing knowledge of eastern Asiatic wealth and civilization, come this astonishing blozing up of the mental, physical, and social energies of the Atlantic fringe."

32) 張星烺, 『中西交通史料匯篇』, 第2册, 1~4쪽.

33) A. C. Moule, *Christians in China before the year 1550*, 제8장, 216~240쪽; Latourette, *A History of Christian Missions in China*, 제5장, 61~77쪽; 樊國樑, 『燕京開教略』, 상권, 17~73쪽; 蕭若瑟, 『天主教傳入中國考』, 권11, 33~96쪽 등을 참조하라.

34) 蕭若瑟, 『天主教傳入中國考』, 권2, 40쪽. "교황 이노센트 4세(1243~1254)는 유럽 각 奉教國을 소집하여 프랑스 리옹(Lyon)에서 회의를 개최했다. … 그러나 병력 연합은 아무런 성과도 없는 헛된 꿈에 불과했다. 때문에 결국 교황은 부득이 별도로 하나의 계획을 생각해 내지 않을 수 없었다. 각 국을 연합시켜 공동의 적에 대항하여 적개심을 불태울 수 없을 바에야 선교사에게 사신의 직무를 맡겨 파견함으로써 몽고와 수호를 맺는다면, 혹 그 흉악하고 잔악한 짓을 그치게 할 수 있지 않을까 하는 데 생각에 미쳤다. 더구나, 조정에는 奉教 敬主한 인물이 매우 많다는 사실을 들었으므로, 혹시라도 칸을 설득해 철저히 회개시킬 수만 있다면 무형의 효과를 거둘 수 있을 터였다. 그리하여 戰火의 고통으로부터 영원히 벗어나고자 했다. 이보다 더한 근본적인 묘안은 없을 듯했다."

35) H. Yule, *Cathay and the Way Thither*, p. CXXIII, Preliminary Essay 96; 張星烺, 『天主教傳入中國考』, 48~54쪽; 石田幹之助, 『歐人の支那研究』, 제4장, 63~71쪽을 참조하라.

36) A. W. Pollard 英譯, *The Voyage of Johannes De Plano Carpini*; 向達 譯, 『柏郎嘉賓遊記』를 참조하라.

37) H. Yule, *Cathay and the Way Thither*, p. CXXIV, Preliminary Easay 97. "Now these

Cathayans of whom we have been speaking are heathen men, and have a written character of their own. Moreover it's said they have an Old and New Testament, and Lives of the Fathers, and religious recluses, and buildings which are used for churches as it were, in which they pray at their own times; and they say that they have also some saints of their own. They worship the one God, honour the Lord Jesus Christ, and believe in eternal life, but are entirely without baptism. They pay honour and reverence to our Scripture, and well disposed towards Christians and do many alms deeds. They pay honour and reverence to our Scripture, and well disposed towards Christians and do many alms deeds. They seem indeed to be kindly and polished folks enough. They have no beard, and in character of countenance have a considerable resemblance to the Mongols, but are not so broad in the face. They have a language of their own. Their betters as craftsman in every art practised by man are not to be found in the whole world. Their country is very rich in corn, in wine, gold, silver, silk, and in every kind of produce that tends to the support of mankind."

38) H. Yule, *Cathay and the Way Thither*, p. CXXIV, Preliminary Essay 98; 張星烺, 같은 책, 54~58쪽; 石田幹之助, 같은 책, 4장, 71~78쪽.

39) H. Yule, *Cathay and the Way Thither*, p. CXXV~CXXVII, Preliminary Essay 99. "Further on is Great Cathay which I take to be the country which was anciently called the Land of Seres. For the best silk stuffs are still got from them, and the people themselves called such stuffs Seric, the nation getting the name of Seres from a certain town of theirs. I was really given to understand that there is a town in that country which has silver walls and golden battlements. … There are first-rate artists in every kind of craft, and their physicians have a through knowledge of virtues of herbs, and an admirable skill in diagnosis by the pulse. But they don't examine the arime or know anything on that subject; this I know from my own observation. There are a great many of these people at Karakorum; and it has always been their custom that all the sons must follow their father's craft whatever to be … The common money of Cathay consists of Rieces of cotton lines are printed resembling the seal of Mangu Chan. They do their writing with a pencil such as painters paint with, and a single character of theirs comprehends several letters so as to form a whole word."

40) H. Yule, *Cathay and the Way Thither*, p. CXXXII, Preliminary Essay 104; 張星烺, 같은 책, 103~127쪽. 石田幹之助, 같은 책, 5장, 111~113쪽.

41) H. Yule, *Cathay and the Way Thither*, Vol. 1, 203쪽. "As far as I ever saw or heard

tell, I do not believe that any king or prince in the world can be compared to his majesty the Cham in respect of the extent of his dominions, the vastness of their population, or the amount of his wealth." 같은 책, "Here are many sects of idolaters holding various beliefs; and there also are many persons attached to religious orders of different sects, and wearing different habits; and these practice greater abstinence and austerity than our Latin monks."

42) H. Yule, *Cathay and the Way Thither*, vol. I, 183쪽; 張星烺, 같은 책, 127~136쪽.

43) H. Yule, *Cathay and the Way Thither*, 224~225쪽. "As to the wealth, splendour, and glory of this great emperor, the vastness of his dominion, the multitudes of people subject to him, the number and greatness of his cities, and the constitution of the empire, within which no man dares to draw a sword against his neighbour. I will say nothing, because it would be a long matter to write, and would seen incredible to those who heard it. Even I who am here in the country do hear things averred of it that I can scarcely believe …." 같은 책, "This a fact that in this vast empire there are people of every nation under heaven, and of every sect, and all and sundry are allowed to live are freely according to their creed. For they hold this opinion, or rather this erroneous view, that everyone can find salvation in his own religion. How be it we are at liberty to preach without led or hindrance …."

44) 樊國樑, 같은 책, 67쪽.

45) 英譯本 Everyman's Library 812, 第二部分 The-Journal of Friar Odoric, 231~278쪽. 漢譯本 郭棟臣 譯, 湖北崇正書局, 清 光緖15年刊本.

46) H. Yule, *Cathay and the Way Thither*, vol. I, 6~7쪽; 張星烺, 같은 책, 136~140쪽; 石田幹之助, 같은 책, 114~116쪽; Moule, *Christians in China before the year 1550*, Chap. IX, Western writers of the fourteenth century, 241~249쪽.

47) 樊國樑, 같은 책, 69쪽.

48) Yule, *Cathay and way thither*, 311~334쪽, 335~394쪽; Moule, *Christians in China before the year 1550*, Chap. IX, 252~264쪽; 張星烺, 같은 책, 147~221쪽; 石田幹之助, 같은 책, 5장, 118~119쪽.

49) Yule, *Cathay and way thither*, 335~336쪽. "… the Kaan or Chief Emperor of all the Tartare, a sovereign who holds the sway of nearly half the eastern world. and whose power and wealthy, with the multitude of cities and provinces and languages under him, and the countless number, as I may say, of the nations over which he rules, pass all telling."

50) Yule, 같은 책, 342쪽. "We abode in Cambalec about three years, and then we took our way through Manzi, with a magnificent provision for our expenses from the Emperor, besides about two hundred horses; and on our way we beheld the glory of this world in such a multitude of cities, towns, and villages, and in other ways displayed, that no ton-gue can give it fit expression."

51) 같은 책, 354~355쪽. "Now Manzi is a country which has countless cities and nations included in it, past all belief to one who has not seen them, besides great plenty of everything, including fruits quite unknown in our Latin countries. Indeed it has 30,000 great cities, besides town and boroughs quite beyond count. And among the rest is that most famous city of campsay, the finest the biggest, the richest, the most populous, and altogether the most marvellous city, the city of the greatest wealth and luxury, of the most splendid buildings that exists now upon the face of the earth, or mayhap that ever did exist When authors tell of its ten thousand noble bridge of stone, adorn with sculptures and statues of armed princes, it passes the belief of one who has not been there, and yet preadventure there authors tell no lie." / 같은 책, 355쪽. "There is Zayton also, a wondrous fine seaport and a city of in credible size, where our Minor Friars have three very fine churches, passing rich and elegant; and they have a bath also and fondaco which serves as a depot for all the merchants."

52) 張星烺, 같은 책, 221~224쪽, 「中國史書上關于馬黎諾里使節之各種記載」.

53) *The Travels of Marco Polo*, Book I, Chap. I~XVIII; 馮承鈞 譯, 『馬可波羅行紀』(上), 3~48쪽; 張星烺 譯, 『馬可波羅遊記』, 第1册, 2~55쪽.

54) Yule, *Cathay and way thither*, vol. II, 279~308쪽; 張星烺, 같은 책, 316~347쪽.

55) Yule, 같은 책, vol. I, p. CXXVI~CXXXVII, Preliminary Essay 109; 張星烺, 같은 책, 365~368쪽; 石田幹之助, 같은 책, 130~132쪽.

56) Yule, 같은 책, vol. I, Preliminary Essay 109. "He briefly notices Cambalec (Cambaleschia) and another city of great size which had been established by the emperor, to which he gives the name of Nemptai, and which was the most populous of all. He speaks of the great wealth of the country and of the politeness and civilization of the people, as quite on a par with those of Italy. Their merchants were immensely wealthy, and had great ships much larges than those of Europe, with triple sides and divided into water-tight compartments for security 'us' he says, 'they all Franks, and say that whilst other nations are blind, we see with one eye, whilst they are the only people who see with both.'"

57) 張星烺 譯, 『馬可波羅遊記』, 제1권, 3장·4장.

58) Yule, *Cathay and way thither*, p. CXXXV~CXXVI, Preliminary Essay 108; 張星烺, 같은 책, 357~365쪽; 石田幹之助, 같은 책, 5장, 124~127쪽.

59) Yule, 같은 책, 같은 곳. 張星烺, 같은 책, 356~357쪽. 石田幹之助, 같은 책, 127 ~128쪽.

60) H. G. Wells, *Outline of History*, 제33장, 675~681쪽. "The Travels of Marco Polo is one of the great books of history. It opens this world of the thirteenth century, this century which saw the reign of FrederickII and the beginnings of the Inquisition, to our imaginations as no mere historian's chronicle can do, It led directly to the discover of America."

61) Wells, 같은 책, Chap. XXXIII, 3, 681쪽.

62) *The Travels of Marco Polo*, p. XI, Introduction by John Masefield. "The wonder of Marco Polo is this — That he created Asia the European mind."

63) Yule, *Cathay and way thither*, vol. I, p. CXLI~CXLII, Preliminary Essay 116; 張星烺, 같은 책, 399쪽, 「哥崙布以後歐人之訪契丹」.

64) Yule, 같은 책, vol. I, p. CXLI~CXLII, Preliminary Essay 118; 張星烺, 같은 책, 163절·164절, 「鄂本篤訪契丹記」, 455~524쪽.

65) Adolf Reichwein, *China and Europe, Contacts of Europe with China*, 15쪽; Yule, 같은 책, p. CXLI, Preliminary Essay 114, Columbus sought Cathay; 張星烺, 같은 책, 373~374쪽, 제146절에는 "콜럼버스가 뜻을 세워 東遊하였다"고 했다. 같은 저자, 『馬哥波羅』, 30~33쪽, 「馬哥波羅遊記與哥倫布發明新世界之關係」, 『百科小叢書』本.

66) 張星烺, 같은 책, 375~382쪽; Yule, *Cathay and way thither*, p. CXXXIV, Preliminary Essay 111. 토스카넬리가 콜럼버스에게 보낸 두 번째 서신과 콜럼버스의 『여행기』 「序文」은 모두 율(Yule)의 책에는 없고 『匯篇』에 비교적 자세하게 나와 있다.

67) "And now to give you full information as to all those places which you so much desire to learn about, you must know that both the inhabitants and the visitors of all those islands are all traders, and that there are in those part as great a multitude of ships and mariners and wares for sale, as in only part of the world be the other what it may, And this is especially the case at a very noble part which is called Zaiton, where there load and discharge every year a hundred great pepper ships, beside a multitude de of other vessels which take cargoes of other spices and the like.(Here Toscanelli is drawing from Marco Polo as again below where he speaks of Quinsai — Yule.) The country in question is exceedingly populous, and there are in it many provinces and many kingdoms, and cities without number, all under the dominion of a certain sovereign who is called the Great Caan., a name which signifies the king of kings. The residence of this

prince is chiefly in the province of Cathay. …

And I myself discoursed at length with this ambassador on many subjects, as of the greatness of their royal buildings, and of the vastness, of their rivers in length and breadth, and he told me many things that were wonderful as to the multitudes of cities and towns which are built on the banks of those rivers; as that upon on river alone are to be found two hundred cities, all which have their marble bridge of great width and length and adorned with a profusion of marble columns. The country indeed is as fine a country as has ever been discovered; and not only may one have great gain, and get many valuable wares by trading thither, but also they have gold and silver and precious stones, and great abundance of all kinds of spices such as are never brought into our past of the world. And it is a fact that they have many men of great acquirements in philosophy and astrology, and other persons of great knowledge in all the arts, and of the greatest Capacity who are employed in the administration of that great territory, and in directing the ordering of battle"(by the paolo del Pozzo Toscanelli, in a letter addressed in 1474 to his friend Fernando Martinez. Canon of Lisbon, of which the writer afterwards sent a copy to Columbus. — Yule, Ibid.)

68) 劉麟生, 『哥倫布』, 33쪽. "콜럼버스가 처음 항해할 때 인디언을 보았는데 몸에 황금을 지니고 있었다. 그 황금의 출처를 물으니 남방의 大國인 古巴納干이라 했다. 그러나 우연히도 古巴納干은 쿠빌라이 칸(忽必烈 汗)과 그 발음이 비슷한 터였다. 콜럼버스는 마르코 폴로의 책에 마음이 이끌린 나머지, 결국 그곳이 틀림없이 중국, 즉 거란에서 멀지 않을 것으로 생각했다."(43쪽) "콜럼버스는 첫 번째 항해 때 그가 현재 중국 주변에 도착한 것으로 착각한 나머지, 金 생산지가 거리상 멀지 않은 것으로 믿었다. 때문에 함께 동반했던 사람들(모두 1,500명)은 모두들 큰 부자가 될 수 있을 것으로 생각했다."(78쪽) "콜럼버스의 네 번째 항해 때는 中美 부근에 이르러 土人 중 '나이 많은 이'를 만나게 되었는데 그가 영민하다고 판단하여 길 안내자가 되어 줄 것을 청했다. 이 나이 많은 土人의 말에 따르자면 여기서 멀지 않은 곳에 매우 훌륭한 문화가 존재한다고 했다. 콜럼버스는 그것이 중국임에 틀림없다고 생각했다."

69) 原譯文은 方重, 「十八世紀的英國文學與中國」, 『文哲季刊』, 第2卷, 第1號 참조.

70) *The Travels of Marco Polo*, Everyman's Library with introduction by J. Masefield 1914, Book II, Chalp. I, 152쪽. 이 책에 대한 번역본은 세 종류가 있다. 張星烺이 역주한 『馬可波羅遊記』 1冊은 Yule-Cordier 註本에 근거했고, 馮承鈞이 번역한 『馬可波羅行紀』 3冊은 Charignon 註本에 근거했다. 그리고 李季가 번역한 『馬可波羅遊記』는 Komroff 編訂本에 근거했다. 아래 인용한 영역본의 페이지 수는 『萬人叢書』 本에 따랐으며, 漢譯은 李譯·馮譯

에 따랐으되 李譯에 근거했다.

71) *The Travels of Marco Polo*, Book II, Chap. X, 182~186쪽; 李季 譯, 13장, 137~138쪽; 馮承鈞 譯, 제85장, 348~350쪽; 영역본, Chap. XI, p.186~188; 李譯, 14장, 139~141쪽; 馮譯, 86장, 353~354쪽; 영역본, Chap. XII, 188~192쪽; 李譯, 15장, 141~143쪽; 馮譯, 87장, 356~359쪽; 李譯, 16장, 143~144쪽; 馮譯, 88장, 360~362쪽; 영역본 빠짐.

72) 같은 책, Book II, Chap. LXIX, 310~311쪽; 李譯, 제78장, 251쪽; 馮譯, 152장, 592쪽.

73) 같은 책, Book II, Chap. LXXVII, 319쪽; 李譯, 제82장, 258쪽; 馮譯, 154장·155장·156장은 모두 이 일단이 빠져 있다.

74) H. G. Wells, *Outline of History*, 제33장, 681쪽.

75) *The Travels of Marco Polo*, Book II, Chal p. XVII, 201쪽; 李譯, 제22장, 152쪽; 馮譯, 94장, 378쪽.

76) 같은 책, Chap. LXVIII, 308~309쪽; 李譯, 제77장, 250쪽; 馮譯, 151(重)章, 588쪽.

77) 같은 책, Chap. LXVIII, 297쪽; 李譯, 제76장, 239쪽; 馮譯, 151장, 581~582쪽.

78) 같은 책, Chap. LXVIII, 307쪽; 李譯, 제77장, 248쪽.

79) 같은 책, Chap. XXIV, 215~217쪽; 李譯, 제31장·32장, 171~172쪽; Chap. XXI, 212 ~214쪽; 李譯, 제27장, 168~169쪽.

80) 李季, 「譯者序言」, 『馬可波羅遊記』, 6쪽.

81) *The Travels of Marco Polo*, Chap. XX, 209쪽; 李譯, 제26장, 165쪽; 馮譯, 97장 註, 396쪽.

82) Chap. XIII, 201쪽. 李譯, 제22장, 152쪽. 馮譯, 94장, 379쪽.

83) 같은 책, Chap. LXVIII, 297쪽; 李譯, 제76장, 239쪽.

84) 같은 책, Chap. XXXVI, 234쪽; 李譯, 제44장, 188쪽; 馮譯, 113장, 440쪽.

85) 같은 책, Chap. XX, 207~209쪽; 李譯, 제26장, 163~164쪽; 馮譯, 97장, 393 ~394쪽.

86) 같은 책, Chap. LIV, 272쪽; 李譯, 제64장, 219쪽; 馮譯, 106장, 429쪽.

87) 같은 책, Chap. LXIII, 284쪽; 李譯, 제71장, 229쪽; 馮譯, 146장, 554쪽.

88) 같은 책, Chap. XVIII, 202~205쪽; 李譯, 24장, 159~161쪽; 馮譯, 96장, 382 ~384쪽.

89) 같은 책, 267쪽; 李譯, 214쪽.

90) 같은 책, 270쪽; 李譯, 218쪽.

91) 같은 책, 271쪽; 李譯, 219쪽.

92) 같은 책, 278쪽; 李譯, 224쪽.

93) 같은 책, 267쪽; 李譯, 213쪽.

94) 같은 책, Chap. XXIII, 215쪽; 李譯, 제30장, 170~171쪽; 馮譯, 제101장, 407 ~408쪽.

95) 같은 책, Chap. LVII, 145쪽; 李譯, 제1권, 61장, 106쪽; 馮譯, 上册, 74장, 277쪽.

96) 같은 책, Chap. VI, 168~169쪽; 李譯, 제10장, 130~131쪽; 馮譯, 83장, 324쪽.

97) 같은 책, Chap. XXXIV, 232쪽; 李譯, 제41장, 185쪽; 馮譯, 111장, 431쪽.

98) 같은 책, Chap. LXVIII, 290쪽, 298~299쪽; 李譯, 제76장, 234쪽; 馮譯, 151(重)章, 578쪽.

99) 같은 책, Chap. VII, 172~174쪽; 李譯, 제11장, 134쪽.

100) 같은 책, Chap. XXVII, 222~223쪽; 李譯, 제35장, 178쪽.(pulisangan) / Chap. XXXVI, 234쪽; 李譯, 제44장, 187쪽.(Sin-din-fu) / Chap. LXVIII, 292쪽; 李譯, 제76장, 235쪽. (Kin-sai) / Chap. LXXIII, 315쪽; 李譯, 제80장, 254쪽.(Kue-lin-fu)

101) 같은 책, Chap. XXVI, 220쪽; 李譯, 제34장, 176쪽.

102) 같은 책, Chap. LXVII, 298~299쪽; 李譯, 제76장, 240쪽.

103) H. G. Wells, *Outline of History*, 제33장, 4절.

104) *The Travels of Marco Polo*, Chap. XVIII, 202쪽.

105) 李譯, 『馬可波羅遊記』, 「序言」, 32쪽.

106) H. G. Wells, *Outline of History*, 제33장, 679쪽.

107) 『馬可波羅遊記』, 「序言」, 34쪽.

108) 向達, 『中西交通史』, 108쪽.

109) *The Travels of Sir John Mandeville*, Everyman's Library 812. 이 책은 모두 227쪽으로 되어 있다. LXVI~LXXX, 165~187쪽은 칸국(大汗國)을 묘사한 부분으로 매우 유명하다.

110) Yule, *Cathay and way thither*, vol. I, 27쪽, Oderic and Mandeville; 張星烺, 같은 책, 140쪽; 石田幹之助, 같은 책, 116~1117쪽.

111) *Boccaccio's Decameron*, 2 vols, Everyman's Library. 黃石·胡簪雲 譯, 『十日談』, 開明書局板.

112) 같은 책, vol II, 275~276쪽.

113) Thomas Bulfind, *Legends of Charlemagne*, Everyman Library 556, 115쪽. "Angelica, after her marriage, wishing to endow Medoro with the sovereignty of the countries which yet remained to her, took with him the road to the east."

114) J. S. Nicholson, *Tales From Ariosta*, 1913; J. A. Symonds, *Renaissance in Italy*, Chap. VIII, Ariosto, 154~170쪽.

115) Soothill, *China and the west*, 43쪽. "William of Rubruck, a Franciscan who carried letters from St. Louis, king of France, visited prince Khubilai court about 1254, and his Itinerarium provided Roger Bacon with considerable matter for his Opus Majus, and purshas much material for pilgrimes."(Col. Yule ranks the Itinerarium as equal with the Travels of Marco Polo).

116) F. M. Roberts, *Western Traveller to China*, 19쪽. "William of Rubruck influenced Roger Bacon, who speaks in his Opus Majus of frater Willelmus and of the book, quem librum diligenter vide et cum ejus auctore contuli."

117) Carter, *The Invention of Printing in China and its Spread Westward*, 제12장, 92쪽.

제2장 18세기 중국과 유럽의 문화적 접촉

1) H. A. Giles, *China and the Chinese*, 120~136쪽. 여기서는 薛澄清 번역을 근거로 하였다.

2) 向達 譯, B. Laufer, *Sino-Iranica*.

3) 張星烺, 같은 책, 1冊, 4쪽. 姚寶猷, 「中國紗絹西傳考」, 『史學專刊』, 제2권, 第1期 참조.

4) 張星烺, 같은 책, 4冊, 42~53쪽.

5) 같은 책, 156~185쪽.

6) 같은 책, 제3책, 101~111쪽.

7) 『술라이만의 東遊記』, 劉半儂 等譯, 32~33쪽.

8) 『史學周刊』, 第79期, 『大公報』, 民國25年 4월 3일자에 보인다.

9) Saint-Simon은 인류 역사를 12시기로 나눈 다음, 第10期가 아라비아 곧 사라센제국(Saracens)이라 하면서, 소크라테스 후 과학 진보의 공헌자로 인정했다. Comte의 설은 『實證哲學』(下), 사회 과학 부분에 보인다.

10) G. F. Hudson, *Europe and China, A Survey of their relation from the earliest times to 1800*, Chap. IX, 271쪽.

11) A. Reichwein, *China and Europa, Geistige und Künstlerische Ziehungen in 18 Jahrhundert*, 29~82쪽, 121~136쪽; *China and Europe, Intellectual and Artistic Contacts in eighteenth century*, Tr. by J. C. Powell), 25~72쪽; Hudson, *Europe and China*, Chap. IX, 270~290쪽; 何炳松, 「中國文化西傳考」, 『中國新論』, 제1권, 第3期에서 Reichwein이 약술한 바에 대해서 소개하고 있다. 朱傑勤 譯, 「論羅柯柯作風」, 『現代史學』, 제3권, 第1期.

12) Reichwein, *China and Europe*, 25~26쪽. "It was not so much the written word which gave the Rococo its conception of China. Sublimated in the delieaetints of fragile orcelain in the vaporoushues of Shimmerring Chinese silks, these reveald itself to the minds of that gracious eighteeth-century society in Europe a vision of happy living such as their own optimism had already dreamed."

13) 같은 책, 29쪽. "Porcelain was regarded as a gift from the Chinese world, and it was only natural that the Chinese manner of painting should be taken as a model."

14) 같은 책, 34~37쪽.

15) Jacob, 「論東方對於西方文化的影響」, 『史地周刊』, 第79期.

16) Hudson, *Europe and China*, 284쪽.

17) 같은 책, 284쪽; 姚寶猷, 『中國紗絹西傳考』, 42~43쪽.

18) Reichwein, *China and Europe*, 47쪽.

19) Hudson, *China and Europe*, 285~287쪽. "Anyone who has studied closely Chinese landscapes of the Sung period is immediately struck by their affinity with the landscape background which Watteau has painted hee. He was unable to make it unite with the human actors in the scene. His blue distant landscape maintains a separate life of its own. The fantastic from of his mountains he had never seen with his own eyes; the Flemings had not shown them to him; but the closely resemble the Chinese forms. The darker tone of the contours is Chinese, and so is curious manner of indicating clouds. The use of monochrome colouring for background landscapes, such as Wattean loves, is one of the most prominent characteristics of Chinese landscape painting … the men of that age were enraptured by the atmosphere, and by the unusual, somewhat bizarre forms of the Chinese painting. They found again in them the delicate tones which they had first met and loved in the porcelain, the brilliance which had charmed them in the silk of China."

20) Cordier, *La Chine en France au 18 esiecle*, 30~31쪽.

21) Reichwein, *China and Europe*, 50쪽.

22) Hudson, *Europe and China*, 287~289쪽; L. W. Hackney, *Guideposts to Chinese painting*, 朱傑勤 譯, 「西洋美術所受中國之影響」, 『現代史學』, 제3권, 第1期.

23) 『嶺南學報』, 제2권, 第1期, 35~70쪽에 보인다.

24) Hudson, *Europe and China*, 284쪽.

25) Reichwein은 이것을 Duke of Kent의 산업이라 했고, Cordier는 George 3세의 산업이라 했다. 여기서는 陳受頤 설에 근거해서 영국 태자의 孀妃 Augusta의 산업이라 한 것이다.

26) 後藤末雄, ヴォルテールの悲劇「支那孤兒」の研究, 第1節, 「佛國と支那との接觸」, 『佛蘭西精神史の一側面』.

27) Reichwein, *China and Europe*, 22쪽. "that the first New Year's Day of the century was celebrated at the French court with Chinese festivities."

28) 後藤末雄, 『西洋人の觀たる支那』, 岩波講座 東洋思想之一; 또한 『支那思想のフランス西漸』, 25~36쪽, "支那と歐羅巴との接觸," 참조.

29) Mendoza, *Historire du Grand Royamne de la Chine*, Paris, 1588, 72쪽.

30) Feynes, *Voyage fait par terre depuis paris jusques à la Chine*, 169~171쪽.

31) 五來欣造, 『儒教の獨逸政治思想に及ぼせる影響』, 제2편, 제3장, 264~265쪽; 後藤末雄, 『支那思想のフランス西漸』, 제2편, 170~172쪽.

32) 後藤末雄, 『支那思想のフランス西漸』, 제2편, 172~175쪽.

33) 五來欣造, 『儒教の獨逸政治思想に及ぼせる影響』, 제2편, 제3장, 265~266쪽.

34) 後藤末雄, 같은 책, 195~197쪽; 五來欣造, 같은 책, 267~268쪽.

35) 後藤末雄, 같은 책, 197~199쪽; 五來欣造, 같은 책, 266~267쪽.

36) 後藤末雄, 『支那思想のフランス西漸』, 200~202쪽.

37) 後藤末雄, 같은 책, 214~219쪽; 五來欣造, 같은 책, 262~264쪽.

38) Reichwein, *China and Europe*, 20쪽. "Here we have, Struck together for the first time, the three notes which in the learned world of the eighteenth century were heard apart, China-Confucius-politics morality."

39) 後藤末雄, 『支那思想のフランス西漸』, 217~218쪽; 五來欣造, 『儒教の獨逸政治思想に及ばせる影響』, 266~267쪽.

40) 後藤末雄, 같은 책, 175~195쪽, 218~219쪽.

41) Reichwein, *China and Europe*. 18~22쪽.

42) 後藤末雄, 『洋人の觀たる支那』, 岩波講座 東洋思想之一.

43) 賈立言, 『基督教史綱』, 제16장, 제2절, 265쪽.

44) 蕭若瑟, 『聖教史略』 권9, 419~421쪽; 『基督教史綱』, 16장, 제2절, 265~270쪽; Latourette, *A History of Christian missions in China*, 81쪽; 沈禮門 譯, 『聖依納爵傳略』, 上海土山灣印書館.

45) 『聖依納爵傳略』, 69~70쪽, 88쪽.

46) H. Bernard, *Aux Ports de la Chine les missionaires du XVI Siècle*, 蕭濬華 譯, 『天主教十六世紀在華傳教誌』, 제3장, 61쪽.

47) 여기서 나눈 3대 시기 가운데 첫째 시기는 『天主教十六世紀在華傳教誌』(上), 「導言」, 5쪽을 참조하였고, 둘째 시기는 프랑스의 선교사를 집어넣었고, 셋째 시기는 樊國樑, 『燕京開教略』(中), 61쪽 이하를 참조하였다.

48) 『天主教十六世紀在華傳教誌』(上), 「導言」, 5쪽, 蕭濬華 譯.

49) H. Bernard(裴化行), 『天主教十六世紀在華傳教誌』, 제3장, 「沙勿略來華之經過及其影響」; 上海慈母堂印, 『聖方濟各沙勿略傳』; Joreph Siao(蕭若瑟), 『天主教傳行中國攷』, 103~107쪽; 樊國樑, 『燕京開教略』(中), 2~4쪽.

50) 이것은 『天主教十六世紀在華傳教誌』 등에 근거한 것이다. 『聖教信證』에 이르기를, 사비에르가 1552년 廣東에 속하는 三洲島에 갓 도착해서는 곧 세상을 떠나고 말았다고 했다. 생각건대, 上川島는 西江口의 작은 섬으로 마땅히 三洲島를 가리키는 것이다.

51) 『天主教十六世紀在華傳教誌』, 상편, 제5장, 117쪽; 하편, 제7장, 305쪽.

52) 같은 책, 하편, 제1장~제5장, 176~271쪽 참조.

53) 原文은 『歷史地理』, 권26, 3·4호에 보이며, 또한 속편, 권29, 3·5호, 권30, 1호에 보인다. 周一良 譯, 「禹貢半月」, 제5권 3·4合期, 『利瑪竇世界地圖專號』 참고.

54) 李儼, 『中國算學史』, 제9장, 200~201쪽에 자세히 보인다.

55) 蕭若瑟, 『天主教傳行中國考』 권6, 276~302쪽; 樊國樑, 『燕京開教略』(中), 18 ~31쪽; Latourette,

A History of Christian Missions in China, 104쪽; 『清史稿列傳』 59, 「湯若望傳」; 張恩龍, 『明清兩代來華外人考略』. '湯若望'은 『圖書館學季刊』, 제4권, 第34期, 454~455쪽에 보인다.

56) 蕭若瑟, 『天主教傳行中國考』 권6, 303~325쪽; 樊國樑, 같은 책, 중편, 32~36쪽; Latourette, *A History of Christian Missions in China*, 116쪽; 『清史稿列傳』 59, 「南懷仁傳」. 張恩龍, 『明清兩代來華外人考略』. '南懷仁'은 『圖書館學季刊』, 제4권, 第34期, 468~469쪽에 보인다.

57) 後藤末雄, 『支那思想のフランス西漸』, 제1편, 제2절, 「ルイ十四世の佛國耶蘇會支那差遣」; 제3절, 「康熙帝の西歐科學硏究と皇輿天覽圖の測成」; 제4절, 「康熙帝と天主教の公許; 63~111쪽 참조. 같은 저자, 『西洋人の觀たる支那』, 제1절, 「佛國耶蘇會士の支那差遣」; 제2절, 「佛國耶蘇會士の清朝に於けろ活動」. 또한 『天主教傳行中國考』, 『燕京開教略』 등에 역시 간략한 기록이 있으니 참고할 만하다.

58) 後藤末雄, 『支那思想のフランス西漸』, 제1편, 제6절, 「雍正帝の禁教事と其眞因」, 138~163쪽. 蘇努 사건에 관해서는 각 책에 모두 그 기록이 있다. 陳垣, 「雍乾間奉天主教之宗室」이 이 분야 연구에 으뜸이며 『輔仁學誌』에 보인다.

59) 『燕京開教略』(中), 69쪽.

60) 같은 책, 26~27쪽.

61) 같은 책, 55~56쪽.

62) 같은 책, 66쪽.

63) 『聖教雜誌』, 제25권, 第8期, 「明末維新運動中之徐光啓」, 「明末天主教徒和他們的信仰」.

64) 沈瓚, 『近事叢殘』, 권3, "利瑪竇는 … 음식과 가옥, 교유 등으로 씀씀이가 적지 않았지만 부족한 모습은 보이지 않았으므로 사람들은 이를 기이하게 여겼다." 徐光啓, 『辨學章疏』, "여러 배신들이 의심의 눈초리를 보내는 까닭은 단지 여비의 일부만을 마련하기 위해서 금은을 달구어 정련하는지 혹은 洋商에게 원조를 받는지의 의심이었다." 이것을 통해 당시 사람들이 마테오 리치를 의심하고 있었음을 알 수 있다.

65) 張蔭麟, 「明清之際西學輸入中國考」, 『清華學報』, 第1期; 姚寶猷, 「基督教輸入西洋文化考」(上), 『史學專刊』, 第2期; 徐宗澤, 「明末清初灌輸西學之偉人」, 『聖教雜誌叢刊』之一, 모두 참고할 만하다.

66) 故宮博物院에 珂羅板精印本이 있으며 이미 4집이 나왔다.

제3장 예수회원의 송유 이학에 대한 반향

1) 樊國樑, 같은 책, 중편, 44~46쪽; Cordier, *Bibliotheca Sinica*, Vol. II, 869~870쪽; 1610년부터 1742년까지 제작된 『中國儀禮問題年表』 역시 참고하라.

2) 같은 책, 중편, 46~47쪽.

3) 蕭若瑟, 『天主教傳入中國考』, 권6, 332쪽.

4) 樊國樑, 같은 책, 중편, 46쪽.

5) 같은 책, 48쪽.

6) 같은 책, 57쪽.

7) 같은 책, 14~15쪽.

8) 같은 책, 46쪽.

9) 같은 책, 46쪽.

10) 黃伯祿, 『正教奉褒』, 124쪽.

11) 樊國樑, 같은 책, 중편, 50쪽.

12) 故宮博物院, 「康熙與羅馬使節關係文書」, 『文獻叢編』 제6집, 13~15쪽.

13) 같은 책, 11쪽.

14) 같은 책, 12쪽.

15) 같은 책, 13쪽.

16) 같은 책, 14쪽.

17) A. J. Garnier, 『基督教史綱』, 16장, 269쪽 참조.

18) 李明, 『中國現狀新志』, 英譯, *Present State of China*, Letter VII, 199~200쪽.

19) 利瑪竇, 『天主實義』(上), 제2편, 上海印本, 25~26쪽. "吾天主, 乃古經書所稱上帝也. 『中庸』引孔子, 曰, '郊社之禮, 所以事上帝也.' 朱註曰, '不言后土者, 省文也.' 竊意, '仲尼明一之, 以不可爲二.' 何獨省文乎? 「周頌」曰, '執競武王, 無競維烈. 不顯成康. 上帝是皇.' 又曰, '於皇來牟, 將受厥明, 明昭上帝.' 「商頌」云, '誠敬日躋, 昭假遲遲, 上帝是祗.' 「雅」云, '維此文王, 小心翼翼, 昭事上帝.' 『易』曰, '帝出乎震' 夫帝也者, 非天之謂. 蒼天者, 抱八方, 何能出於一乎? 『禮』云, '五者備當, 上帝其饗.' 又云. '天子親耕, 粢盛秬鬯, 以事上帝.' 「湯誓」曰, '夏氏有罪, 予畏上帝, 不敢不正.' 又曰, '惟皇上帝, 降衷于下民, 若有恒性. 克綏厥猷, 惟后.' 「金縢」, 周公曰. '乃命于帝庭, 敷佑四方.' 上帝有庭, 則不以蒼天爲上帝可知. 歷觀古書, 而知上帝與天主, 特異以名也."

20) 같은 책, 111~112쪽. "『詩』曰, '文王在上, 於, 昭于天! 文王陟降, 在帝左右!' 又曰, '世有哲王. 三后在天.' 「召誥」曰, '天旣遐終大邦殷之命. 玆殷多先哲王在天.' 夫在上, 在天, 在帝左右, 非天堂之謂, 其何歟? … 有天堂, 自有地獄. 二者不能相無, 其理一耳. 如眞文王殷王周公在天堂上, 則桀紂盜跖必在地獄下矣. … 若以經書之未載爲非眞, 且誤甚矣!"

21) 利類思, 『不得已辯』, 上海印本, 6쪽. "中庸言天, 不徒指其形體, 而卽兼乎主宰." "詩曰文王在上, 在帝左右, 曰三后在天. 書曰乃命于帝庭, 曰玆殷先多哲王在天. 夫在上在天, 在帝左右. 非天堂乎. 有天堂必有地獄, 二者不能缺一. 若謂盜跖顏回伯夷桀紂, 同歸一域, 則聖賢徒自若耳. 天堂地獄之說, 載之經史, 見之事蹟, 斑斑可考."

22) 蕭若瑟, 『天主教傳入中國考』, 307쪽. "惟是天主一教, 卽詩經所說, 皇矣上帝, 臨下有赫, 而爲萬物之宗主也."

23) 『性理眞詮』, 364쪽. "我信天主教, 非棄儒教, 只因中國古經失傳, 註解多舛, 致爲佛說所誣, 信天主

教乃所以闢佛教之謬說, 補儒教之不足耳."

24) 利瑪竇, 『天主實義』, 18쪽. "中士曰, 吾儒言太極者, 是乎? 西士曰, 余雖末年入中華, 然竊視古經書不怠. 但聞古先君子敬恭于天地之上帝, 未聞有尊奉'太極'者, 如'太極'爲上帝, 萬物之祖, 古聖何隱其說乎?" "中士曰, 古者未有其名, 而實有其理. 但圖釋未傳耳. 西士曰, 凡言與理相合, 君子無以逆之. 太極之解, 恐難謂合理也. 吾視夫無極而太極之圖, 不過取奇偶之象言. 而其象何在? 太極非生 天地之實, 可知已."

25) 같은 책, 19~21쪽. "中士曰, 太極非他物, 乃理而已. 如以全理爲無理, 尙有何理之可謂?" "西士曰, 嗚呼! 他物之體態, 不歸于理, 可復將理以歸正議. 若理之本體定而不以其理, 又將何以理之哉? 吾今先判物之宗品, 以置理於本品. 然後明其太極之說不能爲萬物本原也. 夫物之宗品有二. 有自立者有依賴者. 物之不特別體以爲物, 而自能成立, 如天地鬼神人鳥獸草木金石四行等是也. 斯屬自立之品者. 物之不能立, 而託他體以爲其物, 如五常, 五色, 五音, 五味, 七情等是也. 斯屬依賴之品者. 且以白馬觀之, 曰, 白, 曰, 馬. 馬乃自立者, 白乃依賴者. 雖無其白, 猶有其馬. 如無其馬, 必無其白, 故以爲依賴也. 比斯兩品, 凡自立者先也貴也, 依賴者後也賤也. 一物之體 惟有自立一類. 若其依賴之類, 不可勝窮. 如人一身固爲自立, 其間情, 聲, 貌, 色, 彝倫等類, 俱爲依賴, 其類甚多. 若太極者止解之以所謂理, 則不能爲天地萬物之原矣. 蓋理亦依賴之類, 自不能立, 曷立他物哉? 中國文人學士講論理者, 只謂有二端. 或 '在人心.' 或 '在事物.' 事物之情, 合乎人心之理, 則事物方謂眞實焉. 人心能窮彼在物之理而盡其知, 則謂之格物焉. 據此兩端, 則理固依賴. 奚得爲物原乎? 二者皆在物後, 而後豈先者之原? 且其初無一物之先, 渠言必有理存焉? 夫理在何處, 依屬何物乎? 依賴之情, 不能自立, 故無自立者以爲之託, 則依賴者了無矣. 如曰, 賴空虛耳, 恐空虛非足賴者. 理將不免于偃墮也. 試問, 盤古之前, 旣有理在, 何故閑空, 不動而生物乎? 其後誰從激之使動? 況理本無動靜, 況自動乎? 如曰, '昔不生物.' 後乃願生物, 則理豈有意乎? 何以有欲生物, 有欲不生物乎?" "中士曰, 無其理則無其物. 是故我周子信理爲物之原也." "西士曰, 無子則無父, 而誰言子爲父之原乎? 相須者之物情恒如此, 本相爲 '有' '無' 者也. 有君則有臣. 無君則無臣. 有物則有物之理, 無此物之實, 卽無此理之實. 若以虛理爲物之原, 是無異乎佛老之說. 以此攻佛老, 是以燕伐燕, 以亂易亂矣. 今時實理, 不得生物, 昔者虛理安得以生之乎?"

26) 같은 책, 21~24쪽. "中士曰, 吾聞理者先生陰陽五行, 然後化生天地萬物, 故生物有次第焉. … 西士曰, 試問於子, 陰陽五行之理, 一動一靜之際, 輒能生陰陽五行, 則今有車理, 豈不動而生一乘車乎? 又理無所不在, 彼旣是無意之物, 性必直遂, 任其所發, 自不能已, 何今不生陰陽五行於此? 孰禦之哉? 且物字爲萬實總名, 凡物皆可稱之爲物. 『太極圖』註云, '理者非物矣.' 物之類多, 而均謂之物, 或爲自立者, 或爲依賴者, 或有形者, 或無形者, 理旣非有形之物類, 豈不得爲無形之物品乎? 又問, '理者靈覺否? 明義者否?' 如靈覺明義, 則屬鬼神之類, 曷謂之太極, 謂之理也? 如否則上帝鬼神夫人之靈覺, 由誰得之乎? 彼理者以己之所無, 不得施之于物, 以爲之有也. 理無靈無覺, 則不能生靈生覺. 請子察乾坤之內! 惟是靈者生靈, 覺者生覺耳. 自靈覺而出不靈覺者, 則有之矣. 未聞有自不靈覺而生有靈覺者也. 子固不踰母也. 中士曰, 靈覺爲有靈覺者所生, 非理之謂, 旣聞命矣. 但理動而生陽, '陽乃自然之靈覺,' 或其然

乎? 西士曰, 反覆論辯, 難脫此理, 吾又問, '彼陽者, 何由得靈覺乎?' 此于自然之理, 亦大相悖. 中士曰, 先生謂天主無形無聲, 而能施萬象有形有聲. 則太極無靈覺, 而能施物之靈覺, 何傷乎? 西士曰, 何不云無形聲者, 精也上也, 有形聲者, 粗也下也? 以精上能施粗下, 分不爲過. 以無靈覺之粗下, 爲施靈覺之精上, 則出其分外遠矣. … 天主性, 雖未嘗截有萬物之情, 而以其精德, 包萬般之理, 合衆物之性, 其能無所不備也. 雖則無形無聲, 何難化萬象哉? 理也者則大異焉. 是乃依賴之類, 自不能立, 何能包含靈覺, 爲自立之類乎?"

27) 같은 책, 24쪽. "理卑於人. 理爲物, 而非物爲理也. 故仲尼曰, '人能弘道, 非道弘人也.' 如爾曰, '理含萬物之靈, 化生萬物.' 此乃天主也. 何獨謂之理, 謂之太極哉?"

28) 같은 책, 57쪽. "氣非生活之本."

29) 같은 책, 68쪽. "天地萬物一體說之非."

30) 같은 책, 48~49쪽. "鬼神異說, 如謂信之則有, 不信之則無."

31) H. Bernard, 『天主教十六世紀在華傳教誌』, 265쪽.

32) 龍華民, 『死說』, 1935년, 제2판.

33) 龍華民, 『靈魂道體說』, 民國7年 重刊本, 3~4쪽. "儒云物物各具一太極, 道云物物俱是大道, 釋云物物俱有佛性, 皆是也. 所謂太極大道佛性, 皆指道體言也. 且前人又謂之太乙·太素·太樸·太質·太初·太極·無極·無聲無臭·虛無大道·不生不滅. 種種名色, 莫非形容道妙耳."

34) 같은 책, 9쪽. "人奈何徇其與物同之道體, 而忽其與物異之靈魂. 又或以靈魂之美妙, 併歸道體, 遂使人性不明, 靈頑混亂. … 如世論徒以太極大道虛空等, 爲生造天地萬物之本是也. 夫以道體當靈魂, 已屈人同物, 而以道體當天主, 則是屈至尊至神之主, 下同於所造之物也."

35) 艾儒略, 『萬物眞原』, 14쪽. "或曰氣不能自分天地萬物, 固已. 然氣中有理, 理能分氣, 造天地萬物之功, 理之功也. 曰不然, 此乃非理之說也. 理也, 道也, 皆虛字耳, 何以能生物乎."

36) 같은 책, 14~17쪽. "其一曰經營位置之事, 非明覺者不能, 理原無覺, 豈能經營位置哉. 天之日月星辰, 地之山川草木, 人之百骸四體皆的確不移, 千古不差忒, 非有大靈覺爲之位置, 何以能成乎? 今試使人造一異品如璇璣玉衡之類, 自非聰明智巧之人不能, 何況大而天地, 纖而萬彙, 謂無知覺者能造之哉?" "其二曰凡物共有二種, 有自立者, 有依賴者, 自立者, 又有二種, 有有形者, 如天地金石人物之類. 有無形者, 如天神人鬼之類. 依賴者, 亦有二種, 有有形而賴有形者, 如冷熱燥濕, 剛柔方圓, 五色五味五音之類. 有無形而賴無形者, 如五德七情之類. 夫此自立與依賴二種, 雖相配而行, 然必先有自立者, 而後有依賴者. 設無其物, 卽無其理, 是理猶物之依賴者也. 無有形之體質, 則冷熱燥濕, 剛柔方圓, 五色五味五音, 俱無所着. 無無形之靈, 則五德七情, 亦俱泯於空虛, 而謂理能生物乎? 卽云天地有天地之理, 神鬼有神鬼之理, 亦從有生之後, 推論其然, 若無天地人物神鬼, 理尙無從依附, 又何能生物乎?" "其三曰理也者法度之謂, 造物者成物之時, 不特造其形, 而亦賦其理. 猶如開國之君, 必定一國之法律以爲治, 如國如君主, 法律豈能自行哉. 又如棋局畫於盤, 以待人用, 此是棋理, 然棋不自用, 必繇人用. 非棋之理, 自能生棋, 此固昭昭易見, 猥可以理爲造成天地萬物之根柢哉?"

37) 艾儒略, 『三山論學紀』, 6~7쪽. "太極之說, 總不外理氣二字, 未嘗言其爲有靈明知覺也. 既無靈明知覺, 則何以主宰萬化. 愚謂於天地猶木瓦於宮室. 理也者, 殆如室之規模乎, 二者闕一不可, 然不有工師, 誰爲之前堂後寢, 庖湢門牆, 彼棟樑而此榱桷也. … 儒者亦云物物各具一太極, 則太極豈非物之元質, 與物同體者乎? 既與物同體, 則囿於物, 而不得爲天地主矣, 所以貴邦言翼翼昭事, 亦未嘗言事太極也."

38) 같은 책, 4~5쪽. "二氣不出變化之材料, 成物之形質, 理則物之準則, 依於物, 而不能物物. 『詩』曰有物有則, 則卽理也. 必先有物, 然後有理, 理非能生物者, 如法制禁令, 治之理也. 指法制禁令, 而卽爲君乎? 誰爲之發號施令, 而撫有四國也. 若云理在物之先, 余以物先之理, 歸於天主靈明, 爲造物主. 蓋造物主未生萬有, 其無窮靈明, 必先包涵萬物之理, 然後依其包涵, 而造諸物也. 譬之作文, 必先有本來精意, 當然矩矱, 恰與題肖者, 立在篇章之先, 是之謂理. 然而誰爲之命意構局, 繪章琢句, 令此理躍然者. 可見理自不能爲主, 當必有其主文之人. 繇此觀之, 生物之理, 自不能生物, 而別有造物之主無疑矣."

39) 利類思, 『不得已辯』, 53쪽. "光先之理立而氣具焉, 氣具而數生焉, 數生而象形焉, 此本宋儒之唾餘也. 宋儒指天卽理, 光先因指理爲天. 故有生氣數形象之說. 夫理不能生物, 亦甚明矣. 凡物共有二種, 有自立者, 亦有依賴者. … 然必先有自立者, 而後有依賴者. 設無其物, 卽無其理, 是理猶物之依賴者也. 無有形之體質, 則冷熱燥濕, 剛柔方圓, 五色五味五音, 俱無所着. 無無形之靈, 則五德七情, 亦俱泯於空虛, 而謂理能生物乎? 卽云天地自有天地之理, 神鬼有神鬼之理, 亦從有生之後, 推論其然, 若無天地人物神鬼, 理尙無從依附, 又何能生物乎? 理者法度之謂, 造物者成物之時, 不特造其形, 而亦賦其理. 猶如開國之君, 必定一國之法律以爲治, 倘國無君, 法律豈能自行乎?"

40) 같은 책, 55~56쪽. "此處誕不經語也. 既云天爲有形之理, 則理不能爲無形之天. 又云理爲無形之天, 則天非得謂有形之理. 一物也, 忽謂有形, 忽謂無形, 非自相矛盾乎? 試問理有形否? 謂有形, 則理非爲無形之天. 爲無形, 則天非爲有形之理. 況天亦不可謂之理. 夫天自立之體也, 非恃別體以爲物. 理則依賴, 而託他體以爲物, 是物在理先, 理居物後. 『詩』曰天生蒸民, 有物有則, 則乃理也. 先有物而後有物之理, 則天不能謂之理也, 明甚. 孔子謂郊祀上帝, 不言祀理也. 且所謂天以理理物, 猶天子以法理人, 豈謂天子則法乎. 無人則法亦不設, 無物則理亦無名也, 謂天卽理可乎."

41) 같은 책, 55~56쪽. "若是則人有雙耳, 驢亦有雙耳, 可云人卽驢乎? 凡二物如甲乙有一二相通之情, 不可謂甲乙卽是一物耳. 天也理也, 虛實各別焉. 天以其形無不包, 理以其神無物能離, 謂理與天似則可, 而謂天卽理可乎?"

42) 利瑪竇, 『天主實義』, 24쪽. "… 夫太極之理, 本有精論, 吾雖曾閱之, 不敢雜陳其辯, 或容以他書傳其要也."

43) 湯若望, 『主制羣徵』, 1919年 重刊本, 卷下, 11쪽, 「以聖跡徵」條. "或問中學亦尊天, 與天主何異? 曰中學所尊之天, 非蒼蒼者, 亦屬無形. 第其所謂無形, 卒不越於天. 蓋天之蒼蒼無形, 而天之運用不測, 卽其神也. 運用不測之神, 雖無形不離於形, 與天一體, 是無心無主張者, 非吾所稱尊主也. 吾所謂尊主, 雖曰不可見不可聞, 而非卽以不可見且聞者爲貴, 蓋與天地萬物, 其體絶異, 至純至靈, 不由太極, 不屬陰陽, 而太極陰陽, 並受其造. 且一切受造, 無不聽其宰制者, 神功浩大, 人不測, 遂曰無化, 豈眞無心

無主張者哉."

44) 같은 책, 권하, 7~8쪽, 以人心之能力徵條. "以靈心爲出於父母者非, 卽謂發於天地陰陽者亦非也. 天地陰陽, 雖曰變化不測, 終不越以有成者. 若夫靈心, 旣非先有者, 又非依賴於他有者, 陰陽曷預乎?"

45) 같은 책, 9쪽, 以無主悖理徵條. "夫無主者, 必謂萬物生於自然.(如火自炎上, 水自流下) 不知自然之說, 殊非究竟之旨. 格物者旣從物生得自然, 又必從自然求其所以然.(如火自炎上, 所以然者, 體輕故也. 水自流下, 所以然者, 體重故也.) 設無所以使之自然者, 亦安得自然而生乎?"

46) 衛匡國, 『眞主靈性理證』, 1918年 重刊本, 1쪽. "天主也者, 是最初自立之體, 是最神者, 是最純者, 是最妙者, 是無窮者, 是惟一者, 是不可變者, 是無所不知者, 是有生命者, 是有愛欲者, 是有無窮之權能者."

47) 같은 책, 3쪽. "何謂有生命者? 天主爲物原. 物之有生者衆, 自不能以己之無, 使物爲有生. 故天主者常生常活, 非若太極理氣無生之物, 不足爲物原者也."

48) 같은 책, 9~10쪽. "宇宙之有氣也, 猶宮室之有垣牆也. 宮牆之內, 何美不備, 任觀其中一物, 已足俾我知爲眞主之制作也. 不惟作之, 而且養之存之, 使循其規度而不淩不亂. 卽如氣也者, 時至則蒸而爲雨, 此雨有二大用. 一以練氣, 氣不練則敗, 故久閉之實, 其氣多惡. 一以膏潤大地, 使滋澤萬物. 復撓動而爲風, 風之爲用甚廣. 其大者以解宇宙之炎蒸鬱塞, 以披拂草木, 免其久積而致糜爛, 以蕩搖水澤, 俾不停腐. … 故風者萬物之嘘吸, 萬物之和解也. 至如氣中之鳥, 憑氣而翺翔, 破氣而疾飛. … 無靈之族, 一何巧耶? 非有靈者導之耶."

49) 같은 책, 10쪽. "吾人日處氣中, 而曾不知氣之主可乎?"

50) 陸安德, 『眞福直指』, 14쪽. "或說理能生物然理不過是物之模樣在作者明悟內. 如先有作工業之人, 然後纔想出此物之模樣, 必先有造物者, 後方能有理."

51) 같은 책, 15쪽. "或說太極生天地萬物. 曰太極是混沌, 天地參雜, 萬物材料, 不過是物之元質, 在各物內能受萬模, 無模不能存. 譬如一所房屋, 木料磚瓦, 此是質者, 前堂後堂, 此是模樣, 必另外還有工匠造成. 所以天地萬物俱有元質. 又各物有各物之本模樣, 另外還有造成之者. 而元質模樣等, 亦皆由造成之者造成."

52) 같은 책, 15쪽. "太極不靈不明, 無心志, 無生命, 偶然動而生萬物. 曰偶然動, 不免有動之者, 有作之者. 若是偶然作的物, 斷斷不是常作, 若說常是偶然作, 旣無心志, 如何常作得一樣."

53) 같은 책, 17쪽. "太極旣無靈明, 安能成就萬奇妙的事物. 古有一人名亞而計黙德, 是大智者, 用玻璃作成諸天球, 若依天行之度數, 俱能運動. 豈有造成眞天之運動, 下浮淸氣, 無靈明能造得. 又有畵工, 名奏濟者, 畵一株葡萄, 如生的一樣, 鳥見卽啄. 人人羡他神工妙絶, 但只葡萄是假的, 無體無味. 豈有造許多眞物. 有體質, 有氣味, 可見無靈明安能造成."

54) 같은 책, 17~18쪽. "釋迦以空爲教, 說空能化成萬物, 此大不合理. 旣空虛於己, 安能化成萬物. 譬如有一人家內空空的, 要甚麼物件, 他家都取得出來, 必無人信. 何故反信空虛能化成萬物." "道家說無爲是萬物之原, 此大不是. 無是全無, 若無則是沒有於己, 何能施與他物. 譬之有一貧人, 總沒有物件. 人

問他求物件, 件件都送與人, 決無人信, 豈可信無爲能化成萬物."

55) 같은 책, 19쪽. "若在太極天地之後, 安能造成天地. 造物者, 是在太極天地之先."

56) 같은 책, 13쪽.

57) 衛方濟, 『人罪至重』, 1936年 再版本, 1~3쪽. "蓋天理乃天主所賦, 銘刻於人之靈性, 卽天命之謂性是也. 循此靈性之天理, 卽敬天主而由正道, 悖此靈性之天理, 卽慢天主而陷於迷路之險. 故孔子云獲罪於天者, 非獲罪於理, 乃獲罪於賦理之天主也. 夫天之不可謂理者, 由諸書所言, 無不著明矣. 孔子曰予所否者, 天厭之, 天厭之. 曰天喪予, 天喪予. 曰知我者其天乎. 曰我誰欺, 欺天乎. 此類語者, 若直以理之名目解之, 其謬易見. 夫理烏能厭我, 喪我, 知我, 受欺於我乎? 且理有何情以厭, 何權以喪, 何覺以知, 何心以受欺乎."

58) 같은 책, 3~4쪽. "理於天旣不可爲一, 則上帝愈不可爲理. 由各書之言, 皆相發明. '子曰郊祀之禮, 所以事上帝.' '『禮』曰祀帝於郊, 敬之至也.' '『書』曰類於上帝.' '『易』曰先王以享, 於帝立廟.' 夫禮也, 事也, 祀也, 敬也, 類也, 享也, 立廟也, 俱不能以理字命意, 必當盡歸之於上主之一尊耳. '『書』又曰夢帝賚予良弼.' '曰帝乃震怒, 不畀洪範九疇.' '曰乃命於帝庭, 敷佑四方.' 夫理也奚能賚弼, 奚能震怒, 奚可謂武王受命於理庭也. '『詩』云象之揥也, 揚且之晳也, 胡然而天也, 胡然而帝也.' '「註」云言其服飾容貌之美, 見者驚謂鬼神也,' 此帝與天者, 其非理之謂益明矣. '『詩』又曰皇矣上帝, 臨下有赫, 監視四方, 求民之莫.' '曰維此王季, 帝度其心.' '曰帝謂文王, 予懷明德, 不大聲以色.' '曰昊天上帝, 則不我遺, 敬恭明神, 宜無悔怒.' 此言上帝, 以理解之, 如何能合? 理者非能臨下, 非能監觀, 不可云理度心, 不可云理謂文王. 且理非稱神, 非能悔怒, 其餘不辯, 觸目自明矣."

59) 같은 책, 4~5쪽. "由是可觀, 天與上帝, 決不能以理之虛名爲解. 且古人欲闡天字之義, 論上帝之性, 初未嘗擧理, 以天卽爲理之說, 宋儒何從而授受歟. 考之於經, 證之於書, 凡古人値饑寒困辱之際, 輒號於天, 未聞其號於理也. 故『書』云腥聞在天, 乃罪多參在上, 矯誣上天, 斯決非理之謂, 而明示其得罪於上天至尊至眞之主宰矣."

60) 같은 책, 권1, 28~29쪽. "夫俗儒言理, 言道, 言天, 莫不以此爲萬物之根本矣. 但究其所謂理, 所謂道, 所言天, 皆歸於虛文而已. 蓋自理而言, 或謂之天, 或謂之性, 自道而言, 或謂之無極, 或謂之太極, 或謂之氣化. 然天也, 性也, 心也, 無極也, 太極也, 氣化也, 從何而有? 理出於心, 心出於性, 性出於天, 天則從何而出? 從理乎? 是猶謂考出於祖, 祖出於曾, 曾出於高, 高則從何而出, 豈又從考而出乎? 不幾顚倒錯亂耶? 況彼儒言天, 亦謂之理之全體矣." "若夫無極與太極之義, 依其論說, 要不外理氣兩端. 周子以無極太極, 與太虛爲一. 張子以太虛與理與天爲一. 然天也, 理也, 氣也, 皆不能自有, 則必自他有, 則先有其所以然, 旣先有其所以然, 則自不能爲萬物太初之根本明矣. 如此則俗儒所稱萬物之大本, 雖曰實理, 終歸於虛理虛文而已矣. 故俗儒所論, 多損眞儒之本意, 而難等眞儒也."

61) 같은 책, 31쪽. "佛氏以托生成佛升天爲歸, 道家以長生成仙飛升爲歸, 俗儒以生前身安, 死後神散爲歸. 佛失之空, 道失之妄, 儒失之俗, 曾何足與之深辯哉."

62) 孫璋, 『性理眞銓』, 42~47쪽. "詳辯人之靈性非理: 人之理與物之理不同 - 靈性爲大體居中主宰非如

理氣渾成一體 - 理氣同屬頑然, 靈性能思想, 足徵靈性非理 - 靈性能主理不但爲理 - 靈性能變化氣象止於爲善非衹爲理 - 理無善惡靈性可以爲善爲惡 - 人能改過遷善非理可比 - 靈性較理尊貴不可謂理 - 天下萬理歸一正論 - 靈性如工人操尺寸運用適中足徵非理."

63) 같은 책, 100~107쪽. "總論太極: 太極係上主造物原質非可以上主爲太極 - 太極係渾然之氣不能爲萬物之原 - 氣有一定之界 - 歷考古經書不重言太極 - 孔子不重言太極 - 孔門不傳太極 - 古經重言主宰不言太極有靈明 - 近儒所云太極與孔子所論太極相反 - 駁皇極經世書論太極之謬與孔子之意大相懸殊."

64) 같은 책, 107~112쪽. "辨理非萬物之原: 卽云太極是理亦不能爲萬物之原 - 論萬理歸一實義 - 眞主惟一故理歸一原 - 太極之理旣非神何能生神."

65) 같은 책, 113~122쪽. "論陽動陰靜不能爲造物主: 駁性理諸書陰靜陽動之異說 - 氣不能自動有造物主命之動 - 氣之動靜係主宰智能並非陰陽之德 - 辨邵康節天地萬物有刦數之說 - 因氣本體不能無形足徵氣屬受造 - 氣之動靜係造物主使之動靜 - 上主命氣動靜猶人一心命兩股動靜 - 太極陰陽俱由造物主分理 - 太陽諸星麗於天體非陰陽安排必有上主措置 - 郊祀盡其誠係祀上主非祀陰陽之氣 - 謂理氣天地之德能生天地萬物乃是自生自己 - 天地萬物必賴上主造生並非無靈之太極等所生."

66) 같은 책, 122~136쪽. "論陰陽受造並非無始自能生物: 未有天地之先並無此混沌之氣惟有一造物眞主 - 若謂氣無始是上主造萬物由氣不由氣 - 性上主係自有可見氣有始 - 靈神且受造可知氣更受造 - 氣受制於上主必受造於上主 - 氣供人役使人且有始何況於氣 - 復辨邵康節天地有刦數之說 - 歷引經書證上主爲造物主 - 上主無始有實理可證太極陰陽無始荒渺無憑 - 孔子繫易云易有太極是生兩儀等正解 - 未有天地之先惟有上主首造太極按次而造天地萬物."

67) 같은 책, 161~164쪽. "駁西銘萬物一體之說: 上主係全神超乎萬物之上決不能與萬物爲一體西銘云此謬妄至極 - 混神人萬物爲一體大非人道."

68) 같은 책, 210~224쪽. "明辨性理諸書謂天下之物不論靈蠢俱有始終之說."

69) 같은 책, 305~318쪽. "指明異端根柢令異端無處躲閃: 性理諸書證論失眞 - 性理一書惟談理氣不推本上主爲害人心較敬拜邪神之異端更甚 - 周易卦占卜不推原作易之正義故有異端者出 - 易爲勸善懲惡之書異學妄用占卜."

70) 같은 책, 318~341쪽. "駁漢宋以來性理一書諸謬說: 辨性理諸書論天理之非 - 今有一種儒名雖爲儒但信從異端大亂上主眞教 - 辨近儒萬物一體之非 - 辨周子立太極圖之非 - 辨性理諸書妄談理性命三字之非 - 辨性理諸書論神之非 - 辨上主出乎震齊乎巽等等之非 - 辨程子但云一理以形體言謂之天以主宰言謂之上主之非 - 辨郊祀之禮謂不言后土省文之非 - 講論上主不可恃自己之聰明 - 辨人物同屬一性但有偏正之非 - 辨性理諸書云形神一氣之非 - 辨性理諸書謂作善由理作惡由氣之非 - 辨性理諸書云天人之理相合爲一之非 - 辨性理諸書云仁義禮智信五德稟於水火木金土五氣之非 - 辨人物同屬一體之非 - 辨太極圖云聖人不過稟天地之精而特出之非 - 論人之成聖並非性之者俱係學之者 - 論人之成惡並非性之者俱係習之者 - 辨皇極經世書云人之神卽天地之神之非 - 辨性理諸書云瞞得人瞞不得理之非 - 論古儒所謂敬於一者乃是敬一上主并非敬一理 - 性理諸書各家自生臆說論無一定 - 性理諸書講解高宗夜夢

上主賚以良弼不過勉强信從 - 辨性理諸書云海潮係地呼吸所致之非 - 辨性理諸書云北極爲氣運之原之非 - 辨性理諸書云草木有知覺之非 - 辨性理諸書云物與物其理爲一不同者其形之非"

71) 같은 책, 341~357쪽. "論今之明儒識見雖高議論雖正但與眞教至理尙有不足處."

72) 같은 책, 361~370쪽. "以前所稱古儒眞教卽係天主教."

73) 같은 책, 43쪽. "據性理諸書云論理不論氣不備, 論氣不論理不明, 按此則是理與氣渾成一體, 如色之白與物之白同爲一白也. 是人之理與人之氣渾爲一體, 亦卽如房之按規矩造成房室, 便人居住, 是房之理與房之氣渾成一房矣. 若將靈性認爲理, 是將靈性與氣渾成一體矣, 夫豈可哉."

74) 같은 책, 101쪽. "孔子繫易而贊之曰易有太極, 是言易有至大地極之元質, 爲上主造生天地萬物公共之材料, 所謂太極是也. 並未嘗卽指太極爲造肇天地萬物之主宰也. 後人不察, 竟將上主抹煞, 繪畫奇偶之象, 謂太極之先, 並無上主, 止此太極. 一動一靜, 卽是兩儀, 由兩儀生四象, 四象生八卦. 竟認太極爲生物之主, 如之何其可耶? 夫太極蘊陰陽, 係元質, 並無靈明自主, 不過爲萬物之材質, 安得稱爲造物主?"

75) 같은 책, 105쪽. "若太極果係天地萬物之原, 當必至精明, 極能智, 具神靈, 明明赫赫, 蕩蕩巍巍, 爲世人所當昭事, 所當畏敬, 所當禱祀者也. 若然則中庸推明道之大原, 何不云太極命之謂性? 郊社之禮, 何不云祀太極? 孔子何不云知我者其太極? 吾誰欺, 欺太極? 君子有三畏, 何不云畏太極? 孟子曰存心養性, 何不云所以事太極? 詩何不云畏太極之威, 敬太極之渝, 敬太極之怒? 堯咨舜, 何不云太極之歷數在爾躬? 舜何不向太極而肆類? 湯何不禱太極於桑林? 高宗何不云太極賚予良弼? 且自古以來, 並未聞太極能福善禍淫, 獲罪太極而無所禱也. 由此觀之, 則太極非至精明, 極能智, 具神靈之上主可知矣."

76) 같은 책, 106쪽. "後世言太極者, … 竟謂其自能動靜, 分陰陽, 生五行, 是推尊太極居於物先, 爲萬物之原矣. 且立太極圖, 而畵奇偶之形以象之. 更謂太極於天地未肇之先, 居於沖漠無眹之際, 實有形體矣, 故曰太極無非理氣, 理氣外無他說矣. 旣云萬物統此一太極, 又云物物各具一太極, 是謂太極爲可分可合之頑體矣. 且萬物紛然不齊, 或具寒熱溫涼, 或具剛柔馨穢, 莫能一致. 今曰物物各具一太極, 是太極又爲紛然雜出, 無能能自立之弱質矣."

77) 같은 책, 108쪽. "諸儒又云太極非他, 卽理也, 氣雜而理純, 氣頑而理靈, 氣不能生天地萬物, 而生天地萬物者, 理之能也. 按此則又謂理爲天地萬物之原矣. 若然凡云理者, 不當云萬物之理, 當云理之萬物矣, 世上豈有此顚倒錯亂之稱者乎? … 諸儒又云言理不言氣不備, 言氣不言理不明, 是明知理不離氣, 氣不離理, 二者在物固渾成一體而不相分者也. 以此而論, 謂理爲萬物之原, 則萬物實係以己生己矣. 何也? 前已明言理與氣在物渾爲一體, 試譬之一乘車, 車之氣與車之理, 固同具於一乘車也, 如此則是理生車, 猶是以氣生車, 以氣生車, 依然以車生車, 無以異也. 今觀天下萬物皆不能以己生己, 則知理不能生物也明矣."

78) 같은 책, 112쪽. "且謂太極是氣, 前已明論氣無思想, 若謂太極是理, 則理與氣又曰爲一體, 如此則太極動而生陽, 究竟孰命之動乎? 何以億萬年萬物各得其所, 物類紛紜, 秩然不紊乎? 此皆不可以理推也."

79) 같은 책, 121~122쪽. "任吾子言理言道, 言太極太虛太乙太和陰陽四象, 認爲萬物之原, 然俱係頑然,

並無靈明. 卽如任子云房屋之原, 或係理氣, 或係道, 或甎瓦木料, 或恰合規矩, 或便人居寢, 總皆頑然無靈耳."

80) 같은 책, 319쪽.

81) 같은 책, 309쪽. "近儒不然, 矜談性理, 著書立說而嘵嘵萬言, 竟將天地眞主吾人靈性無生滅, 兩端至理, 一筆勾倒. 惟認理氣爲天地之本, 人物之原, 而於上古經書所稱皇矣上主, 及降衷之恒性, 竟不細加詳察矣. 噫今之學者, 雖自矜名儒, 談理切實, 而其害較拜敬邪神之異端尤甚!"

82) 같은 책, 173쪽. "異端敬拜邪神, 較倡言太極理氣之說者, 其情尙可原宥. 敬拜邪神雖悖正道, 畢竟其良心猶未死滅, 惟誤認一主宰以加欽崇, 如幼童不認其生母, 但向乳母盡其孝道耳. 蓋異端本欲得上主而敬拜之, 但不知上主之實義, 遂妄擬邪神爲上主, 其情不良可悲乎! 今止認太極理氣, 不認上主者, 是將上主之道, 盡情末煞, 使萬世而下, 茫然不知所歸向, 害可勝言哉."

83) 『增訂徐文定公集』, 권5, 「雜疏」, 2쪽.

84) 蕭若瑟, 『天主敎傳入中國考』, 141~142쪽.

85) 李之藻, 『文稿附徐文定公集』, 권6, 1쪽. "說天莫辯乎易. 易爲文字祖, 卽言乾元統天, 爲君爲父. 又言, '帝出乎震.' 而紫陽氏解之, 以爲帝者天之主宰. 然則, 天主之義, 不自利先生剏矣! 世俗謂天幽遠, 不暇論. 竺乾氏者出, 不事其親, 亦已甚矣, 而敢于幻天藐帝, 以自爲尊. 儒其服者, 習聞, 夫'天命.' '天理.' '天道.' '天德'之說, 而亦浸淫入之. 然則, 小人之不知不畏也, 亦何怪哉!"

86) 같은 책, 권6, 9쪽.

87) 楊廷筠, 『代疑篇』, 1쪽. "物彙至多, 問誰始造? 或云一氣所爲, 或云氣中有理, … 皆漫說也.

88) 같은 책, 1쪽. "夫氣無知覺, 理非靈才, 若任氣所爲, 不過氤氳磅礴, 有時而盈, 有時竭, 有時而逆, 有時而順. 焉能吹萬不同, 且有律有信也."

89) 같은 책, 1쪽. "理本在物, 不能生物, 如五聲之在八音, 變不勝窮, 皆屬之理. 理在鐘鼓管絃, 不能自生鐘鼓管絃, 此人所自明也."

90) 『正敎奉褒』(上), 38쪽. "主敎尊天, 儒敎亦尊天; 主敎窮理, 儒敎亦窮理. 孔子之言曰, '下學而上達, 知我者其天乎.' 又曰, '天生德於予.' 又曰, '獲罪於天, 無所禱也.' 孟子曰, '存其心, 養其性, 所以事天也. 夭壽不貳, 修身以俟之, 所以立命也.' 易曰, '天行健, 君子以自强不息.' 古聖賢懍於事天之學如此, 而後之儒者仍以膈膜之見, 妄爲詁釋, 如所謂天爲理也, 含糊不明. 儒者如葛屺瞻諸人固已辨其非, 先生之論豈不開發羣蒙, 而使天下之人各識其大父, 而知所歸命哉. 謂先生爲西海之儒, 卽中華之大儒可也."

91) 朱宗元, 『答客問』, 5~6쪽. "太極不外理氣, 無知無覺, 古人祀上帝, 不祀太極, 則天主太極判然明矣."

92) 같은 책, 6쪽. "曰此有至理. 蓋天主始造天地, 當夫列曜未呈, 山川未奠之時, 先生一種氤氳微密之氣, 充塞飽滿, 而世內萬有, 繇此取材, 此之謂太極, 卽西儒, 所稱曰原質也."

93) 朱宗元, 『拯世略說』, 10쪽. "試問太極有知覺乎? 則必曰無有. 太極有靈明乎? 則必曰無有. 太極能賞罰乎? 則必曰不能. 故聞祭上帝也, 未聞祭太極; 聞畏天命矣, 未聞畏太極. 太極者最先之謂也, 如草木之有種子, 人物之有元質, 天之所以爲天, 地之所以爲地, 是謂天地根, 是謂太極."

94) 黃伯祿, 『訓眞辨妄』, 5쪽. "後儒釋論語獲罪於天, 無所禱也句, 曰天卽理也.(見論語集註) 然理也者, 爲吾人行事之準則, 猶律爲人民當守之法度. 夫旣有律, 必有律所由制, 旣有理, 必有理所由來. 律所由制者, 非律也, 乃國君也. 理所由來者, 非理也, 乃卽所謂天也. 人之獲罪, 固因悖理, 但獲罪於天, 非獲罪於理. 猶人禱天, 非禱理也, 是天非理, 義亦甚明."

95) 李杕, 『理窟』, 6~7쪽.

96) 같은 책, 7~8쪽.

97) 같은 책, 1~2쪽. "六朝五代以前, 初無理氣之說, 自朱子因程子之言, 重加闡發, 遂謂天卽是理, 理卽是氣. 萬口同聲, 羣相附和, 將蕩蕩主宰, 抹而不論, 徒存心於尋常日用之微, 專意於動作云爲之細. 一若理氣之外, 別無歸原之學. 後世註疎家又從而推廣之, 千編萬卷, 詞繁意歧, 至今日而欲斥其非, 反覺無由置喙."

98) 崇禎 12年, 徐昌治, 『聖朝破邪集』序.

99) 日本 安政 乙卯 翻刻本.

100) 『聖朝破邪集』 권1, 7쪽.

101) 같은 책, 권1, 21~22쪽. "惟天地開闢以來, 而中國之教, 自伏羲以迄周孔, 傳心有要, 闡道有宗, 天人之理, 發洩盡矣, 無容以異說參矣. … 乃今又有倡爲天主教, 若北有龐迪我等, 南有王豐肅等, 其名似附於儒, 其說實異乎正."

102) 民國 18年 中社印本과 重輯 『不得已輯要』 本.

103) 『不得已』, 하권.

104) 『不得已輯要』, 21쪽. "官欽天監三年, 免歸, 至山東, 爲西洋人毒死. 錢少詹大昕曰, 吾友戴東原嘗言毆羅巴人以重價購『不得已』以焚之(『池北偶談』, 「疇人傳」). 論者謂『不得已』一書, 其息邪說正人心, 長公獨長辨析, 孟子之後, 一人而已."

105) 『不得已』, 상권, 4~7쪽.

106) 같은 책, 8~17쪽. "中國之初人伏羲氏實如德亞之苗裔, 自西徂東, 天學固其所懷來也. 生長子孫, 家傳戶習 … 延止唐虞, 下迄三代, 君臣告誡于朝, 聖賢垂訓于后, 往往呼天稱帝, 以相警勵. 夫有所受之也, 豈偶然哉! 其見之『書』曰: '昭受上帝, 天其申命用休,' 『詩』曰: '文王在上, 於昭於天' 『魯論』曰: '獲罪於天, 無所禱也' 『中庸』曰: '郊社之禮, 所以事上帝也' 『孟子』曰: '樂天者, 保天下.' 凡此諸文, 何莫非天學之微言法語乎?"

107) 「闢邪論」(상), 『不得已』(上), 19~20쪽; 『輯要』, 9쪽. "夫天二氣之所結撰而成, 非有所造而成者也. 子曰天何言哉! 四時行焉, 百物生焉. 時行而物生, 二氣之良能也. 天設爲天主之所造, 則天亦塊然無知之物矣, 焉能生萬有哉? 天主雖神, 實二氣中之一氣, 以二氣中之一氣, 而謂能造成萬有之二氣, 於理通乎? 無始之名, 竊吾儒無極而生太極之說. 無極生太極, 言理而不言事, 若以事言之, 則六合之外, 聖人存而不論, 論則涉於誕矣. 夫子之不語怪力亂神, 政爲此也. 而所謂無始者, 無其始也. 有無始則必有先無始者之無無始, 有生無始者之無無始, 則必又有生無無始者之無無無始, 遡而上之, 曷有窮極. 而

無始亦不得名天主矣. 誤以無始爲天主, 則天主屬無, 而不得言有."

108) 「闢邪論」(중), 『不得已』(上), 27~28쪽; 『輯要』, 13~14쪽. "聖人學問之極功, 祇一窮理以幾於道, 不能於理之外, 又穿鑿一理, 以爲高也. 故其言中正平常, 不爲高遠奇特之論. … 夫天萬事萬物萬理之大宗也. 理立而氣具焉, 氣具而數生焉, 數生而象形焉. 天爲有形之理, 理爲無形之天, 形極而理見焉, 此天之所以卽理也. 天函萬事萬物, 故推原太極者, 惟言理焉. 理之外更無所謂理, 卽天之外更無所謂天也. 易之爲書, 言理之書也, 理氣數象備焉. 乾之卦, '乾元亨利貞.' 彖曰'大哉乾元, 萬物資始乃通天.' 夫元者理也, 資始萬物, 資理以爲氣之始, 資氣以爲數之始, 資數以爲象之始, 象形而理自見焉. 故曰'乃通天.' 程傳'乾天也, 專言之則道也, 分言之, 以形體謂之天, 以主宰謂之帝, 以功用謂之鬼神, 以妙用謂之神, 以性情謂之乾.' … 專者體也, 分者用也, 言分之用而專之體自在矣. 天主教之論議行爲, 純乎功用, 實程子之所謂鬼神, 何得擅言主宰? 朱子云'乾元是天之性, 如人之精神, 豈可謂人自是人, 精神自精神?' 觀此則天不可言自是天, 帝不可言自是帝也. 萬物所尊者惟天, 人所尊者惟帝, 人擧頭見天, 故以上帝稱天焉, 非天之上又有一帝也."

109) 같은 책, 29쪽; 『輯要』, 14쪽. " … 惟皇上帝, 降衷下民. 衷者理也, 言天賦民以理也."

110) 王啓元, 『淸署經談』 권12, 21~22쪽. 이것은 陳의 저서, 138쪽에서 인용한 것이다. "邵子皇極經世, 大闡二天之蘊, 周子太極通書, 深入十翼之精."

111) 『聖朝破邪集』 권3. "蓋彼教獨標生天生地生人生物者曰天主, 謂其體無所不在, 無所不知, 無所不能, 謂天賦畀靈魂於人曰性, 不可謂性卽天, 不可爲天卽吾心. … 天地也, 天主也, 人也, 分爲三物, 不許合體, 以吾中國萬物一體之說爲不是, 以王陽明先生良知生天生地生萬物皆非也. 此其壞亂天下萬世學脈者一也."

112) 같은 책, 권3, 『尊儒亟鏡』, 「道貫天地人物, 非夷所知說」, 18~19쪽. "是故當知此誠眞體, 無所在而無所不在也. … 豎無上兮, 橫無外兮, 虛空逼塞滿兮, 語天莫載也. 野馬尿溺兮, 窗前草兮 物物一太極兮, 語小莫破也. 在鳶魚則爲鳶魚之道, 飛戾天兮忘其天, 躍於淵兮忘其淵, 鳶魚各足也. 生民之食息起居, 何非此道之妙用, 兩間之水流花開, 總屬此理之流行. 造端乎夫婦, 察乎天地矣. 君子也, 聖人也, 夫婦也, 天地也, 飛潛動植也, 其在一道中矣. 故曰天得一以淸, 地得一以寧, 王侯得一以爲天下貞, 此吾道一以貫之宗, 性與天道之旨也. 洙泗一堂, 當日漏洩已多, 然及門弟子猶不可得而聞, 況妖夷輩今日可得聞此哉. … 總之妖夷不能知此一貫之道, 故妄之天主與靈魂, 而卑賤太極與理道也."

113) 같은 책, 권3, 『尊儒亟鏡』, 「道貫天地人物, 非夷所知說」, 19쪽. "夷之言曰'若太極者, 止解之以所謂理, 則不能爲天地萬物之原矣. 蓋理亦依賴之類, 自不能立, 曷立他物哉?' 又曰'自不能立, 何能包含靈覺, 爲自立之類乎? 理卑於人, 理爲物, 而非物爲理也. 故仲尼曰人能弘道, 非道弘人也. 如爾曰理合萬物之靈, 化生萬物, 此乃天主也, 何獨謂之理, 謂之太極哉?' 繇此觀之, 夷妖明目張膽, 滅仲尼太極是生兩儀之言, 而卑賤之矣, 以天主耶蘇滅太極矣. 夫旣滅之, 而復引仲尼人能弘道非道弘人之語, 何爲哉? 蓋欲以仲尼攻仲尼也, 使天下知仲尼之說爲矛盾, 而太極生兩儀爲不足聽也."

114) 같은 책, 「太極理道仲尼不可滅說」, 19~21쪽.

115) 『聖朝破邪集』 권4, 1쪽. "闢者何?闢近年私入夷人利瑪竇之邪說也."

116) 같은 책, 8~13쪽.

117) 같은 책, 14~16쪽. "按彼『天主實義』云, '竊聞古先君子, 敬恭天主, 未聞有尊太極者. 如太極爲萬物之祖, 古聖何隱其說, 太極之說, 甚難合理,' 斥擊『周易』, 累若干言. 嗟嗟! 甚矣夷人之敢於非聖, 而刻其書者之敢背先師也. 蓋易有太極是生兩儀, 兩儀生四象, 四象生八卦, 然後化生萬物, 此乃畵前原易, 夷輩此言, 如生盲人, 寧見天日?"

118) 같은 책, 권5, 1쪽. "孔子揭太極作主宰, 實至尊而至貴, 彼則判太極原屬依賴, 謂最卑而最賤."

119) 같은 책, 『西學辨』 4, 6~7쪽. "太極虛理, 泰西判爲依賴之品, 不能自立, 何以創制天地, 而生萬物耶? 東庠居士曰瑪竇歷引上帝以證天主, 皆屬附爲影響, 其實不知天, 不知上帝, 又安知太極? 夫太極爲理之宗, 不得單言理, 爲氣之元, 不得單言氣. 推之無始而能始物引之無終而能終物者也. 瑪竇管窺蠡測, 乃云'虛空中理不免於偃墜.' 又云'始何不動而生物, 後誰激之使動.' 又云'今有車理, 何不生一乘車.' 種種淺陋, 智能嗤之. 昔賢謂說天者莫辨乎『易』, 伏羲以天地山澤雷風水火羅宇宙之法象, 孔子又遡其從出之原, 特揭'易有太極'一句, 故下面遂云'生兩儀, 生四象, 生八卦,' 顯矣亦玄矣. 惟能認得太極爲生天生地生人生物之主宰, 便不落意識界中, 而仁義禮智, 觸處隨流, 吾儒返本還源, 秘密全在於此. 何彼敢無忌憚, 而曰太極之理, 卑也, 賤也."

120) 같은 책, 권5, 24쪽. "夫聖賢之學, 原本人心, 故曰人者天地之心, 未聞心外有天也. … 乃至借朱子云, 帝者天之主宰, 謂與天主之義相合, 删字牵文, 深爲可哂. 朱子生平得力, 不離誠意正心, 宋儒性理一書, 率明此事. 苟明此事, 自卓然見天之有人, 如人之有心, 卷之一掬, 放之六合, 蓋天蓋地之量, 人人自具, 不可外求. 若云仰求之天, 則情類血氣, 悉乏本原, 人物之空殼, 痿痺亦已久矣, 可哀孰甚!"

121) 같은 책, 권6, 2쪽. "天者理也, 帝者以主宰而言也. 夫天之生民, 有物必有則, 人能順天理, 協帝則, 自可以主宰萬物, 統制乾坤, 補宇宙之缺陷, 正當代之學術, 此吾儒之所謂天主也, 而天下民物, 各具一天主也. 堂堂正大, 典籍昭彰, 何我輩盡異弗顧, 而反聽於魑魅魍魎之敎, 僭越祖宗, 去抛神主, 排禮法, 毁典籍. 滴聖水, 擦聖油, 崇祀十字刑枷, 而以碧眼高鼻者, 爲天主乎?"

122) 같은 책, 권6, 8쪽. "至於孔子太極之訓, 『春秋』之作, 孟氏仁義之對, 無後不孝之言, 皆見指摘. … 噫! 逆亦甚矣!"

123) 같은 책, 권7, 5쪽. "『天學實義』一書, 已議孔聖太極之說爲非, 子思率性之言未妥, 孟氏不孝有三之語爲迂, 朱子郊社之註不通, 程子形體主宰性情之解爲妄. 凡此數則, 可謂其合儒乎? 矧他書猶未及閱, 其抑儒蔑儒難枚擧也哉?"

124) 같은 책, 권8, 17쪽. "揭邪見, 迷萬物不能爲一體."

125) 같은 책, 권8, 21쪽. "謗太極仁義爲賤."

제4장 계몽운동과 중국 문화

1) 朱謙之, 『文化哲學』, 第8章·第9章, 「文化之地理上分布」.

2) 서양문화사에 있어서 종교 시대는 사실 인도 종교 문화의 영향을 받았다. 여기서 간략하게 설명을 가하고자 한다. 하이네(Heine, Heinrich)는 『독일의 종교와 철학의 역사』 제1장에서 루터의 신교 제창 이전에 로마 천주교에는 양대 종파가 있었다고 서술했다. 마니교(Manicheans)와 그노시스파(Gnostics)가 그것인데, 양파의 사고 방법이 기독교 여러 민족의 전 생활 속에 침투되었다는 것이다. 그는 이 두 종파가 교리는 비록 같지 않았지만, 모두 동방으로부터 나왔으며 특히 인도에서 온 것이라고 했다. 이를테면, "그 한 면을 이루고 있는 마니교도들은 고대 페르시아의 종교로부터 이 교리를 획득해 왔다. 교리를 보면 바로 광명(Ormuzed)이 암흑(Ahrimand)과 대적한다는 것이다. 또 하나 … 이 그노시스파의 세계관은 고인도의 것으로 신의 화신적, 금욕적, 정신적, 자아 내성적 교리를 갖추고 있다. 이 교리들은 일찍이 금욕적이고 명상적인 승려 생활을 형성시켰다. 이러한 승려 생활은 기실 기독교 관념의 순수한 정화였던 것이다."(29~30쪽) 또한, 헤겔(Hegel)은 그의 『종교철학』에서 학생에게 다음과 같이 말했다. "유럽인의 종교 가운데 초월적이고도 고원적인 범위에 속하는 부분은 하나의 매우 오래된 연원으로부터 왔는데, 동방 특히 시리아(Syria)에서였다. 그러나 이곳의 현재 과학과 예술 범위에 속하는 것 … 무릇 생활을 만족스럽게 한다든지 우아하고 아름답게 만드는 일체의 것은 직접적으로 내지는 간접적으로 모두 그리스에서 얻은 것들이다."(Caird, 『헤겔』 제1장, 7쪽에서 인용) 원래 그리스는 서양 과학 문화의 모태이지만, 유럽인의 종교는 오히려 직·간접적으로 세계의 큰 종교 발생지인 인도로부터 왔다. 이 사실은 인도 종교 문화가 서양문화사의 제1시기 곧 종교 문화에 영향을 주었다는 점을 증명해주는 것이 아니겠는가?

3) 千代田謙, 『西洋近世史學史』, 「序說」, 373쪽.

4) 田中經太郎 譯, 「啓蒙とは何の問題に對する解答」, 『康德著作集』 13, 39~52쪽.

5) Merz, 『19세기유럽사상사』, 2편, 상책 1, 162쪽.

6) 手塚壽郎, 「サシンモ伯とオ — ギエスト, コムト」, 『商學研究』, 第7卷, 第2號, 127쪽.

7) Lévy-Bruhl, 『프랑스철학사』, 14쪽, 67쪽.

8) 蕭若瑟, 『聖敎史略』, 권10, 341~342쪽.

9) 彭基相, 『法國十八世紀思想史』, 14~26쪽.

10) Merz, 같은 책, 하책 2, 379~380쪽.

11) 『漢譯世界史綱』(下), 36장, 797~798쪽.

12) 『독일의 종교와 철학사 개관』, 142쪽; 『하이네산문저작집』, 英文輯譯本, *Heine's prose Writing*, Edited by Ernest Rhys, 1887, 133쪽. "Immanuel Kant, that arch-destroyer in the realms of thought, far surpassed Maximilian Robespierre in terrorism …."

13) 같은 책, 140~142쪽; 『하이네산문저작집』, 172~173쪽. "It is said that the spirits of

darkness tremble with affright when they behold the sword of an executioner how then, must they stand aghast when confronted with Kant's critique of pure reason! This book is the sword with which in Germany, this was decapitated."

14) 같은 책, 162쪽.

15) 같은 책, 178쪽.

16) 같은 책, 190쪽.

17) 같은 책, 198쪽.

18) *Fénelon Oeuvres Complétes*, Versailles 1820~30, 35vol; *Les aventures de Tèlemaque*, p.p. Cahen. paris, 2vol. ; Pinot, *La Chine et la formation de l'esprit philosophique en France(1640~1740)*, 390~396쪽; Reichwein, *China und Europa*, 107~108쪽; 後藤末雄, 『支那思想のフランス西漸』, 317~313쪽.

19) 後藤末雄, 같은 책, 322~323쪽.

20) Reichwein, *China and Europe*, 105쪽.

21) 같은 책, 105쪽.

22) 헤겔, 『역사철학』 영역본, 76쪽. "This is a grand Conception; one which the Oriental Thinkers attained, and which is perhaps the highest in their metaphysics."

23) 같은 책, 142쪽. "The fundamental principle recognised is Reason—Tao; that essence lying at the basis of the whole, which effects everything. To become acquainted with its forms is regarded among the Chinese also as the highest science; yet this has no connection with the educational pursuits which more nearly concern the state."

24) Reichwein, *China and Europe*. 88쪽. "This Latin translation of the six classical books I present to you, dear reader, not only that you may become acquainted with what the Chinese have written, but that you may put into act what they have rightly thought … of particular importance were the details given by the Jesuit Fathers Concerning practical political matters in the Chinese Empire. on the one hand they helped forward the advocacy of enlightened despotism by philosophy, while on the other they gave a backbone to the physiocratic movement the movement which in anticipation of the Revolution, attempted to bolster up once more this time from the economic side the Absolutism of the seventeenth century. Here is the domain of political theory, as in almost all the departments of science, China became the corner stone of debate, a disturbing phantom in an age already sufficiently agitated."

25) 이 책은 後藤末雄, 같은 책, 277~278쪽에 의하면, 당시 화폐검사국장 Cousin에 의해 지어진 것이라 했다. 여기서는 Pinot, *La Chine et la formation de l'esprit philosophique en*

France, 465쪽에 근거해서 바로잡았다.

26) 後藤末雄, 같은 책, 280쪽.『西洋人の觀たる支那』 역시 참고할 만하다.

27) 헤겔, 같은 책, 138~139쪽.

28) 본 책은『耶蘇會士對於宋儒理學之反響』 1편에 자세히 보인다.

29) 石田幹之助,『歐人の支那硏究』, 197~200쪽 참조.

30) Pinot, *La Chine et la formation de l'esprit philosophique en France*, 312~313쪽; 五來欣造,『儒教の獨逸政治思想に及ぼせる影響』, 408~422쪽,「來布尼茲對於龍華民,栗安當之批評」.

31) Temple은 고대 학술이 근대보다 나으며 중국이 마침 古國이라고 주장했다. Tindal은 묵시적 종교에 반대하면서 중국의 신앙은 선교사가 말한 바와 같이 자연교라 했다. Addison은 표면적으로는 자연교에 반대했지만, 마음 속은 매우 엇비슷했다. Pope는 예수회원이 자연교적 경향이 있다고 깊이 믿었다. 이상은 모두 중국 문화에 우호적 입장을 가졌던 18세기 영국의 주요 인물들이다.(陳受頤,「魯濱孫的中國文化觀」,『嶺南學報』, 第1卷, 第3期, 10~18쪽 참조)

32) 方重,「十八世紀的英國文學與中國」,『文哲季刊』, 第2卷, 第1·2號; 范存忠,「約翰生, 高爾斯密與中國文化」,『金陵學報』, 第1卷, 第2期 참조.

33)『로빈슨 표류기』의 저자 디포(Defoe)는『凝結集』에서 다음과 같이 말했다. "중국은 古國으로서 백성들은 총명하고 예의가 있을 뿐만 아니라 매우 영리하다." "중국은 학자, 문인, 예술가, 환술가로 가득찬 국가이다." 陳受頤 선생은 그가 이곳에서 중국을 천상에나 있을 법한 나라로 찬미했던 것은 다름 아닌 일종의 날카로운 풍자라고 했다. 그러나 프랑스 비평가 Paul Dotlin은 그것을 디포의 전후 사상의 모순이라고 인식했다.

34) 桑木嚴翼,『哲學史槪說』, 2편, 2장에서 데카르트를 문예부흥기의 철학에 포함시키고 있다.『哲學講壇』 3冊, 168~180쪽에 보인다.

35) Lévy-Bruhl, *History of modern philosophy in France*, 彭基相 譯,『프랑스철학사』, 1쪽.

36)「哲學史略」,『法蘭西學術史略』, 2쪽에 보인다.

37) 같은 책, 2쪽 참조.

38)『프랑스철학사』, 1장, 3쪽.

39)『大英百科全書』 중 Abraham Wolf가 지은「데카르트傳」, 關琪桐 譯,『笛卡兒方法論』, 1~12쪽에 보인다.

40) René Descartes, *Discourse on the method of rightly conducting the reason, and seeking truth in the sciences*, Tr. by John Veitch. Everyman's library 570, 1934, Part II, 14쪽. "… and afterwards in the course of my travels I remarked that all those whose opinions are decidedly repugnant to ours are not on that account barbarians and savages, but on the contrary that many of these nations make an equally good, if not a better, use of

their reason than we do. I took into account also the very different character which a person brought up from infancy in France or Germany exhibits, from that which, with the Same mind originally, this individual would have possessed had he lived always among the Chinese or with savage …."

41) 같은 책, Part III, 19쪽. "I was convinced that I could not do better than follow in the meantime the opinions of the most judicious; and although there are some perhaps among the Persians and Chinese as judicious as among ourselves, expediency seemed to dictate that I should regulate my practice conformably to the opinions of those with whom I should have to live …."

42) 같은 책, Part III, 21쪽. " … that if we consider all external goods as equally beyond our power, we shall no more regret the absence of such goods as seem due to our birth, when deprived of them without any fault of ours, than our not possessing the kingdom of China or Mexico."

43) *A. Discourse on Method*, part I, 9쪽. "So that the greatest advantage I derived from the study consisted in this, that Observing many things which, however extravagant and ridiculous to our apprehension, are yet by common consent received and approved by other great nation, … an undertaking which was, accompanied with greater success than it would have been had I never quilted my country or my books."

44) 『프랑스철학사』, 8쪽.

45) 『唯物論史』(上), 3장, 235~240쪽.

46) 같은 책, 236쪽.

47) 『方法與結果』, 譚輔之 譯, 137~168쪽, 「論笛卡兒底方法講話」.

48) Bayle은 무신론 사회의 가설을 제창해 전 18세기에 걸쳐 토론의 대상이 되었다. 『프랑스철학사』, 78쪽을 참조하라.

49) *Pascal-Oeuvres*, p.p. Léon Brunschwicg et Pierre Boutroux, Paris, 1908~14, 11 vol; 또한 *Les Pensées*, t XII~XIV, Paris, 1904; Pinot, *La Chine et la formation de l'esprit philosophique en France*, 347~348쪽; 後藤末雄, 같은 책, 50~52쪽 참조.

50) Blaise Pascal, *Penseés*, Tr. by W. F. Tratter, Everyman's library 874, Section IX 592, 163쪽. "… which is the more credible of the two, Moses or China? It is not a question of seeing this summarily. I tell you there is in it something to blind, and something to enlighten. By this one word I destroy all your reasoning. 'But China Obscures,' say you; and I answer, China obscure but there is clearness to be found; seek it."

51) *Bayle-Oeuvres diverses*. Ed. 1727~31, 4 vol, in-fol; 또한 *projet et fragments d'un dictionnaire Critique*, Rotterdam, 1692; *Dictionuaire historique et critique*, Rotterdam, 1697; *Dietionnaire historique et Critique 5e éd*, Amsterdam, 1734, 5 vol, in-folio; Pinot, *La Chine et la formation de l'esprit philosophique en France*, 314~327쪽; 後藤末雄, 같은 책, 53~54쪽, 531쪽, 538~40쪽.

52) 『唯物論史』(上), 359쪽.

53) 『프랑스철학사』, 79쪽.

54) 같은 책, 68쪽.

55) Malebranche, *Entretien d'un philosophe Chrétien et d'un philosophe Chinois*, Paris, 1708; *Avis touchant léntretien d'un phillosophe Chrétien et d'un philosophe Chinois*, Paris, 1708; *Méditations métaphysiques et Correspondance de Malebranche et Mairan*, p.p. Feuillet de Conches, Paris, 1841; Pinot, *La Chine et la formation de l'esprit philosophique en France*, 329~333쪽; 後藤末雄, 같은 책, 305~306쪽; Lévy-Bruhl, 『프랑스철학사』, 23~48쪽 참조.

56) 譯文은 後藤末雄, 같은 책, 306~315쪽에 근거한 것이다.

57) 後藤末雄, 같은 책, 315쪽.

58) 『カント著作集』 13, 「一般歷史考其他」, 105~106쪽.

59) Will Durant, *The Story of Philosophy*, Chap. IV, 175쪽; 漢譯本, 『古今大哲學家之生活與思想』, 4장, 250쪽.

60) Reichwein, *China and Europe*, 76쪽. "In Lao Tzŭ's personality, the soul of the Rococo touches the soul of the Far East. The art which produced the delicate porcelains and the flowery Silks of Fu-Kien went back in Spirit to Lao Tzŭ. In the lacquer cabinets and the porcelain, in the Vaporous colouring of the silks, in all the precious things which Europe welcomed as 'la Chine,' it was the soul of Lao Tzŭ which spoke.

61) 後藤末雄, 같은 책, 535쪽.

62) Pinot, *La Chine et la formation de l'esprit philosophique en France(1640~1740)*, 344~346쪽.

63) 五來欣造, 『儒教の獨逸政治思想に及ばせる影響』, 2편, 4장, 459쪽.

64) 같은 책, 456~457쪽.

65) 같은 책, 461~462쪽.

66) 같은 책, 435쪽; Merkel, *G. W. von Leibniz und die China-mission*, 154쪽.

67) 五來欣造, 「ライブニッツと儒教」, 같은 책, 2편, 4장, 273~473쪽.

68) Reichwein, *China and Europe, Intellectual and Artistic Contacts in the 18 Century*, 79쪽. "Leibniz was the first to the recognize the great intellectual importance of Chinese culture for the development of the west. His doctrine of Monads coincides curiously in many

points with Chinese ideas about 'the universal,' as they are expressed in the three great exponents of Chinese life, in Lao Tzŭ, in Confucius, and in the Chinese from of Buddhism. The doctrine of a 'pre-established harmony' has its Chinese counterpart in the Tao of the world. Leibniz believes, like the Chinese says, in the world of reality as a unity, as a continuously rising scale of spiritual beings developing progressively. In the one case as in the other, from the belief in pre-established harmony as from belief in the Tao of the world, an unlimited optimism resulted.(The best of all possible world's — 'The kingdom of Heaven') For Leibniz as for Confucius, the kerned of all religion, the Christian religion included, lies in practical life. Their essential service is, in his view, the creation of knowledge, their end education for socially useful action. This is the plan and Simple gospel of the whole Enlightenment. It is quite in the sense of Confucius' saying 'Knowledge of the Tao lead to Virtue.' And in the one case as in the other Virtue signifies Happiness, this is, to the supreme end of all thought."

69) 같은 책, 403쪽.

70) Reichwein, *China und Europa*, 88~93쪽에서 Merkel의 원서를 모두 일곱 차례나 인용했다. 이로 볼 때 Reichwein은 사실 Merkel에 의거하고 있음을 알 수 있다.

71) 『正教奉褒』, 72쪽, 85쪽, 93쪽, 109쪽, 117쪽, 118쪽.

72) 坂口昻, 「ライプニッツの'支那の最近事'について」, 內藤博士還曆祝賀 『支那學論叢』, 865~880쪽. 이것은 869쪽에 의거해 인용한 것이다.

73) 石田幹之助, 같은 책, 183~184쪽.

74) 五來欣造, 『儒教の獨逸政治思想に及ばせる影響』, 435~453쪽.

75) 黃伯祿, 『正教奉褒』, 123쪽. 강희39년 10월 2일 그리말디, 페레이라, 토마스, 가빌롱 등은 다음과 같은 상주문을 올렸다. "삼가 아뢰옵건대 황제께서 친히 살펴주실 것을 공손한 마음으로 바라오며 이로써 가르침을 구하고자 합니다. 서양의 학자들은 중국에서 공자를 기리는 의식을 행하며 천지와 조상에 제사하는 예가 있음을 알고서, 반드시 그 까닭이 있다고 하자 그 의미를 밝혀 줄 것을 요구하고 있습니다. 신들은 공자는 중국인들로부터 위대한 스승으로 존경받지만, 행복이나 벼슬, 재물을 얻기 위해 그의 이름으로 기도하지는 않는다고 해석했습니다. 조상 숭배는 사랑과 추모의 정을 기리기 위한 것이지 조상의 은덕을 받기 위한 것은 아니라고 믿습니다. 비록 조상의 위패를 모시긴 하지만, 조상의 영혼이 그 위패 속에 존재한다고 믿지는 않습니다. 하늘에 대한 제사는 물리적인 푸른 하늘에 바치는 것이 아니라 만물의 주인이자 창조주께 드리는 것이라고 믿습니다. 곧 공자의 '郊社의 예는 상제를 섬기는 것'이라 한 말과 같다 하겠습니다. 어떤 때는 상제라 하고 또 어떤 때는 하늘(天)이라고 일컫는 것은, 마치 主上을 주상이라

하지 않고 폐하 또는 조정이라 하는 것과 같다고 여겨집니다. 이처럼 비록 명칭은 같지 않지만 그 실상은 하나인 것입니다. 앞서 황상께서 내려주신 편액, '敬天'이란 御書 두 글자가 바로 이러한 뜻이라 생각됩니다. 신들은 어리석은 견해로 이처럼 답했습니다."

76) 『入華耶蘇會士列傳』, 81~82쪽.

77) 생트 마리(栗安當)는 프란시스코회 선교사인데, 五來欣造, 같은 책, 408쪽, 「セントマソー」에는 도미니크회 선교사로 잘못 기록되어 있다. 또한 後藤末雄, 같은 책, 119, 125쪽 두 곳에는 '栗安當'이 '栗妥當'으로 잘못 표기되어 있다. 모두 착오이므로 응당 바로잡아야 한다.

78) 『天主教傳行中國考』, 260쪽.

79) 坂口昴, 같은 책, 865~880쪽. 여기서 서술한 全書 내용은 871~873쪽에 보인다. 謝扶雅는 일찍이 이것에 의거해 「來布尼玆與東西文化」를 지었는데, 『嶺南學報』, 第1卷, 第1期에 실려 있다. 다만 蘇霖은 Saulis의 誤作이며 安多는 채 漢名이 쓰여져 있지 않으니 모두 바로잡아야 한다.

80) 五來欣造, 같은 책, 423~435쪽.

81) 坂口昴, 같은 책, 873~876쪽, 「康熙帝の傳記」. 또한 Merkel, *G. W. von Leibniz und die China-mission*, 37~58쪽에 역시 專章을 두어 이를 서술하고 있다.

82) 라이프니츠의 저서 *Discours de Métophysique*는 河野與一 譯, 『ライブニッ形而上學敍說』, 岩波書店이 있고, 또한 英譯 *Monadology and other philosophical writings*, Oxford university press, 1925; 河野與一 譯, 『ライブニッ單子論』, 岩波書店出版이 있다.

83) *Foucher de Careil: Oeuvres de Leibnizt*, VII, 398~399쪽.

84) Merkel, *G. W. von Leibniz und die China-Mission* 중의 'Li,' 'ki'(112쪽 이하) 각 항; Pinot, *La Chine et la formation de l'esprit philosophique en France*, 333~340쪽, 'Leibniz'; Reichwein, *China and Europe* 중의 'The Enlightenent,' 1장, 75~98쪽, 혹은 독일어 원본 'Aufklärung,' 1장, 84~97쪽; 五來欣造, 『ライブニッツと儒教』 第五節 第二款, 「儒教の自然神學に對する彼の見解」, 406~422쪽.

85) 『天主教十六世紀在華傳教誌』, 265쪽.

86) 이 서신은 Kortholt, *Epistulae ad diversos*, 제2권 414쪽에도 수록되어 있다.

87) 五來欣造, 『儒教の獨逸政治思想に及ばせる影響』, 406~422쪽.

88) Reichwein, *China and Europe*, 83쪽.

89) 같은 책, 82~84쪽.

90) 五來欣造, 같은 책, 456~457쪽.

91) 五來欣造, 『クリスチセン, ウオルフと儒教』(上), 5장, 474~528쪽; Reichwein, *China and Europe* 중의 'The Enlightenment' 1장, 혹은 독일어 원본 'Aufklärung' 1장, 93~96쪽.

92) Höffding, 『서양근세철학사』, 118쪽.

93) 五來欣造, 『クリスチセン, ウオルフと儒教』 2절, 2~5항, 505~523쪽.

제5장 중국 철학과 프랑스혁명

1) *Lectures on the philosophy of History*, 465쪽; 『歷史哲學』, 「啓蒙運動與革命運動」 1장, 708~709쪽. "It has been said, that the French Revolution resulted from Philosophy, and it is not without reason that Philosophy has been called 'Weltweisheit'[World Wisdom]; for it is not only Truth in and for itself, as the pure essence of things, but also Truth in its living form as exhibited in the affairs of the world. We should not, therefore, Contradict the assertion that the Revolution received its first impulse from Philosophy."
2) 같은 책, the éclaircissement, 464쪽. "In France, it immediately took up a position of hostility to the Church." 『歷史哲學』, 706~707쪽.
3) 蕭若瑟, 『聖教史略』, 권16, 367쪽.
4) 같은 책, 338쪽.
5) Madelin, 『프랑스대혁명사』, 권2장, 14~15쪽.
6) 같은 책, 17쪽.
7) Kropotkin, 『프랑스대혁명사』(上), 1~2쪽.
8) Blos, 『프랑스혁명사』, 「서언」, 1쪽.
9) 같은 책, 37쪽.
10) 같은 책, 1편, 16쪽.
11) Kropotkin, 같은 책, 제2장, 12쪽.
12) Madelin, 『프랑스대혁명사』, 卷首, 제2장, 13쪽.
13) 같은 책, 381~382쪽.
14) 余楠秋, 『法國革命偉人傳』, 4쪽.
15) 같은 책, 2쪽.
16) Madelin, 『프랑스대혁명사』, 274쪽.
17) 余楠秋, 『法國革命偉人傳』, 21쪽.
18) 같은 책, 44~45쪽.
19) 陳受頤, 「十八世紀歐洲之中國園林」, 『嶺南學報』, 第2卷, 第1期, 59쪽.
20) Madelin, 『프랑스대혁명사』, 卷首, 14쪽.
21) 『聖教史略』, 권16, 339~340쪽.
22) 같은 책, 356쪽.
23) 같은 책, 360쪽.
24) Blos, 『프랑스혁명사』(上), 권1, 43~44쪽.

25) Madelin, 『프랑스대혁명사』, 卷首, 21쪽.

26) 『歷史大綱』, 제36장, 제7절.

27) Reichwein, *China and Europe*, 92쪽.

28) Deborin, 『근대유물론사』, 281쪽.

29) 같은 책, 282쪽.

30) 같은 책, 283쪽.

31) 같은 책, 285쪽.

32) Lange, 『유물론의 역사와 현대에서의 그 의의 비판』(상), 제3장, 460쪽.

33) 『自然之體系』(上) 漢譯本, 41쪽, 格里姆 1789年 8月 通信 초록 참조.

34) 五來欣造, 『儒教の獨逸政治思想に及ぼせる影響』, 529~584쪽.

35) *Système Social*, t. I, 86~89쪽. 여기서는 五來欣造, 같은 책, 573~574쪽에서 인용하였다.

36) 같은 책, t. II, 94쪽. 五來欣造, 같은 책, 576쪽 인용.

37) 五來欣造, 같은 책, 578쪽 인용.

38) 『法意』, 嚴復 譯, 嚴譯名著叢刊5, 商務印書館, 第1册, 1쪽.

39) Reichwein, *China and Europe*, The Enlightenment, 94~95쪽.

40) 『法意』, 제8권, 제21장, 25쪽.

41) 같은 책, 제19권, 제10장, 10쪽.

42) 같은 책, 제19권, 제20장, 25쪽.

43) 같은 책, 제19권, 제13장, 13쪽.

44) 같은 책, 제16권, 제8장, 6쪽.

45) 같은 책, 제7권, 제7장, 10~11쪽.

46) 같은 책, 제12권, 제7장, 10쪽.

47) 같은 책, 제6권, 제20장, 34쪽.

48) 같은 책, 제15권, 제18장, 23쪽.

49) 같은 책, 제8권, 제21장, 27쪽.

50) 같은 책, 제14권, 제8장, 10쪽.

51) 같은 책, 제13권, 제15장, 24쪽.

52) 같은 책, 제13권, 제18장, 17쪽.

53) 같은 책, 제7권, 제6장, 9~10쪽.

54) 같은 책, 제17권, 제3장~제5장.

55) 같은 책, 제17권, 제6장, 9~10쪽.

56) 같은 책, 제19권, 제16장, 18쪽.

57) 같은 책, 제17장, 19쪽.

58) 같은 책, 제19장, 23~24쪽.

59) 같은 책, 제24권, 제19장, 21쪽.

60) 같은 책, 제14권, 제5장, 8~9쪽.

61) 같은 책, 제12권, 제29장, 32쪽.

62) 같은 책, 제21권, 제21장, 52쪽.

63) 같은 책, 제8권, 제5장, 평어, 7~8쪽. 살피건대 福祿特爾와 狄地魯는 곧 服爾德와 狄德羅의 異譯이다.

64) 彭基相, 『法國十八世紀思想史』, 14~26쪽 참조.

65) 같은 책, 14쪽.

66) 같은 책, 32쪽.

67) 같은 책, 33쪽.

68) Lévy-Bruhl, 『프랑스철학사』, 120쪽.

69) 後藤末雄, 『支那思想のフランス西漸』, 361~370쪽 참조.

70) Reichwein, *China and Europe*, 89쪽. "The princes of Europe and the men of commerce have, in all discoveries in the East, been in search only of wealth, the philosophers have discovered there a new moral and physical world."

71) 같은 책, 89쪽. "I have read his books with attention, I have made extracts from them; I found that they spoke only of the purest morality — He appeals only to virtue, he preaches no miracles, there is nothing in them of ridiculous allegory."

72) 같은 책, 91쪽.

73) 後藤末雄, 『佛蘭西精神史の一側面』 또는 『支那思想のフランス西漸』, 384~420쪽 참조.

74) 『嶺南學報』, 第1卷, 第1期에 보인다.

75) 陳受頤 譯文에 의거했다.

76) Lévy-Bruhl, 『프랑스철학사』, 제7장, 「백과전서파」.

77) 後藤末雄, 앞의 책, 425~427쪽.

78) 여기서 말하는 '加爾特利亞'가 누구인지는 정확히 확인하지 못했음을 밝힌다.(역자)

79) Reichwein, *China and Europe*, 92쪽.

80) Lévy-Bruhl, 『프랑스철학사』, 157쪽.

81) 같은 책, 163쪽.

82) 같은 책, 161쪽.

83) Reichwein, *China and Europe*, 94쪽; Hudson, *Europe and China*, 321쪽.

84) Reichwein, 같은 책, 101쪽. "In treating separately the doctrine of the Physiocrats, we do not lose sight of the fact that it is only a political economical expression of the thought

— form and thought — content designated by the general term 'Enlightenment'."

85) Kropotkin, 『프랑스대혁명사』(上), 8쪽.

86) 陳漢平 等譯, 『歐美經濟學說史』(『經濟學說史』의 漢譯本), 33~34쪽.

87) 魯平 著, 陶達 譯, 『重農學派』, 108쪽.

88) Ingram, 『經濟學史』, 5장, 70~71쪽.

89) 唐慶增, 『中國經濟思想史』(上), 50쪽. Oncken, *Oeuvres Économiques et philosophiques des Quesnay*, 590쪽, "livres Sacrés ou Cononiques de premie Ordre."

90) 같은 책, 365~366쪽, 「中國上古經濟思想在西洋各國所生之影響」 1장.

91) Reichwein, *China and Europe*, 106쪽, Quesnay 全集. "The doctrine you propound, namely, that agriculture is the sole source of wealth, was held already by Socrates, by Fu-his, by Yao, by Sung and Confucius."

92) 後藤末雄, 앞의 책, 444~456쪽 참조.

93) Reichwein, *China and Europe*, 104쪽; 何炳松, 「中國文化西傳考」譯文, 『中國新論』, 第3期.

94) Quesnay, *Oeuvres Économiques et philosophiques*, ed. A. Oncken, paris, 1888, 9쪽. "The whole teaching of Confucius aimed at restoring to human nature that first radiance, that first beauty, which it had received from Heaven, and which had become obscured by ignorance and passion. He, therefore, exhorted his countrymen to obey the Lord of Heaven, to honour and fear him, to love their neighbours as themselves, to overcome their inclination, never to make passion the measure of action, but rather to subject it to reason, and not to do, or think, or say, anything contrary to reason. It would be impossible to add anything to this splendid diadem of religious morality; but the most essential part still aemained to be done-to bind it upon the brows of earth; and this was the work of our master, whose keen ear cought from the lips of ourcommon mother Nature the secret of the 'net product'."

95) Reichwein, *China and Europe*, 102~103쪽; 何炳松, 『中國文化西傳考』 譯文.

96) Reichwein, 같은 책, 105쪽.

97) 같은 책, 106쪽.

98) 『財富之成立及其分配』, 漢譯本, 5쪽.

99) 같은 책, 附錄六, 100쪽.

100) 같은 책, 38쪽.

101) *Oeuvres de Turgot*, par G. Schelle, t. II, 523~533쪽, paris, 1914.

102) 後藤末雄, 앞의 책, 553~564쪽에 자세히 보인다.

103) Cordier, *La Chine en France au XVIII Siècle*, 131~132쪽.

104) De guigne, 『흉노·터키·몽고 및 서방 타타르의 통사 서문』(匈奴土耳其蒙古與西方韃靼的通史序文). 이것은 姚從吾의 譯文에 의거한 것임.

105) 특히 그들과 튀르고의 관계에 관해서는 H. Higgs, *The physiocrats*(1897); Oncken, *Die Geschichte der Nationalökononric*(1902); L. Say, *Turgot*(1904); Denis, *Histoire de Systemes Economiques et Socialistes*(1907); Raubaud, *Histoire des Doctrines Economiques* (1909) 등을 참조하라. G. Schell, Daire 등이 저술한 『튀르고전집』에서도 역시 그 내용이 언급되어 있는데 모두 튀르고의 서신을 근거로 하고 있다.

106) 李永霖, 「經濟學者杜爾克與中國兩青年學者之關係」, 『北京大學社會科學季刊』, 第1卷, 第1期에 자세히 보인다.

107) 王亞南 譯, 『國富論』, 8장, 「勞動工資論」, 85쪽, 神州國光社.

108) 같은 책, 11장, 「土地地租論」, 223쪽.

109) 後藤末雄, 앞의 책, 634~635쪽 참조.

제6장 중국 철학과 독일 혁명

1) 原書, 350쪽. 이것은 『19세기유럽사상사』, 제2편, 상책, 제2, 776쪽에서 인용한 것이다.

2) 『독일의 종교와 철학의 역사』, 142쪽, 辛墾書店, 1936년. 또한 1892년 런던에서 간행한 Charles Goderey Leland 英譯, *The works of Heinrich Heine*, 第5册 Germany, 137~138쪽. "he had many points of resemblance to him which challenge comparison, between the twain First, we find in both the same inexorable, cutting, prosaic, rober sense of honour and integrity. Then we find in them the same talent for mistrust, which the one showed as regarded thought and called it criticism, While the other applied it to men, and entitled it republican virtue. … Nature meant them to weigh out Coffee and Sugar, but destiny determined that they should weigh other things, so one placed a king, and the other a god in the scales … and they both gave exact weight!"

3) 같은 책, 150쪽; Leland 영역본, 145쪽.

4) 같은 책, 157쪽; Leland 영역본, 154쪽. "Germany had been led by Kant into the philosophic road; so philosophy became a national cause. A brave array of great thinkers sprang up as if by magic from the German soil."

5) 같은 책, 183쪽; 영역본, 184~185쪽. "When the Revolution stormed wildly here in paris in the great human sea when it raged and roared, the German hearts beyond the Rhine responded to the tumult, But they were so isolated, among mere soulless porcelain teacups and Chinese gods, which mechanically nodded with their heads as if they knew what matter was. Ah! our poor predecessors in Germany had to atone bitterly for that sympathy

with the Revolution. Aristocrats and priests played them their coarsest and vilest tricks. Some of them fled to Paris, where they passed down and away into poverty and misery."

6) 같은 책, 184쪽; 영역본, 185~186쪽.

7) 魯平, 『重農學派』, 44쪽.

8) 유스티(Justi)는 본래 중상학파 학자로서 볼프의 영향으로 『아시아 및 기타 야만이라 불리는 정부와 유럽 정부의 비교』(*Vergleichung der enopaischen mit den asiatischen und andern, vermeintlich Regierungen*, Leibzig, 1762)를 저술했다. 여기서 그는 중국 군주의 겸손, 절제와 여러 덕을 극단적으로 찬미하면서 그것이 전제정치의 폐해를 방지할 수 있다고 했다. 게다가, 국가의 목적은 국민의 행복을 구하는 데 있고 이 목적을 달성하기 위해서는 개인의 권리에 제한을 가할 수 있다고 여겼기 때문에 이른바 '경찰국가설'을 제창했던 것이다. 안드레아(Andreae)의 서술에 의하면 이 '경찰국가설'은 사실 중국 사상의 영향을 받았음을 알 수 있다.

9) 五來欣造, 『儒教の獨逸政治思想に及ぼせる影響』, 8장.

10) 卡爾·弗爾倫得, 『康德傳』 漢譯本, 中華書局, 230쪽.

11) Reichwein, *China and Europe*, 92~94쪽; 何炳松, 「中國文化西傳考」 5절, 『中國新論』, 第3期.

12) Macauley, 『프리드리히大帝』, 47쪽.

13) 독일어 원본, 137~156쪽; 영역본, 129~146쪽.

14) 『小說月報』, 17卷, 號外 『中國文學號』. 현재는 『歌德之認識』, 255~284쪽에 수록되어 있다.

15) 『文哲季刊』, 제3권, 제2·3호부터 제4권, 제1호까지 보이며, 제3호가 현재 『中國文學研究』로 개명되어 출판되었다.

16) 『괴테와 엑커만의 대화』(*Goethe's conversations with Eckerman*, 『萬人叢書』 851). 여기서는 周學普 譯, 『歌德對話錄』, 119~120쪽, 商務印書館에 의거한 것임.

17) Reichwein, *China and Europe*, 130쪽; 何炳松, 『中國文化西傳考』, 第8節.

18) Reichwein, *China and Europe*, 143쪽. "Crystallized humanity no doubt means the Chinese in whom. therefore, Goethe has seen not a dead, formless mass, but the representatives of a form no longer. indeed, capable of further development, but simply crystallized. For the aged Goethe, this was an image not altogether unrelated to the condition which he had himself reached."

19) 『파우스트』(하), 165쪽, 제2부 제2막 중. "Mephistopheles: / He who lives long / sees many things; / For him in this world / nothing new can be / In former days, when I was on my travels, / I have seen Crystallized humanity."

20) 『純粹理性批判』, 1787년 「序文」, 商務印書館 『漢譯世界名著』本, 1935.

21) 같은 책, 漢譯本序二, 32쪽.

22) 『一般歷史考』, 기타, 154~155쪽.

23) *Zur Kritik der Hegelschen philosophie*, 1839; 柳若水 譯, 9~10쪽.

24) 『辛墾書店』, 「헤겔」, 421~450쪽에 수록.

25) *Hegel's Philosophy of History*, 129~130쪽; 王造時 譯, 201~202쪽. "Besides the imperial dignity there is properly no elevated rank, no nobility among the Chinese; only the princes of the imperial house, and the sons of the ministers enjoy any precedence of the kind, and they rather by their position than by their birth. Otherwise all are equal, and only those have a share in the administration of affairs who have ability for it. official stations are therefore occupied by men of the greatest intellect and education. The Chinese State has consequently been afterset up as an Ideal which may serve even us for a model."

26) K. Leese, 『헤겔의 역사철학』, 158쪽 인용.

27) 쇼펜하우어, 『天然の意志』, 景山哲雄 譯, 大雄閣書店, 1925.

28) Dsanglun, Mélanges Asiat, Bochinger, Journal Asiatique, Burnouf, Rgyr Tsher Rolpa, Foe Koue Ki, Descriptio de Tubet, Klaproth, Spiegel, Dhammapadam, Buchanan, Sangermeno, Turnour, Upham, Seonce Hardy, C. F. Köppen 등이 지은 것이 모두 26종이나 된다고 했다.

29) 『天然の意志』, 229~230쪽. "The word Teen would seen to denote 'the highest of the great' or 'above all what is great on earth'; but in practise its vagueness of signification is beyond all comparison greater, than that of the term Heaven in European languages. Choo-foo-tze tells us that 'to affirm that heaven has a man(i, e, a sapient being)there to judge and determine crimes, should not by any means be said; nor, on the other hand, must it be affirmed, that there is nothing at all to exercise a supreme control over these things.' The same author being asked about the heart of heaven, whether it was intelligent or not, answered; it must not be said that the mind of nature is unintelligent, but it does not Dissemble the cogitations of man. … According to one of the authorities, Teen is called ruler or sovereign(Choo). from the idea of the supreme control, and another expresses himself thus; 'had heaven(Teen) no designing mind, then it must happen, that the cow might bring forth a horse, and on the peach-tree be product the blossom of the pear'. on the other hand it is said, that the mind of heaven is deducible from What is the Will of mankind."

참고문헌

제1장 유럽의 문예부흥과 중국 문명

1. Yule, *Cathay and the Way Thither*, 1866년 原版의 東京 翻印板, 2vols; Cordier 新編本, 倫敦, 1915.
2. 張星烺,『中西交通史料匯篇』, 第2册.
3. A. C. Moule, *Christians in China before the year 1550*, 1930.
4. Roberts, *Western travellers to China*, 1932.
5. Yule-Cordier, *The Book of Ser Marco Polo*, 2vols, London, 1921.
6. 張星烺 譯註,『馬哥波羅遊記』, 第1册, 燕京大學圖書館.
7. 馮承鈞 譯,『馬可波羅行記』, 3册, 商務印書館.
8. 李季 譯,『馬可波羅行記』, 上海, 亞東.
9. *The travels of Sir John Mandeville and the journal of Friar Odoric*, Everyman's Library.
10. Carter, *The Invention of printing in China and its Spread Westward*, New York, 1925.
11. 亞可布(Jacob),「論東方對於西方文化的影響」, 陳銓 譯,『大公報史學周刊』, 第79期.
12. *Boccaccio's Decameron*, 2vols, Everyman's Library.
13. Thomas Bulfince, *Legends of Charlemangne*, Everyman's Library.
14. H. G. Wells, *The Outline of History, Being a plain History of Life and mankind*, New York, 1921.
15. 蔣方震,『歐洲文藝復興史』, 商務印書館.
16. 陳衡哲,『歐洲文藝復興小史』, 商務印書館.
17. 鄭壽麟,『中西文化之關係』, 中華書局.
18. W. E. Soothill, *China and the West*, London Oxford university press, 1925.
19. 石田幹之祖,『歐人の支那研究』, 東京共立社.
20. Walter Pater, *The Renaissance*, New York Modern Library, 1919.
21. J. A. Symonds, *Renaissance in Italy*, New York Modern Library, 1935.
22. *The Travels of Marco Polo*, Everyman's Library, with introduction by J. Masefield, 1914.
23. 馮承鈞,『多桑蒙古史』, 2册, 商務印書館, 民國25年.

24. J. Shield Nicholson, *Tales From Aroisto*, London, 1913.

제2장 18세기 중국과 유럽의 문화적 접촉

1. Adolf Reichwein, *China und Europa, Geistige und Künstlerische Ziehungen in 18 Jahrhundert*, Berlin, 1923.
2. Adolf Reichwein, *China and Europe, Intellectual and Artistic Contacts in the Eighteenth Century*, Tr. by J. C. Powell, London; K. Paul, Trench Trubner and Co., 1925.; 吳宓撮 譯, 「中國歐洲文化交通史略」, 『學衡』, 第55期.; 何炳松, 「中國文化西傳考」, 『中國新論』, 第1卷, 第3期.
3. G. F. Hudson, *Europe and China, A survey of their relations from the earliest time to 1800*, London, 1931.
4. H. A. Giles, *China and Chinese*, New York, The Columbia university press.
5. 張星烺, 『中西交通史料匯篇』, 北平, 民國19年. (第1冊 『古代中國與歐洲之交通』, 第2冊 『明代中國與歐洲之交通』, 第3冊 『古代中國與阿拉伯之交通』, 第4冊 『古代中國與伊蘭之交通』)
6. Laufer, *Sino-Iranica, Chinese contributions to the History of civilization in Ancient Iran*, Chicago, 1919.
7. 桑原騭藏, 『提擧市舶西域人蒲壽庚之事蹟』; 馮攸 譯, 『中國阿剌伯海上交通史』, 商務印書館, 民國23年.; 陳裕菁 譯, 『蒲壽庚考』, 中華書局, 民國18年.
8. 張維華, 「明史佛郎機呂宋和蘭意大里亞四傳註釋」, 『燕京學報』, 專號之七, 民國23年.
9. Latourette, *A History of Christian Missions in China*, New York, 1929.
10. 蕭若瑟(Joseph Siao), 『天主教傳行中國考』, 河北, 1931.
11. 德禮賢(Paschal M. D'Elia), 『中國天主教傳教史』, 商務印書館, 民國23年.
12. 裴化行(H. Bernard), 『天主教十六世紀在華傳教誌』, 蕭濬華 譯, 商務印書館, 民國25年.
13. 蕭若瑟, 『聖教史略』, 河北, 1932.
14. 賈立言(A. J. Garnier), 『基督教史綱』, 上海廣學會, 民國18年.
15. 徐宗澤, 『明末清初灌輸西學之偉人』, 土山灣書局, 民國20年.
16. 張星烺, 『歐化東漸史』, 商務印書館, 民國23年.
17. 周景濂, 『中葡外交史』, 商務印書館, 民國25年.
18. 「利瑪竇世界地圖」專號, 『禹貢半月刊』, 第5卷, 第2·3合期.
19. 『聖方濟各沙勿略傳』, 上海慈母堂, 1896.
20. 『徐文定公集』, 4冊, 上海慈母堂.
21. 黃伯祿, 『正教奉褒』, 上海慈母堂, 光緒30年.

22. 後藤末雄, 『支那思想のフランス西漸』, 序說, 東京第一書房.
23. 石田幹之助, 『歐人の支那硏究』, 東京共立社, 昭和7年. (第6章「東印度航路之發見與歐人之東航,宣教師之支那硏究」)
24. 陳受頤, 「十八世紀歐洲之中國園林」, 『嶺南學報』, 第2卷, 第1期.
25. 後藤末雄, 「東西文化の流通と孔子教の西漸」, 『佛蘭西精神史の一側面』, 東京第一書房, 昭和9年.
26. 張恩寵, 「明清兩代來華外人考略」, 『圖書館季刊』, 第4卷, 第3·4合期; 第5卷, 第1期.
27. 向達, 『中西交通史』, 中華書局, 民國23年. (第7章「明清之際之天主教士輿西學」, 第8章「十八世紀之中國與歐洲」); 『中外交通小史』, 商務萬有文庫, 民國19年. (第9章「明清之際之中西交通與西學」)
28. 蕭一山, 『淸代通史』, 商務印書館. (卷上, 22章「中西國際之由來」, 23章「西洋文明之東漸」)
29. 稻葉君山, 『淸朝全史』, 但燾 譯, 中華書局, 民國4年. (第37章「西洋文明東漸」, 第38章「外人傳道事業之失敗」)
30. 李儼, 『中國算學史』, 商務中國文化史叢書1, 民國26年. (第9章「西洋曆算之輸入」)
31. 姚寶猷, 「中國絲絹西傳考」, 『史學專刊』, 第2卷, 第1期.
32. 姚寶猷, 「基督教教士輸入西洋文化考」, 上篇, 『史學專刊』, 第1卷, 第1期.
33. 艾儒略, 『大西利先生行蹟』.
34. 李儼, 『中算史論叢』.
35. 劉半農譯, 『蘇萊曼東遊記』, 中華書局, 民國26年.

제3장 예수회원의 송유 이학에 대한 반향

1. 「康熙與羅馬使節關係文書」, 古宮博物院, 『文獻叢編』, 第6輯, 民國19年.
2. 黃伯祿, 『正教奉褒』, 上海慈母堂 第3次 排印本, 光緖30年.
3. 徐昌治輯, 『聖朝破邪集』, 日本 安政乙卯 翻刻本.
4. 樊國樑(Mgr. Alphonce Tavier), 『燕京開教略』, 北平遣使會印書館, 1905.
5. 蕭若瑟(Joseph Siao), 『天主教傳行中國考』, 河北獻縣天主堂刻本, 1931年.
6. 玉井是博, 「關於儀禮問題的兩件中文資料」, 市村博士古稀紀念, 『東洋史論叢』, 昭和9年; 白維翰, 「關於儀禮問題諸記載的補訂」, 『史學專刊』, 第1卷, 第3期.
7. Henri Cordier, *Bibliotheca Sinica, Dictionnaire bibliographique des Ouvrages relatifs a l'Empire Chinois*, 2de édition, 5Vols, Paris, 1904~1908. (明末淸初 耶蘇會 선교사의 著作 및 中國 禮儀 문제에 관한 가장 중요한 내용은 Vol. II, 869~926쪽, Vol. IV, 3125 ~3126쪽, Vol. V, 3580~3600쪽 참조)
8. La Pfister, *Notices biographiques et bibliographiques de tous les membres de la Compaquie*

de Jésus qui ont vécu en Chine Jusqu ă sa suppression, Variéités sinologiques, Changhai, 1932.; 馮承鈞 譯, 『入華耶蘇會士列傳』, 商務印書館.
9. Latourette, *A History of Christian Missions in China*, New York, 1929.
10. 後藤末雄, 『支那思想のフランス西漸』, 東京第一書房, 昭和8年. (本論, 第1篇 「佛國耶蘇會士の清朝に於ける活動と其の學術的業績」, 第2篇 「佛國耶蘇會士の自國に紹介せる支那の精神文明」)
11. 後藤末雄, 『西洋人の観たる支那』, 岩波講座東洋思潮 第五回配本, 岩波書店, 昭和9年.
12. 坂口昂, 「在支那耶蘇會に關する研究の片々」, 『世界史論講』, 岩波書店, 昭和8年.
13. 裴化行(H. Bernard), 『天主教十六世紀在華傳教誌』, 蕭濬華 譯, 商務印書館, 民國25年.
14. 利瑪竇(Matteo Ricci), 『天主實義』, 上海土山灣印書館 第5版, 1930.
15. 龍華民(Nicolaus Longobardi), 『靈魂道體說』, 民國7年 重刊本.
16. 艾儒略(Julius Aleni), 『萬物眞原』, 土山灣慈母堂 第6次印, 1924.
17. 艾儒略, 『三山論學紀』, 上海土山灣印書館 重印本, 1923.
18. 艾儒略, 『天主降生引義』, 上海土山灣印書館 重印本, 1922.
19. 利類思(Ludov Buglio), 『不得已辯』, 上海土山灣印書館, 1926.
20. 湯若望(Adam Schall), 『主制羣徵』, 重刊本, 1919.
21. 衛匡國(Martin Martini), 『眞主靈性理證』, 重刊本, 1918.
22. 陸安德(P. And. Lobells), 『眞福直指』, 上海土山灣印書館 第3版, 1933.
23. 衛方濟(François Noël), 『人罪至重』, 上海土山灣印書館 重印本, 1936.
24. 孫璋(P. A. de la Charme), 『性理眞詮』, 上海土山灣印書館 重印乾隆癸酉年校本, 1935.; 『性理眞詮提綱』, 上海土山灣印書館 第3次印, 1916.
25. 朱宗元, 『答客問』, 上海土山灣印書館 第5版印, 1932.
26. 朱宗元, 『拯世略說』, 上海土山灣印書館 第3版印, 1935.
27. 陳受頤, 「明末清初耶蘇會士的儒教觀及其反應」, 『國學季刊』, 第5卷, 第2號, 國立北京大學.
28. 陳垣, 「從教外典籍所見明末清初之天主教」, 『北平圖書館館刊』, 第8卷, 第2號.
29. 陳受頤, 「三百年前的建立孔教論」, 『歷史語言研究所集刊』, 第6本, 第2分, 國立中央研究院.
30. 五來欣造, 『儒教の獨逸政治思想に及ばせる影響』, 第2編, 第4章, 早稻田大學出版部, 昭和4年.
31. 徐光啓, 『增訂徐文定公集』, 上海慈母堂 第2次排印, 卷6附李之藻文稿, 宣統元年.
32. 陽光先, 『不得已』, 中社印本, 與重輯 『不得已輯要』本, 民國18年.
33. 黃宗羲, 『破邪論』, 昭代叢書已集本.
34. 『清史稿列傳五十九』, 「湯若望·楊光先·南懷仁」.

제4장 계몽운동과 중국 문화

가. 데카르트와 중국 문화

1. Pinot, *La Chine et la formation de l'esprit Philosophique en France(1640~1740)*, Paris, 1932. (Descartes, 375쪽; Pascal, 347~8쪽; Bayle, 314~27쪽; Malebranche, 329~33쪽; Fénelon, 390~396쪽)
2. 後藤末雄, 『支那思想のフランス西漸』, 第一書店, 昭和8年. (デカルト, 49쪽; パスカル, 50~52쪽; ベ ー ル. ヤエエル, 53~54쪽, 531쪽, 538~540쪽; マルブランシエ, 305 ~306쪽; フェヌロン, 317~318쪽, 322~323쪽)
3. Descartes, *Discours de la méthode*, edition publiée par Aimé-Martin, Paris, 1844.; John Veitch 英譯, *A Discourse on method*, Everyman's Library 570, 1934.; 關琪棟 譯, 『笛卡兒方法論』, 商務印書館.
4. Pascal, *Pensées*, edition de Havet, Paris, 1852.; F. Tratter 英譯, Everyman's Library 874, 1934.
5. Lévy-Bruhl, *History of Modern Philosophy in France*, 彭基相 譯, 『法國哲學史』, 商務印書館, 民國23年.
6. Lange, *Geschichte des Materialismus*, 李石岑 等譯, 『郎格唯物論史』. (上卷, 第2篇, 第3章, 235 ~241쪽, 「笛卡兒」)
7. 龍華民, 『靈魂道體說』, 上海土山灣印書館本.
8. 聖多瑪斯, 『超性學要』, 18册, 上海土山灣印書館本.

나. 라이프니츠와 송유 이학의 관계

1. 坂口昻, 「ライブニッツの'支那の最近事'について」, 內藤博士還曆祝賀『支那學論叢』, 弘文堂, 大正15年.
2. 五來欣造, 「ライブニッツと儒教」, 『儒教の獨逸政治思想に及ばせる影響』, 早稻田出版部, 昭和4年.
3. 五來欣造, 「クリスチセン, ウオルフと儒教」, 『儒教の獨逸政治思想に及ばせる影響』, 早稻田出版部, 昭和4年.
4. Franz Rudolf Merkel, *G. W. von Leibniz und die China-mission, Leipzig*, 1920.
5. Adolf Reichwein, *The admirers of China: Leibniz, Wolff, Voltaire and the Encyclopaedists*. (*China and Europe* 제1장 'the Enlightenment' 혹은 불어 원본 제1장 'Aufklärung,' 84~97쪽 참조)
6. 謝扶雅, 「來布尼玆與東西文化」, 『嶺南學報』, 第1卷, 第1期, 1~13쪽.
7. G. W. Leibniz, *Discours de Métaphysique*, 河野與一 譯, 『ライブニッ形而上學敍說』, 岩波書店.
8. Leibniz, *La Monadologie*, 英譯本, *Monadology and other philosophical writings*, Oxford

university press, 1925.; 河野與一 譯, 『ライブニッ單子論』, 岩波書店.

9. Pinot, *La Chine et la formation de l'esprit philosophique en France(1640~1740)*, Paris, 1932. (第2編, 第2章 'Les philosophes,' 333~340쪽)

10. K. S. Latourette, *A History of Christian mission in China*, New York, 1929. (140, 209, 210쪽)

11. ランゲ, 『唯物論史』, 上卷, 賀川豊彦 譯, 世界大思想全集23, 春秋社.; 李石岑 等譯, 『郎格唯物論史』, 中華書局. (第4篇, 第4章 「德意志對唯物論之反動」, 461 ~480쪽)

12. 胡廣 等撰, 『性理大全』, 70卷 18册, 明刊本.

13. 邵康節, 『皇極經世緒言』, 清 嘉慶4年 善成堂刊本.

제5장 중국 철학과 프랑스혁명

가. 백과전서파

1. Pinot, *La Chine et la formation de l'esprit philosophique en France(1640~1740)*, Paris, 1932. (Chapitre II, 314~346쪽, 'Les Philosophes')

2. Ting Tchao-Ts'ing(丁兆青), *Les Descriptions de la Chine par les Français(1650~1750)*, Paris, 1928.

3. Adolf Reichwein, *China und Europa*, Berlin, 1923. (Voltaire, 97~101쪽; Rousseau, 101~102쪽; Encyclopaedists(Diderot, Helvetius, Poivre), 102~103쪽; Montesquieu, 104~106쪽)

4. 後藤末雄, 『支那思想のフランス西漸』. (モンテスキコー, 324~348쪽; ヴォルラール, 349~409쪽; ルツリー, 410~424쪽; ヂドロ, 425~443쪽; レイナル(Raynal), 480~500쪽; マブリー(Mably), 501~524쪽)

5. 五來欣造, 『儒教の獨逸政治思想に及ぼせる影響』, 早稻田大學出版部, 昭和4年.(オルベッバ, 529~584쪽)

6. 後藤末雄, 『西洋人の觀たる支那』, 岩波講座東洋思潮 第5回配本, 岩波書店, 昭和9年.

7. 小林太市郎, 『十八世紀の佛蘭西に於ける支那觀と其國思想界に及ぼせる支那の影響』(上), 支那字等 8卷 第2號, 昭和11年.

8. Belevitch-Stankevitch, *Le goût Chinois en France au temps de Louis XIV*, Paris, 1910.

9. Lévy-Bruhl, 彭基相 譯, 『法國哲學史』, 商務印書館, 民國23年. (孟德斯鳩, 89~106쪽; 服爾德, 107~131쪽; 百科全書派, 132~150쪽; 盧梭, 151~172쪽; 康多塞, 184~192쪽)

10. 彭基相, 『法國十八世紀思想史』, 新月書店, 1928.

11. Lange, *The History of Materialism and Criticism of its present importance*, London, 1925.; 李石岑 譯, 『朗格唯物論史』. (上卷, 第4編, 「十九世紀的唯物論」)

12. 永田廣志 譯,『デボ ー リン唯物論史』, 昭和4年 白揚社林一 新譯,『近代物質論史』, 辛墾書店, 1936.
13. 孟德斯鳩, 嚴復 譯,『法意』, 3册, 商務嚴譯名著叢刊.
14. 荷爾巴赫, 楊伯愷 譯,『自然之體系』, 2册, 辛墾書店 哲學叢書, 1933.
15. 拉·梅特利, 任白戈 譯,『人一機器』, 辛墾書店 哲學叢書, 1933.
16. 第德諾, 楊伯愷 譯,『哲學原理』, 辛墾書店 哲學叢書, 1934.
17. 赫爾維修, 楊伯愷 譯,『精神論』, 辛墾書店 哲學叢書, 1933.
18. 後藤末雄,「ヴオルテールの悲劇'支那孤兒'の研究」,『佛蘭西精神史の一側面』, 東京第一書房, 昭和9年.
19. 相川春喜,「ヴオルテエルとモンテスキューの對立的見解」,『歷史科學の方法論』, 白揚社, 昭和10年.
20. Maurois, 傅雷 譯,『服爾德傳』, 商務印書館, 民國25年.
21. Rousseau, *The Social Contract*, Eveyman's Library 660.; 馬君武 譯,『民約論』, 中華書局.
22. Anson, *A Voyage round the world*, Everyman's Library 510.

나. 중농학파

1. Adolf Reichwein, 'Physiokratie,' *China und Europa*, 109~120쪽, 1923, Berlin.; 'the physiocrats' — Derivation of Quesnay's physiocratic theory of political economy from the ancient Chinese doctrine of the state and the relation to society, *China and Europe*, London, 1925.
2. Virgile Pinot, *La Chine et la formation de l'esprit philosophique et France(1640~1740)*, Paris, 1932. (11쪽, 'Quesnay')
3. G. F. Hudson, *Europe and China, A Survey of their relations from the earliest times to 1800*, London, 1930. (322~326쪽, 'Quesnay'; 326쪽, 'Turgot')
4. 後藤末雄,『支那思想のフランス西漸』, 第一書店, 昭和8年. (444~477쪽,「ケネの支那觀」; 324~326쪽,「モンテスキュ」)
5. Li Saou Y, *L'influence de la ponsèe èconomico-politique de la Chine ancienne sur la doctrine physiocratique*.; 李肇義,「重農學派受中國古代政治經濟思想影響之考證」,『社會研究』, 第一卷 第3期, 國立中山大學, 民國26年.
6. Virgile Pinot, *Les physiocrates et la Chine au XVIIIe*, Siècle, *Revue d'historire moderne et contemporaine, t. VIII.*, 1906~1907.
7. 李永霖,「經濟學者杜爾克與中國兩青年學者之關係」, 北京大學『社會科學季刊』, 第1卷, 1期.
8. 瀧本誠一,「重農學派之根本思想的探源」, 建伯 譯,『讀書雜誌』, 第1卷, 第6期, 神州國光社.

9. 唐慶增, 「中國上古經濟思想在西洋各國所生之影響」, 『中國經濟思想史』, 商務印書館, 民國25年. (上卷, 第10編, 第1章, 361~368쪽)
10. 堵哥(Turgot), 林光澂 譯, 『財富之成立及其分配』, 商務英譯世界名著, 民國25年.
11. Gide, *Histoire des doctriner economiques depuis les physiocrates jusqu'a nos jours*, Paris, 1922.; 英譯本, *History of economic doctrines from the time of the physiocrates to the present day*, London, 1923.
12. 魯平, 陶達 譯, 『重農學派』, 北平寒微社, 1932.
13. Adam Smith, *Inquiry into the nature and causes of the wealth of nations*, London, 1879.; 王亞南 譯, 『國富論』, 神州國光社.
14. 相川春喜, 「ケネーとスミス並にヅョーンズ」, 『歷史科學の方法論』, 參考章 第1, 第4節, 226~240쪽, 白揚社, 昭和10年.
15. 田中忠夫, 「亞當斯密中國經濟論」, 『時事類編』, 第5卷, 第1期.; 『食貨』, 第3卷, 第4期, 「亞當斯密論中國」.

다. 프랑스혁명

1. Blane, *Histoire de la revolution Française*, Paris, 1878.
2. Belloc, *The French revolution*, New York, 1929.
3. Madelin, *The French revolution*, New York, 1916.; 伍光建 譯, 『法國大革命史』, 商務印書館, 民國17年.
4. Carlyle, *The French revolution*, London, 1921.
5. 克魯泡特金, 劉鏡園 譯, 『法國大革命史』, 神州國光社, 民國24年.
6. Wilhelm Blos, 李季 譯, 『法國革命史』, 3冊, 亞東圖書館, 民國18年.
7. 余楠秋, 『法國革命偉人傳』, 中華書局, 民國25年.

제6장 중국 철학과 독일 혁명

가. 정치혁명

1. Andreae, *China und achtzehnte Jahrhundert*, Gundriss und Bausteine Zur Sstaats und Zur Geschichtslehre Zusamengetragen Zu den Ehren Gustav Schmollers und Zum Gedächtni's des 24 Juni, 1908 seines Siebenzigsten Geburtslay, Berlin, 1908.; 『中國與十八世紀』, 독일 경제학자 Schmollers 교수 70세 기념논문집, 『國家及歷史學綱要及材料』, 201~400쪽 참조.
2. 五來欣造, 『儒教の獨逸政治思想に及ばせる影響』, 早稻田大學出版部, 昭和4年.
3. 後藤末雄, 『支那思想のフランス西漸』, 第一書店, 昭和8年. (第2篇, 235 ~240쪽, 241~255쪽,

256~272쪽; 第3篇, 294~304쪽; 第4篇, 327~333쪽, 357~372쪽, 421~424쪽, 446~456쪽, 457~465쪽, 505~524쪽; 第6篇, 549~564쪽. 이상은 모두 독일이 중국 정치사상으로부터 받은 영향에 대해 기술하고 있음)
4. Johnson, *The age of the enlightened despot(1660~1789)*, 1933.

나. 정신혁명

1. Heinrich Heine, *Zur Geschichte der Religion und philosophie in Deutsch land*, 高冲陽造 等譯, 『獨逸古典哲學の進步性』, 改造文庫, 第1部, 第81種.; 辛人 譯, 『德國宗教及哲學史概觀』, 辛墾書店, 1936.
2. 陳銓, 『德文學硏究』, 商務印書館, 民國25年.; 「中國純文學對德國文學之影響」, 國立武漢大學, 『文哲專刊』, 第3卷 第2·3號~第4卷 第1號, 民國23~24年.
3. Goethe, *Faust*, 英譯本, The Macmillan Co., New York, 1930.; 周學普 譯, 『浮士德』, 商務世界文學名著, 民國24年.
4. Reichwein, *China und Europa*, 137~156.; 英譯本, 129~146쪽.
5. 衛禮賢, 『歌德與中國文化』, 小說月報號外中國文學硏究.; 陳銓, 『歌德與中國小說』, 大公報文學副刊.; 唐君毅, 『孔子與歌德』, 國風半月刊, 第3期.; 鄭壽麟, 『歌德與中國』 德華日報 葛德紀念特刊. (이상 4편은 모두 宗白華 等編, 『歌德之認識』, 南京鍾山書局, 民國22年에 수록되어 있음)
6. カン, 田中經太郎 譯, 『啓蒙とは何ぞヤの問題に對する解答』, カント著作集13. (一般歷史考其他, 53~86쪽)
10. Immanuel Kant, 胡仁源 譯, 『純粹理性的批判』, 商務漢譯世界名著, 民國24年.
11. フイヒテ, 河面仙四郎 譯, 『知識學』, 春秋社世界大思想全集20, 昭和4年.
12. Hegel, *Lectures on the Philosophy of History*, Tr. by J. Sibree, London, 1914. (Part I, The Oriental World, Section1, China, 121~144쪽); 王造時 譯, 『歷史哲學』, 商務漢譯世界名著, 民國25年.
13. F. Engels, *Ludwig Feuerbach*, Marnist Library, New York, 1935.
14. 柳若水 譯, 『黑格爾哲學批判』, 辛墾書店, 民國24年.
15. ショペンハウエル, 景山哲雄 譯, 『天然の意志』, 大雄閣書房, 大正14年.
16. 井上哲次郎, 「カントの無上命令法に對する」, 『東洋思想哲學雜誌』, 第49卷, 第569期, 昭和9年.
17. 藤井健治郎, 「カントに於ける敬と程朱に於ける敬」, 狩野教授還曆記念 『支那學論叢』, 昭和3年.
18. K. A. Wittfogel, 光濤 譯, 「黑格爾底中國觀」, 葉青 編, 『黑格爾附費爾巴哈』, 辛墾書店, 民國24年.
19. 相夫春喜, 「ヘ ― ゲルの'東洋世界'」, 『歷史科學方法論』, 參考章第1, 第3節, 213~225쪽, 白揚社,

昭和10年.

20. 賀麟, 「朱熹與黑格爾太極說之比較觀」, 魯一士, 『黑格爾學述』, 附錄, 171~187쪽, 商務漢譯世界名著, 民國25年.

21. 王光祈, 『旅德存稿』, 中華書局, 民國25年. (472~476쪽, 「關於研究中德文化之兩團體」; 474~482쪽, 「德國人之研究東方熱」; 488~510쪽, 「近五十年來德國之漢學」; 557~559쪽, 「Ahlborn與游鳥運動」)

찾아보기

(ㄱ)

가르시아 다 오르타(Garcia da Orta) 25

가마(Gama, Vasco da) 43

가빌롱(J. F. Gerbillon, 張誠) 98, 106, 107, 109, 114, 126, 260, 262

『각도팔선표各圖八線表』 114

『간평규총성도簡平規總星圖』 112

『간평의설簡平儀說』 113

갈기첨葛屺瞻 187

갈릴레이(Galilei) 124, 236

『강역연혁도疆域沿革圖』 108

『강희영년역법康熙永年曆法』 112

『강희황여전람도康熙皇輿全覽圖』 115

거빌(Antoine Gaubil) 89, 92

『건곤체의乾坤體義』 112

『건륭내부동판지도乾隆內府銅板地圖』 115

『격언格言』 358

『경제표經濟表』(Tableau Économique avec son explanation, ou oxtrait des ÉconomiesRoyrle de Sully) 359, 362, 364

『경제학비판서문』 395

『경제학설사經濟學說史』 355

『경천해經天該』 112

『고금교식고古今交食考』 112

『고대 이란 문명사에 대한 중국인의 공헌』(Sino-Iranica, Chinese Contributions to the History of Civilization in Ancient Iran) 70

고류사高類思(Louis Ka Kao) 89, 366, 369~371

곤살레스 데 클라비호(Ruy Gonzalez de Clavijo) 39

『곤여도설坤輿圖說』 115

『곤여만국전도坤輿萬國全圖』 114

『곤여외기坤輿外紀』 115

『곤여전도坤輿全圖』 115

골드스미스(Goldsmith) 228

곰드(Louis le Comte, 李明) 81, 90, 106, 139, 242, 260, 317, 339, 360

『공예론』(L'Industrie) 208

공자孔子 24, 66, 85, 88, 125, 137, 184, 196, 215, 240, 254, 289, 293, 314, 334

『공자전孔子傳』 89, 92, 257

『공제격치空際格致』 116

『광란의 오를란도』(Orlando Furioso) 61

『광향이험리추光向異驗理推』 115

괴테(Goethe) 383

『괴테와 중국 문화』 383

『교식역지交食曆指』 112

『교식표交食表』 112

『교황전사소급승약한마려낙리봉사동방록敎皇專使小級僧約翰馬黎諾里奉使東方錄』 35

『구고의勾股義』 114

『구당서舊唐書·대식전大食傳』 71

구라우어(G. G. Guhrauer) 255

『구약』 238

구여기瞿汝夔 102

구준丘濬 197

구텐베르크(Guttenburg) 27

『국부론』(Wealth of nation) 371, 372

군들링(Gundling) 292

그레고리 13세(Gregory XIII) 101

그레고리(Gregoire) 310
그리말디(Grimaldi, Filippo Maria, 閔明我) 126, 258, 262, 264, 269
그림(Grimm) 322, 371
『근대사상』 55
『근대유물론사』 320
『근삼백년학술사近三百年學術史』 110
『금고기관今古奇觀』 383
『기기도설奇器圖說』 116
기뉴(J. De guigne) 368, 384
『기독교 승인에 관한 상유사上諭史: 공자교·조상교의 의례 설명』 240
『기하요법幾何要法』 114
『기하원본幾何原本』 114
끌레르(N. G. Clere) 362

(ㄴ)

나바렛(Navarrete) 263
나탄(Nathan) 60
『노생아老生兒』 383
노엘(Le P. Français Noël, 衛方濟) 91, 169, 171, 224, 298
『노자老子』 92, 140, 253
『논어』 86, 91, 139, 193, 338, 364, 386
『논인論人』 309
『논형論衡·시응是應』 29
누르하치(Nurhachi) 108
니코라스 롱고바르디(Nicolaus Longobardi, 龍華民) 102, 115, 125, 138, 145, 152, 155, 223, 226, 241, 263, 280, 350
니콜로 콘티(Nicolo Conti) 38, 40
니콜로 폴로(Nicolo Polo) 37, 41

(ㄷ)

『단자론』(Monadologie) 270, 280
단테(Dante) 59, 308
달랑베르(D'Alembert) 208, 309, 381
『답객문答客問』 187
당통(Danton, Georges Jacques) 307, 308
당현열唐顯悅 198
『대당사강大唐史綱』 89
대동원戴東原 192
『대서大書』(Opus Majus) 62
『대우大禹와 공자孔子』(Yu le grand, et Confucius, 1769) 362
『대의편代疑篇』 185
『대청통일지도大淸統一地圖』 108
『대측大測』 114
『대학大學』 90~92, 139
『대학연의大學衍義』 197
『대학연의보大學衍義補』 197
대현大賢 205
댐피어(William Dampier) 229, 317
데모크리토스(Democritus) 242
데물랭(Desmoulins) 307
데베노(Thévenot) 239
데보린(Deborin) 320, 321
데카르트(René Descartes) 209, 239, 252
『데카메론』(Decameron) 59
데피니 부인(Madame d'Epiney) 342
도안고屠岸賈 347
도엽군산稻葉君山 110
『독일의 종교와 철학의 역사』 212, 376
돌바하(Baron d'Holbach) 87, 306, 309, 314, 317, 320, 322, 349, 354, 381
『돌바하와 유교』 322
『동문산지전편同文算指前編』 114
『동방견문록』 42, 52, 55, 62, 384
『동방봉사기東方奉使記』 39
『동방원림론』(Dissertation on Oriental Gardening) 78
『동방학보』 58
두우杜佑 70
뒤 알드(Le P. du Halde) 87, 225, 317, 330, 334, 383

뒤퐁 드 느무르(Pierre Samuel Du Pont de Nemours) 356
듀크로(Duclos) 307
듀탱스(Dutens) 266, 273, 281
드 마랑(de Mairan) 326
디드로(Diderot, Denis) 210, 225, 306, 308, 315, 335, 349, 351, 354
디포(Defoe, Daniel) 229

(ㄹ)

라 로베르(La Loubére) 241
라 메트리(La Mettrie) 235
라 뮈에트(La Muette) 76
라 크루와(P. La Croix) 369
라블레(Rabelais) 308
라우퍼(B. Laufer) 69
라이드(Ryde) 293
『라이프니츠 논리학』(Logique de Leibniz) 273
『라이프니츠 철학의 전발전사에 관한 평론』 255, 289
라이프니츠(Leibniz, Gottfried Wilhelm von) 91, 119, 137, 155, 209, 225, 230, 251, 270, 297
『라이프니츠』(G. W. Freiherr V. Leibniz) 256
『라이프니츠와 세계의 종교적 구성』(Leibniz et l'organisation religieuse de la terre) 256
『라이프니츠와 중국 전교傳敎』(G. W. von Leibiniz und die China- Mission) 257, 271
『라이프니츠전집』(Leibnitti opera omnia) 263, 266, 273, 281
라이히바인(Reichwein) 66, 73, 76, 91, 219, 254, 256, 288, 318, 325, 363, 381, 386
라파예트(Lafayette) 307
랑게(F. A. Lange) 235, 239, 321
랑게(Johann Joachim Lange) 290
레비브륄(Lévy-Bruhl) 231, 243
레오나르도 다 빈치(Leonardo da Vinci) 58, 76
레지스(Jean Baptiste Regis, 雷孝思) 89, 92, 107, 115, 261
로(Giacomo Rho, 羅雅各) 102, 113, 116
로몽드(M. de Romond) 281
로버츠(F. M. Roberts) 61
로버트(Robert) 40
로버트슨(Robertson) 308
로베스피에르(Robespierre, Maximillian de) 211, 307, 310, 375, 376
『로빈슨 표류기』 228
로사리(Evéque de Rosalie) 244
로스토프쩨프(M. Rostovtzeff) 69
로저스(T. Rogers) 371
록키어(Francis Lockier) 229
롤랑(Roland) 60
롤랑부인(Madame Roland) 309
롤리(Walter Raleigh) 45
『롱고바르디 신부의 한문 천주 명칭 및 전례 문제 등의 주장에 대한 반박』 281
롱고바르디(Nicolaus Longobardi, 龍華民) 263
루기에리(Michael Ruggieri) 98, 223, 232, 280
루도비찌(Carl Günther Ludovici) 255
루도비쿠스(Ludovicus le Comte, 李明) 269
루돌프(Ludolf) 288
루벨리(Jean Andre Lubelli, 陸安德) 104, 166, 187, 223
루소(Rousseau, Jean-Jacques) 306, 313, 314, 319, 346, 352, 360, 364, 379
루이 14세 79, 84, 91, 105, 242, 261, 368
『루이 14세 시대 프랑스인의 중국적 취미』 79
루이 9세(Louis IX) 32
루이 마들린(Louis Madelin) 302, 305, 306, 309
뤼브뤼키(Rubruquis) 29, 32, 39, 62
르 고비앙(Le P. Le Gobien, 哥俾恩) 87, 240, 242
르나르크(Renarc) 78
『르네상스』(The Renaissance) 23
리버세지(Henry Liverssedge) 77
리베라(P. Ribera) 99
리슐리외(Richelieu) 307
리스트(Rist) 355

리온(Artus de Lionne) 244

(ㅁ)

『마가파라다대사시摩訶婆羅多大史詩』 67
『마노법전摩奴法典』 67
마농 필리퐁(Manon Phlilpon Roland de la Platière) 309
마뉴엘 콤로프(Manuel Komroff) 56, 57
마라(Marat, Jean Paul) 308, 309
마르코 폴로(Marco Polo) 25, 35, 37, 40, 51, 55, 59, 62, 96, 372, 384
『마르코 폴로의 동방견문록』(The Travels of Marco Polo) 41
마르쿠스(Marcus Graecus) 28
마리놀리(John de Marigolli) 32, 36
마리아 테레사(Maria Theresa) 381
마일라(Joseph-Anne-Marie Moyriac de Mailla) 89, 92
마테오 리치(Matteo Ricci, 利瑪竇) 94, 100, 109, 116, 125, 145, 152, 160, 173, 184, 200, 223, 226, 232, 263, 280
마테오 폴로(Matteo Polo) 37, 39
마틴 마르티니(Martin Martini, 衛匡國) 80, 126, 164, 223
『만물진원萬物眞原』 155, 223
말브랑슈(Malebranche, Nicolas de) 119, 155, 230, 244, 251, 280, 298
『망점변妄占辯』 112
『망추길흉변妄推吉凶辯』 112
『망택변妄擇辯』 112
매그로(Charles Maigrot) 128, 130, 338
매콜리(T. B. Macauley) 382
맨더빌(Mandeville) 59
『맹자孟子』 193
메네스(Christoph Meiners) 217
메다로(Medaro) 61
메르켈(Franz Rudolf Merkel) 257, 258, 271
메이스필드(John Masefield) 42
메짜바르바(Mezzabarba) 130, 136
멘캐니(Johann Burcharci Menckenii) 255
『명리탐名理探』 117
『명사明史』 232
『모험잡지』 74
『목사도설目司圖說』 116
『목천자전穆天子傳』 67
몬테 코르비노(Jean de Monte Corvino) 32, 34
『몽계필담夢溪筆談』 30
몽테스키외(Montesquieu, Charles de) 88, 317, 324, 346, 354, 364
무니에(Mounier) 307
『무명공전無名公傳』 153
『묵원墨苑』 118
『문자고文字考』 117
『문학통신文學通信』(Correspondance littérairet, lettre) 371
뮌스터버그(O. Muensterberg) 58
뮐러(Probst Andreas müller) 258
『미곡보존법』(Conversation des grains) 370
미라보(Mirabeau, Marquis de) 307, 362
미트리다네스(Mitridanes) 60
『미학美學』 375
『민역보주해혹民曆補注解惑』 112

(ㅂ)

바그너(J. V. Wagner) 293
바뇨니(P. Alphonse Vagnoni, 高一志) 116, 191
바루찌(Jean Baruzi) 256
바르나브(Barnave) 307
바르톨메스(Bartholmess) 291
발렌틴(Valentyn) 232
발리냐노(Alessandro Valignano) 98, 100
발자크(Balzac) 232
『방법과 결과』(Method and Result) 236
『방법서설』(Discourse on the method of rightly conducting the reason, and seeking truth in

the sciences) 233
『백과전서 자전』 349
『백과전서』 350, 351
『백미도영百美圖詠』 386
『백미신영百美新詠』 384
번국량樊國樑 96, 101, 122
『법의 정신』(L'Espirit des Lois) 324, 326, 332, 335, 364
베네딕트 14세 136, 137, 183
베네딕트 고에스(Benedict Goës) 43, 46
베르그송(Bergson) 231
베르나르(H. Bernard) 152, 280
베르니오(Vergniaud) 307
『베르린월간잡지』 252
베르비스트(Ferdinandus Verbiest, 南懷仁) 98, 103, 109, 112, 115, 144, 259, 269
베르쥐(Verjus) 261
베르틴(Bertin) 370, 373
『베를린 월간』 208
『베를린의 학사원 철학사』 291
베이컨(Roger Bacon) 29, 62
베일(Pierre Bayle) 210, 237, 244, 254, 339, 352
벨랑거(Belanger) 78
『벽사관견록闢邪管見錄』 204
『벽사론闢邪論』 206, 193
『벽사설劈邪說』 203
『벽천주교격闢天主教檄』 206
『변신론』(Theodicée) 270
『변천설辨天說』 205
『변학추언辨學蒭言』 201
보데만(Bodemann) 271
보도(Baudeau, Nicolas) 216, 356, 364
보쉬에(Bossuet) 238
보윤普潤 206
보이아르도(Boiardo, Matteo Maria) 61
보카치오(Boccaccio, Giovanni) 59
『보헤미아 연대기年代記』 35
『복장몽택서復張夢宅書』 205
복희伏羲 191, 238, 262, 278, 295, 350, 358, 362
『본초강목本草綱目』 71
볼로냐(Bologna) 293
볼테르(Voltaire) 87, 137, 210, 219, 240, 243, 306, 309, 312, 317, 335, 352, 379, 381, 392
『볼테르의 비극 '중국고아' 연구』 347
볼프(Christian Wolff) 91, 209, 255, 288, 380, 389
『부득이不得已』 111, 190, 195
『부득이변不得已辯』 143, 159, 223
『부득이집요不得已輯要』 192
부르고뉴(Bourgogne) 공작 81, 85
부베(Joachim Bouvet, 白晉) 80, 88, 98, 106, 109, 115, 139, 225, 261, 264, 270, 276, 279
『부의 형성과 분배에 관한 성찰』(Reflexions sur La Formation et La Distribution des Richeses) 365, 370, 371
『북경야소회사연구기요』(Mémoires-Concernent l'historire les arts, les sciences, les maeurs, les usages etc, par les missionnarres de Pékin) 88, 92, 318, 370, 373
『북경유기北京遊記』 384
불리오(Ludovico Luigi Buglio, 利類思) 113, 115, 144, 162, 223
『불인불언不忍不言』 205
불핀겔(Bulfinger) 226
브누아(Michel Benoit, 蔣友仁) 98, 108, 115
브라치오리니(Poggio Bracciolini) 38
브로크빌(l'abbé de Broqueville) 369
브루커(Brucker) 226
브륀(Jean de la Brune) 220
브리소(Brissot) 302, 307
브리송(Brisson) 370
비뇽(Abt Bignon) 368
『비례규해比例規解』 114
『비록휘답斐錄彙答』 117
비스델루(Mgr. Claude de Visdelou, 劉應) 92, 106, 260
비오(Biot) 231

비은費隱 206
비트리(Cardinal de Vitry) 30
비트포겔(K. A. Wittfogel) 392
빌핀겔(Büffinger) 289
빌헬름 블로스(Wilhelm Blos) 303, 312
뿌와브르(Poierre Poivre) 318, 349

(ㅅ)

『사기史記』 347
『사랑하는 오를란도』(Orlando Innamorato) 60
사비에르(Francis Xavier) 95, 99
『사설死說』 152
『사이암 여행기』(Du Royaume de Siam) 241
『사회체계』(Système Social) 317, 322, 324
『산해여지전도山海輿地全圖』 114
삼비아시(Franciscus Sambiasi, 畢方濟) 117
『삼산논학기三山論學紀』 155, 157, 223
생시몽(Saint-Simon) 72, 208
생트 플로렌틴(Le Comte de Sainte Florentin) 369
샤르므(P. A. de la Charme, 孫璋) 145, 173, 182, 224
샤를마뉴(Charlemagne) 60
샤몽(Chaumont) 79
『서간집』 88, 264
『서경書經』 89, 92, 193, 226
서광계徐光啓 102, 110, 144
『서금팔곡西琴八曲』 117
『서력년월西曆年月』 113
『서방기요西方紀要』 115
『서양근세철학사』 291
『서양신법산서西洋新法算書』 103
『서양인의 중국 여행』(Western Traveller to China) 61
『서양측일역西洋測日曆』 112
『서유이목자西儒耳目資』 116
『서자기적西字奇跡』 116
『서학범西學凡』 117
섭향고葉向高 102, 155
『성경』 211, 236, 238, 239
『성교사략聖教史略』 210, 302, 312
『성도星圖』 112
『성리진전性理眞詮』 144, 173, 224
성용成勇 206
『성유광훈聖諭廣訓』 361
『성조좌벽聖朝佐闢』 201
『성조파사집聖朝破邪集』 111, 190, 198, 201, 203
『세계사론』 238
세뇨보스(Seignobos) 72
세메도(P. Alvare de Semedo, 魯德照) 117, 281
세켈(F. L. Sekell) 79
셰익스피어(Shakespeare) 61, 308
셸링(F. W. Joseph von Schelling) 213, 378, 380, 390, 394
소강절邵康節 175, 197, 225, 273, 278
소노蘇努 108
『소학小學』 91
쇼펜하우어(Schopenhauer, 叔本華) 225, 395
『수성의 역사』(Mercure historique, 1699) 241
수아레스(Joseph Suarez, 蘇霖) 259, 262
수트힐(W. E. Soothill) 61
『순수이성비판』 298, 376, 382, 388
『숭정역서崇禎曆書』 112
슈바르츠(Berthold Schwartz) 28
슈페너(P. J. Spener) 291
『슐라이만의 동유기東遊記』(Voyage Du Marchand Asabe Sulayman Par Sulayman) 71
슐로서(F. C. Schlosser) 208
스탄케빗치(Stankevitch) 79
스톡홀름(Stockholm) 293
스트랄라(Strähler) 292
스피노자(Spinoza) 213, 231, 242, 251, 284, 337
스피질리우스(Th. Spigelius) 257
『시경詩經』 383, 193
시먼즈(John Symonds) 23
시몬 푸셰(L'abbé Simon Foucher) 220

시에예스(Sieyes) 307
『신곡神曲』 59
신농神農 295
『신당서新唐書·대식전大食傳』 71
『신법역인新法曆引』 112
『신법표이新法表異』 112
『신앙과 이성의 합일』 388
『신역효혹新曆曉惑』 112
『신위도설神威圖說』 116
실러(Schiller) 383
실루엣(Etienne de Silhouette) 220
『실증철학강의』(Cours de philosophie positive) 31
실트베르거(Johann Schiltberger) 40
심괄沈括 29
심복종沈福宗(Chin-Fong-Thong) 367
『16세기 중국에서의 천주교 전래』 280
『18세기 유럽 문학 속의 '조씨고아'』(『十八世紀歐洲文學裏的趙氏孤兒』) 347
『18세기 유럽의 중국 원림』 309
『18세기 중국과 프랑스』(La Chine en France au XVIII Siècle) 79, 367, 371
『십팔세기사十八世紀史』 208
씨쎄(de Cicé) 263

(ㅇ)

아담 샬(Johann Adam Schall von Bell 湯若望) 94, 98, 102, 109, 112, 114, 144, 162, 192, 223
아담 스미스(Adam Smith) 308, 354, 371
아담 존슨(Adam Johnson) 308
아띠레(Attiret) 77
아르노(Arnaud, de M.) 240
아리스토텔레스(Aristotle) 24, 231, 296, 351
아리오스토(Ariosto, Ludovico) 61
아미옷(Jean Joseph Amiot) 89, 92
아베로에스(Averoëstes) 284
아벨 레뮈자(Abel Rémusat) 24, 31, 393
『아세아저널』(Ariatic Journal) 225, 397
아합마阿合馬 42
『악률樂律』 118
안드레아(Andrew of Perugia) 34, 380
안무유顏茂猷 198
안문사安文思 144
안문휘晏文輝 111
『안문휘소晏文輝疏』 191
안젤리카(Angelica) 61
알레니(Giulio Aleni, 艾儒略) 101, 117, 155, 223
알레오네싸(le P. Aleonessa) 241
알렉산더(Alexander) 24
알웰(Halwell) 317
앙투안 드 생트 마리(le P. Antonine de Saint-Marrie, 栗安當) 125, 226, 264, 280, 287
애디슨(Joseph Addison) 228
앤슨(George Lord Anson) 229, 316, 317, 326
앨버트 버그(Albert Burgh) 253
야곱(Georg Jocob) 26, 28, 30, 72
『야소회사서간집耶蘇會士書簡集』(Recueil des Lettres édifiantes et Curieuses) 87, 90, 318, 360
양계초梁啓超 110
양광선楊光先 104, 111, 159, 190, 206, 243
양덕망楊德望 366, 369, 371
양정균楊廷筠 185
엄복嚴復 335
에피쿠로스(Epicurus) 242
엑커만(T. P. Eckerman) 384
엘베티우스(Helvetius) 308, 349
『엘페노르』(Elpenor) 386
엥겔스(Engels, Friedrich) 220, 391
여순如純 206
『여행기』 40, 229, 239
『역경易經』 89, 92, 140, 165, 197, 261, 273, 279, 386
『역법부득이변曆法不得已辯』 112
『역법서전曆法西傳』 112

『역사기여譯史紀餘』 115
『역사대강』(Outline of History) 25, 41, 55
『역사적·비평적 사전』 239, 243, 254
『역사철학』 213, 217, 222, 392, 394
『역서曆書』 103
『연경개교략燕京開教略』 96, 101, 106, 122, 123, 125~127
『영구평화론』 390
『영국의 16세기 항해업』 45
『영신수련』(Spiritual Exercises) 95
『영언려작靈言蠡勺』 117
『영혼도체설靈魂道體說』 152, 223, 226, 263
『예기禮記』 328
『예수회파의 실천도덕』(La Morale pratique des Jésuites) 240
『예술과 과학을 장려하기 위해 독일에 학사원을 설립해야 한다는 제도론에 관하여』(Bedenken von Aufrichtung einer Akademie oder Sozietät in Deutschland, zu Aufnahmen der Künste und Wissenschaften) 258
오가스타(Augusta) 78
『오경五經』 351
오귀스텡(Jean Augustin) 78
오도리크(Frier Odoric) 32, 34, 40, 59
오래흔조五來欣造 256, 261, 271, 289, 322, 379, 382
오를란도(Orlando) 61
오삼계吳三桂 105
『오위역지五緯曆指』 113
『오위표五緯表』 113
『옥교리玉嬌梨』(Ju-Kiao-Li) 383, 393
올바크(Holback) 309
옹켄(Oncken) 357
와토(Watteau, Jean-Antoine) 76
왕계원王啓元 190, 196
왕양명王陽明 197
왕징王徵 111
왕충王充 29
요비우스(Paulus Jovius) 27
요순堯舜 295
우르시스(Sabbathino de Ursis, 熊三拔) 102, 113, 115, 191, 226, 282
운처(Ludwig Unzer) 79
워턴(William Wotton) 74, 229
『원경설遠鏡說』 115
『원도벽사설原道闢邪說』 205, 206
『원사元史』 36
원오圓悟 205
『월이역지月離曆指』 113
『월이표月離表』 113
월폴(Walpole) 228
웰스(H. G. Wells) 24, 31, 41, 55, 57, 315
『위서魏書』 70
위예개魏裔介 186, 187
『유교가 독일 정치사상에 끼친 영향』(『儒教の獨逸政治思想に及ばせる影響』) 256, 271, 379
『유럽과 중국』(Europe and China) 72
유문룡劉文龍 205
『유물론의 역사와 현대에서의 그 의의 비판』(Geschichte des Materialismus und Kritik seiner Bedeutung in der Gegenwart) 235, 239, 321
유스티(Justi) 380
『유양잡조속집酉陽雜俎續集』 71
육구연陸九淵 196, 197
『육십사괘원도방위도六十四卦圓圖方位圖』 225
『육십사괘차서도六十四卦次序圖』 225
『율려정의律呂正義』 117
『응결집凝結集』 229
『의상도儀象圖』 112
『의상지儀象志』 112
『의지와 표상으로서의 세계』(The World as Will and Idea) 395
이건태李建泰 103
『이굴理窟』 189
이그나티우스 데 로욜라(Ignatius de Loyola) 94,

138
이노센트 4세(Innocent IV) 32
이노첸시오 10세(Innocentius X) 128, 137
『이마두전利瑪竇傳』 101
『이변지인계理辨之引啓』 117
이븐 바투타(Ibn Batuta) 40, 74
이아利俄(Artus de Lyonne) 368
이영림李永霖 369
이조백李祖白 104, 192, 193
이지조李之藻 102, 111
이찬李燦 203
이천경李天經 103
이체李杕 189
『이탈리아의 르네상스』(Renaissance in Italy) 23
『인간 오성에 관한 새로운 글』(Nouveaux essais sur léntendement human) 270
『인간 정신 진보의 역사적 개관 초고』(Esquisse d'un tableau historique des progrs de l'esprit humain) 310
『인신도설人身圖說』 116
『인신설개人身說概』 116
『인죄지중人罪至重』 169, 224
인토르체타(Prospero Intorcetta, 殷鐸澤) 90, 104, 139
『일리아드』(Iliad) 238
『일전고서야각분日躔考書夜刻分』 113
『일전역지日躔曆指』 113
『일전표日躔表』 113
『일주서逸周書』 67
임계륙林啓陸 203
임오자任吾子 182

(ㅈ)

『자고字考』 117
『자연의 의지』 225, 396
『자연체계』 320, 381
자일즈(H. A. Giles) 67
장광첨張廣湉 205
장건張騫 68
장덕경蔣德暻 198
장자張子 224
『장자莊子』 92, 140
장횡거張橫渠 164, 172
『적도남북성도赤道南北聖圖』 112
전대흔錢大昕 192
『정교봉포正教奉褒』 103, 129, 259, 261, 263
『정구승도표正球升度表』 113
『정몽正蒙』 172
정수린鄭壽麟 58
『정신론』 308
정이程頤 163, 197, 225
정호程顥 197
『제1철학에 관한 성찰』(Meditationes de Prima Philosophia) 236
『제국기諸國記』 38
제너(Jenner, Edward) 345
『제번지諸番志』 71
제임스 2세(James II) 368
젠킨슨(Anthony Jenkinson) 43
조셉 시아오(Joseph Siao, 蕭若瑟) 101, 264
『조씨고아趙氏孤兒』 347, 383, 386
『조씨고아대보수趙氏孤兒大報讎』 347
『조씨고아원보원趙氏孤兒寃報寃』 347
조지(Henry George) 357
존(John the Beard) 59
존슨(Johnson) 43
『존유극경尊儒亟鏡』 199
주굉袾宏 205
『주교연기主教緣起』 162
주돈이周敦頤 197, 224
『주례周禮』 357
주사한朱四汗(Chuyscan) 39
『주산籌算』 114
『주산지籌算指』 114
주욱朱彧 30

『주이론략誅夷論略』 203
주자朱子 185, 189, 195, 251, 396
『주제군징主制羣徵』 162, 223
주종원朱宗元 187
『주좌집연기誅左集緣起』 205, 206
주지기周之夔 198
『죽서기년竹書紀年』 67
『중서 문화의 관계』 58
『중고·근대 문화사』 72
『중국 순수문학이 독일문학에 미친 영향』(『中國純文學對德國文學之影響』) 383
『중국 신도新圖』 80
『중국 예수회 선교사 열전』 263
『중국 인쇄술의 발명과 서구 전파』(The Invention of Printing in China and its Spread Westward) 26
『중국 전교 사업의 몇 가지 중요한 점에 관한 평론』(Traité sur quelques points importants de la mission de la Chine) 125, 226, 264, 280
『중국 종교에 관한 몇 가지 의문』(Traité sur quelques points de la religion des Chinois) 127, 226, 263, 280
『중국 철학자, 공자의 도덕교육을 논하는 서찰』(Lettre sur la morale deConfucius, philosophe des Chinois) 93
『중국 회화의 길잡이』(Guide-posts to Chinese Painting) 58
『중국간첩中國間諜』 349
『중국고아中國孤兒』(Orphelin de la Chine) 348
『중국고아극본中國孤兒劇本』 347
『중국과 18세기』(China and achtzehnte Jahrhundert) 380
『중국과 서양』(China and the West) 61
『중국과 유럽』(China and Europa) 73, 92, 219, 256, 258, 318, 325, 383
『중국과 중국인』(China and Chinese) 67
『중국도량형고中國度量衡考』 367
『중국도해中國圖解』(China Monumentis illustrata) 257
『중국문예론』(De re literaria Sinensium) 257
『중국문제집中國問題集』 366, 371
『중국병법론中國兵法論』(l'Art militaire des Chinois) 370
『중국상고사中國上古史』(Historiae Sinicae prima) 238
『중국여시인中國女詩人』 386
『중국원림론』(Über die Chinesischon Gärten) 79
『중국의 시』 386
『중국의 실천 철학』(Oratio de Sinarum philosophia practica) 290, 295
『중국의 역사, 정치, 종교에 대한 논고』(Tratados historicos, politicos, ethicosy religiosos de la monarchia de China) 263
『중국의 열쇄』(Clavis Sinica) 258
『중국의 정치도덕 개론』(Idée générale du gouvernement et de la morale de Chinois) 93
『중국의 정치도덕개론』(Idée générale du gouvernement et la moraler des chinois) 220
『중국의 철학자 공자』(Confucius Sinarum Philosophus, Sive Scientia Sciensis latineexposita 91, 258
『중국의 철학자, 공자의 도덕』(La morale de Confucius, philosophe des Chinois) 93
『중국의 철학자, 공자의 도덕에 관한 편지』(Lettre Sur la morale de Confucius, philosophe de la Chine) 220
『중국인 공자의 도덕』(La morale de Confucius philosophe de la Chine) 220
『중국전제정치론』(Le Despotisme de la Chine) 92, 216, 359, 379
『중국집람中國集覽』 392
『중국철학사』(Historia philosophiae Sinensis Brunsvigae) 255
『중국최근사정中國最近事情』(Novissima Sinica,

Historiam Nostri temporise illustrutura, In quibus de Christianisms publica nunc primum autoritate propagats missa in Europam relatio exhibetur, deque favore scientiarum Europaearum ac moribus gentis et ipsius praesertim Monarchae, turn et de bello Sinensiumcum Moscis ac pace constituta, multa hactenus ignotaexplicantur) 260, 264
『중국통사』(The general history of China) 88
『중국통신中國通訊』 243
『중국학도서목록』(Bibliotheca Sinica) 137, 222
『중국현상신지中國現狀新誌』(Nouveax mémoires sur l'etat présent de la Chine) 84, 90, 140, 339, 360
『중국현상지中國現狀誌』(L'Etat présant de la Chine en figures) 80, 85
『중국황제전中國皇帝傳』(Histoire de l'Empereur de la Chine) 86, 139, 261, 270
『중농주의』(Physiocratie) 358
『중덕계일즉경中德季日卽景』 386
『중용中庸』 91, 139, 144, 193, 200
중촌구차랑中村久次郞 101
『중화제국경전中華帝國經典』(Sinensis impesi Libri classlci Sex) 91, 297
『중화제국전지中華帝國全誌』(Description géographique, historique, chronologique, politique et physique de l'Empire de la Chine et de la Tartarie Chinoise) 87, 225, 317, 360, 383
『중화통사中華通史』 89
『증망설證妄說』 205
『증망설발證妄說跋』 205
『증망후설證妄後說』 205
『증보곤여전도增補坤輿全圖』 115
『증세약설拯世略說』 188
증시曾時 205
『지구도설地球圖說』 115
『지나 사상의 프랑스 전래』(『支那思想のフランス西漸』) 216, 251, 369
지드(Gide) 355
『지식론』 213
『지진해地震解』 115
『직방외기職方外紀』 115
진덕수眞德秀 197
『진복직지眞福直指』 166, 187, 223
『진복화덕리전眞福和德理傳』 35
진성陳姓(Louis Tcheng) 369
진수이陳受頤 77, 111, 196, 309, 347, 348
진전陳銓 383
『진주영성리증眞主靈性理證』 164, 223
『진품궁리학進品窮理學』 117
진후광陣侯光 201
『질문質問』(Les Question) 359

(ㅊ)

『참원이소參遠夷疏』 191
『천문략天問略』 113
『천설天說』 205
『천주교전입중국고天主教傳入中國考』 101, 125, 144, 184, 264
『천주실록天主實錄』 100, 223, 232, 280
『천주실의天主實義』 141, 145, 152, 155, 160, 173, 182, 185, 205, 223, 226, 232
『천주초벽天主初闢』 206
『천학전개天學傳概』 192
『철학의 빈곤』 362
『청사淸史』 104
『청사고열전淸史稿列傳』 186, 191
『청서경담淸署經談』 190, 196, 198
『청안장기선생벽천주교서請顔壯其先生闢天主教書』 198
『청조전사淸朝全史』 110
체임버스(William Chambers) 78
첼러(Zeller) 291
초욱焦勗 103
추유련鄒維璉 204

축세록祝世錄 102
『측량법의測量法義』 113
『측량전의測量全義』 114
『측천약설測天約說』 113
『측험기략測驗紀略』 112
『치소공증緇素共證』 205
『칠정행도력七政行度曆』 103
칭기즈칸(Chingiz Khan) 28, 348

(ㅋ)

카더린 2세(Catherine II) 381
카데(Cadet) 370
카뮈(Le Camus) 78
카보토(John, or Giovanni Caboto) 43
카셀(Landgrave of Kassel) 백작 79
카스탈디(Pamphilio Castaldi of Feltre) 26
카스틸리오네(Castiglione Guseppe, 郎世寧) 98, 108, 118
카일라르드(Caillard) 371
카터(T. F. Carter) 25, 30, 55, 62
칸트(Kant) 209, 212, 252, 298, 376, 380, 388, 395
칼그렌(B. Karlgren) 26
캐넌(E. Cannan) 371
커즌(John Robert Cozen) 76
케네(François Quesnay) 88, 92, 216, 314, 317, 318, 355, 379
『케네전집』(Auguste Oncken: Oeuvres Complètes de F. Quesnay) 357, 359
코르네유(Corneille) 309
코르디에(Cordier, Henri) 79, 137, 222, 367, 371
코스타(Ignatius da Costa) 91
코플레(Coupler) 91
콜럼버스(Christopher Columbus) 30, 42, 45
콜베르트(Collbert) 84
콩도르세(Condorcet, Marquis de) 310
콩트(Auguste Comte) 31, 72, 231
쿠빌라이(忽必烈) 39
쿠튀라(Louis Couturat) 271, 273
쿠플레(Phillippe Couplet, 柏應理) 104, 117, 296, 367
크로체(Croce) 375
크로포트킨(Peter Kropotkin) 303~306, 354
크리스톨(Joshua Christall) 77
클라비우스(Clavius) 101
클레멘스 14세(Clement XIV) 97, 109
키르허(A. Kircher) 257

(ㅌ)

타베르니에(Tavernier) 239
타키투스(Tacitus) 382
『태극도太極圖』 198
『태서리선생행적泰西利先生行蹟』 101
『태서수법泰西水法』 115
터너(Turner) 77
테렌츠(Joannes Terrenz, 鄧玉函) 102, 113, 116
텐(Taine) 211
템플(Sir William Temple) 228
토마스 후드(Thomas Hude) 367
토마스(Antoine Thomas, 安多) 126, 259, 262
토스카넬리(Toscanelli dal Pozzo, Paolo) 44
『통감강목通鑑綱目』 92, 392
『통상지남通商指南』 38
『통서通書』 198
통용通容 205
『통전通典』 70
『통정서統正序』 205
『통편通編』 114
투르농(Charles Thomas Maillard de Tournon) 130
튀르고(Anne Robert Jacques Turgot) 354, 364, 369
『튀르고전집』 366
튐미히(Thümmig) 293
트리고우(Nicholaus Trigault, 金尼閣) 116

틴달(Mathhew Tindal) 228

(ㅍ)

파레닌(Le P. Parennin, 巴多明) 107, 221, 261
파스칼(Blaise Pascal) 237, 238, 244
『파우스트』(Faust) 385, 387
판토하(Didacus de Pantoja, 龐迪我) 101, 114, 127, 138, 191
『팡세』(Pensées) 237, 238
퍼시(Thomas Percy) 228
페골로티(Francis Balducci Pegolotti) 38
페늘롱(Fénelon) 215, 394
페레닌(Perennin) 330
페레이라(Thomas Pereira, 徐日昇) 117, 126, 259
페이터(Walter Pater) 23
페트루스(Petrus Jartroud, 杜德美) 115
펠리오(Pelliot) 27
『평주가담萍洲可談』 30
포이에르바하(Feuerbach) 390, 394
포프(Alexander Pope) 228
폰타네이(Jean Fontaney, 洪若翰) 106, 260
폴콘(Constantine Phaulkon) 79
폼발(Pombal) 312
퐁파두르(Pompadour, Marquise de) 305, 363
『표도설表度說』 113
표트르 대제(Peter the Great) 288, 293
푸르타도(P. François Furtado, 傅汎際) 117
푸몽(Fourmont) 368
푹코(Fuckor) 371
『풍속론風俗論』(Essai sur les Maeurs) 343, 346
『프랑스대혁명사』(The Great French Revolution, 1789~1793) 302, 306
『프랑스혁명사』(Die Französische Revolution von 1789 bis 1804) 303, 312
프랑케(A. H. Francke) 271, 288
프레레(Nicolas Frerét) 254, 350
프레마르(Joseph Henri Marie de Prémare, 馬若瑟) 92, 107, 140, 261
프로뱅(Guyot de Provins) 30
프리드리히 2세(Friedrich II) 23, 294, 298, 380
프리드리히 1세(Friedrich I) 291, 294
프피스터(Aloys Pfister) 263
플라노 카르피니(Plano Carpini) 32, 36
플라톤(Platon) 255, 290, 295
플란더즈인(Flemings) 39
플루타르크(Plutarch) 309
피히테(Fichte) 209, 213, 290, 378, 390
필승畢昇 27

(ㅎ)

『하란동인도공사사荷蘭東印度公司史』 232
하르트(F. Hirth) 26
하이네(Heine, Heinrich) 212, 376, 378
『학역소변學曆小辯』 112
『학예론學藝論』(Discours sur les science et les arts) 352
『한서漢書·지리지地理志』 52
『항성역지恒星曆指』 112
『항성출몰恒星出沒』 112
『항성표恒星表』 112
『해외여도전설海外輿圖全說』 114
허대수許大受 201
허드슨(Hudson) 72, 77
허버트(Hebert) 211, 321
헉슬리(T. H. Huxley) 236
『험기설驗氣說』 112
헤겔(G. W. F. Hegel) 209, 214, 217, 222, 300, 302, 305, 378, 380, 390
『헤겔의 중국관』 391
『헤겔철학비평』 390
헤르트리트(Christianus Herdtricht, 恩理格) 117
헤센-라인펠(Landgrafen Ernst von Hessen-Rheinfels) 258
헤이거(Joseph Hager) 217

헤켈(Haeckel) 336
헨리 8세(Henry VIII) 94
『형이상학서설』(Discours de Métophysique) 270
『혜성에 대한 다양한 사고들』(Pensées diverses sur la comète) 239
『호구전好逑傳』 383, 386
호약한胡約翰(Jean Hou) 367, 369
『혼개통헌도설渾蓋通憲圖說』 113
『혼천의설渾天儀說』 112
홉스(Hobbes) 221, 251
『화공게요火攻揭要』 103
『화공설요火攻挈要』 116
『화법畵法』 118
『화전기花箋記』 383
『화정전집畵幀全集』 118
『환용교의圜容較義』 113
『환유전寰有詮』 117
『환유지구기環遊地球記』(A voyage around the world) 317
『황극경세서皇極經世書』 198
황백록黃伯祿 103, 189
황성黃姓(Arcade Hoang) 368
황정黃貞 198, 204, 205
황제黃帝 295
『회남자淮南子』 92, 140
회프딩(Höffding) 257
『효경孝敬』 91
후등말웅後藤末雄 79, 216, 251, 347, 369
후케(Jean Francois Foucquet, 傅聖澤) 140, 340, 350, 368
『후한서後漢書·채륜전蔡倫傳』 25
『훈진변망訓眞辨妄』 189
『희조정안熙朝定案』 113